MostUsedWords.com presents

Swedish Frequency Dictionary

Advanced Vocabulary

5001-7500 Most Common Swedish Words

Book 3

First Printing, 2017

Jolie Laide LTD
12/F, 67 Percival Street, Hong Kong

www.MostUsedWords.com

Contents

Why This Book?

Hello, dear reader.

Thank you for purchasing this book. We hope it serves you well on your language learning journey.

Not all words are created equal. The purpose of this frequency dictionary is to list the most used words in descending order, to enable you to learn a language as fast and efficiently as possible.

First, we would like to illustrate the value of a frequency dictionary. For the purpose of example, we have combined frequency data from various languages (mainly Romance, Slavic and Germanic languages) and made it into a single chart.

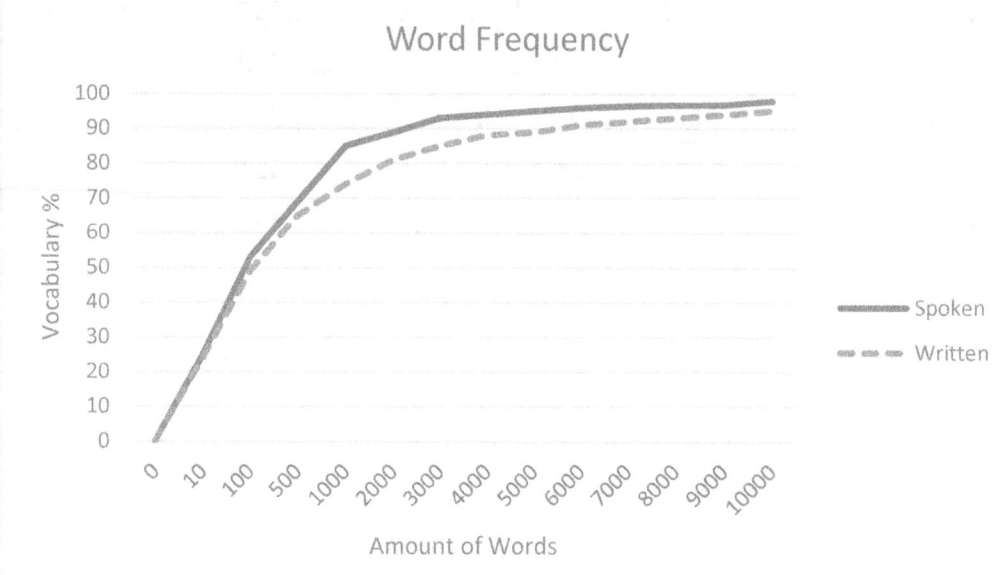

The sweet spots, according to the data seem to be:

Amount of Words	Spoken	Written
• 100	53%	49%
• 1.000	85%	74%
• 2.500	92%	82%
• 5.000	95%	89%
• 7.500	97%	93%
• 10.000	98%	95%

Above data corresponds with Zipfs law and Pareto´s law.

Zipf's law states that given some corpus of natural language utterances, the frequency of any word is inversely proportional to its rank in the frequency table. Thus the most frequent word will occur approximately twice as often as the second most frequent word, three times as often as the third most frequent word, etc.: the rank-frequency distribution is an inverse relation.

For example, in the Brown Corpus of American English text, the word "the" is the most frequently occurring word, and by itself accounts for nearly 7% of all word occurrences (69,971 out of slightly over 1 million). True to Zipf's Law, the second-place word "of" accounts for slightly over 3.5% of words (36,411 occurrences), followed by "and" (28,852). Only 135 vocabulary items are needed to account for half the Brown Corpus.

Pareto's law, also known as the 80/20 rule, states that, for many events, roughly 80% of the effects come from 20% of the causes.

In language learning, this principle seems to be on steroids. It seems that just 20% of the 20% of the most used words in a language account for roughly all vocabulary you need.

To put his further in perspective: The Concise Oxford English Dictionary has over 240.000 words in current use, while you will only need to know 2.1% (5000 words) to achieve 95% and 89% fluency in speaking and writing. Knowing the most common 10.000 words, or 4.2%, will net you 98% fluency in spoken language and 95% fluency in written texts.

(Yes, this is a frequency dictionary of Swedish, but the above example is purely for illustration purposes. It is safe to assume that all languages follow a similar pattern.)

Keeping this in mind, the value of a frequency dictionary is immense. At least, that is if you want to speak a language fast. Study the most frequent words, build your vocabulary and progress naturally. Sounds logical, right?

But how many words do you need to know for varying levels of fluency?

While it's important to note that it is impossible to pin down these numbers and statistics with 100% accuracy, these are a global average of multiple sources.

According to research, this is the amount of vocabulary needed for varying levels of fluency.

1. 250 words: the essential core of a language. Without these words, you cannot construct any sentence.
2. 750 words: those that are used every single day by every person who speaks the language.
3. 2500 words: those that should enable you to express everything you could possibly want to say, although some creativity might be required.
4. 5000 words: the active vocabulary of native speakers without higher education.
5. 10,000 words: the active vocabulary of native speakers with higher education.
6. 20,000 words: what you need to recognize passively to read, understand, and enjoy a work of literature such as a novel by a notable author.

Caveats & Limitations.

A frequency list is never "The Definite Frequency List."

Depending on what source material was analyzed, you may get different lists. A corpus on spoken word differs from source texts based on a written language.

That is why we chose subtitles as our source, because, according to science, they cover the best of both worlds: both spoken and written Swedish.

The frequency list is based on analysis of roughly 20 gigabytes of Swedish subtitles.

Visualize a book with almost 16 million pages, or 80.000 books of 200 pages each, to get an idea of the amount words that have been analyzed for this book. A large base text is vital in order to develop an accurate frequency list.

The raw data included over 1 million entries. The raw data has been lemmatized; words are given in their root form.

Some entries you might find odd, in their respective frequency rankings. We were surprised a couple of time ourselves. But the data does not lie. Keep in mind that this book is compiled from a large amount of subtitle data, and may include words you wouldn't use yourself.

You might find non-Swedish loanwords in this dictionary. We decided to include them, because if they´re being used in subtitle translation, it is safe to assume the word has been integrated into the Swedish general vocabulary.

We tried our best to keep out proper nouns, such as "James, Ryan, Alice as well as "Rome, Washington" or "the Louvre, the Capitol".

Some words have multiple meanings. For the ease of explanation, the examples are given in English.

"Jack" is a very common first name, but also a noun (a jack to lift up a vehicle) and a verb (to steal something). So is the word "can" It is a conjugation of the verb "to be able" as well as a noun (a tin can, or a can of soft drink).

This skews the frequency rankings slightly. With the current technology, it is unfortunately not possible to rightly identify the correct frequency placements of above words. Luckily, these words are very few, and thus negligible in the grand scheme of things.

If you encounter a word you think you won't need in your vocabulary, just skip learning it. The frequency list includes 25 extra words to compensate for any irregularities you might encounter.

The big secret to learning language is this: build your vocabulary, learn basic grammar and go out there and speak. Make mistakes, have a laugh and learn from them.

We hope that you will find this frequency dictionary a truly handy tool. If you like this dictionary, please let others know about it, so they can enjoy it too. Or leave a review/comment online, e.g. on social media, blogs or on forums.

How To Use This Dictionary

abbreviation	*abr*
adjective	*adj*
adverb	*adv*
article	*art*
auxiliary verb	*av*
conjunction	*con*
interjection	*int*
noun	*nn*
numeral	*num*
particle	*part*
phrase	*phr*
prefix	*pfx*
preposition	*prp*
pronoun	*prn*
suffix	*sfx*
verb	*vb*
singular	*sg*
plural	*pl*

Word Order

The most common translations are generally given first. This resets by every new respective part of speech. Different parts of speech are divided by ";".

Translations

We made the decision to give the most common translation(s) of a word, and respectively the most common part(s) of speech. It does, however, not mean that this is the only possible translations or the only part of speech the word can be used for.

Swedish English Frequency Dictionary

5001 pågående — **ongoing**
adj
Därför behöver KI–gruppen samråda med pågående innovationsinsatser och politik på området i EU och nationellt (se nästa avsnitt).
Therefore the need of KICs liaising with ongoing EU and national innovation and policy activities on these matters (see next section).

5002 sankt — **St.; saint**
prn; adj
Norra transeuropeiska gasledningsprojektet skall transportera rysk gas från ryska kusten norr om Sankt Petersburg.
The Northern Trans–European gas pipeline project would transport Russian gas from the Russian coast north of St. Petersburg.

5003 understöd — **support|subsidy**
nn
Mot den bakgrunden skulle kommittén emellertid gärna se kommissionsåtgärder för understöd, samordning och komplettering i fråga om idrott i medlemsstaterna och främjande av idrottens sociala, fostrande, hälsorelaterade och kulturella funktion, utan att för den skull kränka medlemsstaternas och idrottsorganisationernas självständighet och befogenheter.
With this in mind, would still welcome supporting, coordinating or complementary measures by the Commission to foster sport in the Member States and to promote its social, educational, health–enhancing and cultural values, without interfering with the competences and autonomy of Member States and sporting organisations.

5004 springande — **running; running**
adj; nn
Den springande punkten är huruvida Opel Europe kan bli lönsamt igen på medellång sikt.
The crucial question will be whether Opel Europe can be profitable again in the medium term.

5005 rökare — **smoker**
nn
Effektiv lagstiftning bör medföra att både berörda företag och enskilda rökare har juridiskt ansvar att följa reglerna.
Effective legislation should entail legal responsibility for both companies and individual smokers to comply with the rules.

5006 avskuren — **cut off**
adj
Lårvenen avskuren?
Severed femoral artery?

5007 design — **design**
nn
Jabras headset är marknadsledande med enkla, användarvänliga ljudlösningar som erbjuder utmärkt ljudkvalitet, innovativ design och fler olika komfortabla bärstilar.
Jabra headsets lead the industry with simple, easy to use audio device solutions that feature comfortable wearing style options, exceptional sound quality and innovative design.

5008 påminnelse — **reminder**
nn
Den 11 september är helt enkelt en påminnelse om att även osäkerheten har globaliserats.
11 September reminded us that the breakdown of security is also a global phenomenon.

5009 dansk — **danish; dane**

	adj; nn	Fångster av makrill i farvattnen i ICES–område IIa (norskt vatten norr om 62 ° nord) som gjorts av fartyg under dansk flagg eller som är registrerade i Danmark skall anses ha uttömt den kvot som tilldelats Danmark för 1997.

Catches of mackerel in the waters of ICES division IIa (Norwegian waters north of 62 °N) by vessels flying the flag of Denmark or registered in Denmark are deemed to have exhausted the quota allocated to Denmark for 1997.

5010 missbrukare

nn

abuser

En missbrukare kan under inga förhållanden lämna lokalerna med drogerna.

An abuser may not under any circumstances leave the premises with the drugs.

5011 begåvning

nn

talent | aptitude

Vi anser därför att han förtjänade en lista med kandidater till kommissionen med en begåvning och förmåga som skulle kunna bidra till att förverkliga hans ambitiösa planer.

We therefore believe that he deserved to receive a list of Commission candidates with the talent and ability to help make a reality of his ambitious plans.

5012 fredlig

adj

peaceful | gentle

Av denna anledning kan jag inte förstå varför mina kolleger inte vill att punkt 9 ska ingå i resolutionen, för detta skulle uppmuntra till fredlig dialog i stället för det rådande förtrycket.

For this reason, I cannot understand why my fellow Members do not want paragraph 9 to be included in the resolution, because this would encourage peaceful dialogue rather than the prevailing oppression.

5013 dialekt

nn

dialect

Fastän hon kan ha läst med en expert på dialekt och grammatik.

Although she may have studied with an expert dialectician and grammarian.

5014 middagstid

nn

midday | dinnertime

För det första ber utskottet för jordbruk och landsbygdens utveckling och parlamentet, genom den omröstning som kommer att ske vid middagstid, er att styra marknaden genom ett kvotsystem och ett skyddsnät för att undvika ett drastiskt prisfall.

First of all, the Committee on Agriculture and Rural Development and Parliament, by means of the vote which will follow at midday, are asking you for market management via a system of quotas and a safety net in order to avoid a drastic fall in prices.

5015 rouge

nn

rouge

Gianni Pittella har rätt: en dust av puder, en gnutta rouge, kanske lite ull över ögonen, men inget mer än ett tomt skal.

Mr Pittella is right: a dab of powder, a touch of rouge, perhaps a little wool pulled over the eyes, but nothing more than an empty shell.

5016 värdering

nn

valuation | assessment

Det skall alltid ske en individuell värdering av den enskilda kandidaten.

There should always be individual assessment of individual candidates.

5017 apotek

nn

pharmacy

Agentur för datorprogramvara för inspektion av apotek.

Agency of computer software for pharmacy inspection.

5018 uppfriskande

adj

refreshing

Det är förståeligt att sådana människor törstar efter den bibliska sanningens uppfriskande vatten.

Understandably, such people are thirsty for the refreshing waters of Bible truth.

5019	**rät**	**straight**

adj

Om skyddsanordningens horisontella längd, på vilken belastningen skall påföras, inte bildar en rät linje som är vinkelrät mot belastningsriktningen skall det utrymme som uppstår fyllas ut så att belastningen fördelas över hela längden.

Where the horizontal length of the protection structure to which the load is to be applied does not constitute a straight line normal to the direction of application of the load, the space shall be packed so as to distribute the load over this length.

5020	**anor**	**ancestry**

nn

Linköping har anor från medeltiden och har behållit sin prägel av gammal lärdoms- och kulturstad.

The history of Linköping goes back to medieval times and it has retained its atmosphere of an old site of learning and culture.

5021	**privilegium**	**privilege**

nn

Den lagstadgade revisionen har utformats för att säkerställa att detta privilegium inte missbrukas.

The statutory audit is designed to ensure that privilege is not abused.

5022	**rulle**	**roll**

nn

Det är ett misstag att tro att det är de personer som börjar röka som själva rullar sina cigaretter.

It is a fallacy that those who have just taken up smoking are most likely to roll their own cigarettes.

5023	**tös**	**girl**

nn

Wat får inte föra, han följer som en tös!

And Wat doesn't lead, he follows like a girl!

5024	**vas**	**vase**

nn

Inte heller en klart synlig spricka i en ny, aldrig så dyr vas, kan den sjätte månaden efter köpet betraktas som en brist, som existerade redan vid utlämnandet av produkten.

Nor can I present the glaring crack in a new expensive vase that was there when I bought it as a fault some six months later.

5025	**registrerad**	**registered**

adj

Den föreslagna produktdefinitionen kan jämföras med en registrerad ursprungsbeteckning.

The product definition proposed is comparable with that of a registered designation of origin.

5026	**bankkonto**	**bank account**

nn

Ett praktiskt exempel, som gavs under förhandlingarna, var den situation, där en oskyldig och helt ovetande persons bankkonto användes som "transportmedel" mellan två konton, som innehas av den misstänkte, för att komplicera och dölja transaktionen.

A practical example provided during the negotiations is the situation where the bank account of an innocent, and totally unaware, person is used as a "means of transport" between two accounts, which are held by the suspect, in order to confuse and hide the transaction.

5027	**ömhet**	**affection**

nn

Detta är uppenbart för var och en som känner ömhet för detta mödosamt frambringade barn av den europeiska enheten.

This is obvious to everyone who feels affection for this painfully acquired child of European unity.

5028	**påverkad**	**affected**

adj

Medlemsstaterna ska vidta nödvändiga åtgärder för att säkerställa att lagbestämmelser eller villkor i ett försäkringsavtal, som undantar en passagerare från ett sådant försäkringsskydd med hänvisning till att han eller hon visste eller borde ha vetat att föraren vid olyckstillfället var påverkad av alkohol eller något annat berusningsmedel, ska anses ogiltiga när det gäller skadeståndskrav från en sådan passagerare.

Member States shall take the necessary measures to ensure that any statutory provision or any contractual clause contained in an insurance policy which excludes a passenger from such cover on the basis that he knew or should have known that the driver of the vehicle was under the influence of alcohol or of any other intoxicating agent at the time of an accident, shall be deemed to be void in respect of the claims of such passenger.

5029	**smittad**	**infected**

adj

Har nära fysisk kontakt med en smittad person, äter eller dricker ur samma kärl eller använder samma bestick.

Having close physical contact with an infected person or sharing food, drink, or eating utensils with him.

5030	**höft**	**haunch**

nn

Den skall inte längre vara ett verk som slängs ihop litet på en höft utan en verklig företagskontroll.

It should not amount to pure guesswork but to an actual business test.

5031	**lever**	**liver**

nn

Han lever på arbetslöshetsersättning.

He's living on unemployment benefits.

5032	**ödemark**	**wilderness**

nn

Malakis bok, som skrevs omkring 100 år efter Nabonids fälttåg mot Edom, berättar att Gud redan vid det laget hade gjort Edoms "berg till en ödslig ödemark och hans arvedel till boning för vildmarkens schakaler".

The book of Malachi, written some 100 years after the campaign into Edom by Nabonidus, relates that God had already made Edom's "mountains a desolated waste and his inheritance for the jackals of the wilderness."

5033	**koloni**	**settlement**

nn

Två zoologer, en från universitetet i Essen i Tyskland och hennes chilenske kollega, grävde fram hela boet till en koloni bestående av 26 djur.

Two zoologists, one from the University of Essen, Germany, and her Chilean colleague, completely unearthed the home of a colony of 26 animals.

5034	**obduktion**	**autopsy**

nn

Så detta är från en virtuell obduktion.

So this is from a virtual autopsy.

5035	**försäkringsbolag**	**insurance company**

nn

Enligt de uppgifter som lämnats om stödet (se skäl 39) minskades detta i förhållande till eventuella belopp som erhållits från försäkringsbolag och kostnader som till följd av den händelse som orsakat förlusten inte uppstått.

Also, according to the information supplied regarding the aid in question (see recital 39), the aid was reduced by any amounts received from an insurance company and costs not incurred because of the event responsible for the loss.

5036	**huv**	**hood|cover**

nn

Jag tänker inte klättra på någoon huv.

I'm not going on the hood of a car.

5037	**ritual**	**ritual**

nn   Och de sade genast till mig, "Det du beskriver är en klassisk ritual."

And they immediately said to me, "Well you are describing a classic ritual."

5038   **bedömning**   **judging**

nn   Protokollet om bedömning av överensstämmelse och godtagande av industriprodukter har som främsta syfte att underlätta handeln genom undanröjande av tekniska hinder avseende industriprodukter inom vissa sektorer inom vilka kandidatlandet har anpassat sin lagstiftning till gemenskapens regelverk.

The main objective of the PECA is to facilitate trade by means of the elimination of technical barriers in respect of industrial products in certain sectors in which the candidate country has aligned its legislation on the acquis communautaire.

5039   **stereo**   **stereo**

nn   Det är en stor stereo.

It's a big stereo.

5040   **officerare**   **officers**

nnpl   Hälsa att om hans officerare inte tänker arbeta..

Tell him that if his officers will not work..

5041   **köpcenter**   **shopping mall**

nn   Många köpcenter hängde snabbt på trenden och vissa uppnådde energibesparingar på 60 % och återbetalningstider på ungefär tre år.

Shopping malls quickly followed the trend and some achieved energy savings of 60% and payback times of about 3 years.

5042   **hanne**   **buck|cock**

nn   Faktiskt, är det hannarna som bär på mutant genen och för den vidare, så det är hans fel.

Actually, it's males that carry the mutant gene and pass it on, so it's his fault.

5043   **överfalla**   **assault**

vb   Han kände att risken var stor att Esau skulle överfalla honom.

He felt that there was a strong possibility that Esau would assault him.

5044   **säkerhetstjänst**   **counterintelligence**

nn   Zima utsågs den 3 mars 2014 till ny chef för Krims säkerhetstjänst (SBU) av "premiärminister" Aksionov och godtog utnämningen.

Zima was appointed as the new head of the Crimean Security Service (SBU) on 3 March 2014 by 'Prime Minister' Aksyonov and accepted this appointment.

5045   **nationalstat**   **nation state**

nn   Men låt oss samtidigt vara ärliga mot oss själva. Vi är inte Förenta staterna – vi är inte en integrerad nationalstat – så naturligtvis har vi olika situationer.

But, also, let us be honest with ourselves: we are not the United States of America – we are not an integrated nation state – so of course we have different situations.

5046   **nedladdning**   **download**

nn   Med piratkopiering på nätet avses olaglig nedladdning/streaming av film och musik på nätet.

Internet piracy means the illegal downloading and streaming of video and audio over the Internet.

5047   **omväg**   **detour**

nn   Såsom konstaterades i avsnittet om definitionen av marknaden avgörs konkurrensdynamiken i detaljhandeln med motorbränsle på lokal nivå av bilistens behov av att köpa motorbränsle utan att köra en lång omväg.

In this respect, as was acknowledged in the section devoted to the market definition, the motorist's need to buy motor fuel without making a long detour determines the competitive dynamics in motor fuel retailing local.

5048 klister

nn

adhesive

Trombin används som ett "klister" i rekonstituerat kött.

Thrombin is used as a 'glue' in reconstituted meat.

5049 stygn

nn

stitch

Tyvärr, kieear, inga stygn i väreden kan sy ihop mig igen!

Sorry, boys, all the stitches in the world couldn't sew me together again!

5050 åtanke

nn

remembrance

Vi är mycket öppnare än de nationella parlamenten, så det bör vi ha i åtanke.

We are much more open than national parliaments, so we must bear that in mind.

5051 sittande

adj; nn

sitting; sitting

2.11 inställningssystem: den anordning varigenom sätet eller delar av detta kan ställas in i ett läge som passar den sittande personen.

'Adjustment system' means the device by which the seat or its parts can be adjusted to a position suited to the seated occupant.

5052 hemåt

adv

homeward

Efter firandet började familjerna vända hemåt.

Afterward, the families and their caravans began to head homeward.

5053 manipulera

vb

manipulate

Användare skulle kunna försöka manipulera data som matas in i rörelsesensorn (exempelvis genom att skruva bort den från växellådan).

Users could try to manipulate the motion sensor input (e.g. unscrewing from gearbox).

5054 omvärld

nn

environment

Varje år ser vi händelser i vår omvärld som kräver att EU snabbt bidrar med resurser.

Each year, we are witness to events in the world around us which require the EU to contribute resources without delay.

5055 falk

nn

falcon

Ett, jag kan skjuta iväg en jäkla laser mot den, vilket jag redan gjort, för att göra en 3D-scan -- där är 3D-scanen av denna falk.

One, I can fire a freaking laser at it, which I have already done, to do a 3D scan -- there's a 3D scan of this Falcon.

5056 frestelse

nn

temptation

I detta ligger en betydande frestelse.

There would be a significant temptation to do this.

5057 osannolik

adj

unlikely

Om betydande tillkommande ersättningar skulle betalas i scenarier som har kommersiell innebörd, kan villkoret i den föregående meningen uppfyllas även om den försäkrade händelsen är extremt osannolik eller även om det förväntade (det vill säga sannolikhetsbedömda) nuvärdet av betingade kassaflöden är en liten del av det förväntade nuvärdet av alla återstående kassaflöden enligt avtalet.

If significant additional benefits would be payable in scenarios that have commercial substance, the condition in the previous sentence may be met even if the insured event is extremely unlikely or even if the expected (ie probability–weighted) present value of contingent cash flows is a small proportion of the expected present value of all the remaining contractual cash flows.

| 5058 | orädd | fearless |
| | *adj* | |

David Kato var en modig människorättsförsvarare och en orädd förkämpe för hbt–personers rättigheter.
David Kato was a courageous human rights defender and fearless LGTB rights activist.

| 5059 | produktion | production |
| | *nn* | |

Produktion av liveunderhållningsevenemang, Nämligen, Konserter, levande musikuppträdanden.
Production of live entertainment events, namely, live music concerts and performances.

| 5060 | ansiktsuttryck | countenance |
| | *nn* | |

José Manuel Barrosos ansiktsuttryck under en stor del av det anförandet sa oss mer än alla hans ord här i förmiddag.
Mr Barroso's expression during much of that speech told us more than all of his words this morning.

| 5061 | snål | stingy |
| | *adj* | |

Försök att inte vara så snål nu... och ge springpojken mycket driks.
Now fight your deep urge to be cheap... and give the bellboy a large tip.

| 5062 | grillad | grilled |
| | *adj* | |

Ett fullständigt välgrundat forskningsprojekt som kommissionen har genomfört har, åtminstone i de finska tidningarna, redan lett till panik om huruvida Europeiska unionen nu kommer att förbjuda privata grillfester och vår favoriträtt på sommaren: grillad korv.
A totally legitimate research project carried out by the Commission has, at least in the Finnish newspapers, already developed into a scare about whether the EU is now going to ban private barbecues and our favourite summer treat, the grilled sausage.

| 5063 | orkan | hurricane |
| | *nn* | |

Även om det blir av,.. så kommer orkan biståndsgrupperna ändå att ha tillträde
And even if it does, the hurricane relief groups will still have access, all right?

| 5064 | inlagd | pickled |
| | *adj* | |

Då sa han, "Det finns ingen perfekt inlagd gurka, bara perfekta inlagda gurkor."
And he said, "There is no perfect pickle; there are only perfect pickles."

| 5065 | iaktta | watch |
| | *vb* | |

Eftersom kommissionen i detta hänseende har instruerat de behöriga nationella myndigheterna att vidta ändamålsenliga åtgärder för att registrera den aktuella importen i syfte att säkerställa det retroaktiva uttaget av den utvidgade antidumpningstullen, är dessa myndigheter skyldiga att iaktta denna skyldighet.
In that respect, since the Commission has directed the competent national authorities to take the appropriate steps to register the imports concerned in order to ensure the retroactive imposition of extended anti–dumping duties, those authorities are required to comply with that obligation.

| 5066 | militant | militant; militant |
| | *adj; nn* | |

Badruddin Haqqani är operativ befälhavare för Haqqani–nätverket, en talibanassocierad militant grupp med bas i norra Waziristan i de federalt administrerade stamområdena i Pakistan.

Badruddin Haqqani is the operational commander for the Haqqani Network,
a Taliban–affiliated group of militants that operates from North Waziristan
Agency in the Federally Administered Tribal Areas of Pakistan.

5067 sammantaget
adv

together

Det tar i genomsnitt 19 månader till dess att klagomål som inte leder till en formell underrättelse avslutas. Ärenden som avslutas i stadiet efter den formella underrättelsen men innan ett motiverat yttrande avges tar i genomsnitt 38 månader i anspråk. För de fall då ärendet avslutas efter det att ett motiverat yttrande har avgivits, men innan ärendet hänskjuts till EG–domstolen, är motsvarande siffra 50 månader. Detta ger sammantaget en genomsnittlig handläggningstid för alla ärenden på 26 månader.
It takes an average of 19 months to close a complaint before a letter of
formal notice is sent; 38 months when a case is closed between the letter of
formal notice and reasoned opinion; and 50 months when the case is closed
after the reasoned opinion and before the case is sent to the Court,
producing an average time for all cases of 26 months.

5068 sjukvård
nn

nursing | health card

Europaparlamentet uppmanar kommissionen att se till att alla medborgare som är berättigade till ett europeiskt sjukförsäkringskort kan erhålla kortet på begäran och att varje fall av felaktig tillämpning av reglerna korrigeras omedelbart. Parlamentet uppmanar medlemsstaterna att tillhandahålla upplysningar om varje eventuell tillkommande försäkring eller annan åtgärd som kan komma att krävas för att medborgare ska ha rätt till samma hälso– och sjukvård utomlands som hemma.
Calls on the Commission to ensure that all citizens entitled to the EHIC are
issued with the card on request, and that any misapplication of the rules is
corrected without delay; calls on Member States to provide information on
any additional insurance or other action that may be necessary for citizens
to be entitled to the same health care abroad as they enjoy at home;

5069 omtyckt
adj

popular

Den ståndpunkt han intog gjorde honom knappast omtyckt av de här männen, men han sökte inte deras vänskap.
His stance did little to endear him to those men, yet their friendship was not
what Jeremiah was seeking.

5070 klubba
nn; vb

club; club

Viss skada, kontusion och missfärgning är tillåten under förutsättning att den är liten och icke iögonenfallande och inte förekommer på bröst eller klubba.
Some damage, contusion and discoloration is permitted provided that it is
small and unobtrusive, and not present on the breast or legs.

5071 polisbil
nn

patrol car

En polisbil för hela Miami?
Yeah, but one squad car for all of Miami?

5072 engagerad
adj

engaged

EU har varit en engagerad partner till Nigeria och har fortsatt att ge ett starkt och konstruktivt stöd under de senaste månaderna av politisk osäkerhet.
The European Union has been a committed partner of Nigeria and has
continued to give strong and constructive support during the recent difficult
months of political uncertainty.

5073 vulkan
nn

volcano

Det står klart att vulkaner fortsätter att ha utbrott, såsom denna isländska vulkan har.
It is clear that volcanoes continue to erupt as this Icelandic volcano is doing.

5074 stiftelse

foundation

nn	Därför föreslår jag att vi inrättar en institution, en stiftelse för demokrati.
	That is why I propose the creation of an institution – a foundation for democracy.

5075 föreståndare **director|principal**

nn Daniel kallades senare "föreståndare för de magiutövande prästerna", men det är viktigt att lägga märke till att han aldrig slutade tillbe Jehova för att bli en stjärnskådande "himlaindelare".

Daniel was thereafter called "chief of the magic–practicing priests", but it is important to note that he never gave up Jehovah's worship to become a stargazing 'divider of the heavens.'

5076 lots **pilot**

nn För ett fartyg som lämnar en hamn i en medlemsstat: beräknad avgångstid från avgångshamnen eller bordningsplatsen för lots i enlighet med den behöriga myndighetens krav och beräknad ankomsttid till destinationshamnen.

For a ship leaving a port in a Member State: estimated time of departure from the port of departure or pilot station, as required by the competent authority, and estimated time of arrival at the port of destination;

5077 legendarisk **legendary**

adj Legendarisk frihetskämpe i Afghanistan.

Legendary freedom fighter in Afghanistan.

5078 delikat **delicate|delicious**

adj Frågan om huruvida Bruno Gollnisch immunitet bör bestå eller inte är delikat.

Whether or not Mr Gollnisch holds on to his immunity is a delicate subject.

5079 biograf **cinema|movie**

nn På samma sätt kan man inte ostraffat utlösa brandlarmet på en biograf.

Equally you cannot with impunity shout 'fire' in a cinema.

5080 landskap **landscape**

nn Europas finansiella landskap blir mer kommersiellt attraktivt.

The European financial landscape is becoming commercially more attractive.

5081 underrätta **inform|notify**

vb Garantitullkontoret ska underrätta borgensmannen och den person som är skyldig att ställa garantin om återkallelsen.

The customs office of guarantee shall notify the revocation to the guarantor and the person required to provide the guarantee.

5082 konspirationsteori **conspiracy theory**

nn Jag beklagar, men ni får söka efter en konspirationsteori någon annanstans.

I am sorry, you will have to look somewhere else for a conspiracy theory.

5083 bår **stretcher**

nn För sjuka eller skadade passagerare som ligger på bår skall priset uppgå till.

Sick or injured passengers travelling on a stretcher.

5084 arab **Arab**

nn Medlemsstaterna ska i enlighet med sin nationella lagstiftning samt i överensstämmelse med internationell rätt, särskilt relevanta internationella avtal om civil luftfart, vidta de åtgärder som är nödvändiga för att förhindra tillträde till flygplatser under deras jurisdiktion för all frakt av enbart varor som utförs av syriska lufttrafikföretag och alla flygningar som utförs av Syrian Arab Airlines.

Member States, in accordance with their national legislation and consistent with international law, in particular relevant international civil aviation agreements, shall take the necessary measures to prevent access to the airports under their jurisdiction of all exclusively cargo flights operated by Syrian carriers and all flights operated by Syrian Arab Airlines.

5085	**triumf**	**triumph**
	nn	Om ni lyckas med båda dessa saker, dvs. att få Turkiet att göra det lagen kräver och samtidigt se till att saker och ting går framåt i Cypern, skulle det verkligen innebära en stor triumf.
		If you succeed in doing both these things, that is to say, getting Turkey to do what the law requires of it while also moving things forward in Cyprus, that would be a very great triumph indeed.
5086	**dårhus**	**madhouse**
	nn	Jag fritar er från Operation Dårhus.
		I'm relieving you from Operation Bedlam.
5087	**adressat**	**addressee**
	nn	Om du vill söka efter en adress skriver du in adressen och klickar på Sök på kartan.
		To search for an address, enter the address and click Search Maps.
5088	**vidta**	**take**
	vb	Medlemsstaterna ska vidta nödvändiga åtgärder för att genomföra officiella kontroller för att se till att denna förordning följs.
		Member States shall take the necessary arrangements for official controls to be carried out in order to enforce compliance with this Regulation.
5089	**grymhet**	**cruelty|ferocity**
	nn	Demoniskt inflytande främjar fortfarande mänsklig grymhet, precis som Bibeln har förutsagt: "I de sista dagarna skall kritiska tider som är svåra att komma till rätta med vara här.
		Today, demonic influence continues to promote human cruelty, as was foretold in the Bible: "In the last days critical times hard to deal with will be here.
5090	**ostron**	**oyster**
	nn	Ordning med förhandsgodkännande för att sätta ut ostron och musslor från andra medlemsstater i nederländska kustområden.
		System of prior authorisation for the planting of oysters and mussels from other Member States in Netherlands coastal waters.
5091	**agg**	**grudge**
	nn	Jag har ingenting emot upphovsmannen, och jag tror inte heller att han hyser något personligt agg mot mig.
		I have nothing against the author, and I do not believe he bears me a personal grudge either.
5092	**läsning**	**reading**
	nn	Träning är för kroppen, vad läsning är för sinnet.
		What exercise is to the body, reading is to the mind.
5093	**bössa**	**gun**
	nn	Philadelphia– bor,Det här är den finaste bössa jag nånsin sett!
		Citizens of Philadelphia, this here's the most beautiful gun I'd ever hope to see!
5094	**ständig**	**constant**
	adj	Det finns en ständig anspänning och levnadsförhållandena blir alltmer outhärdliga.

There is constant tension and living conditions are becoming increasingly miserable.

5095	**sökmotor**	**search engine**
	nn	Till råga på allt visas dessa statusuppdateringar i Googles sökmotor.
		On top of that, Google's search engine will show these status updates.

5096	**umgänge**	**intercourse**
	nn	I Bauer, sp. 1375, sägs det under ordet porneia att det betyder allt slags "otukt, prostitution, varje slag av otillåtet sexuellt umgänge".
		Bauer, p. 693, says under the word por·nei'a that it means "prostitution, unchastity, fornication, of every kind of unlawful sexual intercourse."

5097	**förbund**	**covenant|association**
	nn	Där skall de återuppbygga Jerusalem och templet och återuppta sina plikter enligt det förbund som han ingick med dem genom Mose.
		There they will rebuild Jerusalem and the temple and resume their responsibilities under the covenant that he made with them through Moses.

5098	**förse**	**provide|kit out**
	vb	Den medlemsstat som planerar att förlänga gränskontrollen skall förse övriga medlemsstater och kommissionen med all relevant information om skälen för förlängningen av gränskontroll vid de inre gränserna.
		The Member State planning to prolong border control shall supply the other Member States and the Commission with all relevant information on the reasons for prolonging the border control at internal borders.

5099	**altare**	**altar**
	nn	En gudsman förkunnar Jehovas dom över det altare som används för kalvdyrkan i Betel.
		A man of God announces Jehovah's judgment against the altar for calf worship at Bethel.

5100	**älskande**	**loving**
	adj	Våra unga älskande tillsammans till sist!
		Our young lovers together at last!

5101	**skräckslagen**	**horror-struck**
	adj	Jag kände mig skräckslagen.
		I felt terrified.

5102	**kör**	**choir**
	nn	Jag kör dit er.
		I'll drive you there.

5103	**snusk**	**filth**
	nn	Du har snusk i blicken.
		You have a bit of dirt in your eyes.

5104	**kapitulera**	**capitulate**
	vb	Inför en så negativ attityd från rådets sida skulle vi ha kunnat resignera och kapitulera inför det omöjliga i att flytta på berget av medlemsstaternas byråkratiska krav, därigenom misskreditera Slimoperationen och strunta i företagens intressen, vilka oavbrutet bönfaller oss att minska deras administrativa bördor.
		We could have resigned ourselves to such a negative attitude from the Council and capitulated due to the impossibility of moving the mountain of Member States' bureaucratic requirements, thereby discrediting the SLIM initiative and ignoring the interests of undertakings which continue to ask for a reduction in their statistical burdens.

5105	**demonstrera**	**demonstrate**

	vb	Men tack vare att det är en visuell illusion kan vi enkelt demonstrera felet.

But the nice thing about visual illusion is we can easily demonstrate mistakes.

5106 lockande
adj; nn

attractive; attracting

Landets väldiga tillgångar är lockande för dess giriga grannländer.

The wealth of the country is appealing to its greedy neighbours.

5107 kvarleva
nn

remnant

Dagens förföljelse av kristna är en kvarleva från romarriket då kristna sågs som lovligt byte för mord och attacker.

The persecution of Christians in recent times is reminiscent of the days of the Roman Empire when Christians were seen to be fair game for murder and attack.

5108 relevant
adj; adv

relevant; to the point

Hur är detta relevant?

How is this relevant?

5109 dokumentär
adj

documentary

Jag höll på att titta på en dokumentär.

I was watching a documentary.

5110 läkemedel
nn

drug | medicines

Forskning och utveckling inom området för administrering av läkemedel.

Medical research and development in the field of drug delivery.

5111 självständig
adj

independent

Jag vill vara mer självständig.

I want to be more independent.

5112 klyftig
adj

clever

Utifrån enbart den här observationen, och klyftig matematik.

From this observation alone, and clever mathematics.

5113 bearbetning
nn

working

Bearbetning eller behandling av det slag som avses i denna artikel och som utförs utanför gemenskapen eller Albanien skall ske enligt förfarandet för passiv förädling eller liknande förfaranden.

Any working or processing of the kind covered by the provisions of this Article and done outside the Community or Albania shall be done under the outward processing arrangements, or similar arrangements.

5114 handväska
nn

handbag

Ni må ha bytt ut er politiska handväska mot en portfölj från Gucci.

You may have swapped the politics of the handbag for the politics of the Gucci briefcase.

5115 korn
nn

grain

Flytande lysterfärger och liknande preparat, fritta och annat glas i form av pulver, korn eller flingor.

Liquid lustres and similar preparations; glass frit and other glass in powder; granules or flakes.

5116 knuff
nn

shove

Här anser jag att det är värt att ge dem en knuff i rätt riktning i framtiden.

Here, I think, it is worth giving them a push in the right direction in future.

5117 dynga
nn

dung

Du tror sån här dynga aldrig hänt här förut?

You think this kind of shit hasn't happened here before?

5118 höns

nn poultry

Schnellhardt talade bl.a. om exemplet med hönsen och sade att vi har gjort en del.

Mr Schnellhardt gave the example of chickens and said that we had achieved something.

5119 förmögen

adj capable

Om en ledamot inte längre är förmögen att faktiskt bidra till arbetet i gruppen, eller avgår, kan kommissionens ordförande utse en ersättare från reservförteckningen, för den ursprunglige ledamotens återstående mandatperiod.

Where a member is no longer capable of contributing efficiently to the work of the group, or resigns, the President may appoint a replacement member from the reserve list, for the remaining duration of the original member's mandate.

5120 enas

vb agree (on)

En utmärkt startpunkt skulle vara att på ett moget sätt enas om en överenskommelse om 2006 års budget.

A very good place to start would be to reach in a mature way a consensual agreement on the 2006 budget.

5121 flertal

nn multiple

Jag har ett flertal kepsar.

I have several caps.

5122 i grund och botten

adv basically

Vi är även överens om att dessa förbindelser i grund och botten är annorlunda.

However, we also agree that these relations are fundamentally different.

5123 siden

nn silk

Jag vill köpa ägg, inte siden.

I want to buy eggs, not silk.

5124 kemikalier

nn chemicals

Det var nödvändigt att revidera metoden C.3 för att ta med ytterligare arter och för att uppfylla kraven beträffande farobedömning och klassificering av kemikalier.

Testing Method C.3 needed to be revised to include additional species and to meet the requirements for hazard assessment and classification of chemicals.

5125 genomgång

nn review

En intern genomgång kommer att göras av de fall revisionsrätten hänvisar till, där ingen källa för närvarande finns angiven.

In relation to the cases reported by the Court the cases currently shown without a source will be the subject of an internal review.

5126 intellekt

nn intellect

Det är lite av ett val mellan akademiskt och socialt intellekt.

It's kind of a trade-off between acedemic and social intelligence.

5127 duka

vb set the table | spread

I motsatt fall kommer hela branschen att duka under till följd av importen från USA och från länderna i Asien.

Otherwise, the whole sector will be brought to its knees by imports from the USA and Asia.

5128 helgad

adj sacred

Men jag vill också påminna kommissionen om att vi förväntar oss något när det gäller betalningsfristerna, för precis som några talare sagt är avtalsfriheten helgad, men den har också sina begränsningar och i praktiken är de som officiellt är fria kontrakt underkontrakt, som de som jag undertecknar när jag avtalar om elektricitet från en elleverantör.

However, we need to remind the Commission that we expect something to be done about payment periods, because, as some speakers have already said, contractual freedom is sacred but it also has its limits and, in practice, what are officially free contracts are in fact commitments, like the contract that I sign for electricity from an electricity supplier.

5129	**antik**	**antique**
	adj	

På basis av betydelsen av de här språken har den europeiska filologföreningen Euroclassica redan fastställt tester och nivåer för kunskaper i latin och står i färd med att utarbeta ett motsvarande program för antik grekiska.

In view of the importance of these languages, the European Union of Classicists, Euroclassica, has already established levels and certified competence in Latin; a similar programme is being prepared for Ancient Greek.

5130	**digital**	**digital**
	adj	

Den undre världen hotar samhället med nya metoder från en digital plattform.

The underworld is threatening society with new methods from a digital platform.

5131	**flina**	**grin**
	vb	

Du kan sluta flina, Jacob!

Lose the grin, Jacob!

5132	**katolsk**	**catholic**
	adj	

C. Parlamentet är mycket oroat över de incidenter som inträffade i Baucau mellan den 9 och den 11 juni 1996 då en religiös katolsk bild skändades och detta utlöste protester bland några hundratals ungdomar från Östtimor. De ansattes av de indonesiska säkerhetsstyrkorna, och resultatet blev att två demonstrerande ungdomar dödades, flera skadades och ett tiotal fängslades.

Parlement is deeply concerned at the incidents which occurred in Baukau between 9 and 11 June 1996 in the wake of the profanation of a Catholic religious image, involving protests by several hundred young Timorese which were repressed by the Indonesian security forces, with at least two of the young demonstrators being killed, large numbers wounded and several dozen being arrested.

5133	**domino**	**domino**
	nn	

Ett domino utan principer.

A domino effect.

5134	**blund**	**wink|shut eye**
	nn	

Prinsessan låg och blundade.

The princess lay with her eyes closed.

5135	**ode**	**ode**
	nn	

Det enda jag beklagar är att ni inte bjöd in mig att återigen framföra "Ode till glädjen" på säckpipa.

My only regret is that you did not invite me to repeat my performance of the Ode to Joy on the bagpipes.

5136	**parkeringsplats**	**parking lot**
	nn	

Köra ut från vägkanten och/eller en parkeringsplats!

Move off from the kerb and/or a parking space!

5137	**andlig**	**spiritual**

	adj	Hur har slavklassen gett tidsenlig andlig mat genom sin styrande krets, och varför är det passande att underordna sig slavklassen? *How has the slave class provided timely spiritual food through its Governing Body, and why is submission to the slave class fitting?*
5138	**högstadium**	**advanced stage**
	nn	Detta är särskilt viktigt inom mycket utsatta sociala grupper och för elever i motsvarande högstadium och gymnasium. *This is especially important among highly vulnerable social groups and for secondary school students.*
5139	**klassrum**	**classroom**
	nn	Var är Toms klassrum? *Where is Tom's classroom?*
5140	**fåtal**	**the few**
	nn	Den övergripande ramen för det europeiska programmet för skydd av kritisk infrastruktur skulle därmed regleras genom ett icke–bindande instrument medan ett fåtal nyckelkrav i fråga om europeisk kritisk infrastruktur skulle införas genom bindande åtgärder. *The overall framework of EPCIP would thereby be addressed by a non–binding instrument, while a few key requirements concerning ECI would be introduced through binding measures.*
5141	**bortskämd**	**spoilt**
	adj	Du är så bortskämd. *You're such a brat.*
5142	**ynklig**	**pitiful|paltry**
	adj	Juda tycks inte vara mer än en ynklig kustremsa i jämförelse med Egyptens och Etiopiens mäktiga riken. *Judah seems like a mere strip of coastland when compared with the powers of Egypt and Ethiopia.*
5143	**betydande**	**considerable**
	adj	Den psykologiska inverkan på jordbrukarna och landsbygdsbefolkningen är betydande. *The psychological impact on farmers and rural communities is considerable.*
5144	**fantisera**	**fantasize**
	vb	Tror du att du kan börja att fantisera, att det är så du kommer att känna med kapten Corelli? *Do you think that you could begin to imagine, that that is how you will come to feel with Captain Corelli?*
5145	**främlingsfientlig**	**xenophobic**
	adj	Därför motsätter vi oss kraftigt varje främlingsfientlig dramatisering av denna företeelse. *That is why we are opposed to any xenophobic dramatization of the situation.*
5146	**eko**	**reverberation**
	nn	Var femte mellanvakare ska vara försedd med en radarreflektor som ger ett eko på ett avstånd av minst två sjömil. *Every fifth intermediary marker buoys shall be fitted with a radar reflector giving an echo of at least 2 nautical miles.*
5147	**höna**	**chicken**
	nn	För mig verkar det som om EU har gjort en höna av en fjäder. *The EU has, it seems to me, made a mountain out of a molehill.*
5148	**utåt**	**outwards; out towards**

adv; prp	Profil för dörrar som öppnas utåt och för öppnade fotsteg för personvagnar och multipla enheter.
	Gauge of outwards opening doors and of opened steps for coaches and multiple units.

5149 herde

nn; adj

shepherd; shepherd

"Jehova är min herde".

"Jehovah is my shepherd".

5150 rubbad

adj

deranged

Denna balans blev något rubbad genom händelser i Afghanistan och internationella löften som Europeiska unionen gav i det sammanhanget.

This balance was slightly disrupted by events in Afghanistan and international pledges made there by the European Union.

5151 ödmjuk

adj

humble

Ödmjuk i kombination med action, full koll på planeringen - och så skidor, skidor och skidor igen.

Humble combined with action, in full control of the planning - and then skiing, skiing and skiing again.

5152 sabotage

nn

sabotage

Jag stöder gärna förslaget: Jag vill inte bli förknippad med dagens sabotage.

I do not wish to be associated with the sabotage that was perpetrated today.

5153 förundersökning

nn

preliminary investigation

Huvudfrågan gäller då om en förundersökning, som det rör sig om i detta fall, också skall omfattas av vår immunitet eller ej.

The principal question is then whether a preliminary investigation, as is involved in this case, shall also be covered by our immunity or not.

5154 styre

nn

rule

Fortfarande under utländskt styre, och utan självständighet, Indien och Kina är nere i hörnet.

Still under foreign domination, and without sovereignty, India and China are down in the corner.

5155 vägledning

nn

guidance

Vilken vägledning tänker kommissionen ge medlemsländerna i detta avseende?

What guidance does the Commission intend to give the Member States in this regard?

5156 inåt

adv; prp

inwards|inside; into

Den som ser inåt vaknar.

He who looks inwards awakens.

5157 krångla

vb

give trouble

Krångla inte nu.Kom tillbaka nu!

Don't act up again!

5158 utbilda

vb

train|form

Det belopp som anslås till de transeuropeiska näten har fördubblats. Det tillgängliga beloppet för livslångt lärande har ökats med 50 procent, så nu har mellan 30 000 och 40 000 fler unga över så gott som hela Europa möjlighet att utbilda sig.

The amount allocated to the trans–European networks has doubled; that available for lifelong learning has been increased by 50%, so now between 30 000 and 40 000 more young people virtually right across Europe, have the opportunity to learn.

5159 synvinkel

point of view

nn	Jag tänker i det här läget inte komma med några föreläsningar ur tysk synvinkel.
	I do not want to give any lectures from a German point of view in this situation.
5160 starr	**cataract**
nn	Det är också den största riskfaktorn för starr, vilket bara är som Alzheimers i ögat.
	It's also the biggest risk factor for glaucoma, which is just Alzheimer's disease of the eye.
5161 beslag	**confiscation**
nn	Om terrorister skulle lägga beslag på detta material skulle vi stå inför ödeläggelse.
	If terrorists were to get hold of this material we would be facing devastation.
5162 skölja	**rinse|douche**
vb	Samla upp fällningen genom att skölja absorptionskärlen med vatten (3.10) och tvätta degeln med 50 ml av samma vatten.
	Collect the precipitate by rinsing the absorbers with water (3.10) and wash the crucible with 50 ml of the same water.
5163 fiasko	**fiasco|failure**
nn	Kort sagt, ECB har gjort fiasko, vilket gör det nödvändigt att förkasta denna årsrapport.
	In short, the ECB's efforts have resulted in a flop that forces us to reject this annual report.
5164 machete	**machete**
nn	Jag såg nyligen massgraven i Rwanda med upp till en halv miljon människor som nedklubbats till döds med ett vapen kallat machete: endast ett enda vapen i handen på en man som dödar människa efter människa.
	I saw recently the mass grave in Rwanda of up to half a million people bludgeoned to death by physical weapons, called machetes: just a single weapon in the hand of one man killing person after person.
5165 veterinär	**veterinary; veterinarian**
nn; adj	En veterinär har en romans med den förre presidenten.
	Local vet finds romance with former president.
5166 utredare	**investigator**
nn	En sådan utredning bör därför genomföras av sakkunniga utredare under överinseende av ett oberoende organ eller institut så att intressekonflikter undviks.
	Such an investigation should therefore be carried out by qualified investigators under the control of an independent body or entity in order to avoid any conflict of interest.
5167 huvudkontor	**head office**
nn	Slutligen måste vi inrätta en tillsynsmyndighet och dess huvudkontor.
	Finally, we also have to establish a Supervisory Authority and its headquarters.
5168 publicera	**publish|publicize**
vb	Vid denna tidpunkt kunde Eurostat också publicera flertalet euroindikatorer för dessa länder.
	At this date, Eurostat was also in a position to publish most of the Euro indicators for these countries.
5169 predika	**preach**

	vb	Jesus citerade profetian i Jesaja 61:1, 2 och tillämpade den på sig själv som den som var utsänd av Jehova "till att predika frigivning för de fångna och återställelse av synen för de blinda".

Jesus quotes from Isaiah 61:1, 2, applying it to himself as sent by Jehovah "to preach a release to the captives and a recovery of sight to the blind."

5170 himmelrike — **Heaven**

nn

Jag skulle säga "Jag tror på Gud Himmelrike!"

I'll tell you, "I believe in God's Kingdom!"

5171 svep — **sweep**

nn

Batymetriska system som konstruerats för topografisk kartläggning av havsbottnen med brett svep, och har samtliga följande egenskaper:

Wide–swath bathymetric survey systems designed for sea bed topographic mapping, having all of the following:

5172 shopping — **shopping**

nn

Förslaget är också en garanti för ett slut på " asylum shopping ".

This proposal also puts an end to 'asylum shopping '.

5173 nitton — **nineteen**

num

Användningsgraden av denna möjlighet på 15 miljoner ecu har varit ganska låg: i augusti 1997, fyra och ett halvt år efter det att finansieringskontrakten undertecknats och nitton månader efter det att den ursprungliga fördelningsperioden löpt ut, hade 100 % av det globala lånebeloppet fördelats, men endast 42 % hade betalats ut.

The utilisation rate of this ECU 15 million facility has been rather low: at August 1997, four and a half years after the finance contracts were signed and nineteen months after the initial allocation period had expired, 100 % of the global loan amount had been allocated but only 42 % disbursed.

5174 arbetskraft — **manpower**

nn

Det verkliga målet är inte att införa påföljder mot arbetsgivare som på ett barbariskt sätt exploaterar invandrare som arbetskraft utan tvärtom att bestraffa, arrestera och på ett brutalt sätt förvisa invandrare till deras ursprungsländer.

The real objective is not to impose sanctions against employers who barbarically exploit immigrant workers; on the contrary, it is to punish, arrest and violently deport immigrants to their countries of origin.

5175 syndabock — **scapegoat**

nn

Vad ska prinsen med honom till? – Ny syndabock

What's the prince want him for? "New scapegoat."

5176 växande — **growing**

adj

Det europeiska statistiksystemet står för närvarande inför en rad utmaningar: ökad efterfrågan på statistik av hög kvalitet, ett växande behov av komplex, flerdimensionell statistik, nya aktörer på informationsmarknaden, begränsade resurser, behovet av att ytterligare minska uppgiftslämnarbördan samt diversifieringen av kommunikationsverktyg.

The ESS is currently facing a number of challenges: increasing demand for high–quality statistics, a growing need for complex multidimensional statistics, the appearance of new actors on the information market, constraints on resources, the need to further reduce the statistical burden on respondents as well as the diversification of communication tools.

5177 utantill — **by heart**

adv

Kan du mitt nummer utantill?

Do you know my number by heart?

5178 isolering — **insulation**

nn	Det är härvid angeläget att skärpa kontrollen och uppföljningen av reglerna om material, isolering och byggande som finns i alla länder.
	Enforcement and monitoring of rules on materials, insulation and building should be strengthened for all countries.

5179 overklig — **unreal | fancied**

adj Det är verkligen en overklig känsla, för normalt sett har du en stor sak, ett flygplan, runtom dig.

It's really an unreal feeling, because normally you have a big thing, a plane, around you.

5180 visum — **vise**

nn Vitryska och ukrainska medborgares erhållande av visum (debatt).

Cost of obtaining a visa for Belarusian and Ukrainian citizens (debate).

5181 kvarn — **grinder | mill**

nn Detta ger euroskeptikerna vatten på sin kvarn.

That is grist to the eurosceptics' mill.

5182 bestående — **consisting | permanent**

adj Omalen agar förekommer vanligen i knippen bestående av tunna, membranliknande, hopklumpade remsor eller i skurna, flingade eller granulerade former.

Unground agar usually occurs in bundles consisting of thin, membranous, agglutinated strips, or in cut, flaked or granulated forms.

5183 sökning — **search**

nn Sökning efter finansiering.

Searching for financing.

5184 mutad — **bribed**

adj En FBI agent beslöt sig för att bli mutad!

A FBI agent decided to go off payroll!

5185 återhämta — **renew**

vb Man hävdar att åratal av stränga åtgärder för att bevara bestånden och låta dem återhämta sig har misslyckats och att endast ett totalstopp i dessa fiskevatten kan möjliggöra en verklig återhämtning.

It claims that years of stringent conservation measures have failed to rebuild stocks and that only the total shutdown of these fishing grounds will enable any meaningful recovery.

5186 återskapa — **recreate**

vb Europeiska rådet betonade också behovet att genomföra en differentierad, tillväxtfrämjande finanspolitisk konsolidering, att återskapa normala lånevillkor i ekonomin, att främja tillväxt och konkurrenskraft, att bekämpa arbetslösheten och krisens sociala konsekvenser och att modernisera den offentliga förvaltningen.

It underscored the need to pursue differentiated, growth–friendly fiscal consolidation, to restore normal lending conditions to the economy, to promote growth and competitiveness, to tackle unemployment and the social consequences of the crisis, and to modernise public administration.

5187 avliden — **deceased**

adj Om givaren till exempel är avliden förutsätter man i vissa medlemsstater att samtycke föreligger medan så inte är fallet i andra medlemsstater.

For example, if the donor is deceased, some presume consent whereas others do not.

5188 hormon — **hormone**

	nn	Detta specifika hormon är – enligt kommitténs beskrivning – tydligt cancerframkallande.
		This particular hormone is – as described by the committee – clearly a carcinogen.

5189 hagelgevär — **shotgun**

nn

I mitt eget land behöver jag en vapenlicens för att äga ett hagelgevär men inte för att börja med vapenförsäljning i min trädgårdsbod.

In my own country I would need a licence to own a shotgun but not to set up as an arms broker in my garden shed.

5190 kommun — **municipality|county**

nn

Finspångs kommun Kontaktperson: Stig Karlsson, Personalchef

The municipality of Finspång Contact information: Stig Karlsson, Personalchef

5191 övergrepp — **encroachment**

nn

Asean har börjat agera kraftfullare mot militärregimens övergrepp i Burma och kräver att Burma förbättrar sina resultat på människorättsområdet och ansluter sig till demokratins principer.

ASEAN has started to take a more robust stance against the abuses by the military regime in Burma and insists that Burma improve its human rights record and embrace democracy.

5192 klot — **globe|bowl**

nn

Ett klot, en strike, en miljon.

One ball, one strike, $1 million.

5193 kristall — **crystal**

nn

Blanda och skaka i en mekanisk skakapparat tills kristaller bildas.

Mix and shake in a mechanical shaker until crystals appear.

5194 broms — **brake|horsefly**

nn

Det är detta vi behöver för att kunna tala om en effektiv broms mot detta blodbad.

That is what we need to put an effective end to this carnage.

5195 visuell — **visual**

adj

Men tack vare att det är en visuell illusion kan vi enkelt demonstrera felet.

But the nice thing about visual illusion is we can easily demonstrate mistakes.

5196 snarka — **snore**

vb

Det är det inte att snarka på j– o– b– b– e– t heller.

Neither is catching Zs on the J– O– B.

5197 fåfänga — **vanity|idleness**

nn

Det är fåfänga förhoppningar herr Sarkozy, eftersom ni inte ens kan övertyga de anställda i Paris tunnelbana.

Vain hopes, Mr Sarkozy, since you are unable to convince even the Paris metro workers.

5198 kafé — **café**

nn

Telefonnummer och adress till respektive kafé hittar du här

Phone numbers and addresses for each café can be found here.

5199 förstasida — **front page**

nn

Du kan kontakta sekretariatet genom att klicka på Kontakta registret på registrets förstasida.

The joint Transparency Register Secretariat can be contacted through the "contact the register" button on the home page of the register.

5200 praktik — **practice|experience**

	nn	En sådan åtgärd har enligt kommissionen till följd att tandläkare som är verksamma och bosatta i en annan medlemsstat hindras att starta en andra praktik i Italien eller arbeta där som anställda.
		According to the Commission, such a measure has the effect of preventing dentists established and resident in another Member State from opening a second surgery or from working as employees on Italian territory.
5201	**begränsa**	**limit|restrict**
	vb	Av säkerhetsskäl och för att inte skada människors hälsa är det därför nödvändigt att begränsa användningen.
		It is necessary, for safety and public health reasons, to restrict their use.
5202	**förberedelse**	**preparation|preliminary**
	nn	Förslag till gemensam resolution om förberedelse av Europeiska rådet i Nice.
		Joint motion for a resolution on the preparation of the Nice European Council.
5203	**komplex**	**complex; block**
	adj; nn	Det är en komplex, mångdimensionell sektor med varierande sociala särdrag.
		It is a complex, multidimensional sector with dispersed social characteristics.
5204	**napp**	**teat**
	nn	På sjunde hotellet fick vi napp, svensk familj kom en timme före mordet..
		I've sald nothing so far. I'm afraid that if the killers learn his identity..
5205	**lus**	**louse**
	nn	Det värmer filten om natten och kväver varje lus!
		It warms the blankets on cold winter nights and suffocates all the fleas!
5206	**missbruk**	**abuse|addiction**
	nn	Detta är ett missbruk av de enskilda ledamöternas parlamentariska oberoende!
		This is an abuse of the parliamentary independence of individual Members!
5207	**ändamål**	**purpose|object**
	nn	Anordnande av utställningar och salonger för kommersiella ändamål eller reklamändamål.
		Organisation of exhibitions and fairs for commercial or advertising purposes.
5208	**agerande**	**acting**
	nn	Eftersom det villkor för gemenskapens utomobligatoriska skadeståndsansvar som rör institutionens agerande således inte är uppfyllt skall talan ogillas utan att det behöver prövas huruvida de andra villkoren för nämnda ansvar är uppfyllda.
		Since the condition which gives rise to the non–contractual liability of the Community has not therefore been satisfied in the present case, the action must be dismissed and it is unnecessary to consider the other conditions for non–contractual liability.
5209	**irrelevant**	**inapplicable|irrelative**
	adj	Det finns inga uppgifter om att det skulle ha förekommit någon dumpning eller subventionering innan den situation som bedöms i det här förfarandet uppkom. Denna fråga är därför irrelevant.
		In the absence of any information on the existence of dumping or subsidization prior to the situation assessed in the present proceeding, this issue is considered irrelevant.
5210	**slumpmässig**	**random**

adj

Transporterna är många, bandet med den ansvarige uppfödaren brutet, spårbarheten slumpmässig.

It is transported many times, the link with the original breeder is broken and traceability becomes unreliable.

5211 ort

nn

place

Ett par andra ledamöter föreslog att vi skulle koncentrera stödet till en ort, nämligen Famagusta.

A couple of other Members suggested that we should concentrate our support on one place: Famugusta.

5212 primär

adj

primary

Inom ramen för programmet kan en centralbank i Eurosystemet besluta att köpa godtagbara säkerställda obligationer från godkända motparter på primär– och sekundärmarknader i enlighet med de regler som framgår av detta beslut.

Under the programme, a Eurosystem central bank may decide to purchase eligible covered bonds from eligible counterparties in the primary and secondary markets according to the eligibility criteria contained in this Decision.

5213 tävlande

nn; adj

competitor; competing

Jag fick veta av denna killen, att de tävlande är förlorare mot fram svepningar.

I found out from this guy, tournament guys are suckers for front sweeps.

5214 otrohet

nn

infidelity

Svek: "Otrohet inbegriper vanligtvis svek, dvs. att svika ett förtroende."

Deceit: "Infidelity usually involves deceit, and deceit, pure and simple, is a betrayal of trust."

5215 inspektion

nn

inspection

Parterna skall se till att inspektionsrapporter vidarebefordras inom högst 10 kalenderdagar, vilket förlängs till 20 dagar om en ny inspektion genomförs.

Parties will ensure that inspection reports are forwarded in no more than 10 calendar days, this period being extended to 20 days should a new inspection be carried out.

5216 utomstående

nn

outsider

Kommissionen erhöll yttranden från berörda utomstående parter, vilka kommissionen skickade till de tyska myndigheterna genom en skrivelse av den 16 maj 2007.

It transmitted the comments to the German authorities by letter dated 16 May 2007, giving them the opportunity to respond to the comments within one month.

5217 obekväm

adj

uncomfortable

Första steget på vägen är att visa modet att under vänskapliga former säga sanningen, även om den är obekväm eller kommer oläghligt.

The first step along that road is having the courage to speak the truth in all friendliness, however uncomfortable or inconvenient that truth may be.

5218 blockerad

adj

blocked

Blockerad syretillförsel till hjärnan, med bestående konsekvenser.

Oxygen flow to brain blocked, with permanent consequences.

5219 snickare

nn

carpenter

Det betyder att det om fem till tio år inte kommer att finnas tillräckligt många utbildade snickare, rörmokare, och så vidare för att klara efterfrågan.

That means that possibly in five to ten years time there will not be sufficient skilled workers in carpentry, plumbing, building and so on to meet the demand.

5220 bussig
adj
busy
Sjakalen, är du bussig?
Jackall, are you busy?

5221 ovetande
adj
unaware
Föräldrarna lämnas ovetande om vad som händer och uppmanas t.o.m. av förvaltningen att ingenting säga.
Parents are left in the dark about what is going on and are even invited by the administration to say nothing.

5222 rengöra
vb
clean|cleanse
Detta gick att åstadkomma genom att använda kommissionen och parlamentet som disktrasor för att rengöra bordet.
This was achieved by using the Commission and Parliament as dishcloths to wipe the table clean.

5223 tjänstgöring
nn
duty
Det bärande inslaget i dessa projekt för att stärka banden mellan myndigheterna kommer att bli att långsiktigt ställa experter från medlemsstaterna till förfogande för tjänstgöring i kandidatländerna och att i medlemsstaterna ta emot praktikanter från kandidatländerna.
The backbone of these twinning projects will be the long–term secondment of experts from the Member States in the candidate countries and the hosting of trainees from the candidate countries in the Member States.

5224 näring
nn
nutrition
Jag vill gärna göra er uppmärksamma på, att fiskerinäringen är en mycket viktig näring.
I would like to point out that the fishing industry is a very important industry.

5225 löneförhöjning
nn
rise in salary
Sökanden är före detta vice generaldirektör för kommissionens rättstjänst och gick i pension i februari 2005. Han var före anställningens upphörande placerad i lönegrad A*16 och hade fram till slutet av år 2004 åtnjutit den löneförhöjning som föreskrivs i artikel 7.4 i bilaga XIII till tjänsteföreskrifterna.
*The applicant, former Deputy Director–General of the Commission's Legal Service, who retired in February 2005, was classified, before leaving the service, at grade A*16 and benefited, until the end of 2004, from the increase in salary provided for in Article 7(4) of Annex XIII to the Staff Regulations.*

5226 stökig
adj
untidy
Det här direktivet hade en ganska stökig inledning men till slut så är resultatet ändå bra.
The present directive got off to a messy start, but we now finally have a good document on the table.

5227 debatt
nn
debate
Vi har bara en debatt, men ett antal mycket viktiga frågor.
We have one debate, but a number of very important topics.

5228 tyg
nn
fabric|material
Deras synfält inskränks med hjälp av ett galler av tyg, som liknar en bur.
Their view is limited by a guard of fabric, as if they were looking through a cage.

5229 minnesförlust
nn
loss of memory
Låter som världsomfattande minnesförlust.

Sounds like a world– class case of amnesia.

5230 talesman
nn

spokesman

Som talesman för gruppen Unionen för nationernas Europa (UEN) vill jag tacka föredraganden för hans träffsäkra analys av detta mångfacetterade problem, vars lösning ligger i att kraftigt minska det antal områden där fattigdom, arbetslöshet och social utslagning råder.

On behalf of the Union for Europe of the Nations Group, I should like to thank the rapporteur for his accurate depiction of this complex problem, the solution to which is to slash the number of areas of poverty, unemployment and social exclusion.

5231 protein
nn

protein

Angående: Industrifisket och förbudet mot bearbetat animaliskt protein

Subject: Fishing for industrial purposes and the ban on processed animal protein

5232 vinnande
adj

winning

I det nationella målet rör beslutet att godta den vinnande företagssammanslutningens ändrade sammansättning däremot omständigheter som inträffade efter det att kontraktet hade tilldelats och efter det att den i nationell rätt föreskrivna talefristen på 30 dagar hade löpt ut.

However, in the dispute in the main proceedings, the decision authorising the change in composition of the consortium to which the contract had been awarded concerns events which happened after the contract had been awarded and after the expiry of the 30–day period for bringing an action laid down by national law.

5233 image
nn

image

Slaktkroppar av gris ska klassificeras med hjälp av instrumentet CSB Image–Meater.

Grading of pig carcases is carried out by means of the apparatus known as 'CSB Image–Meater'.

5234 teoretiskt
adv

theoretical

Det var teoretiskt möjligt att på grundval av kapacitetsrapporterna beräkna hur länge driftstoppen skulle pågå för att jämvikt skulle uppnås mellan utbud och efterfrågan" (punkt 70 i övervägandena i beslutet).

In theory, the amount of downtime required to bring supply and demand back into balance could be calculated from the capacity reports' (point 70 of the Decision).

5235 stroke
nn

stroke

Stroke (slaganfall) innebär en snabb förlust av hjärnfunktioner som följd av bristande syreförsörjning.

Stroke involves a rapid loss of brain functions as a consequence of insufficient oxygen supply.

5236 dansande
adj

dancing

Öh, det stod Dansande Zorba's

That place is Dancing Zorba's.

5237 gnista
nn

spark

Och den allra minsta gnista av värme får dem till att bli som malar.

And the tiniest spark of warmth will bring them in like moths.

5238 salva
nn

ointment|volley

Det är speciellt viktigt om du tar, eller nyligen har tagit något av följande läkemedel: • kortisontabletter eller kortisoninjektioner • kortisonkräm eller salva • läkemedel mot astma • ritonavir som används för att behandla HIV • ketokonazol som används för att behandla svampinfektioner

It is especially important to tell your doctor if you are taking, or have recently taken any of the following medicines: -steroid tablets or injected steroids - steroid creams medicines for asthma - ritonavir, used to treat HIV - ketoconazole, used to treat fungal infections

5239	**frälsa**	**save|rescue**

vb

De trodde på predestinationsläran och att Gud hade förutbestämt vilka människor han skulle frälsa och vilka han skulle döma till evig pina i ett brinnande helvete.

They embraced predestination and held that God had foreordained which humans he would save and which he would damn to eternal hellfire.

5240	**arrangera**	**arrange (for)**

vb

I avsaknad av ett gällande internationellt beslut om ibruktagande av lager, men om det har uppstått problem med leveranser av råolja eller petroleumprodukter till gemenskapen eller till en medlemsstat, ska kommissionen informera IEA i tillämpliga fall och på lämpligt sätt agera i samordning med IEA samt på begäran av en medlemsstat eller på eget initiativ snarast arrangera ett möte med samordningsgruppen.

In the absence of an effective international decision to release stocks but when difficulties arise in the supply of crude oil or petroleum products to the Community or to a Member State, the Commission shall inform the IEA where applicable, and coordinate with it as appropriate, and arrange a consultation of the Coordination Group as soon as possible, either at the request of a Member State or on its own initiative.

5241	**uppmana**	**invite**

vb

Kommissionen kommer aktivt att uppmana medlemsstaterna att fullgöra sina åtaganden.

The Commission will actively call on the Member States to honour their commitments.

5242	**övervinna**	**overcome|conquer**

vb

När det gäller kandidatländerna måste Europeiska unionen anstränga sig för att få deras solidaritet för att så snabbt som möjligt nå ett medvetande så att de åtgärder som rekommenderas i detta betänkande kan antas, för där kan motståndet vara starkare och svårare att övervinna.

The European Community must strive to gain the support of applicant countries to ensure that awareness is raised as rapidly as possible, so that the measures recommended in this report can be adopted, since there may be greater resistance in those countries, which could be difficult to overcome.

5243	**trädgårdsmästare**	**gardener**

nn

Kommissionen får fortfarande klagomål på tjänster som värdstaten reserverat för sina medborgare, fastän arbetsuppgifterna inte inbegriper offentlig myndighetsutövning och ansvar för att bevaka statens allmänna intressen (t.ex. trädgårdsmästare, elektriker, bibliotekarier osv.).

The Commission still receives complaints about posts restricted to nationals of the host Member State which clearly do not involve public authority and responsibility for safeguarding the general interests of the State (e.g. gardener, electrician, librarian etc).

5244	**kattunge**	**kitten**

nn

Jag hittade en kattunge på ängen när jag var liten.

I once found a kitten in the meadow when I was a little girl.

5245	**gås**	**goose**

nn

Kära kolleger! Vi står i dag inför ett relativt ovanligt förfarande som förtjänar att gås igenom för att var och en skall kunna rösta med full kännedom om de explicita och implicita utmaningarna i detta ärende.

Ladies and gentlemen, we are now facing a fairly unusual procedure which deserves a detailed explanation so that everyone can vote in the full knowledge of what is explicitly and implicitly at stake in this matter.

5246 utstå **endure | pass through**
vb
De får utstå prövningar både politiskt och ekonomiskt sett, och även i sina vardagliga liv.
They suffer politically, they suffer economically, they suffer in their daily lives.

5247 halta **limp**
vb
Läkare och föräldrar bör vara uppmärksamma på om patienten börjar halta eller klaga på höft–eller knäsmärtor i samband med behandling med NutropinAq/
Physicians and parents should be alert to the development of a limp or complaints of hip or knee pain in patients treated with NutropinAq.

5248 densamma **same**
prn
Det räcker dock med att konstatera att kommissionen gjorde en riktig bedömning när den fann att om familjebanden mellan makarna Chakroun hade knutits före Mohamed Chakrouns inresa i gemenskapen, skulle den inkomst som beaktas vid prövningen av Rhimou Chakrouns ansökan ha motsvarat minimilönen, och inte 120 procent av densamma.
However, it is sufficient to note, as has been rightly contended by the Commission, that if, in the main proceedings, the family relationship between the Chakrouns had existed before Mr Chakroun's entry into the territory of the Union, the amount of income taken into consideration in the examination of Mrs Chakroun's application would have been the minimum wage and not 120% thereof.

5249 knut **knot**
nn
Europeiska gemenskapernas kommission har den 22 september 2004 väckt talan vid Europeiska gemenskapernas domstol mot Republiken Frankrike. Sökanden företräds av Knut Simonsson, i egenskap av ombud, med delgivningsadress i Luxemburg.
An action against the French Republic was brought before the Court of Justice of the European Communities on 22 September 2004 by the Commission of the European Communities, represented by Knut Simonssen, acting as Agent, with an address for service in Luxembourg.

5250 eventuellt **eventually**
adv
Jag hade bett administrationen att eventuellt sprida den informationen igen.
I had asked the services to perhaps make this generally known once again.

5251 förnybar **renewable**
adj
Det är en energikälla som ligger mitt emellan förnybar och icke–förnybar energi.
It is an energy resource which is halfway between being renewable and non–renewable.

5252 allians **alliance**
nn
EU är desperat att pussla ihop denna riskabla allians, så länge som den inte inbegriper amerikanerna.
So desperate to create any patchwork, hazardous alliance as long as it does not involve the Americans.

5253 massaker **massacre**
nn
George Bushs och Tony Blairs invasion och ockupation av Irak har förvandlats till en massaker på oskyldiga människor, värre än under den ondskefulle Saddams skräckvälde.

Mr Bush's and Mr Blair's invasion and occupation of Iraq has turned into a
bloodbath of innocent people, worse than during satanic Saddam's rule of
terror.

5254 **anarkist**

nn

anarchist

Leila är inte anarkist.

Leila is no anarchist.

5255 **valuta**

nn

currency

Valutapar som består av en ERM II–valuta å ena sidan och en annan valuta
än euron eller en annan ERM II–valuta å andra sidan bör dock anses vara
”relevanta”.

However pairs formed by an ERM II currency on one side and a currency
other than the euro or another ERM II currency on the other side should be
considered 'relevant'.

5256 **mässa**

nn; vb

fair | exhibition; chant

Under alla omständigheter måste ett beslut om att en ekonomisk aktör från
EU inte får delta i, eller utestängs från, en mässa eller en utställning kunna
motiveras med sakskäl som skall gå att pröva rättssligt.

At all events, any decision whereby an operator from the Community is not
admitted to, or is excluded from, a fair or exhibition must be substantiated
and must be open to judicial review.

5257 **huruvida**

conj

whether

Poängen är huruvida hon kommer att läsa brevet eller ej.

The point is whether she will read the letter or not.

5258 **talan**

nn

suit

De har dels bestritt att artikel 122 i varumärkesförordning nr 207/2009 är
tillämplig i det aktuella målet, dels att talan skulle vara väckt för tidigt, att
det är obligatoriskt att inleda förfarandet vid kommissionen innan talan
väcks, att harmoniseringsbyrån inte skulle kunna ha ställning som svarande
och att tribunalen saknar behörighet.

They dispute, first, the applicability of Article 122 of Trade mark Regulation
No 207/2009 to the present case and, secondly, the arguments that their
action is premature, that the procedure before the Commission is mandatory,
that OHIM has no legal standing and that the General Court has no
jurisdiction.

5259 **inleda**

vb

initiate | commence

När kommer kärnvapenländerna att inleda verkliga förhandlingar om
avveckling?

When will the nuclear nations begin real negotiations on nuclear
disarmament?

5260 **befängd**

adj

absurd

Tanken, idén eller föreställningen om att Storbritanniens energi eventuellt
skulle kunna kontrolleras av något slags avtal med en gangster som Vladimir
Putin är fullkomligt befängd.

The thought, the idea or the concept that United Kingdom energy could
possibly be controlled by some sort of arrangement with a gangster like
Putin is absolutely ludicrous!

5261 **såväl**

adv

as well

Därför anser jag också att vi, det vill säga Europeiska unionen, så fort som
möjligt – till exempel vid nästa session i FN:s generalförsamling – borde
anstränga oss ordentligt för att fastställa en definition av terrorism som är
väsentlig och som också kommer att underlätta ett riktigt samarbete mellan
stater, på såväl EU–nivå som global nivå.

I accordingly believe that we, that is to say the European Union, should make a significant effort, as quickly as possible – at the next UN General Assembly, for example – to secure a definition of terrorism, which is vital and which will also facilitate genuine cooperation between states, at European level and also at world level.

5262 mållinje
nn
goal line
ATT gå i skolan utan att ha ett slutmål är som att springa ett lopp utan mållinje.
GOING through school without a goal is like running a race on a track that has no finish line.

5263 optimistisk
adj
optimistic
Kommissionen är dock aningen för optimistisk i sin bedömning.
The Commission, in its estimation, however, is rather gratuitously optimistic.

5264 transportera
vb
transport|convey
Det behövs läkare, och det behövs sätt att transportera ut skadade ur Libyen.
Doctors are needed, and there needs to be a way of transporting the wounded out of Libya.

5265 traditionell
adj
traditional
Traditionell österrikisk "Bergkäse".
Traditional Austrian 'Bergkäse'.

5266 befallning
nn
command
Bileam försökte urskulda sig och klandrade Jehova för att han inte hade lyckats förbanna Israel. Han sade att han inte kunde "överträda Jehovas befallning" och att han var tvungen att tala "det Jehova talar".
Balaam tried to excuse himself, blaming Jehovah for his failure at cursing Israel, saying he was not "able to pass beyond the order of Jehovah," and that 'whatever Jehovah said is what he had to speak.'

5267 avbrott
nn
interruption|cessation
Kommissionen får anta en genomförandeakt enligt artikel 5 om förlängning av övergångsbestämmelserna i punkterna 1 och 2 i den här artikeln med ytterligare sex månader, under exceptionella omständigheter, när en sådan åtgärd är nödvändig och rimlig för att undvika avbrott på internationella finansiella marknader.
The Commission may adopt an implementing act under Article 5 extending the transitional provisions in paragraphs 1 and 2 of this Article by a further six months, in exceptional circumstances where it is necessary and proportionate to avoid disruption to international financial markets.

5268 fika
vb
have coffee
Så jag undrarom du har lust att snacka över en fika, bara?
So I was wondering if we could finish it over a cup of coffee?

5269 bandspelare
nn
tape recorder
Denna exportör hävdade att metallkassettband är kassettband av mycket hög kvalitet som efterfrågas av specialister och kräver en bandspelare med en särskild bandtypsväljare för att bandets kvalitet skall komma till sin rätt.
This exporter submitted that metal audio cassettes are extremely high quality cassettes bought by specialist consumers and require a cassette recorder with a specific key–function to appreciate their true quality.

5270 komplikation
nn
complication
En kvinna dör av en graviditetsrelaterad komplikation varje minut.
Every single minute, there is a death following a pregnancy–related complication.

5271	**löpare** *nn*	**runner** Och så hörde jag att de hade friidrottstävlingar för alla funktionshindrade löpare, så jag tänkte att, nja, jag vet inte, men innan jag dömer ut det ska jag se vad det är. *And I heard that they do these track meets with all disabled runners, and I figured, "Oh, I don't know about this, but before I judge it, let me go see what it's all about."*
5272	**frimärke** *nn*	**stamp** Det är den berömda ökningen med en penny för ett frimärke, eller ingen ökning alls. *It is the famous increase of a penny per stamp, or no increase at all.*
5273	**uppskattad** *adj*	**welcome** Praktiken är väldigt uppskattad av studenterna, säger Carina Lundmark. *The internship is very appreciated by the students, says Carina Lundmark.*
5274	**tekniker** *nn*	**technician** En teknokrat är rätt och slätt en tekniker som man tycker illa om, det är allt. *A technocrat is merely a technician whom one dislikes, that is all.*
5275	**blödning** *nn*	**bleeding** Jag erinrar om att det europeiska kapitalets blödning mot Förenta staterna har multiplicerats med nio på sex år, och uppgick förra året till 220 miljarder dollar. *I would reiterate that, over six years, there has been a nine–fold increase in the amount of European capital flowing to the United States which, last year, reached over USD 220 billion.*
5276	**vax** *nn*	**wax** Bin värderas efter vad de levererar ifråga om honung och vax, och det är alldeles för litet. *Bees are valued in terms of the amount of honey and wax they produce but that undervalues them.*
5277	**pytteliten** *adj; nn*	**weeny; lilliputter** Jag var Gulliver–Fatuzzo, pytteliten, och var omgiven av jättelika män. *I was Gulliver–Fatuzzo, a minuscule man, and I was surrounded by giants.*
5278	**originell** *adj*	**original** Det utgör en originell och fantasifull logotyp som även utan orddelen FERRÓ, ur konsumentens synvinkel skulle kunna anses representera de varor som avses med det sökta varumärket på grund av dess enkelhet och symmetriska utformning. *It is an original and imaginative logo which, even without the verbal element 'FERRÓ', could be remembered by the consumer as designating the goods covered by the mark applied for because of its simplicity and symmetrical configuration.*
5279	**medföra** *vb*	**result in | bring** Inom de operativa programmen skall resurserna riktas mot de viktigaste behoven och fokuseras på de verksamhetsområden där stöd från ESF kan medföra påtaglig effekt i riktning mot måluppfyllelse för programmet. *Within operational programmes, resources shall be directed towards the most important needs and focus on those policy areas to which ESF support can bring about a significant effect in view of the attainment of the objectives of the programme.*
5280	**livsfarlig** *adj*	**life-threatening** ett tag bara en mindre irritation, nu potentiellt livsfarlig.

Once merely an irritation, now potentially lethal.

5281	**formel**	**formula**
	nn	Kemins språk är universellt, och varje kemisk formel är unik.

The language of chemistry is universal, and each chemical formula is unique.

5282	**repetition**	**repetition**
	nn	SwedishDen var snarare mer påverkad av en önskan att förhindra en repetition av BSE och mul- och klövsjukan.

They were rather more influenced by a wish to prevent any repetition of the BSE and foot and mouth disasters.

5283	**strikt**	**strictly**
	adv	Räkenskapsföraren skall se till att villkoren för bankkontona strikt efterlevs.

The accounting officer shall ensure strict compliance with the operating terms for accounts opened with financial institutions.

5284	**artighet**	**courtesy**
	nn	Om du i så fall lär dig att visa sådan artighet, kommer du att få rykte om dig att vara balanserad och artig.

Then learning to extend this courtesy will enhance your reputation as a poised, mannerly person.

5285	**hårig**	**hairy**
	adj	Dem, den där är hårig och går på fyra ben.

They, that one, is hairy and walking on four legs.

5286	**strömning**	**stream|streaming**
	nn	Internettjänster, nämligen strömning av ljud och audiovisuellt material på Internet.

Internet services, namely, streaming of audio and audio visual material on the Internet.

5287	**kandidera**	**run for**
	vb	Iran har signalerat att man kan komma att kandidera till valet till rådet.

Iran has signalled that it might run in the elections for a place on the Council.

5288	**lyssnare**	**listener**
	nn	Utskottet för framställningar spelar rollen av lyssnare åt parlamentet.

The Committee on Petitions performs the role of listener on behalf of the Parliament.

5289	**upplysa**	**inform|enlighten**
	vb	Kommissionen kanske kan upplysa oss om detta intressanta men märkliga scenario.

Perhaps the Commissioner could enlighten us on this exciting but strange prospect.

5290	**kanadensisk**	**Canadian**
	adj	Genomförbarhetsundersökningen har gjorts av en fransk–kanadensisk grupp.

The feasibility study has been carried out by a Franco–Canadian group.

5291	**statistik**	**statistics**
	nn	EU behöver utvärdera detta område genom att ta initiativ till och stödja forskning samt utveckla statistiken.

The EU needs to evaluate this area by initiating and supporting research, as well as develop the statistical components.

5292	**forntida**	**antique**

adj

I likhet med den nutida handkvarnen i Mellanöstern bestod även den forntida handkvarnen av två stenar, överstenen (löparen) passade till och drogs runt på den fasta understenen (liggaren).

Like its modern counterpart in the Middle East, the common hand mill of ancient times consisted of two round stones, the upper grindstone made to fit and revolve on the lower one.

5293 så länge **while**

conj

Vad jag försöker säga är att så länge de är användbara så länge vi kan bära dem och så länge folket vi älskar kan bära dem så kommer de att ligga på den där hyllan.

What I'm tryin'to tell you is, as long as it's useful, as long as we can wear it, as long as people that we love can wear it, it's gonna be on that rack.

5294 jordgubbe **strawberry**

nn

Genetisk modifiering av livsmedel innebär ett brytande av gränsdragningen mellan olika arter, till exempel att föra in en fiskgen i en jordgubbe.

Mr President, to genetically modify food means to break through the barrier that divides different species, for example by introducing a fish gene into a strawberry.

5295 dygd **virtue|goodness**

nn

Men om vi önskar uppodla dygd, krävs det att vi köper upp tiden från andra aktiviteter.

But the pursuit of virtue requires that we buy out the time from other activities.

5296 slapp **lax**

adj

Man skulle därigenom undvika risken för en alltför slapp tolkning av kraven.

It would also prevent excessively lax, political interpretation of the entry criteria.

5297 dagtid **daytime**

nn

Kommissionen drar slutsatsen att halvljusanvändning dagtid troligen är en kostnadseffektiv vägsäkerhetsåtgärd, men inte av lika stor betydelse som till exempel fördelarna med hastighetsbegränsning, mindre alkohol i kombination med bilkörning eller ökad bilbätesanvändning.

The Commission concludes that daytime running lights are likely to be a cost–effective road safety measure but not to be as significant, for example, as the benefits to be obtained from speed reduction, less drinking and driving, or increased seat belt wearing.

5298 följeslagare **companion**

nn

Det skulle vara ännu mer romantiskt om ni bjöd in mig som hennes följeslagare.

It would be even more romantic if you would invite me to accompany her.

5299 kostnad **cost**

nn

Även om artikel 11 tillåter att hela den skattskyldiges kostnad för att tillhandahålla tjänsterna beaktas, är detta endast tillämpligt i de fall som avses i artikel 6.2 i sjätte direktivet som rör de fall då tillhandahållandet skett utan vederlag.

Although Article 11 allows the full cost to the taxable person of providing the services to be taken into account, that only applies to the supplies referred to in Article 6(2) of the Sixth Directive, which concerns supplies carried out for no consideration.

5300 budgetproposition **budget bill**

nn

Det påvisar att nästa års budgetproposition inte innehåller särskilda prioriterade områden.

That indicates that next year's draft budget will not exhibit any special areas of focus.

5301	**symbolisera**	**symbolize**

vb

Det måste emellertid rymmas ett erkännande av mångfalden i Europas havsområden och beslut får inte fattas enligt den "en storlek passar alla"modell som har kommit att symbolisera Europas misslyckade fiskeripolitik.

However, recognition must be had for the diversity of Europe's maritime areas and decisions must not be taken on the "one–size–fits–all" basis which has come to represent Europe's failed fisheries policy.

5302 obetydlig — **insignificant**

adj

Oljeledningen Baku–Tbilisi–Ceyhan är alltså inte obetydlig i sammanhanget.

The Baku–Tbilisi–Ceyhan oil pipeline is also not insignificant in this matter.

5303 fastställa — **determine|establish**

vb

Denna strategi ger tillräckligt manöverutrymme för att fastställa enskilda krav.

This approach allows sufficient room to manoeuvre to set individual requirements.

5304 drömmare — **dreamer**

nn

Huset skyddar en drömmare.

The house protects the dreamer.

5305 avhandling — **thesis**

nn

I sin avhandling gav Einstein en förklaring till den här så kallade fotoelektriska effekten.

Einstein's paper helped to explain this so–called photoelectric effect.

5306 nudel — **noodle**

nn

Blodådror är som en våt nudel.

Veins are like a wet noodle.

5307 undersåte — **subject**

nn

I enlighet med British Nationality Act 1948 omfattade begreppet brittisk undersåte, utöver medborgare i de självständiga staterna i Brittiska samväldet, "medborgare i Förenade kungariket och dess kolonier" och "brittiska undersåtar utan medborgarskap". De sistnämnda omfattade personer som kunde antas bli medborgare i ett land i Brittiska samväldet som var på väg att bli oberoende, enligt det landets medborgarskapslagstiftning som skulle komma att träda i kraft.

Under the British Nationality Act 1948, the concept of a British subject covered, in addition to citizens of the independent Commonwealth countries, Citizens of the United Kingdom and Colonies and British subjects without citizenship, the latter being persons liable to become citizens of an emerging independent Commonwealth country on the coming into force of that country's citizenship law.

5308 entreprenörskap — **entrepreneurship**

nn

Angående: Entreprenörskap i länder som genomför åstramningsåtgärder.

Subject: Entrepreneurship in countries implementing austerity measures.

5309 inspirera — **inspire|inspirit**

vb

Vi kan inspirera och föreslå, vi kan stå för finansiering och stöd, men vi kan inte styra i stället för dem som har det som sitt arbete.

We can inspire and suggest, we can provide funding and aid, but we cannot govern in the place of those whose job it is to govern.

5310 ruin — **ruin|wreck**

nn

Det kommer att rädda Alstom från hotande ruin. Det bär Alstoms direktörer och direktörerna från ABB det fulla ansvaret för – de fick ju varningar från de fackliga medlemmarna.

It will make it possible to save Alstom from imminent bankruptcy, something for which the directors, and those of ABB, are entirely responsible, despite warnings from their union members.

5311 stock **stock**

nn

SwedishHan sover som en stock.

See, he's sleeping like a log.

5312 samtycke **consent|assent**

nn

Under finansieringsplanens genomförande kan den sammanlagda kostnaden (för hela perioden) eller fondernas samlade finansiering av ett prioriterat insatsområde justeras med medlemsstatens samtycke, under förutsättning att justeringen inte överstiger 25 % av fondernas samlade finansiering av det samlade programdokumentet, eller med en högre procentandel, under förutsättning att beloppet inte är högre än 30 miljoner euro och att fondernas totala finansiering enligt punkt 1 iakttas.

During implementation of the financing plan, the total cost or Community financing of a given priority can be adjusted in agreement with the Member State by up to 25 % of the total Community contribution to the single programming document throughout the programme period or by up to 30 million, whichever is the greater, without altering the total Community contribution referred to in paragraph 1.

5313 synlig **visible**

adj

Detta förutsätter en klar och synlig information om miljöfrågorna.

This requires the provision of clear and visible information on environmental issues.

5314 raseri **rage|frenzy**

nn

Profeten Daniel kastar ljus över ett slutligt angrepp på Guds folk: ”Han [nordens kung] kommer sannerligen att dra ut i stort raseri för att förinta och viga många åt tillintetgörelse.

The prophet Daniel sheds light upon a final attack against God's people, writing: "He [the king of the north] will certainly go forth in a great rage in order to annihilate and to devote many to destruction.

5315 bordell **brothel**

nn

En annan tidskrift säger att ”kritiker har uttryckt oro för att spelen innehåller aktiviteter som är olagliga i verkligheten, som att rollfigurer besöker en bordell där de våldtar prostituerade eller att karaktärerna har sex med rollfigurer som ser ut som barn”.

Another magazine reports that "critics have raised concerns about activities that would be illegal in the real world, such as the brothel that features rape fantasies, or people who indulge in sex acts using avatars that resemble children."

5316 peppar **pepper**

nn

Det är salt och peppar.

It's the salt and pepper set.

5317 surfa **surf**

vb

”Många som lider av hikikomori använder det mesta av sin vakna tid till att surfa på Internet eller att spela TV–spel, medan de stoppar i sig snabbmat som de beställt hem.”

"Many hikikomori spend most of their waking hours on the internet or playing video games, while snacking on food and drink delivered to their homes."

5318 avlägsen
adj; nn; adv

distant; remote; far away

Det finns mycket få skotska familjer som inte har en släkting, om än avlägsen, som bor i Kanada.
There are very few Scottish families who do not have a relative, albeit a remote one, who live in Canada.

5319 relativt
adv

relatively

Den förväntade ökningen av priserna för rostfritt stål gjorde det möjligt för gemenskapsindustrin att uppnå högre priser för den likadana produkten genom att de i sin tillverkning tillfälligt använde lager av relativt billigt rostfritt stål som anskaffats före den spekulativa prisökningen.
The anticipated increase of stainless steel prices, enabled the Community industry to achieve higher prices for the like product, by using temporarily in their production stocks of comparatively cheap stainless steel procured before the speculative increase in price.

5320 reservera
vb

reserve

I Tyskland ansåg till exempel flera domstolar att det inte var motiverat att tillfälligt reservera tillträdet till en klubb eller möjligheten att bli medlem i en fitnessklubb för kvinnor på grund av att den eftersträvade andelen kvinnor ännu inte hade uppnåtts.
For example, in Germany several courts ruled that it was not justified to temporarily reserve the entry to a club or the access to a fitness centre membership to women on the basis that the desired representation of women has not been reached yet.

5321 juridisk
adj

legal|judicial

Vidare ska det i meddelandet om invändningar anges i vilken egenskap en juridisk person klandras för de åberopade omständigheterna.
It is also necessary that the statement of objections indicate in which capacity a legal person is called on to answer the allegations.

5322 spaghetti
nn

spaghetti

Jag är i Venedig, världens vackraste stad: det är månsken, det finns gondoler, vi är på Canal Grande med italiensk mat, spaghetti med bläckfisk, fransk Dom Pérignon–champagne och en blond skönhet som för mig tillbaka till min ungdoms dagar.
I am in Venice, the most beautiful city in the world! There is the moon, there are the gondolas, we are on the Grand Canal, Italian cooking, spaghetti with sepia, Dom Pérignon French champagne and a blonde beauty who takes me back to my youth.

5323 krokodil
nn

crocodile

I det europeiska budgetbakvattnet finns inte plats för två krokodiler: för Europeiska rådets krokodil och för Europaparlamentets krokodil som, efter att ha ätit upp kommissionen genom att störta Santer, nu vill äta rådet.
In the backwater of the European budget there is not enough room for two crocodiles, the crocodile of the European Council and the crocodile of the European Parliament which, after eating up the Commission by toppling Santer, now wants to eat the Council too.

5324 gryta
nn; vb

stew; pan

Vi måste vara medvetna om att Kaukasus är som en sjudande gryta.
Mr President, ladies and gentlemen, we must be aware of the fact that there is seething unrest in the Caucasus.

5325 förvånande
adj; adv

astonishing; surprisingly

Det mest förvånande uttalandet kom i själva verket från finansministrarna.
The most astonishing statement came in fact from the finance ministers.

5326 cup

cup

nn   Men Coca–Cola cup genomförs av Football League och inte av Premiership.
But the Coca–Cola Cup is run by the Football League not the Premiership.

5327 dilemma   **dilemma**

nn   Detta är ett dilemma för de penningpolitiskt ansvariga instanserna, eftersom varje räntehöjning som minskar denna typ av verksamhet även drabbar företag som överlever tack vare det globala likviditetsöverskottet.
This is a dilemma for the monetary authorities, since any rate increases aimed at slowing down this activity would also spell the end for firms currently surviving due to excess aggregate liquidity.

5328 initial   **initial**

nn   Medborgarna kommer att kunna få initial behandling i vilken medlemsstat som helst och läkare ska inte kunna vägra behandling.
Citizens will be able to receive initial treatment in any Member State, and doctors will not be able to withhold treatment.

5329 rubrik   **heading|title**

nn   Eventuella kostnader för marknadsföring skall, om de är kända, inte avräknas från det totala försäljningsbeloppet, utan anges under rubrik 71 "Övriga särskilda kostnader för djurbesättning".
When the marketing costs, if any, are known they are not deducted from the sales total, but are given under heading 71 'Other specific livestock costs'.

5330 skitprat   **crap**

nn   Tror du på allt detta skitprat?
Do you believe all this crap?

5331 bortse   **ignore**

vb   I detta utgår han från en analys av den institutionella och normativa ram som denna region fått och den möjlighet till en modern demokratisk struktur detta ger, utan att bortse från vare sig den kulturella särarten eller de särskilda historiska, sociala och ekonomiska band som förenar Macao med Portugal och Europa, å ena sidan, och med Folkrepubliken Kina å den andra.
His report starts with an analysis of the institutional and legislative framework that has been designed for the region and of the potential of the modern democratic structures that these have lead to. The report takes account, of course, of the particular culture and the specific historical, social and economic bonds that underpin Macau's relationship with Portugal and the European Union on the one hand, and with the People's Republic of China, on the other.

5332 känsel   **feel**

nn   Jag har ingen känsel.
I can't feel my hands.

5333 mittemot   **opposite**

prp   Satt mittemot Alphonse D' Amato.
Sat across from Alphonse D' Amato.

5334 monopol   **monopoly**

nn   Den som ersätter ett statligt monopol med ett privatmonopol råkar ur askan i elden.
Replacing a state monopoly by a private monopoly only makes matters worse.

5335 inslag   **element|leavening**

nn   I arbetsgruppens rapport från september 2003 rekommenderas att man systematiskt skall genomföra psykologiska test vid pesonalrekrytering och som ett inslag i hälsokontroller efter 50 års ålder. Men psykologiska undersökningar bör även göras när det uppstår tvivel om huruvida en anställd lämpar sig att utföra säkerhetsrelaterade uppgifter.

Their September 2003 report recommends the systematic use of psychological tests when selecting staff and as part of medical examinations after the age of 50, but also if there is any doubt as to an individual's fitness to perform safety–critical tasks.

5336 bybo
nn

villager

Bara för att behandla skador från stryck han fått av en bybo!

Just to treat a beating he took from a villager!

5337 malaria
nn

malaria

Den gemensamma parlamentariska AVS–EG–församlingen efterlyser förebyggande åtgärder, bl.a. långtidsverkande nät mot malaria som är behandlade med insektsmedel, avlägsnande av källor med stillastående vatten, utbildning i att känna igen symtom, tuberkulostestning av hiv–patienter och vice versa samt program för sexuell/reproduktiv hälsa och hiv/aids med tillhörande resurser.

Calls for preventative measures, including extended coverage of long–lasting insecticide–treated anti–malaria nets, the removal of sources of stagnant water, training in recognising symptoms, TB testing of HIV patients and vice versa, and sexual/reproductive health and HIV/AIDS programmes, with related supplies.

5338 uthärda
vb

endure|withstand

Jag vill aldrig uthärda det igen.

I never want to go through that again.

5339 nationalekonomi
nn

economics

Traditionellt delas nationalekonomi upp i delområdena makroekonomi och mikroekonomi.

Traditionally, economics is divided into the subdivisions of macroeconomics and microeconomics.

5340 elit
nn

elite

Det kommer an på folket i EU:s medlemsstater och de progressiva krafterna i dessa stater att bekämpa detta utkast, som utformats för att gynna Europas ekonomiska och finansiella grupper och ambitionerna bland den elit som i varje land skamlöst tjänar dessa intressen.

It will fall to the peoples of the EU Member States and to the progressive forces within those States to combat this draft, which has been designed to benefit Europe's economic and financial groups and the ambitions of the elites that, in each country, unashamedly serve these interests.

5341 högskola
nn

college

En skriftlig inbjudan eller ett intyg om inskrivning från det universitet eller den högskola eller skola som agerar som värd, eller studentkort eller intyg för de kurser som ska bevistas."

A written request or a certificate of enrolment from the host university, college or school or student cards or certificates of the courses to be attended.'

5342 kanadensare
nn

canadian

Sven sa att han är kanadensare.

Sven said he's Canadian.

5343 grovt
adv

grossly

EU kan inte förhålla sig passivt medan grundläggande friheter kränks så grovt.

The European Union cannot stand by while fundamental freedoms are being blatantly violated.

5344	**koppel**	**lead|leash**

nn

Sätt koppel på din katt.

Put a leash on your cat.

5345	**tackla**	**tackle**

vb

För att rationalisera resurserna inom programmet för gemenskapsåtgärder på folkhälsoområdet och andra relevanta gemenskapsprogram och tackla förebyggandet av skador på ett så effektivt sätt som möjligt har prioriterade områden fastställts:

In order to streamline the resources of the Community Public Health Programme and any other relevant Community programmes and to tackle injury prevention most effectively, priority areas have been identified:

5346	**avslå**	**reject|dismiss**

vb

Om bristerna inte åtgärdas av medlemsstaten, myndigheten i tredjelandet eller den privata aktören från det berörda tredjelandet inom den tidsfrist som avses i punkt 1 ska kommissionen avslå ansökan.

If the deficiencies are not remedied by the Member State, the third–country authority or the private entity from the third country in question within the time period referred to in paragraph 1, the Commission shall reject the application.

5347	**omkomma**	**perish**

vb

Tack vare direktivet kommer färre människor att omkomma och färre skador att uppstå.

Fewer human lives will be lost and less damage caused thanks to this directive.

5348	**reflex**	**reflex**

nn

Det är en typisk reflex av teknokrater att tro att om de inte ingriper skall allt bli oordning.

It is a typical reflex from technocrats to think that if they do not intervene, everything is going to dissolve into chaos.

5349	**förfalskning**	**counterfeiting|falsification**

nn

Jag är särskilt oroad över hur förfalskning och piratkopiering har ökat på senare tid.

I am particularly concerned about the growth of this counterfeiting and pirating in recent times.

5350	**krabat**	**fellow**

nn

Hallå där, lilla krabat.

Hey there, little fella.

5351	**ånga**	**steam; steam**

nn; vb

Nu bygger vi upp lite ånga.

Let's build up some steam!

5352	**specifik**	**specific**

adj

Detta skulle bland annat vara fallet när handelsagenten – oberoende av den ersättning som vederbörande har rätt till enligt agenturavtalet i egentlig mening och som han eller hon erhållit för att ha skaffat nya kunder eller för att ha konsoliderat huvudmannens befintliga kundunderlag samt för att kompensera för förlusten av framtida intäkter till följd av att kunder förloras – anser sig ha lidit en specifik skada som sammanfaller med att avtalets brutits.

This ought in particular to be the case when the commercial agent considers that, irrespective of the remuneration he has received for expanding or consolidating the principal's existing customer base and for the loss of future earnings consequent upon the loss of those customers, to which he is entitled under the agency contract itself, he has suffered particular damage at the same time as that resulting from termination of the contract.

5353 pyssla
vb

busy oneself

Helt plötsligt hade jag ingenting emot tanken på att glida före någon 70–åring i behov av ny höft bara för att kunna fortsätta golfa, eller pyssla i trädgården.

So no, suddenly I wasn't averse to butting any geezer off the list. Some 70–year–old who wanted his new hip so he could be back golfing, or gardening.

5354 till vara
adv

take care of

Han var tvungen att lämna staden, så han flyttade till Berlin.

He had to leave the city, so he moved to Berlin.

5355 urin
nn

urine

De producerar faktiskt urin.

They are actually making urine.

5356 procedur
nn

procedure

Denna procedur skall utföras tre gånger (24 cirkelrörelser, kanterna lyfts två gånger).

This procedure to be carried out three times (24 circular movements, edges lifted twice).

5357 slockna
vb

go out

Om vi skulle gå med på ett av de förslag som har lagts fram av Verts/ALE–gruppen skulle ljusen slockna över hela Europa!

If we were to go along with one of the proposals that the Verts/ALE Group made, the lights would go out all over Europe!

5358 skickligt
adv

ably

Herr Schulz! Det var just för att vi tvivlade på Greklands siffror – kommissionsledamot Joaquín Almunia har behandlat det här ärendet mycket skickligt de senaste fem åren med stor opartiskhet och objektivitet – som vi inte enbart tog upp saken ett flertal gånger med de grekiska myndigheterna, utan till och med lade fram en förordning för rådet med ett förslag om att Eurostat skulle få revisionsbefogenheter.

President of the Commission. – Mr Schulz, it is precisely because we had doubts regarding the Greek figures – Commissioner Almunia handled this file over the last five years with great competence, great impartiality and great objectivity – that we not only raised the point several times with the Greek authorities, but we did in fact put forward a regulation in the Council to propose that Eurostat be given audit powers.

5359 vals
nn

waltz

Tack för att du lärt mig vals!

Thanks for teaching me how to waltz!

5360 manskap
nn

ratings

Fru Schreyer och kära ledamöter av kommissionen, tag ajourneringen av ansvarsfriheten för budgetåret 1998 som ett tillfälle att som ett nytt manskap visa på ledarkraft och handlingsförmåga!

Mrs Schreyer, Members of the Commission, use the postponement of discharge for the 1998 budget as an opportunity to show that the new team is strong on management and able to act.

5361 redogörelse
nn

account|statement

Fiskeriutskottet fick höra en redogörelse för detta för ett par månader sedan.

The Committee on Fisheries heard an account of this just a few months ago.

5362 uppfostran

nn

upbringing|education

Vi är medborgare av de länder som satte oss till världen och gav oss uppfostran som barn, som skyddar oss och som har gett många av oss fristad under åren.

We are citizens of the countries which gave us our birth and infant nurture, which protect us and which have given many of us sanctuary over the years.

5363 kanna

nn

pot

En kanna te för två, tack.

A pot of tea for two, please.

5364 överväldigad

adj

overwhelmed

Du verkade överväldigad av uppmärksamheten.

You seemed a bit overwhelmed by the attention.

5365 fästa

vb

attach|fasten

Jag vill fästa er och parlamentets uppmärksamhet på den tragiska och fruktansvärda tågolycka som ägde rum i går just utanför Paddington Station i London, då två tåg kolliderade.

I want to bring to your attention and that of Parliament the tragic and terrible rail crash that took place yesterday just outside Paddington Station in London, in which two trains collided.

5366 åska

vb; nn

thunder; thunderstorm

Hör du åska?

Do you hear thunder?

5367 barnflicka

nn

nursemaid

Efter examen (Abitur) reste hon till Storbritannien, där hon arbetade ett år som barnflicka.

She attended grammar school in Germany and, after passing her school–leaving examination, went to Great Britain, where she spent one year working as an au pair.

5368 kommission

nn

commission

Svarande: Europeiska gemenskapernas kommission (ombud: V.)

Defendant: Commission of the European Communities (represented by: V.)

5369 andning

nn

respiration

De enda varelserna som har medveten kontroll av sin andning är de dykande djuren och dykande fåglarna.

The only creatures that have got conscious control of their breath are the diving animals and the diving birds.

5370 immun

adj

immune

Man måste vänja sig som Kork – som min kollega Fantuzzi sa – vid en slags Vatikanen II.

We have to get used to Cork – as Mr Fantuzzi said – which is a kind of Vatican II.

5371 magsår

nn

gastric ulcer

cimetidin (för behandling av överskott av magsyra och magsår.

cimetidine (to treat excess stomach acid and stomach ulcers.

5372 snyggt

adv

neatly

Ludwig Erhard, det tyska ekonomiska miraklets fader, sammanfattade det snyggt.

Ludwig Erhard, the father of the German economic miracle, summed it up neatly.

5373 enstaka

occasional|isolated

	adj	Varför offentliggör man fortfarande inte resultaten för de enskilda medlemsstaterna, eller för medlemsstater som inte själva genomför någon kontroll eller endast enstaka kontroller? *Why are results broken down by Member State, including Member States which themselves practise no or little oversight, not published?*
5374	**identisk**	**identical**
	adj	Frågan har samband, men är inte identisk, med frågan om oskälighet, som utförligt ställdes av High Court samtidigt som den prövade huruvida beslutet om tilldelning "klart och otvetydigt stred mot grundläggande hänsyn och allmänt förnuft". *That issue is related, but not identical, to the question of unreasonableness, which was addressed in some detail by the High Court by considering whether the award decision plainly and unambiguously flew in the face of fundamental reason and common sense.*
5375	**omklädningsrum**	**dressing room**
	nn	Män och kvinnor skall ha skilda omklädningsrum eller skild användning av dem. *Provision must be made for separate changing rooms or separate use of changing rooms for men and women.*
5376	**snorunge**	**snotty kid**
	nn	Lilla snorunge! *Little knob– end!*
5377	**återlämna**	**return**
	vb	Detta kontor skall utan dröjsmål återlämna blad 1 och 2 till fraktföraren, sedan de stämplats, och behålla blad 3 A. *This office shall return sheets 1 and 2, without delay, to the transport undertaking after having stamped them and retain sheet 3A.*
5378	**rovdjur**	**predator**
	nn	Det är svårt för rovdjur att smyga sig på med så många vakande ögon. *With so many pairs of eyes keeping wat ch it's almost impossible for predators to sneak up.*
5379	**intern**	**internal; inmate**
	adj; nn	Intern organisation av lagstadgade revisorer och revisionsföretag. *Internal organisation of statutory auditors and audit firms.*
5380	**posta**	**post**
	vb	För att vara på den säkra sidan skall jag även e-posta den till er. *To be on the safe side, I shall also e-mail it to you.*
5381	**liggande**	**laying**
	adj	Utmaningen i att utnyttja dessa djupare liggande fyndigheter har dock resulterat i att den europeiska bergtekniken är ledande. *The challenge of exploiting these deeper deposits has resulted, however, in a leading position for European mining technology.*
5382	**arbetsrum**	**study**
	nn	Gå direkt till mitt arbetsrum. *You can come directly to my study.*
5383	**temperament**	**temperament**
	nn	Det är därför värdefullt att kommissionen kunnat peka ut de områden där en samordnad europeisk insats kan bli till nytta, utan att försumma olika nationella realiteter och temperament – integration på arbetsmarknaden, erkännande av invandrarnas kvalifikationer, språkliga och

utbildningsmässiga bakgrund, bostäder och stadsplanefrågor, hälsa och social service samt social och kulturell integration.

It is therefore valuable that the Commission was able to pinpoint the areas where coordinated European action can be of benefit, without overlooking different national realities and sensitivities – integration into the labour market, recognition of migrants' qualifications, linguistic and educational abilities, housing and urban issues, health and social services and social and cultural integration.

5384	**underlätta**	**facilitate|favour**
	vb	

Med beaktande av att ansvaret för kontroll och övervakning av de yttre gränserna åligger medlemsstaterna skall byrån underlätta och effektivisera tillämpningen av befintliga och framtida gemenskapsåtgärder rörande förvaltningen av de yttre gränserna.

While considering that the responsibility for the control and surveillance of external borders lies with the Member States, the Agency shall facilitate and render more effective the application of existing and future Community measures relating to the management of external borders.

5385	**värdinna**	**hostess**
	nn	

Hon är värdinna åt alla rika ungar där inne.

She works as a hostess for all these rich kids here.

5386	**skruv**	**screw**
	nn	

Den är avsedd att skruvas in i en konstgjord tandrot som fästs i käken och förbinda den med den konstgjorda kronan.

It is intended to be screwed into an artificial tooth root implanted in the jaw and connect the root with the artificial crown.

5387	**registrera**	**register|calendar**
	vb	

I artikel 15.1 i kontrollförordningen anges att befälhavare på EU–fiskefartyg med en total längd på 12 meter eller mer ska registrera uppgifter i loggboken på elektronisk väg.

Article 15(1) of the Control Regulation provides that masters of EU fishing vessels of 12 metres length overall or more have to record logbook information by electronic means.

5388	**uppsättning**	**set**
	nn	

En andra uppsättning bestämmelser gäller samarbete om lagstiftning och budgetbeslut.

A second set of provisions relates to cooperation on lawmaking and on budgetary decisions.

5389	**rodna**	**blush**
	vb	

En sjöman skulle rodna för..

' That would make a sailor blush.

5390	**apelsin**	**orange**
	nn	

Kate, är den här apelsin–juisen nypressad?

Kate, is this, is this orange juice freshly squeezed?

5391	**tolfte**	**twelfth**
	num	

Grekland blir det tolfte landet som ansluter sig till euron.

Mr President, Greece will be the twelfth country to sign up to the euro.

5392	**oklar**	**unclear|obscure**
	adj	

3.2 Omfattningen av värdepappers– och marknadsmyndighetens befogenheter är oklar.

3.2. The scope of ESMAs power is unclear.

5393	**spilla**	**spill**

	vb	Fem dollar till den som får Donk att spilla.

Five bucks, anyone who can make Donk spill it.

5394 åtrå
nn; vb

desire; covet

Existens är ett sjukt skämt... som förleds i en form av åtrå.

Existence is a cruel joke... that entices in a form of desire.

5395 bredband
nn

broadband

Bredband är kunskapssamhällets nödvändiga fysiska infrastruktur.

Broadband is the essential physical infrastructure of the knowledge society.

5396 dropp
nn

drip

Trots att dropp eller injektioner med magnesiumsulfat använts i flera år i USA mot pre–eklampsi, som kan leda till eklampsi om ingen behandling ges, har metoden inte slagit igenom i de flesta andra länder.

Although a drip or injections containing magnesium sulfate have been used for years in the United States to treat preeclampsia, which can develop into eclampsia if untreated, the therapy has not caught on in most other countries.

5397 dråp
nn

manslaughter

Tio år för dråp av en soldat.

Ten years for killing an enlisted man.

5398 smält
adj

melted

System för hantering av flytande metall avsedda för uran eller uranlegeringar i smält form, bestående av deglar som är tillverkade av eller skyddade med lämpligt korrosions– och värmebeständigt material (t.ex. tantal, yttriumoxidbelagd grafit, grafit belagd med oxider av andra sällsynta jordartsmetaller eller blandningar av sådana) samt kylutrustning för deglarna.

Liquid uranium metal handling systems for molten uranium or uranium alloys, consisting of crucibles, made of or protected by suitable corrosion and heat resistant materials (e.g. tantalum, yttria–coated graphite, graphite coated with other rare earth oxides or mixtures thereof), and cooling equipment for the crucibles;

5399 håna
nn; vb

scoff; taunt

Några fortsatte att håna även när församlingen började göra byggnadsblock som en förberedelse till byggandet av en ny Rikets sal.

Even when the congregation started making blocks in preparation for the construction of a new Kingdom Hall, some neighbors continued to mock.

5400 slutlig
adj

final | conclusive

Kommer parlamentet att rådfrågas innan man når en slutlig överenskommelse?

Will this Parliament be consulted before any final agreement is reached?

5401 kramas
vb

cuddle

Folk borde kramas mera.

People should cuddle more.

5402 simtur
nn

swim

Ofta varvar man med en simtur i det kalla vattnet.

Usually the bathers alternate between the hot sauna and a swim in the cool lake waters.

5403 hjärtslag
nn

heartbeat

Skaka vattnet i 10 hjärtslag.

Shake water vigorously for 10 heartbeats.

5404 krydda

spice; spice

nn; vb	Be en oärlig person att berätta sin historia, och de kommer att krydda den med alldeles för många detaljer på alla möjliga ovidkommande ställen.
	Ask a deceptive person to tell their story, they're going to pepper it with way too much detail in all kinds of irrelevant places.

5405 sörjande — **grieving; mourner**

adj; nn

Den högljudda skaran av sörjande människor hånade Jesus för att han sade att flickan inte var död utan bara sov, men tillsammans med Jairos, dennes hustru och tre av sina apostlar gick Jesus rakt igenom folkhopen och in i huset, där han väckte flickan till liv igen.

Passing amid the noisy mourners who scorned and ridiculed Jesus' remark that the child was only sleeping, Jairus, his wife, and three apostles accompanied Jesus inside, where Jesus restored the girl to life.

5406 vishet — **wisdom**

nn

Vishet tillsammans med ett arv är något gott, ja, en fördel* för dem som ser solen.

Wisdom along with an inheritance is good and is advantageous for those seeing the sun.*

5407 rota — **root**

vb

Det är nödvändigt att få demokratin att rota sig och att utveckla rättstaten.

Helping democracy to take root and establishing the rule of law are vital.

5408 besitta — **possess | occupy**

vb

Det skall också kunna ställa erforderliga ekonomiska garantier samt besitta tillfredsställande sakkunskap och kompetens för att kunna effektivt bedriva verksamhet som förvaringsinstitut och uppfylla därmed förenade åtaganden.

It must also furnish sufficient financial and professional guarantees to be able effectively to pursue its business as depositary and meet the commitments inherent in that function.

5409 kapacitet — **capacity**

nn

Iran har nyligen aviserat sin avsikt att massproducera en ny generation centrifuger som kommer att kräva kapacitet att tillverka Faci–kolfiber.

Iran has recently announced its intention to mass produce new generation centrifuges which will require FACI carbon fibre production capabilities.

5410 furir — **sergeant**

nn

Ta hand om furir Masters säng.

Get the corpse detail to take Sgt. Masters ' bed.

5411 handikapp — **disability**

nn

Jag ser fram emot ytterligare direktiv, kanske ett som startar med handikapp.

I look forward to seeing further directives, perhaps starting with disability.

5412 mätare — **meter**

nn

Fasta och flytande mätare till blandarmaskiner för fasta och flytande material.

Solid and liquid meters for mixing machines for solid and liquid materials.

5413 hörsel — **hearing**

nn

Hon har selektiv hörsel.

She has selective hearing.

5414 sil — **strainer | sieve**

nn

Barbie här vet fortfarande inte vad hon ska göra med de där hårtestarna, och missbrukare överallt ljuger fortfarande för att få en sil.

Barbie here still can't decide what to do with those annoying bangs, and addicts everywhere will still lie to get a fix.

5415 ärkebiskop — **archbishop**

nn	"En påves kropp tillhör hela kyrkan", förklarar Zygmunt Zimowski, ärkebiskop i Vatikanen.
	"The body of a Pontiff belongs to the entire Church," explains archbishop Zygmunt Zimowski, a member of the Vatican hierarchy.

5416 metafor — **image**

nn — På rådets webbplats om resor står det att den är "under uppbyggnad", vilket jag antar är en metafor för det faktum att vi sviker våra medborgare genom att inte lyckas infria det löfte som EU–medborgarskap ska innebära.

On the Council travel website it says 'under construction', which I think is a metaphor for the fact that we are failing our citizens in failing to put flesh on the bones of the promise of European citizenship.

5417 blöja — **diaper**

nn — Kom ihåg att berätta om när tomten bytte en välfylld blöja.

Make sure you get to the part about Santa changing a mean diaper.

5418 rännsten — **gutter**

nn — Så fort Thomas förstod att bägaren var en muta, slängde han den i närmsta rännsten.

In other words, the moment Thomas knew the cup was a bribe, he dropped it into the nearest gutter.

5419 samlad — **overall**

adj — b) Det förekommer ingen samlad bedömning av framstegen i avvecklingsprocessen och processen för att lindra effekterna av den förtida stängningen.

(b) There is no comprehensive assessment concerning the progress of the decommissioning and mitigation process.

5420 slinka — **slip|slink; wench**

vb; nn — Den avgörande frågan för mig är dock hur dessa länder kommer att gå med i Europeiska unionen 2007, om de på något vis kommer att trassla sig eller slinka igenom, eller om de kommer att tillträda med uppburna huvuden och kunna ge sitt samtycke med rent samvete.

The crucial thing for me, however, is how these countries will enter the European Union in 2007, whether they will somehow muddle through or slip in, or whether they will come in with their heads held high and we will be able to agree with a clear conscience.

5421 högljudd — **loud**

adj — Ett överraskande val, eftersom du var mycket högljudd i din kritik om dem under åren.

A surprising choice, some might say, because you've been very vocal, in your criticism of them over the years.

5422 bankrånare — **bank robber**

nn — Walter, dina morbröder stämmer in på beskrivningen av två bankrånare.

Walt, your uncles match the description of two bank robbers.

5423 sextio — **sixty**

num — Han gick i pension vid sextio.

He retired at sixty.

5424 hake — **hook|catch**

nn — Det fanns en liten hake, men László Surján hittade en bra lösning även på detta problem.

There was one small sticking point, but Mr Surján found a good solution to that, too.

5425 ordspråk — **proverb**

nn — Det finns ett gammalt ordspråk: " Inga skatteintäkter utan representation ".

There is an old saying: " No taxation without representation ".

5426 forma — **shape**

vb

Vi kan forma globaliseringen och när vi gör det har vi möjlighet att påverka den.

We can shape globalisation and shape it, to some extent, in our own image.

5427 hjälpsam — **helpful**

adj

Men om du är lugn och hjälpsam kan du få andra att slappna av och att undvika misstag.

By being calm and attentive, you can help everyone to relax and also to avoid making mistakes.

5428 telefonkatalog — **telephone directory**

nn

De upplysningar man samlade in fyller cirka 200 volymer, och varje volym har samma storlek som en telefonkatalog på 1.000 sidor.

The data collected will be enough to fill an estimated 200 volumes, with each volume the size of a 1,000–page telephone book.

5429 åtala — **prosecute**

vb

Vi måste kunna åtala människor som begår bedrägerier gentemot Europeiska unionen.

We need to be able to prosecute people who commit fraud against the European Union.

5430 skickad — **fitted**

adj

Begäran om bekräftelse av det territorium på vilket ett fordon normalt är baserat, skickad per telefax eller e–post till en byrå från olycksfallslandets byrå eller från ett för ändamålet utsett ombud, skall få ett slutgiltigt svar senast tre månader efter denna begäran.

Any request for confirmation of the territory in which a vehicle is normally based sent by fax or e–mail to a bureau by the bureau of the country of the accident or by any agent appointed for the purpose shall be given a definitive answer within three months of the request.

5431 regera — **reign|rule**

vb

Han är hela världens konung och kommer att regera och härska i all evighet.

He is the King of the whole Earth and he shall reign and rule forever more.

5432 pinsam — **embarrassing|painful**

adj

Föräldrar bör inte göra något överilat bara för att en situation känns pinsam.

Parents should not quickly react to the embarrassment of the moment.

5433 fläsk — **pork**

nn

I Eichsfeld, exempelvis, värdesätter man inte bara sin Bratwurst utan även 'Eichsfelder Feldgieker' och 'Eichsfelder Kälberblase', två typer av hård Mettwurst av fläsk.

The Eichsfelders, for example, swear not only by their Bratwurst, but also by the "Eichsfelder Feldgieker" and the "Eichsfelder Kälberblase", two types of hard Mettwurst made from pork.

5434 internt — **in-house**

adj

Då blir nyttan med att fördela bördan som sagt tvivelaktig.

At the same time the value of equal distribution is doubtful, as I have said.

5435 förståelig — **understandable|comprehensible**

adj

Denna infallsvinkel av domstolen är förståelig mot bakgrund av att de markbitar som var belägna i de olika staterna, såsom generaladvokaten Mancini påpekade, "kunde delas upp i separata delar i juridiskt syfte och därför kunde omfattas av behörigheten för olika nationella domstolar".(

This approach by the Court is understandable in the light of the fact that the pieces of land situated in the different States, as Advocate General Mancini remarked, 'were divisible into separate parts for legal purposes and thus capable of falling under the jurisdiction of different national courts'.

5436 förpliktelse
nn

obligation|engagement

De planerade åtgärderna är ett svar på den förpliktelse som kommissionen tagit på sig att uppdatera hela gemenskapslagstiftningen med hänsyn till rådets beslut 2 rörande kommittéförfarandet.

The planned measure corresponds to the Commission's commitment to update all Community legislation in the light of Council Decision 2 on committee procedures.

5437 kärleksfull
adj

loving

I stället för att försöka tvinga Filemon lade Paulus fram en kärleksfull vädjan.

Instead of trying to coerce Philemon, Paul made an appeal based on love.

5438 tema
nn

theme

Tema är reformeringen av den gemensamma organisationen av marknaden för humle.

The theme deals with the reform of the common organization of the market in hops.

5439 lagstiftande
adj

legislative

Lagstiftande makt blir i allt väsentligt omvandlad till verkställande makt.

Legislative power is essentially being turned into executive power.

5440 mantel
nn

jacket|mantle

Kvävs kritiken under en mantel av hemlighetsmakeri, eller är den helt enkelt utplånad?

Is criticism being stifled under a mantle of secrecy or is it simply being eradicated?

5441 följe
nn

entourage|crew

Bara ett mindre följe.

Only a small escort.

5442 spaning
nn

reconnaissance

Tillgång skall alltid avslås under tid då diskret övervakning, spaning eller rapportering sker.

Access shall be refused in any event during the period of discreet surveillance or sighting and reporting.

5443 tämja
vb

tame

Det besläktade ordet malmadh betecknar en "pikstav" som användes till att öva eller tämja kreatur.

The related word mal·madh' denotes a "goad" used to train cattle.

5444 skymma
vb

obscure

Jag brukar inte skymma solen med händerna eller binda för ögonen.

It is not my custom to block out the sun with my hands nor to cover my eyes with bandages.

5445 gaffel
nn

fork

Så skaffa en gaffel med två spetsar, inte bara med en.

So do not have just one prong on your fork: it is time to have two prongs.

5446 olåst
adj

unlocked

Tror du att det är säkert när du lämnar dörren olåst?

You think that's safe, leaving the door unlocked like that?

5447 seg

tough|rubbery

	adj	Den har därmed en delikat men inte seg textur. Att köttet är så lättuggat är en utmärkande egenskap, och även bindväven mellan musklerna sönderfaller lätt och är lätt att svälja.

It has a delicate but not rubbery texture. The ease with which it separates is a characteristic feature, and the connective tissues between the muscles also separate easily and are easy to swallow.

5448 spelning — **gig**

nn

Om jag vill skippa en spelning så tvingar jag mig själv.

If I want to skip a gig, I force myself to go.

5449 bevisligen — **demonstrably**

adv

De säkrar bevisligen runt 600 000 arbetstillfällen i både tidigare och senare led.

To cite an example, in Austria, there are 180 000 farmers engaged in production.

5450 struktur — **structure**

nn

Arkivet kan transformera molekylära strukturer inklusive DNA, till vad det vill.

The archive can transform molecular structure, including DNA, into anything it wants.

5451 ondskefull — **sinister**

adj

En ondskefull person däremot är hätsk eller elak och är i grunden inriktad på att skada andra.

A wicked person, on the other hand, is hateful or malicious and is basically intent on doing harm to others.

5452 överväldigande — **overwhelming|knockdown**

adj

Fattigdomsprofilen har emellertid inte förändrats. Fattigdomen påverkar huvudsakligen de större hushållen (med fem människor eller fler, för dem låg fattigdomsnivån 2002 på 24,6 %) och de hushåll vars överhuvud är arbetslös (32,3 %). Fattigdomen är till överväldigande del koncentrerad till den södra delen av landet (med en fattigdomsrisk på 23,6 %), där nivån är fyra gånger högre än i den norra delen (5,4 %).

However, the profile of poverty has not changed: it affects mainly the larger households (of five people or more: for them the incidence of poverty in 2002 was 24.6%) and those whose head is unemployed (the incidence is 32.3%), and it is still overwhelmingly concentrated in the South (the at–risk–of–poverty rate is 23.6%), where the rate is more than four times higher than in the North (5.4%).

5453 tumör — **tumor**

nn

Problemet har inte lösts utan det fortsätter i stället att växa som en malign tumör med oförutsägbara följder.

Instead of being resolved, it continues to grow like a malignant tumour with unpredictable consequences.

5454 gemenskap — **community|connection**

nn

En ny slags gemenskap växer fram på båda sidor av Atlanten – en gemenskap som omfattar advokater, journalister och politiker från olika sidor, människorättsaktivister och medborgare som vänder sig mot den senaste tidens kränkningar av de mänskliga rättigheterna och de politiska och medborgerliga friheterna, som vissa europeiska regeringar och den amerikanska regeringen har gjort sig skyldiga till.

A new kind of community is arising on both sides of the Atlantic – a community of lawyers, journalists and politicians from different sides of the political scene, activists from humanitarian organisations and citizens who are against the recent infringements of human rights and political and civic freedoms by some European governments and the US Government.

5455	**terminal**	**terminal; terminal**
	adj; nn	Allmänheten och regeringen i Slovenien motsätter sig starkt denna terminal.

The Slovenian public and the Slovenian Government are firmly opposed to this terminal.

5456 hemsöka
vb

obsess

I sista skedet kan tsunamis hemsöka en del av kusten som en brytande våg eller som en vattenvägg, som kallas bore, men det är vanligare att de ter sig som en snabbt stigande tidvattenflod som forsar fram på en långt högre nivå än vid högvatten.

In their final stage, tsunamis may descend on a section of coast as a breaking wave or as a wall of water called a bore, but more commonly, they appear as a fast–rising tidelike flood that surges well above the normal high–water mark.

5457 federation
nn

federation

örfarandet inleddes som en följd av ett klagomål som framfördes i december 1987 av Federation of European Bearing Manufacturers' Associations(FEBMA) på vägnar av tillverkare som företrädde den större delen av gemenskapens tillverkning av kullagren i fråga.

The proceeding was initiated as a result of a complaint lodged in December 1987 by the Federation of European Bearing Manufacturers' Associations (FEBMA) on behalf of producers representing a major proportion of Community production of the ball bearings in question.

5458 världsmästare
nn

world champion

Då menar jag inte på det finansiella området, att betala är vi ju världsmästare i.

I am not referring to our financial role, as in terms of payment we are top of the league.

5459 plugg
nn

plug

Den 1 februari 2011 skickade kommissionen Hammar Nordic Plugg AB:s synpunkter till de svenska myndigheterna för kommentarer.

On 1 February 2011, the Commission sent the observations of Hammar Nordic Plugg AB to the Swedish authorities for comments.

5460 i ljuset av
prp

in light of

Militära åtgärder var tyvärr oundvikliga i ljuset av reaktionerna från Milosevic.

Military action was sadly unavoidable in the light of Milosevic's response.

5461 distrahera
vb

distract

Det kan kommenderas att båsen utrustas med en knapp som är ansluten till en yttre signallampa som gör det möjligt för provaren att annonsera för vakten utanför att han är klar med proven, behöver ytterligare prov, saknar en del av utrustningen, har observerat något ovanligt, eller önskar upplysningar etc, utan att distrahera de andra provarna.

It is highly recommended that the booths be equipped with a button connected to an outside light which enables the taster to make known to the attendant outside that he has finished the test, requires further samples, is missing a piece of apparatus, has noticed some irregularity, or wishes information, etc. without distracting the other tasters.

5462 synhåll
nn

view|vision

Ilsituation : Ett tillstånd som berör säkerheten för ett luftfartyg eller annat fordon, eller för någon person ombord eller inom synhåll, men då omedelbar hjälp inte behövs.

Urgency : a condition concerning the safety of an aircraft or other vehicle, or of some person on board or within sight, but which does not require immediate assistance.

5463	**emellanåt**	**occasionally**
	adv	

Om de emellanåt kände sig osäkra beträffande vad de skulle be om, kunde anden lägga sig ut för dem eller hjälpa dem.

If they at times were unsure about what they should pray for, the spirit could intercede for or help them.

5464	**farkost**	**craft**
	nn	

När jag säger, att jag styr den men mentalt är jag inne i farkosten.

When I say, "I'm operating it," but my mind is in the vehicle.

5465	**magnifik**	**magnificent**
	adj	

I detta försök att överföra vissa konkreta instruktioner till andra myndigheter, det vill säga, de nationella, regionala och lokala, anser jag att den tidsplan som är fastställd i direktivet om miljörevision för företagen, skulle kunna vara en magnifik riktlinje för att också överföra den på myndigheterna och deras olika nivåer.

As regards how best to convey specific instructions to other administrations at local, regional and national level, it seems to me that the system laid down in the directive on environmental auditing of firms could serve as an excellent model, and could also be applied to different levels of the administrations.

5466	**profet**	**prophet**
	nn	

Genom sin profet Jesaja sade Jehova: "Mitt beslut skall bestå, och allt som behagar mig kommer jag att göra."

Through his prophet Isaiah, Jehovah said: "My own counsel will stand, and everything that is my delight I shall do."

5467	**modig**	**brave|game**
	adj	

Hon var modig.

She was brave.

5468	**flöda**	**flow|flood**
	vb	

Förslaget kommer således att stödja andra åtgärder för att främja de ambitiösa bredbandsmål som anges i den digitala agendan för Europa samt etableringen av en verkligt digital inre marknad, där innehålls– och programvarutjänster samt andra digitala tjänster kan flöda fritt.

It will thus underpin other measures taken to promote the ambitious broadband targets set out in the Digital Agenda for Europe as well as the establishment of a genuine Digital Single Market where content, application and other digital services can freely circulate.

5469	**krog**	**tavern|pub**
	nn	

Det är en krog.

Yeah, in a pub.

5470	**hänsynslös**	**reckless**
	adj	

De amerikanska tobaksbolagen till exempel bedriver rent ut sagt hänsynslös verksamhet i de asiatiska länder där det inte ännu finns något förbud mot tobaksreklam.

For example, the activities of American tobacco companies in Asia, where there is still no ban on tobacco advertising or legislation to protect public health, are positively scandalous.

5471	**landsbygd**	**countryside**

nn	Regionkommittén anser att jordbrukarnas och landbygdsbefolkningens allt högre medelålder utgör ett allvarligt hot mot en balanserad utveckling av Europeiska unionens landsbygd.
	The COR notes that the ageing of the farming community and the rural population in general poses a serious threat to the balanced development of rural areas throughout the European Union.

5472 granska
vb

view|review

Verksamhetsutövaren skall fastställa lämpliga krav för resultat och metoder och granska kvaliteten.

The operator shall define appropriate requirements for outputs and methods, and review the quality delivered.

5473 nervöst
adv

nervously

Ska jag vara uppriktig så känns det nervöst.

it's nerve– wracking, to be honest.

5474 fattning
nn

socket|composure

För ljuskällor med enkel fattning gäller följande: Om ljuskällan inte kan användas i ljusregleringsarmatur skall detta framgå av märkningen. Ljuskällans storlek och form jämfört med en vanlig glödlampa skall anges på förpackningen.

For single–ended light bulbs: light bulbs which do not operate on dimmer switches shall be labelled, and the relative size and shape of the light bulb compared to a conventional incandescent lamp shall be indicated on the packaging.

5475 otänkbar
adj

unthinkable

En långvarig fred är dessutom otänkbar i detta land utan religiös och etnisk tolerans.

It is also impossible to envisage lasting peace in the country without religious and ethnic tolerance.

5476 täcke
nn

quilt|cover

Det första är att det är viktigt att detta täcker alla relevanta avfallstyper.

Firstly, it is important that this covers all relevant types of waste.

5477 utesluta
vb

exclude

Utesluta alla medlemmar som, efter organisationens egna i vederbörlig ordning genomförda undersökningar, konstateras ha allvarligt brutit mot de ovan nämnda åtagandena.

To expel any member found, after a due process inquiry by the organisation itself, to have seriously violated the abovementioned undertakings.

5478 givande
adj; nn

rewarding; giving

Herr talman! Jag vill tacka för dagens presentation och den efterföljande givande diskussionen, som gör att jag känner mig enormt optimistisk.

Mr President, I would like to express my thanks for today's presentation and for the subsequent fruitful discussion.

5479 katalog
nn

catalog

Det blev en katalog över tomma ord, intetsägande slagord och obesvarade frågor.

It became a catalogue of hollow phrases, of nothingness, of unanswered questions.

5480 brant
adj; nn

steep; edge

Pergamon var ursprungligen en fästning på en brant, isolerad höjd mellan två floder.

Pergamum was originally a fortress on a steep, isolated hill between two rivers.

5481 på sistone — **lately**
adv
Det har skett många avhopp på sistone.
There have been many dropouts recently.

5482 pajas — **buffoon**
nn
Jag ser ut som en pajas!
Babe, I look like a buffoon!

5483 offensiv — **offensive; offensive**
adj; nn
Den georgiske presidenten Michail Saakasjvili beordrade en militär offensiv.
Georgian President Saakashvili ordered a military offensive.

5484 ytlig — **superficial**
adj
För alla betalningsorder som reglerar betalningar gjorda från förskottskontot mellan mitten av oktober 2003 och slutet av året hade det endast gjorts en ytlig kontroll.
For all the payment orders regularising payments made from the imprest account between mid October 2003 and the end of the year only a superficial verification was made.

5485 pussa — **kiss**
vb
Säg inte att du älskar mig utan att pussa mig.
Don't say you love me without kissing me.

5486 betong — **concrete**
nn
Jag är glad att dessa regler inte är gjutna i betong och att de går att ändra.
I am very glad to hear that these rules are not cast in stone and could be changed.

5487 klarhet — **clarity|brightness**
nn
För att få klarhet i detta ärende har kommissionen beslutat att när det gäller det nya stödet utöka sitt undersökningsförfarande enligt artikel 88.2 i EG–fördraget.
To clarify this issues, the Commission has decided to extend its investigation procedure laid down in Article 88(2) of the EC Treaty with respect to the new aid.

5488 onaturlig — **unnatural**
adj
Den av de geopolitiska situationen pålagda situationen var i realiteten onaturlig.
In reality this situation, inspired by geopolitical relationships, was an artificial one.

5489 comeback — **comeback**
nn
Och om du hade blivit övertygad om att blasfemilagar verkligen skulle införas inom en inte alltför avlägsen framtid, skulle säkerligen din nästa fråga ha varit: "Hur lyckades Spanska inkvisitionen göra en sådan comeback?"
And if you had been persuaded that, no, new blasphemy laws really were going to be brought into effect in the not–too–distant future, doubtless your follow–on question would have been, "So how did the Spanish inquisition manage to make such a comeback?"

5490 separera — **separate**
vb
Här kan du välja tecknet som används för att separera tusental. Observera att tecknet som används för valuta måste ställas in separat.
Here you can define the thousands separator used to display numbers. Note that the thousands separator used to display monetary values has to be set separately.

5491 flöjt — **flute**

| nn | Såg du min flöjt då? |

Did you see a flute inside?

5492 angelägen

adj

keen | anxious

Jag var angelägen om att få träffa honom, för jag trodde att jag kunde mer om religion än han.

I was anxious to meet him, for I felt that I knew more than he did about religion.

5493 olaga

adj

unlawful | illegal

Institutionsuppbyggnad genom att öka effektiviteten inom afrikanska nationella institutioner för säkerhet och rättsliga institutioner, inbegripet för insatser mot terrorism, samt genom att fastställa särskilda åtgärder för att bistå afrikanska länder i genomförandet av deras åtaganden enligt befintliga internationella instrument på alla berörda områden, däribland kampen mot terrorism och olaga handel.

Institution building by increasing the effectiveness of African national security and judicial institutions including for counter–terrorism activities as well as by identifying specific action to assist African countries in implementing their commitments under the existing international instruments in all relevant fields, including the fight against terrorism and illicit trafficking.

5494 idol

nn

idol

Det här är ingen macho–tävling mellan dig och din idol.

This is not about a macho-struggle between you and your idol.

5495 zebra

nn

zebra

Sebror (Equus zebra, Equus grevyi, Equus burchelli, Equus quagga, osv.) klassificeras enligt undernr 0106 19 90 trots att de tillhör hästfamiljen.

However, zebras (Equus zebra, Equus grevyi, Equus burchelli, Equus quagga, etc.) are classified in subheading 0106 19 90, even though they belong to the equidae family.

5496 sucka

vb

sigh

Nu hör jag redan kollegerna sucka eftersom det här har en ganska lång historia men det står nu i resolutionen.

I can already hear honourable Members sighing that this story has dragged on and on, but it is now on the point of resolution.

5497 implantat

nn

implant

Många medlemsstater har förbjudit triglycerinfyllda implantat och har förbjudit implantat med saltlösning.

Many Member States have banned trilucent implants and have banned saline implants.

5498 mugg

nn

mug

De kommer inte att godta förseningar av något slag eller ens intrycket av ofrivillig maktlöshet.

They will not tolerate any kind of delay or even just the impression of involuntary powerlessness.

5499 orakel

nn

oracle

"Används i förbindelse med ett gudomligt svar, orakel, tillkännagivande, att svara, att tala som ett orakel, att varna från Gud."

"Spoken in respect to a divine response, oracle, declaration, to give response, to speak as an oracle, to warn from God."

5500 trovärdighet

nn

credibility

Europaparlamentet understryker att UNHRC:s trovärdighet avhänger nomineringen i mars 2008 av mandatinnehavare vid särskilda förfaranden.

*Stresses that the credibility of the UNHRC will depend on the new
nominations for Special Procedures mandate holders in March 2008.*

| 5501 | **improvisera** | **improvise\|fake** |

vb

Vi kan inte improvisera i denna fråga, eftersom vi måste utgå från vår
erfarenhet.
*We cannot improvise on this issue, since we must work on the basis of our
experience.*

| 5502 | **ingrepp** | **operation** |

nn

Detta belopp kommer att utgöra en del av detta ingrepp och inriktas på
flyktingarnas överhängande situation.
*It will form part of this operation and be directed at the immediate situation
of the refugees.*

| 5503 | **region** | **region** |

nn

Programmet är det första som undertecknas av en europeisk region och ett
land som har så starka förbindelser med EU som Marocko.
*The programme is the first to have been agreed between a European region
and a country linked by such close ties to the Union as Morocco.*

| 5504 | **konfrontera** | **confront** |

vb

Rådet tittade emellertid på och kommissionen vågade inte konfrontera det.
*However, the Council was watching and the Commission did not dare to
confront it.*

| 5505 | **lyra** | **catch** |

nn

Det var en perfekt lyra.
It was a great grab.

| 5506 | **sömnig** | **sleepy** |

adj

Är du sömnig?
Are you sleepy?

| 5507 | **orätt** | **wrong; wrong; wrong** |

adj; adv; nn

Det skulle, enligt min åsikt, vara felaktigt och orätt.
If this were the case, this would, in my view, be wrong.

| 5508 | **förhastad** | **hasty\|rash** |

adj

Det är dock lika sant att en tämligen förhastad och knappast samstämmig
avreglering kan få mycket negativa effekter i en del länder, såsom Portugal,
där specialiserade infrastrukturer som till exempel höghastighetsförbindelser
inte har fastställts ännu och ledningsmodellen för dessa inte har genomförts,
och där tillhandahållande av allmänna tjänster på transportområdet kommer
att fortsätta att fylla en grundläggande funktion när det gäller sysselsättning,
ekonomisk tillväxt och tillgänglighet för användarna.
*It is also true, however, that a somewhat hasty and scarcely harmonious
liberalisation could have a terrible impact on some countries such as
Portugal, in which specialised infrastructures such as high–speed links have
yet to set out and implement their management model and in which the
provision of public services in the area of transport will continue to play a
key role in terms of employment, economic growth and responsiveness to
users.*

| 5509 | **tjat** | **nagging** |

nn

Jag är så trött på det här tramset, detta eviga tjat..
I am so sick and tired of his bullshit.. The everlasting nagging.

| 5510 | **betydelsefull** | **significant\|meaningful** |

adj

Europaparlamentet anser att EU:s delegation spelar en betydelsefull roll i
dessa förhandlingar om klimatförändring och anser det oacceptabelt att

Europaparlamentets del av delegationen inte fick närvara vid EU:s samordningsmöten vid de tidigare partskonferenserna. Parlamentet förväntar sig att dess deltagare får delta i dessa möten i Nairobi, åtminstone som observatörer med eller utan rätt att yttra sig.

Believes that the EU delegation plays an important role in these negotiations on climate change, and therefore finds it unacceptable that the members of the European Parliament part of that delegation were unable to attend the EU coordination meetings at the previous Conference of the Parties; expects the European Parliament participants to have access to such meetings in Nairobi, on the basis at least of observer status, with or without speaking rights;

5511 signalera
vb

signal

Det är oacceptabelt, och parlamentet borde tydligt signalera det till rådet.

This is unacceptable and Parliament should signal this clearly to the European Council.

5512 tiggare
nn

beggar

Dessa mödrar och deras barn blir till tiggare i Moskva.

These mothers and their children have to resort to begging in the streets of Moscow.

5513 part
nn

party

Varje part ska begära att miljökonsekvensbedömningar innefattar åtminstone följande:

Each Party shall require that the environmental impact assessment contains at least the following:

5514 förkläde
nn

apron

Om det är nödvändigt att skydda någon annan kroppsdel än händerna, ange vilken typ av skyddsutrustning som krävs, t.ex. förkläde, skyddsskor eller hel skyddsdräkt.

If it is necessary to protect a part of the body other than the hands, specify the type and quality of protection equipment required, such as: apron, boots and full protective suit.

5515 hängivenhet
nn

devotion

Och det fantastiska är att de kan betala tillbaka till oss med råge med sin gränslösa hängivenhet och förståelse.

And the wonderful thing is that they can repay us many times over with their boundless dedication and appreciation.

5516 så snart som
adv

as soon as | directly

Kom ner så snart som möjligt.

Come downstairs as soon as possible.

5517 rädas
vb

fear

Därför borde vi inte rädas att välja detta förfarande, oberoende av om det ännu aldrig använts.

In this respect, we should not be afraid of opting for this procedure, regardless of the fact that it has not so far been used.

5518 tyngd
nn; adj

weight; weighed down

Jag tvivlar inte på att detta svar kommer att ge policyförklaringen ökad tyngd.

I have no doubt that this response will strengthen the very status of the statement.

5519 barfota
adv

barefoot

De är alla barfota.

They're all barefoot.

5520 **sexa** **six; light supper**

num; nn Det är lite som när man vänder en sexa eller en nia som en sexa.

But it's kind of like flipping a six or a nine.

5521 **bygge** **building**

nn Detta förfarande visar hur vi kan påverka och få i gång ett bygge när vi håller undan pengarna.

This procedure shows how we can have an effect and get a building started when we withhold the money.

5522 **skatta** **estimate | pay taxes**

vb Till skillnad från moderbolag med hemvist i Spanien måste alltså moderbolag med hemvist i andra medlemsstater i Europeiska gemenskapen eller EES–medlemsstater som har lika med eller mer än 5 procent av dotterbolagets kapital, men inte så stora procentandelar att innehavet motsvarar övriga ovannämnda tröskeltal, skatta för utdelningarna från dotterbolaget.

Thus, unlike parent companies resident in Spain, parent companies from other Member States of the EC and Member States party to the Agreement on the European Economic Area which have a holding in the capital of at least 5 % but lower than the limits mentioned have to pay tax in respect of the dividends paid by the branch.

5523 **upphetsande** **exciting; excitement**

adj; nn Jag ber också kommissionen och rådet att observera att vi parlamentariker kan göra mer än att bara föra debatter som denna, debatter som inte alltid är så spännande eller upphetsande, och att rådet och kommissionen i framtiden oftare bör koppla in parlamentarikerna i utformningen, men även genomförandet av politiken.

I would ask the Commission and the Council to take note of the fact that we parliamentarians are capable of more than simply holding debates such as these, which are not always very interesting or exciting, and that the Council and the Commission should in future involve Parliament more in the drafting and also in the implementation of policy.

5524 **bikini** **bikini**

nn Du tog mig för att jag klär i bikini och inte är mammaledig.

You picked me, because I looked good in a bikini and wasn't on maternity leave.

5525 **uppge** **give | declare**

vb En gång per år samt varje gång en ändring i familjestrukturen sker, skall den anställde uppge sin familjesituation och i förekommande fall makes yrkesverksamhet, eller de avlönade anställningar denne innehar.

Members of staff shall declare their family circumstances once yearly, and whenever there in any change in them, together with, where appropriate, mention of their spouse's profession and any post or appointment in which the latter is gainfully employed.

5526 **larma** **alarm**

vb I en nödsituation kan du ringa 112 och larma ambulans var du än befinner dig i EU.

In an emergency anywhere in the EU, call 112 to get an ambulance.

5527 **handfull** **handful**

adj Därav skandalen att nationella befogenheter kommer att skalas bort på hela kontinenten, överstatliga strukturer kommer att skapas, ett nytt EU–medborgarskap kommer att skapas, EU kommer att bli en juridisk person och bara en handfull medborgare kommer någonsin att tillfrågas.

Hence the scandal that, across this continent, national powers will be stripped away, superstate structures will be established, a new EU citizenship will be created, legal personality will be bestowed on the EU and only a handful of citizens will ever be asked.

5528 aktion
nn

action

Kommissionen måste kunna vidta de ytterligare åtgärder som krävs för genomförandet av detta program genom en gemensam aktion med medlemsstaterna.

Whereas the Commission must be able to take the additional measures required for the implementation of this programme, by way of concerted action with the Member States.

5529 guldmynt
nn

gold coin

Det är nämligen helt omöjligt att tänka sig att man genom präglingen av detta guldmynt kommer att stabilisera guldpriset på lång sikt.

A 100 euro gold coin is never going to stabilise the price of gold, which is dictated by supply and demand.

5530 strul
nn

hassle

Inget strul den här gången!

No bullshit this time!

5531 deltagare
nn

participant

Certifiering av deltagare i ett pantsystem.

Certification of deposit system participants.

5532 stadion
nn

stadium

I Aten 2004 tågade Nord– och Sydkorea in på stadion under samma flagga.

In 2004, in Athens, North and South Korea paraded in the stadium under one flag.

5533 kritiker
nn

critic

När det så gäller den intressekonflikt som många har nämnt: ni kanske inte känner till att i Italien är det de tidningar, men framför allt de TV–kanaler, som fortfarande tillhör mig och min familj, som hör till våra mesta uttalade kritiker.

Regarding the conflict of interests which many have mentioned: well, perhaps you are not aware that, in Italy, the newspapers and the television channels that still belong to my group and my family, especially, are among our strongest critics.

5534 Italien
nn

Italy

Jag vill åka tillbaka till Italien.

I want to get back to Italy.

5535 inbillning
nn

imagination

Just det, det är bara inbillning allting!

Exactly, it's imagination, all just imagination!

5536 arvode
nn

fee

Enligt nuvarande belgisk lag beräknas för en inteckning (utöver ett mycket begränsat antal fasta avgifter) dels ett arvode för registratorn, motsvarande 0,052 %, dels en registreringsavgift på 0,5 % av inteckningsbeloppet.

Under the current Belgian scheme, the charges made for registering a mortgage (in addition to a number of very limited fixed duties) are, on the one hand, a 0,052 % fee payable to the registrar of mortgages and, on the other hand, a 0,5 % registration duty payable on the amount of the mortgage.

5537 listig

cunning

adj	Tredje: "Glöm inte att Djävulen är mycket intelligent och listig.
	Third: "Don't forget that the devil is most intelligent and cunning.

5538 skyldighet — **obligation**

nn

En tjänsteman ska fullgöra sina arbetsuppgifter på ett objektivt och opartiskt sätt och i överensstämmelse med sin skyldighet att vara lojal mot EU.

Public officials should carry out their duties with objectivity, impartiality and loyalty to the EU.

5539 fasad — **façade**

nn

Unionen för Medelhavsområdet lanserades 2008, men är fortfarande en fasad.

The Union for the Mediterranean was launched in 2008, but remains a façade.

5540 svärfar — **father-in-law**

nn

Det värsta är dock att hon efter att ha avtjänat sitt straff … återlämnades till sin svärfar.

Sadly, once she had served her sentence, she was handed back … to her father–in–law.

5541 spärra — **lock**

vb

Spärra en nivå om du vill se till att objekten på den nivån inte ändras mer.

To prevent the objects on a layer from being modified, lock the layer.

5542 etik — **ethics**

nn

Detta beslut kommer att offentliggöras i Europeiska unionens officiella tidning och träder i kraft den dag de nya ledamöterna i Europeiska gruppen för etik inom vetenskap och ny teknik utnämns.

The present decision will be published in the Official Journal of the European Union and shall enter into force on the day of the nomination of the new EGE members.

5543 medelålder — **average age**

nn

Enligt programmet är således överskottet i de offentliga finanserna som helhet under 2003–2007 helt beroende av överskotten i socialförsäkringsfonderna samt överskotten i de inkomstrelaterade pensionsfonderna, vars syfte är att förbereda för det finansiella tryck som orsakas av befolkningens ökande medelålder.

Indeed, according to the programme, the general government financial surplus in 2003–07 rests solely on the surplus of the social security funds and, moreover, on that of the earnings–related pension funds preparing for financial pressures stemming from an ageing population.

5544 utse — **nominate|choose**

vb

Så fokus ligger på att få till stånd en oberoende utredning och inte minst att utse en civil åklagarmyndighet att ta sig an uppgiften.

So the focus is on getting an independent investigation and not least to assign a civilian prosecutor to the task.

5545 sjua — **seven**

num

Vid bord sex finns tre brudtärnor: en åtta, en åtta, och en sjua.

Table six has got three bridesmaids: an eight, an eight, and a seven.

5546 överseende — **indulgence; indulgent**

nn; adj

När vi har överseende med de äldstes fel och brister och villigt följer deras anvisningar visar vi att vi älskar Kristus.

When we overlook the faults of the elders and joyfully follow their direction, we prove our love for Christ.

5547 varav — **whereof**

adv Bidragsmottagaren, företaget Bull, är en europabaserad internationell koncern i databranschen med verksamhet i över hundra länder, varav sex EU-medlemsstater.

The recipient is Bull, an international computer group based in Europe, with business in more than 100 countries, of which six Member States.

5548 nominera **nominate**

vb Varje medlemsstat, anslutande land eller kandidatland skall nominera två personer till gruppen (en av varje kön), varav kommissionen skall utse en.

Each Member State, Acceding and Candidate country shall nominate two persons (one of each gender) for membership of whom the Commission shall appoint one.

5549 radie **radius**

nn Jag menar att vi måste insistera på att de skall kunna slaktas inom denna radie.

I believe we must insist on their being able to be slaughtered within that radius.

5550 bleka **bleach**

vb För att gruppen och objekten som den innehåller ska framhävas, visas alla objekt som inte finns i gruppen (alltså även andra grupper) i det nya "spökläget " i bleka färger.

In order to emphasize the group and the contents thereof, all objects which are not in the entered group (including other groups), will be depicted in the new " Ghost Mode " in faded colors.

5551 tupp **rooster**

nn Men först, i september 1783, samlades tusentals åskådare i Versailles för att bevittna uppsändningen av en ballong med en tupp, en anka och ett får ombord.

First, though, in September 1783, thousands of spectators gathered at Versailles to witness the release of a balloon with a rooster, a duck, and a sheep on board.

5552 snurrig **dizzy**

adj Blir du någonsin snurrig?

Do you ever get dizzy?

5553 motsätta **off-set**

vb Vi måste motsätta oss alla former av europeiskt stöd för kriget eller deltagande i det.

We must oppose any form of European support for the war or participation in it.

5554 slug **cunning**

adj Men jag var för slug för dem.

They were no match for my cunning.

5555 passionerad **passionate | impassioned**

adj Jag kommer med en personlig bekännelse, eftersom Swoboda tidigare också har gjort en sådan: Jag är en passionerad förespråkare för en rask utvidgning av Europeiska unionen.

May I make a personal confession at this point, as Mr Swoboda did earlier: I am a passionate advocate of the swift expansion of the European Union.

5556 lömsk **sneaky**

adj Vilken lömsk metod använder Satan mot Jehovas tjänare?

How might Satan try to deceive us with regard to the way we think about ourselves?

5557 räckvidd **scope | incidence**

nn	Väsentliga och politiska beslut sker utanför de folkvalda politikernas räckvidd.
	Crucial and political decisions are being placed beyond the reach of politicians elected by the people.

5558 upprörande — **outrageous**

adj — Jag fick lära mig att inte vara för snabb att komma med lösningar, utan tala lugnt när de berättade något upprörande."

I also had to learn not to be too quick to offer advice but to speak calmly when dealing with upsetting issues."

5559 förödmjukande — **humiliation**

nn — Trakasserier skall anses vara diskriminering enligt punkt 1 när ett oönskat beteende som har samband med ras eller etniskt ursprung syftar till eller leder till att en persons värdighet kränks och att en hotfull, fientlig, förnedrande, förödmjukande eller kränkande stämning skapas.

Harassment shall be deemed to be discrimination within the meaning of paragraph 1, when an unwanted conduct related to racial or ethnic origin takes place with the purpose or effect of violating the dignity of a person and of creating an intimidating, hostile, degrading, humiliating or offensive environment.

5560 proviant — **provisions**

nn — Ministerio de Defensa Nacional: Avdelningen omfattar inte upphandling av följande varor och tjänster: vapen, ammunition och annan utrustning, byggmaterial, luftfartyg, fartyg och andra fordon, bränsle, smörjmedel, proviant samt upphandling av varor eller tjänster av Ejército de Guatemala och dess institutioner eller för deras räkning.

Ministerio de Defensa Nacional: The Title does not cover the procurement of the following goods and services: arms, munitions, equipment, construction materials, aircraft, vessels and other vehicles, fuel, lubricants, provisions, and the contracting for services or supply by or on behalf of the Ejército de Guatemala and its institutions.

5561 lindra — **relieve**

vb — Dessa överläggningar skall i vart fall omfatta olika möjligheter att undvika uppsägningar eller att minska antalet berörda arbetstagare samt att lindra konsekvenserna av uppsägningarna.

Such consultations must, at least, cover ways and means of avoiding collective redundancies or reducing the number of workers affected, and mitigating the consequences.

5562 skakad — **shaken**

adj — Fru talman! Min partigrupp är djupt skakad av det våld som på nytt flammar upp i Mellanöstern.

Madam President, my group is deeply shocked by the violence that has once again flared up in the Middle East.

5563 nyår — **new year**

nn — Jag skulle vilja se mer positivt tänkande vid nyår.

I would like more positive thinking for the New Year.

5564 förödmjuka — **humiliate | bring low**

vb — Bertrand Russell förkastade det skamliga i att medvetet förödmjuka en nation, att göra folk galna, så att det skulle krävas en tvångströja.

Bertrand Russell denounced the obscenity of deliberately humiliating a nation, of making people crazy so that a straitjacket would be needed.

5565 förutsatt — **given**

adj — Det är en betydande utveckling, förutsatt att medlemsstaterna har överfört viktiga befogenheter till EU.

This is a substantial development, given that Member States have transferred important powers to the European Union.

5566	hebreisk	Hebraic
	adj	Min ring, den är hebreisk.

My ring, it's Hebrew.

5567	flyktingpolitik	asylum policy
	nn	Junilistan motsätter sig en gemensam enhetlig europeisk asyl– och flyktingpolitik.

The June List is opposed to a single common European policy on asylum and refugees.

5568	nätt	neat; prettily
	adj; adv	För att undvika eller minimera risken att nätt och jämnt missa målet 50 % (då full EEG–tilläggsavgift betalas på hela portföljen) köper elleverantörerna EEG–el med en säkerhetsmarginal, det vill säga utöver de 50 % som krävs, ibland upp till 60 %.

In order to avoid or minimise the risk of narrowly missing the 50 % target (in which case the full EEG surcharge would be due on the whole portfolio), electricity suppliers purchase EEG electricity with a safety margin, that is to say, in excess of the 50 % needed, sometimes up to 60 %.

5569	trolleri	magic|conjuring
	nn	Inget trolleri, lille Alex!

No magic, little Alex!

5570	avlida	die
	vb	Om en medborgare som under yrkeslivet bedrivit verksamhet som anställd eller egenföretagare skulle avlida utan att ha fått permanent uppehållstillstånd, bör dennes familjemedlemmar ändå kunna förvärva ett sådant tillstånd, om de uppfyller vissa villkor.

Where an employed or self–employed Union citizen dies while still working, but before having acquired the right of permanent residence, the family members should also be able to acquire the right of permanent residence and should be subject to special conditions.

5571	snällt	kindly
	adv	Vi kan inte ge utrikespolitisk rabatt bara för att vara snäll som Manfred Weber sade.

As Mr Weber said, we cannot make concessions where foreign policy is concerned just to be nice.

5572	självkänsla	self-esteem
	nn	Med 'mobbning' avses allt olämpligt uppträdande av en viss varaktighet, upprepat eller systematiskt, i form av beteenden, uttalade eller skrivna ord, gester eller andra handlingar som är avsiktliga och kränkande för en persons självkänsla, värdighet eller fysiska eller psykiska integritet.

'Psychological harassment' means any improper conduct that takes place over a period, is repetitive or systematic and involves physical behaviour, spoken or written language, gestures or other acts that are intentional and that may undermine the personality, dignity or physical or psychological integrity of any person.

5573	heterosexuell	heterosexual
	adj	Årsvinsterna visas i kolumn E och årsvinsten per styck i kolumn F.

You will now see the profits in column E and the annual profit per item in column F.

5574	förtrollad	bewitched

adj   Vi söker upp Tony Robbins, han gör sin Vulcan-grej och så är du förtrollad igen.

We just get Tony Robbins back here, he puts the Vulcan sorcery on ya and he puts you back under.

5575   vers   **verse**

nn   Eftersom Jesus, skördemannen i Johannes syn i Uppenbarelsebokens 14:e kapitel, bär en krona (vers 14), förstår vi att hans kröning som kung 1914 redan ägt rum.

Since John's vision in Revelation chapter 14 shows Jesus, the Harvester, wearing a crown (verse 14), his appointment as King in 1914 had already taken place.

5576   möjligt   **possible; conceivably**

adj; adv   Jag skulle vilja stanna så länge som möjligt.

I'd like to stay as long as possible.

5577   avbruten   **broken**

adj   Om en sådan lösning nås skall tillämpningen återupptas och den ekonomiska ersättningen skall sänkas i proportion till hur länge protokollets tillämpning har varit avbruten.

As soon as an amicable settlement is reached, application of the Protocol shall resume and the amount of the financial contribution shall be reduced proportionately and pro rata temporis according to the period during which application of the Protocol was suspended.

5578   galleri   **gallery**

nn   Sedan går vi emellertid igenom detta galleri, och de tavlor som hänger där är en kulturchock.

But then we walk through that gallery, and the pictures hanging there are a culture shock.

5579   konkret   **concrete**

adj   Kommissionen känner inte till något konkret hinder för utövandet av de grundläggande friheterna i EG–fördraget, i synnerhet rätten att etablera sig eller friheten att tillhandahålla tjänster enligt artiklarna 43 och 49, som man möts av inom mediesektorn till följd av nationella åtgärder som utformats för att skydda mångfalden i sig.

The Commission is not aware of any concrete obstacles to exercise of the fundamental freedoms of the EC Treaty, particularly the right of establishment or freedom to provide services within the meaning of Articles 43 and 49, being encountered in the media sector because of national measures designed to protect pluralism per se.

5580   flygel   **wing|grand piano**

nn   Jag saknar egentligen också ett svar på frågan hur man håller ett fängelse eller en flygel av ett fängelse drogfritt.

I should also like to have seen an answer to the question of how you can keep a prison or a prison wing free of drugs.

5581   känslosam   **emotional**

adj   Debatten är ofta känslosam och polariserad. Också när det förs en rationell diskussion tenderar både förespråkare och motståndare att vara selektiva i fråga om sanningen, och argumenteringen saknar nyanser.

The debate is often emotional and polarised: even where there is rational discussion, both supporters and opponents tend to be selective with the truth and neglect nuance in their arguments.

5582   stärka   **strengthen**

vb   Europaparlamentet anser att antagandet, ratificeringen och genomförandet av en sådan konvention inte bara skulle förbättra ställningen för det stora antalet

kvinnor på arbetsmarknaden för hushållsarbete genom att garantera dem anständiga arbetsförhållanden, utan även stärka deras sociala delaktighet.
Considers that the adoption, ratification and implementation of such a convention would not only improve the position of the large number of women on the labour market for domestic work by guaranteeing them decent working conditions, but would also enhance their degree of social inclusion;

5583	**dykare**	**diver**
	nn	Efter du togs av dykare Dan där borta...... följde din pappa efter båten som en galning.

After you were taken by Diver Dan over there... your dad followed the boat like a maniac.

5584 heltid — **full-time**

adv

Jag är kommissionär på heltid och jag kommer att handla som en kommissionär, på heltid, vilket är min plikt.
I am a full-time commissioner and I will act as a commissioner, full-time, as is my duty.

5585 köttbulle — **meat-ball**

nn

Hej köttbulle, var är all spagetti? Du rappar som en mardröm..
Hey, meatball, where's your spaghetti? Your rapping's like a nightmare.

5586 kalender — **calendar**

nn

De huvudsakliga och de långfristiga refinansieringstransaktionerna genomförs enligt en preliminär kalender utgiven av Eurosystemet.
The main and the longer–term refinancing operations are executed according to an indicative calendar published by the Eurosystem.

5587 fientligt — **hostilely**

adv

Jag har inga illusioner om att vi kommer att lösa den nu heller, vårt kortsiktiga mål är att nå ett vapenstillestånd och upphörande av fientligheterna.
I have no illusions that we will solve it now; our short-term aim is to achieve a truce and a cessation of hostilities.

5588 stridsvagn — **tank**

nn

Och se nu, det kommer en stridsvagn med män,* med ett spann stridshästar!”
And here, now, there is coming a war chariot of men, [with] a span of steeds!”*

5589 inkallad — **inductee**

nn

En person som är inkallad eller återinkallad till militärtjänstgöring eller civil tjänstgöring i en medlemsstat omfattas av lagstiftningen i den medlemsstaten.
A person called up or recalled for service in the armed forces or for civilian service in a Member State shall be subject to the legislation of that Member State.

5590 anställning — **employment|position**

nn

Vi har framhållit för myndigheterna att lagen om offentlig anställning snarast måste antas.
We have stressed with the authorities the urgency of adopting the Civil Service Law.

5591 orkester — **orchestra**

nn

Det här är en sexåring som komponerar ett musikstycke för en orkester med 32 instrument.
And this is a six–year–old child composing a piece of music for a 32–piece orchestra.

5592 egoistisk — **egoistic|selfish**

adj	Skall vi verkligen låta oss bländas av egoistiska forskarintressen?
	Do we really want to be blinded by the interests of self-seeking researchers?

5593 avslutning   **termination|completion**

nn

I morse hörde vi mycket tissel och tassel om Sven O'Reillys avslutning på lördagen.

This morning we've heard a lot of whispers about Sven Reilly's wrap-up on Saturday.

5594 nylle   **clock|face**

nn

För ditt fina nylle till min yxa!

Bring your pretty face to my axe!

5595 nygift   **newly married**

adj

En nygift man kanske är osmidig när han utövar sitt ledarskap, och hustrun kanske är ovan att ge förslag på ett taktfullt sätt.

A newly-wed husband may at first exercise his headship clumsily, or a wife may be unaccustomed to making tactful suggestions.

5596 ämbete   **office**

nn

Han har kommit att se ut att vara en rävaktig premiärminister som utnyttjar makten i sitt ämbete till fullo för egen vinning.

He has come to look like a sly–as–a–fox Premier who uses his position's powers to the fullest extent, to his own advantage.

5597 pina   **pain; pain**

nn; vb

Visserligen trillar den inte omkull, på tre ben kan den också gå, men det är en pina.

It might not keel over, it can get about on three legs still, but it is painful.

5598 förfrågan   **inquiry**

nn

Jag ber att kommissionen svarar på ombudsmannens förfrågan i samma fråga.

I would ask the Commission to reply to the Ombudsman's enquiry about the same issue.

5599 upprepad   **frequent**

adj

Vi bör vara medvetna om att upprepad exponering för små doser av strålning kan orsaka cancer och missbildningar.

Indeed, we should be aware that frequent exposure to low doses of radiation can cause cancers and malformations.

5600 mina   **mine**

nn

Herr talman, mina damer och herrar! Jag ska yttra mig helt kort för att säga att jag röstade för Pierre Moscovicis betänkande, eftersom jag anser att Rumänien bör bli en fullvärdig EU–medlem, då landet har tagit stora steg i rätt riktning.

Mr President, ladies and gentlemen, I am taking the floor very briefly in order to say that I voted in favour of the Moscovici report because I believe that Romania should become a full member of the European Union, as it has taken some huge steps in the right direction.

5601 bringa   **bring|carry; brisket**

vb; nn

Detta är inte krig, det är att bringa fred och befästa freden där så behövs?.

This is not war; it is about bringing peace and building on it where there is need'.

5602 hängning   **hanging**

nn

Parlamentet förfäras över det faktum att Ken Saro–Wiwa, författare, förkämpe för mänskliga rättigheter och ledare för överlevnadsrörelsen för Ogonifolket och åtta andra politiska fångar summariskt avrättades genom hängning fredagen den 10 november 1995.

Horrified at the summary execution by hanging on Friday, 10 November 1995 of Ken Saro–Wiwa, writer, human rights activist, and leader of the Movement for the Survival of the Ogoni People, along with eight other political prisoners who also belonged to the same movement.

5603 palestina
nn

Palestine

Det var förmodligen på grund av grekiskt inflytande som det på Jesu tid fanns ett stort antal svin i Palestina, särskilt i Dekapolis.
Hence, likely as a result of Hellenistic influence, by the time of Jesus Christ's earthly ministry, there were apparently quite a number of pigs in Palestine, particularly in the Decapolis region.

5604 psykologisk
adj

psychological

Och dessutom finns det en psykologisk motvilja mot att klottra -- tack, Freud.
And additionally, there is a psychological aversion to doodling -- thank you, Freud.

5605 svettig
adj

sweaty

Vi är riktigt bra på att vara svettiga och lukta.
We're really good at being sweaty and smelly.

5606 bakgård
nn

back yard

Och du ska göra det där med dom vita lysena på din bakgård, eller?
And you're gonna do that thing with the white lights in your back yard, right?

5607 sofistikerad
adj

sophisticated

I dag står vi som alla vet inför en organiserad brottslighet som är betydligt mer sofistikerad, som utnyttjar avancerad teknik.
We are, of course, fighting extremely sophisticated organised criminal networks which use advanced technology.

5608 bäver
nn

beaver

Skinn från uppfödda eller infångade djur (mink, bäver, myskråtta, räv, etc.)
Skins of raised or trapped animals (minks, beavers, muskrats, foxes, etc.)

5609 arbetsplats
nn

place of work

Hundratals personer förflyttas från sin vanliga arbetsplats för att komma hit.
We have hundreds of people displaced from their normal places of work to come here.

5610 ljusår
nn

light-year

De är nog 10 ljusår närmre hem nu.
They're probably 10 light–years closer to home by now.

5611 kola
nn; vb

caramel; coal

Kola och dylikt är produkter som liksom karameller framställs genom kokning av socker, men med tillsats av fett.
Toffees, caramels and similar sweets are products which, like boiled sweets, are obtained by boiling sugar but contain added fat.

5612 dyrka
vb

worship|adore

Att du hittade någon mer borta än dig som kan dyrka dig.
That you found someone more clueless than you are to worship you.

5613 bosnien
nn

Bosnia

Bosnien och Hercegovina ska för det ändamålet inrätta lämpliga rättsliga medel för att sörja för ett effektivt skydd och förhindra att traditionella uttryck används för att beskriva vin som inte har rätt till dessa traditionella uttryck, även i de fall där de traditionella uttrycken står tillsammans med uttryck som art, typ, stil, imitation, metod eller liknande.

To that end, Bosnia and Herzegovina shall provide appropriate legal means to ensure an effective protection and prevent traditional expressions from being used to describe wine not entitled to those traditional expressions, even where the traditional expressions used are accompanied by expressions such as kind, type, style, imitation, method or the like.

5614 utlösa — **wreak|redeem**
vb
Ibland kan ekonomisk tillväxt till och med utlösa eller förstärka spänningarna i samhället.
Sometimes economic growth may even trigger or intensify tensions in society.

5615 överföring — **transfer**
nn
Ett företag får besluta om överföring av socker endast om den berörda medlemsstaten har fastställt att detta socker har producerats utöver företagets A–kvot.
An undertaking may decide to carry forward sugar only if the Member State concerned verifies that such sugar was produced outside the A quota.

5616 knarka — **take drugs**
vb
Det var då jag borjade knarka.
That's when I started taking drugs.

5617 kitt — **putty**
nn
Kitt och kittliknande sammansättningar.
Putty and puttylike compounds.

5618 pansar — **armor**
nn
Pansar– eller skyddsutrustning samt dito konstruktioner och komponenter, enligt följande:
Armoured or protective equipment, constructions and components, as follows:

5619 tillställning — **affair**
nn
Herr talman! År 2007 kommer att bli ett nyckelår för oss alla när det gäller att finna vårt eget sätt att fly den konstitutionella krisen, och det gläder mig mycket att höra att ordförande José Manuel Barroso planerar att låta kommissionen spela en central roll i denna tillställning.
Mr President, 2007 will be the key year for us all to find our own way to escape from the constitutional crisis and I am very pleased to hear from President Barroso that he plans for the Commission to play a central part in that affair.

5620 tendens — **tendency**
nn
Det har funnits en tendens att polarisera ståndpunkterna beträffande Kroatien.
There has been a tendency to polarize views with regard to Croatia.

5621 likhet — **similarity**
nn
Merparten av förslagen i betänkandet har en slående likhet med kommissionens nuvarande åtgärder.
Most of the proposals in the report bear a striking similarity to the Commission's current activities.

5622 undkomma — **escape**
vb
Framtidens EU kan inte undkomma insikten att nutiden är annorlunda än för 50 år sedan.
The future of Europe cannot escape the realisation that the present is different from that of fifty years ago.

5623 anrop — **challenge**

nn — Dessutom omdirigerar vissa webbläsare innan JavaScripts anrop från koden har gjorts.
Additionally, some browsers may actually redirect before the JavaScript call from the code can be made.

5624 bag — **bag**

nn — Beställ en stek åt mig så tar jag en doggie-bag jag kan äta det inatt.
So order me a steak, I'll get a doggie bag, and it'll be my insomnia snack.

5625 fröjd — **delight**

nn — Floderna – må de klappa i händerna; bergen – må de alla tillsammans ropa högt av fröjd inför Jehova, ty han har kommit för att döma jorden.
Let the rivers themselves clap their hands; all together let the very mountains cry out joyfully before Jehovah, for he has come to judge the earth.

5626 lotteri — **lottery**

nn — Att instifta ett globalt lotteri är enkelt.
Setting up a global lottery is an easy thing to do.

5627 prestation — **performance**

nn — En tillgång som skapas av ett företags prestation har inte en alternativ användning för ett företag om företaget antingen är begränsat genom avtal att styra tillgången mot en annan användning under skapandet eller förbättringen av denna tillgång eller om företaget är begränsat i praktiken från att styra tillgången i slutfört tillstånd mot annan användning.
An asset created by an entity's performance does not have an alternative use to an entity if the entity is either restricted contractually from readily directing the asset for another use during the creation or enhancement of that asset or limited practically from readily directing the asset in its completed state for another use.

5628 tillfredsställande — **satisfactory; satisfaction**

adj; nn — Kommissionen fann inte att de förklaringar som hade lämnats var tillfredsställande och avgav därför den 9 juli 2004 ett motiverat yttrande till Konungariket Spanien och uppmanade medlemsstaten att vidta nödvändiga åtgärder för att följa yttrandet inom en frist av två månader från delgivningen.
As it considered that those explanations were unsatisfactory, the Commission sent a reasoned opinion to the Kingdom of Spain on 9 July 2004 asking it to adopt the measures necessary to comply with that opinion within a period of two months from the date of notification.

5629 kaj — **quay|dock**

nn — Vilken av fartygets sidor som skall ligga mot kaj.
Which side of the ship is to be alongside the quay.

5630 småbarn — **infant**

nn — Men vi bestämde oss till slut för att det är försiktighetsprincipen som i synnerhet bör beaktas i samband med spädbarn och småbarn.
However, we managed to agree that special consideration of the precautionary principle is appropriate for babies and toddlers.

5631 frisör — **hairdresser|barber**

nn — Tolken var en lokal frisör, en vän till domarens hustru.
The interpreter was a local hairdresser, a friend of the judge's wife.

5632 rådhus — **town hall**

nn — Vi ska bygga ett rådhus, med pressade sammets draperier, och en stor parkering.
We shall build a courthouse, with crushed velvet drapes and ample parking.

5633	**örfil**	**box on the ear; cuff**
	phr; nn	Det vi frågar oss är om ministerrådet kommer att dela ut en offentlig örfil även i det fallet.
		What we wonder is whether the Council of Ministers will administer a public reprimand here too.
5634	**bevakad**	**guarded**
	adj	Ja, och bevakad av några snutar på andra sidan gatan.
		Yeah, a couple feds staking it out across the street.
5635	**turkisk**	**turkish**
	adj	Turkcyprioterna skulle även i fortsättningen leva under turkisk ockupation.
		The Turkish Cypriots would continue to live under Turkish occupation.
5636	**portion**	**portion**
	nn	Jag önskar det nederländska ordförandeskapet mycket lycka till och också en stor portion tur.
		I wish the Dutch Presidency a great deal of strength, wisdom and a dose of good luck.
5637	**mottagare**	**receiver**
	nn	Försäljning av radio– och TV–mottagare, förstärkare och högtalarutrustning.
		Sale of radio and television receivers, amplifiers and amplifying equipment.
5638	**förspel**	**foreplay**
	nn	Behovet av förspel för dig och din partner är detsamma som när du inte har tagit något läkemedel för erektil dysfunktion.
		You and your partner will need to engage in foreplay, just as you would if you were not taking a medicine for erectile dysfunction.
5639	**fjäril**	**butterfly**
	nn	Jag är en apa, (Skratt) slänger kyssar till en fjäril.
		I'm a monkey — (Laughter) — blowing kisses at a butterfly.
5640	**fresta**	**tempt|try**
	vb	Herr ordförande! Jag ber ordföranden och kammaren om ursäkt för att fresta på det tålamod som ordföranden alltid briljerar med.
		Mr President, I apologise to you and to Parliament for taking advantage of your unfailing patience.
5641	**avvara**	**spare**
	vb	Jag hoppas verkligen att toppmötet i juni åtminstone kan avvara en hel dag till att undersöka hur vi kan bemöta detta problem.
		I very much hope the June Summit will spare at least one full day to looking at how we respond to this challenge.
5642	**runt omkring**	**around; around**
	adv; prp	Erasmus handlar inte bara om att tusentals människor studerar runt omkring i världen.
		Erasmus is not only about thousands of people studying around the world.
5643	**skotsk**	**Scottish**
	adj	Smakämnen framställda av skotsk lax.
		Flavourings made from Scottish salmon.
5644	**elektronisk**	**electronic**
	adj	Det andra identifieringsmärket kan vara en elektronisk givare.
		One of the second means of identification is an electronic transponder.
5645	**irländsk**	**Irish**
	adj	Jag har förstått din frågeställning angående irländsk lag och rekryteringspraxis.

I take on board your question about Irish law and Irish recruitment practices.

5646	**innersta**	**intimate**
	adj	Innerst inne är han en god kille.
		Deep down he is a very good person.

5647 **babbla**
vb
babble

Såvida inte EU–etablissemanget slutligen börjar arbeta för en politik som främjar barnafödande för de inhemska européerna, främjar den traditionella familjen med många barn, slutligen vidtar åtgärder mot försöken att förstöra den traditionella familjen – som exempelvis homosexuella äktenskap – och återinför nolltolerans för invandring, också i fråga om familjeåterförening, kommer vi om femtio år att sitta här och babbla om utvecklingen av självständighetssträvan inom Europa, precis som vi just nu gör med själva Kosovofrågan.

Unless the EU establishment finally starts to lobby for a pro–birth policy for the indigenous Europeans, promotes the traditional family with many children, finally takes action against attempts – such as gay marriage – to destroy the traditional family, and reintroduces zero tolerance to immigration, also in relation to family reunion, in fifty years' time we will be sitting here palavering about the Kosovisation of Europe, just as we are doing now with the Kosovo issue itself.

5648 **antarktis**
nn
Antarctica

På planetens andra ände, Antarktis. ~~~ Den största ismassan på planeten.

At the other end of the planet, Antarctica the largest mass of ice on the planet.

5649 **sköldpadda**
nn
turtle

Om vi kunde hitta en sköldpadda och knuffa över honom först?

You know, what if we found a turtle and sort of nudged it over first?

5650 **prototyp**
nn
prototype

En prototyp är testad och klar och nu finns planer på att söka patent på utrustningen.

A prototype is tested and ready, and now there are plans to apply for a patent on the equipment.

5651 **körning**
nn
driving|run

Den värsta är vårdslös körning eller körning i berusat tillstånd.

The worst is reckless or drunken driving.

5652 **steroid**
nn
steroid

Den aktiva substansen i Cortavance, hydrokortisonaceponat, är en steroid som är en typ av inflammationsdämpande ämne.

The active substance in Cortavance, hydrocortisone aceponate, is a steroid which is a type of substance that helps to reduce inflammation.

5653 **trakasseri**
nn
badgering

Trakasserier är en form av diskriminering.

Harassment is a form of discrimination.

5654 **sysselsatt**
adj
busy

Det andra viktiga område där kommissionär Monti har varit flitigt sysselsatt är moderniseringen av själva konkurrenspolitiken.

The other major area that Commissioner Monti has been busy with is the modernisation of competition policy itself.

5655 **fulländad**
accomplished

adj   Voss har med sin femte grund hävdat att tribunalen, i likhet med överklagandenämnden, missuppfattade bevisningen i akten genom att jämföra det aktuella tredimensionella kännetecknets form av en fulländad cylinder med ett tvådimensionellt "cylindriskt tvärsnitt".

By its fifth ground of appeal, Voss submits that the General Court, like the Board of Appeal, distorted the evidence in the file by comparing the perfect cylinder of the three–dimensional sign at issue to a two–dimensional 'cylindrical section'.

5656   tjugofem   **twenty-five**

num   Herr talman! Tjugofem år efter kärnkraftsolyckan i Tjernobyl blir vi än mer medvetna om de tragiska konsekvenserna av katastrofer vid kärnkraftverk, både för människors hälsa och liv och för miljön.

Mr President, twenty–five years after the nuclear accident in Chernobyl, we are becoming ever more aware of the tragic consequences of disasters in nuclear power stations, for human health and even life and for the environment as a whole.

5657   värdesätta   **recognize**

vb   Herr ordförande! De frivilligorganisationer som arbetar med miljöskydd gör ett seriöst arbete i syfte att bearbeta den allmänna opinionen så att den skall värdesätta miljön och miljöskyddet.

Mr President, national agencies working on ways to protect the environment are doing a serious job to change public opinion on the environment and its preservation.

5658   loge   **barn**

nn   Sa jag bjöd in henne till din loge idag, förstar du?

So I invited her to your box today, do you understand?

5659   till slut   **eventually|in the end**

adv   Och till slut ägde det historiska interkoreanska toppmötet rum i juni förra året.

And, at last, the historic inter-Korean summit was held in June last year.

5660   gråtande   **weeping**

adj   Jag hyser inte det minsta tvivel om att alla medborgare har något minne av vissa liknande lojalitetsdemonstrationer i deras hemtrakt eller av någon idrottsman, olympisk mästare, som stiger upp på prispallen gråtande av känslor medan hans nations flagga hissas till tonerna av nationalsången eller när nationens armé betygar sin vördnad inför sin flagga.

I have not the slightest doubt, however, that every citizen has a memory of certain similar gestures of support in his place of origin or of some athlete, an Olympic champion, weeping with emotion on the podium as his nation's flag is raised to the strains of the national anthem, or when his army's troops swear allegiance to their ensign.

5661   brytning   **break|mining**

nn   Sverige har en mycket lång tradition när det gäller brytning av olika metaller.

Sweden has a long tradition of mining of various metals.

5662   maestro   **maestro**

nn   Men det finns även många fler som vi, maestro.

But there are also many more like us, Maestro.

5663   renhet   **purity**

nn   Vi noterar dessa rättelser av hänsyn till det franska språkets renhet.

We take good note of those corrections for the sake of the purity of the French language.

5664   smakprov   **sample**

nn   Utställningen visar också några av originalmålningarna och en stor tavla med över 500 diabilder i färg samt en kort film med ett smakprov från filmens introduktion.
Exhibited items include some of the original artwork, a short sampling of the program's introduction, and over 500 color slides.

5665 tuta
nn; vb

fingerstall; hoot
Tuta om du är kåt.
Honk if your are horny.

5666 höjdpunkt
nn; adj

peak; hightide
Gileadskolan var en höjdpunkt i mitt liv.
Attending Gilead was a highlight of my life.

5667 dykning
nn

diving|nosedive
Låg ni i en inverterad 4G–dykning med en Mig–28?
You were in a 4 G inverted dive with a MiG–28?

5668 principiellt
adj

principled
Det var för övrigt av denna anledning som kommissionen i samband med undersökningen av de aktuella nationella planerna endast kunde ge ett principiellt godkännande av dessa planer (omstrukturering av sockersektorn) och uppmanade Italien att förelägga kommissionen varje enskilt åtgärdsprojekt för förhandsgodkännande i enlighet med artiklarna 87 och 88 i fördraget.
Besides, this is why the Commission, when it examined the national plans in question, was only able to give initial approval to the pursuit of the objectives in them (restructuring the sugar sector) and asked the Italian authorities to present the specific intervention plans for the purposes of prior approval, under Articles 87 and 88 of the Treaty.

5669 fuktig
adj

damp|humid
Väl inne i lärarrummet möts jag av en varm, nästan genomträngande fuktig luft.
Once inside the staff room I am met by a warm, almost penetrating damp air.

5670 honnör
nn

salute|honour
Gör inte honnör.
Do not salute me.

5671 tillbehör
nn

accessories|fittings
Organisation och anordnande av mässor och utställningar för kommersiella och reklamändamål, speciellt inom sektorn för tvättutrustningar, tjänster, tillbehör för tvättinstitut, strykinrättningar och inrättningar för textilrengöring.
Arranging and conducting of trade fairs and exhibitions for commercial or advertising purposes, in particular in the field of equipment, services, goods and accessories for washing, ironing and cleaning textiles.

5672 förkylning
nn

cold
Man löser inte den ryska krisen på samma sätt som man behandlar en förkylning.
Mr President, the Russian crisis cannot be cured in the way that you would cure someone with a cold.

5673 överta
vb

take over
Om det emellertid efter slutkontrollen konstateras att en delleverans inte uppfyller kraven på minimikvalitet, ska interventionsorganet vägra att överta partiet.

However, if it later becomes apparent when the check is finalised that a part–delivery does not satisfy the minimum quality requirements, the concerned quantity shall be refused for takeover.

5674 kurir

nn

courier

USP överskrider traditionella posttjänster och engagerar sig i exempelvis kurir– och expresstjänster, transport, logistik, detaljhandel och e–handel.

The USPs' moves beyond traditional mail services into e.g. courier and express services, transportation, logistics, retail, e–commerce.

5675 smicker

nn

flattery

Ni kommer ingen vart med smicker!

Hey, flattery's not gonna get you guys anywhere!

5676 kypare

nn

waiter

Shields arresterades, anklagades och dömdes 2005 på mindre än åtta veckor för ett brutalt överfall mot Martin Georgiev, en bulgarisk kypare, trots att det saknades rättsliga bevis, att identifieringsförfarandet genomförts bristfälligt och att en annan man, Graham Sankey, undertecknat en bekännelse av brottet.

He was arrested, charged and convicted of a brutal attack on Martin Georgiev, a Bulgarian waiter, in 2005 in less than eight weeks, despite the lack of forensic evidence, a flawed identification process and a signed confession to the attack by another man, Graham Sankey.

5677 uppgradera

vb

upgrade

Vi gör vårt yttersta för att uppgradera våra interna IT–system, men som ni vet är detta inte något som sker över en natt.

We are doing our utmost to upgrade our internal IT systems but, as you know, unfortunately these things do not happen overnight.

5678 förnya

vb

renew|innovate

Det stämmer att det system som Google planerat skulle ge användarna som helhet en fantastisk möjlighet att få tillgång till verk, särskilt de som är slut på förlaget eller svåra att hitta bibliografiskt. Det skulle samtidigt ge upphovsmännen och förläggarna en möjlighet att förnya det egna kulturutbudet och utvidga läsekretsen.

It is true that the system devised by Google would give users as a whole the great opportunity of accessing works, especially those that are out of print or difficult to find bibliographically and, at the same time, would give authors and publishers the opportunity of refreshing their own cultural offering and of expanding their readership.

5679 terräng

nn

terrain

Fordonet som är lämpat både för personbefordran i svår terräng (t.ex. för fritidsändamål) och för dragning eller skjutning av annat fordon, redskap eller last uppfyller inte kraven som ställs upp i anmärkning 2 till kapitel 87 då det inte är konstruerat huvudsakligen för dragning eller skjutning av annat fordon, redskap eller last."

The vehicles which are suitable both for the transport of people in difficult terrain (e.g. for leisure purposes) and for hauling or pushing another vehicle, appliance or load do not fulfil the requirements of note 2 to Chapter 87 as they are not constructed essentially for hauling or pushing another vehicle, appliance or load. '

5680 sken

nn

light|shine

Den gröna lampskärmen kastar ett varmt sken i rummet.

The green lampshade casts a warm glow in the room.

5681 inspirerad

inspired

	adj	Jag skulle vilja avsluta med en vinjett inspirerad av den här bilden.
		And I'd like to end with a vignette, as it were, inspired by this image.

5682 vändning — **turn**
nn
Vi ser i betänkandet en vändning till förmån för en expansiv och stimulerande konjunkturpolitik.
We see the report as a change towards an expansive and demand-stimulated economy.

5683 ömt — **tenderly**
adv
Hon smädade sig själv, ömt och tätt intill mitt öra.
She blasphemed, tenderly, in my ear.

5684 kärleksbrev — **love-letter**
nn
Nog är det ett kärleksbrev alltid.
that's a love letter, all right.

5685 realistisk — **realistic**
adj
Ett snart sammankallande av en fredskonferens som skall behandla politiska och ekonomiska aspekter samt säkerhetsfrågor, bekräfta villkoren för en politisk lösning och fastställa en realistisk och väldefinierad tidsplan.
Early convening of a peace conference, which should address political and economic aspects as well as matters relating to security, confirm the parameters of a political solution and establish a realistic and well–defined timescale.

5686 meteor — **meteor**
nn
Den här kvällstv journalisten kom förbi The Talon idag, och han ville göra en intervju med mig om meteor regnet.
This tabloid television reporter came by the Talon today, and he wanted to do an interview with me about the meteor shower.

5687 känslomässig — **emotional**
adj
Ibland kan naturligtvis magerhet vara ett tecken på känslomässig stress.
Of course, sometimes thinness can be a symptom of emotional distress.

5688 uttorkad — **dry**
adj
När regnen upphör blir marken snabbt uttorkad.
Dries out rapidly after the rains have ended.

5689 implementera — **implement**
vb
Om dubbelkontrollen inte ger något korrekt svar kommer ECB alltså ändå att implementera meddelandet i ECB:s MFI–dataset.
Hence, if the crosscheck fails, the ECB will still implement the request in the ECB's MFI dataset.

5690 pappersarbete — **paperwork**
nn
Kommissionens kontroll–, utvärderings– och övervakningsfunktion krävde i synnerhet en viss mängd pappersarbete från projekten.
These control, evaluation and monitoring functions of the Commission required, in particular, a certain amount of paperwork from the projects.

5691 utkant — **outskirts**
nn
Detta kan också vara ett sätt för länderna i Europas utkant att snabbare konvergera med EU.
It could also be the way in which the countries on the periphery of Europe will converge more quickly with Europe.

5692 infiltrera — **infiltrate**
vb
Det är bara alltför uppenbart att Monsanto försöker infiltrera EU ännu mer.
It is all too obvious that Monsanto is trying to infiltrate more into Europe.

5693 förvarning

nn

forewarning

I riktlinjerna ingår förvarning om revideringar med, när så är möjligt, angivelser om deras möjliga verkningar, lämplig dokumentation om skälen till revideringarna och deras inverkan på större aggregat samt en tidsplan för ytterligare revideringar.

These guidelines include advance notice of revisions indicating, where possible, their potential impact as well as a proper documentation of the reasons and impact on major aggregates and the timetable for further revisions.

5694 hudfärg

nn

complexion

CZ, EL, NL, PL och RO utelämnar hänvisningar till hudfärg, härstamning och nationellt ursprung.

CZ, EL, NL, PL and RO omit references to colour, descent and national origin.

5695 tryggt

adv

safely

Vi kan därför tryggt säga att Jehova med hjälp av sin Son aktivt leder sitt folk.

Thus, it is safe to conclude that Jehovah by means of his Son is actively leading his people.

5696 intendent

nn

manager | purser

Dig känner jag igen, du är intendent på vita huset.

you I know, you work in the White House.

5697 sensor

nn

sensor

Spegelenheter för fokusering av infraröd energi till en sensor i styrsystem för riktning av missil mot målet.

Mirror assemblies to focus infrared energy onto sensor in guidance system to direct missile to target.

5698 porrfilm

nn

porno film

Mr Loveboy, är det en porrfilm?

What is it, a porno flick?

5699 lotto

nn

lotto

Aman fann det här brevet och vann på lotto.

Aman found this letter and won the lottery.

5700 övergå

vb

pass over | go over

Om den slutanvändning för vilken varorna i fråga ska övergå till fri omsättning inte längre är densamma, ska det importtullbelopp som ska betalas minskas med det belopp som tagits ut för varorna när de först övergick till fri omsättning.

Where the end–use for which the goods in question are to be released for free circulation is no longer the same, the amount of import duty shall be reduced by any amount collected on the goods when they were first released for free circulation.

5701 efterfrågan

nn

demand

Inte heller anpassades mjölkutbudet omedelbart till den lägre efterfrågan under 2009.

Conversely, during 2009, the supply of milk did not adjust promptly to lower demand.

5702 slingra

vb

twist

Men de måste vara uppriktiga, inte slingra sig eller tala med kluven tunga.

But they must speak with honesty, not using double–speak or with forked tongues.

5703 häl — **heel**
nn
Det finns ådror på fötterna och min häl är rosa, och hälsenan – som rör sig lite.
There're veins on the feet, and then my heel is pink, and my Achilles' tendon — that moves a little bit.

5704 morot — **sweetener**
nn
Jag bör betona att även om det statistiskt sett berättigar dem så kommer de fortfarande att behöva uppfylla bestämmelserna om god förvaltningssed genom att skriva på vissa internationella avtal. Detta blir därför en morot för Pakistan att skriva på viktiga internationella sociala konventioner.
I should to emphasise that, although that would allow them to qualify under the statistics, they will still have to meet the good governance clauses by signing up for the appropriate international agreements, so this would be a carrot to Pakistan to sign up to important international social conventions.

5705 bädda — **make**
vb
Alla de förslag som har lagts fram bör bädda för avsevärda resultat.
All the proposals put forward should make for considerable achievements.

5706 lim — **glue**
nn
Gluten [lim] för kontors– eller hushållsändamål
Adhesives (glue) for stationery or household purposes.

5707 slaveri — **bondage**
nn
Soldater, kämpa inte för slaveri, kämpa för frihet!
Soldiers, don't fight for slavery, fight for liberty!

5708 avslöjande — **disclosure**
nn
Det ena gäller de offentliga registren och avslöjande av information om investerare i skatteparadis.
One relates to the public registries and disclosure of information concerning investors in tax havens.

5709 migrän — **migraine**
nn
Jag får sådan migrän och ibland svullnar min hals så jag inte får luft.
I get these migraines and sometimes, my throat closes up and I can't breathe.

5710 uppbära — **receive**
vb
Av vilka uppbär jordens kungar tullar eller huvudskatt?
From whom do the kings of the earth receive duties or head tax?

5711 passning — **fit|passing**
nn
Jag tror att man här gör en spikrak passning till amerikanarna.
I believe that you are giving the Americans a free passing here.

5712 enlighet — **Union**
nn
I enlighet med ett rättsligt, administrativt eller fullkomligt godtyckligt beslut?
In accordance with a judicial, administrative or purely arbitrary decision?

5713 logisk — **logical**
adj
Vi behöver logisk struktur för vetenskap.
You can't do science without making it logically consistent.

5714 hälsosam — **healthy|wholesome**
adj
Han är en väldigt hälsosam person.
He's a very healthy person.

5715 uppskov — **suspension**

nn	I fråga om nationell verksamhet har kommissionen gett rekommendationer som uttryckligen avser små och medelstora företag för att uppmuntra överlåtelser av företag genom att till exempel ge dispens från registreringsavgifter eller uppskov med skatter, men framstegen har varit små.
	As regards national activities, the Commission has made recommendations specifically geared towards SMEs to encourage transfers of businesses by, for example, waiving registration fees or deferring taxes, but little progress has been made.

5716 baksmälla — **hangover**

nn

Kosttillskott för lindring av baksmälla.

Food supplements to ease hangovers.

5717 ådra — **vein; vein**

nn; vb

Vi vet att den för närvarande har stannat av och att vi vill återuppliva den.

We know that it has currently come to a standstill and that we want to revive it.

5718 kejserlig — **Imperial**

adj

Du vågar förfalska en Kejserlig order?

You dare fake an Imperial Decree?

5719 terror — **terror**

nn

Herr talman! Efter årtionden av krig, konflikt, flyktingskap, ockupation, terror, förtvivlan och förbittring ser vi nu äntligen ljus i slutet av Mellanöstern–tunneln – en tunnel som stängt inne regionens invånare i misstro och motsättningar.

Mr President, after decades of war, conflict, refugee columns, occupation, terror, despair and bitterness, we are now finally seeing some light at the end of the Middle East tunnel – a tunnel which has locked the region's inhabitants into a situation of mistrust and antagonisms.

5720 verkställande — **executive; execution**

adj; nn

Utvärdering av Schengensamarbetet: den verkställande kommitténs och den gemensamma tillsynsmyndighetens årsrapport.

Assessing the operation of the Schengen arrangements: the annual report of the Executive Committee and the Joint Supervisory Authority.

5721 tempo — **tempo**

nn

Producerar språkstycken i ett lämpligt tempo.

Produces stretches of language at an appropriate tempo.

5722 skepnad — **shape|semblance**

nn

Även ministrarna i rådet måste ställas till svars annars blommar BSE åter upp i någon annan skepnad!

Ministers in the Council must also be brought to account, otherwise BSE will soon flourish again in another form!

5723 institution — **institution**

nn

Inom vår institution ingår också Swebrec, ett kompetenscentrum för sprängteknik.

Within our institution includes Swebrec, a center of excellence for explosives.

5724 naturbegåvning — **naturally gifted**

adj

Han var en heroisk naturbegåvning.

He was a natural heroic son of a bitch, that man.

5725 små — **small**

adj	Se till att SMF får tillgång till IKT och att de kan tillgodogöra sig och använda den på ett effektivt sätt genom stöd för tillgång till olika nät, platser där allmänheten får tillgång till Internet, utrustning samt nya tjänster och tillämpningar, inklusive särskilt utarbetande av handlingsplaner för mycket små företag och hantverksföretag.

Promoting access to, take up, and efficient use of ICTs by SMEs by supporting access to networks, the establishment of public Internet access points, equipment, and the development of services and applications, including, in particular, the development of action plans for very small and craft enterprises.

5726 dödsdom   **death sentence**

nn   På Dominia, när en kunglig kvinna visar sina bröst, är det en dödsdom.

On Dominia, when a woman of royal blood shows you her breasts, it's a death sentence.

5727 norsk   **Norwegian**

adj   Fiske i Skagerrak som bedrivs av fartyg som för norsk flagg skall tillåtas fram till 4 nautiska mil utanför Danmarks och Sveriges baslinjer.

Fishing in the Skagerrak by vessels flying the flag of Norway shall be allowed seawards of four nautical miles from the baselines of Denmark and Sweden.

5728 merit   **merit**

nn   Det har dock en enda merit: det utgör det första steget mot en mindre invandringsförespråkande politik.

However it does have the sole merit of representing the first step towards a less immigrationist policy.

5729 exil   **Exile**

nn   Vi uppmanar ordförandeskapet att inte bara förklara hans exil oacceptabel.

We call on the Presidency not just to denounce his exile as unacceptable.

5730 finansiera   **finance**

vb   Finansieringslikviditet handlar om förmågan att finansiera ökade tillgångar och uppfylla betalningskrav allteftersom de uppstår.

The funding liquidity risk relates to the ability to fund increases in assets and meet obligations as they become due.

5731 initiativ   **initiative**

nn   Ändringsförslagen rör samma ord, herr Désir, "nytt initiativ" och "initiativ".

The amendments relate to the same words, Mr Désir, 'new initiative' and 'initiative'.

5732 älg   **moose**

nn   Det finns inte så värst mycket du kan göra när en älg har bestämt sig för att komma i din väg.

There's not a whole lot you can do, right when a moose decides to get in your way.

5733 diabetes   **diabetes**

nn   Enligt beräkningar kommer 30 miljoner människor i EU ha diabetes år 2010.

It is estimated that by 2010 there will be thirty million people in the EU with diabetes.

5734 sylt   **jam**

nn   Vill du ha sylt på?

Want jelly on this sandwich?

5735 uppvärmning   **heating**

nn   Apparater för uppvärmning, ångalstring, kokning, kylning, torkning, ventilation, brandskydd, vattenförsörjning och sanitära ändamål.

Apparatus for heating, steam generating, cooking, refrigerating, drying, ventilating, fire defence, water supply and sanitary purposes.

5736 persika

nn

Du måste vara som en persika, mjuk på utsidan och hård på insidan.

You have to be like a peach, soft on the outside and hard inside.

peach

5737 donator

nn

Överföringar av pengar mellan donator och mottagare är oacceptabelt.

Transfers of money between donor and recipient are unacceptable.

donor

5738 anarki

nn

Den senaste tidens utveckling i Somalia för landet ur det tillstånd av anarki som landet har befunnit sig i under tio år.

As a result of recent developments, Somalia is emerging from the state of anarchy which has prevailed there for the last decade.

anarchy

5739 på sätt och vis

adv

Den är på sätt och vis den yttre garantin för vår institutions trovärdighet.

It is, to a certain extent, the external guarantor of our institution's credibility.

kind of

5740 nådig

adj

Må Gud vara dig nådig och förlåta dina synder.

May God have mercy on you, forgive you and grant you everlasting life.

gracious

5741 slö

adj

Hon är nog lite för slö för honom och det var för tre månader sen.

She's probably a bit too dull for him and it was three months ago.

dull | lethargic

5742 stup

nn

Om vi har en positiv syn på framtiden så kan vi kanske lyckas sladda genom kurvan i ställer för att åka utför ett stup.

If we have a positive view about the future then we may be able to accelerate through that turn, instead of careening off a cliff.

cliff

5743 trovärdig

adj

Övervakningsmyndigheten grundar sin bedömning av behovet av sådana åtgärder på storleken, omfattningen och räckvidden på den verksamhet som den berörda banken skulle ha efter genomförandet av en trovärdig omstruktureringsplan i enlighet med vad som anges i avsnitt 2.

The Authority takes as a starting point for its assessment of the need for such measures, the size, scale and scope of the activities that the bank in question would have upon implementation of a credible restructuring plan as foreseen in Section 2 of this Chapter.

credible

5744 buse

nn

Tillbaka din buse!

Back, back, back, you villain!

villain | baddie

5745 uppjagad

adj

Mr Sheridan var uppjagad.

Mr. Sheridan was pretty upset.

roused | upset

5746 hyllning

nn

Så höj ert glas i hyllning.

Join me in raising a glass in tribute.

tribute

5747 donera

vb

Varför skulle kvinnor donera äggceller när det är så stora risker om de inte får ersättning?

Why would women donate with so many risks if they do not receive any remuneration?

donate

5748	**hektar**	**hectare**
	nn	Stödet per hektar är mer än dubbelt så högt som stödet per hektar till spannmål.
		Per–hectare aid for hemp is more than twice as high as that for cereals.
5749	**utmed**	**along**
	prp	De anländer utmed hela den sydöstra flanken, ända ned till Europas sydligaste udde.
		They arrive all along the southeastern flank, right down to the southernmost tip of Europe.
5750	**livförsäkring**	**life insurance**
	nn	Ett exempel är livslång livförsäkring för ett fast belopp (med andra ord, försäkring som ger en fast livförsäkring oavsett när försäkringstagaren dör, utan förfallodag för skyddet).
		An example is whole life insurance for a fixed amount (in other words, insurance that provides a fixed death benefit whenever the policyholder dies, with no expiry date for the cover).
5751	**obehaglig**	**unpleasant**
	adj	Men konflikten i sig själv är ytterst obehaglig och mycket problematisk för alla, särskilt, naturligtvis, för offren.
		But the conflict itself is extremely nasty and very problematic for everybody, especially the victims of course.
5752	**gelé**	**jelly**
	nn	Jag fick göra det där många kvinnor får -- gelé på magen och bzzzz.
		I got to do what many women have -- the jelly on the belly and bzzzz.
5753	**anseende**	**reputation|prestige**
	nn	Det som står på spel är vårt anseende som representanter för det europeiska folket.
		What is at stake is our dignity as the representatives of the European people.
5754	**hemmaplan**	**home ground**
	nn	Vi måste för att bli trovärdiga i politiken vidta kraftfulla åtgärder på hemmaplan.
		In order to become politically credible, we must take vigorous measures at home.
5755	**doppa**	**dip**
	vb	Ta dockans arm och doppa den i en skål med vatten, och– hokuspokus!
		Take the handy– dandy arm, and then you dip it into the handy– dandy basin, and presto!
5756	**gladeligen**	**gladly**
	adv	För det andra är det ett grundläggande krav för anslutning att religionsfrihet införs, så att alla religioner som endast fungerar i religiösa sammanhang, får frihet och verklig rätt att grunda och bygga egna kyrkor på samma sätt som EU–länderna enligt tradition gladeligen tillåter utomeuropeiska religioner att göra.
		Secondly, it is a fundamental requirement of accession that freedom of religion be established, so that all religions, which only function as religious communities, have the freedom and genuine right to found and build proper churches, just as the EU countries gladly allow non–European religions to do by way of tradition.
5757	**holländsk**	**Dutch**
	adj	Som holländsk medborgare i Tyskland vet jag att även jag enligt utlänningslagen behandlas annorlunda än tyskar.

As a Dutchwoman living in Germany, I know that I am treated differently from a German woman under the German Foreigners Act.

5758	kvick	witty|bright
	adj	Om sex manader, tre, om hon har gott öra och kvick tunga, kan jag ta henne överallt och hon gar för vad som helst.

In six months, in three, if she has a good ear and a quick tongue, l'll take her anywhere and I'll pass her off as anything.

5759	samlare	collector
	nn	En samlare beräknar att bara 30 till 40 skorpioner, 10 till 20 ödlor och 8 eller 9 grodor hittills har hittats.

One collector estimates that only 30 to 40 scorpions, 10 to 20 lizards, and 8 or 9 frogs have ever been discovered.

5760	resonera	reason|discuss
	vb	Resonera ingående med din familj om detta.

Make it a matter of serious discussion with your family.

5761	stoft	dust
	nn	Fastställer hårdare gränsvärden för utsläpp, främst av koloxider och stoft.

Establishes stricter limit values for emissions, in particular those of carbon oxides and particulates.

5762	förort	suburb
	nn	FÖDELSEDATUM/FÖDELSEORT: Omkring 1941, ar–Rashidiyah, förort till Bagdad

DATE OF BIRTH/PLACE OF BIRTH: Circa 1941, ar–Rashidiyah, suburb of Baghdad

5763	herpes	herpes
	nn	I en dubbelblind, placebokontrollerad, randomiserad klinisk prövning, i vilken ZOSTAVAX administrerades till · patienter som var · år eller äldre och som haft herpes zoster (HZ) före vaccination, var säkerhetsprofilen generellt sett liknande den som sågs i SPS–substudien för biverkningskontroll.

In a double–blind, placebo–controlled, randomized clinical trial, in which ZOSTAVAX was administered to · subjects · years of age or older with a history of herpes zoster (HZ) prior to vaccination, the safety profile was generally similar to that seen in the Adverse Event Monitoring Substudy of the SPS.

5764	när som helst	at any time
	adv	John borde vara här när som helst nu.

John should be here any minute now.

5765	antagen	accepted
	adj	Det är budskapet i den resolution som vi hoppas skall bli antagen i morgon.

This is the message of the resolution which, we hope, will be adopted tomorrow.

5766	framsäte	front seat
	nn	ska barn som är tre år eller äldre och under 150 cm, utan att det påverkar tillämpningen av led ii, färdas i ett annat säte än ett framsäte.

without prejudice to point (ii), children aged three and over and less than 150 cm in height shall occupy a seat other than a front seat.

5767	evakuera	evacuate
	vb	Våra order är att evakuera er genast.

Our orders are to evacuate you immediately.

5768	frigöra	release|free

vb	Sammanfattning av Europeiska datatillsynsmannens yttrande om kommissionens meddelande "Att frigöra de molnbaserade datortjänsternas potential i Europa". *Executive summary of the Opinion of the European Data Protection Supervisor on the Commission's Communication on 'Unleashing the potential of cloud computing in Europe'.*

5769 förverkliga — **realize | implement**

vb — Man anser att upphandling ?är en rent ekonomisk process som inte får fördärvas för att förverkliga andra målsättningar?.
In its opinion, putting out to tender is 'a purely economic process which should not be contaminated so as to achieve other goals'.

5770 rösträtt — **suffrage**

nn — Resolutionen uppmanar till ett påskyndande av införandet av allmän rösträtt.
The resolution calls for the acceleration of the introduction of universal suffrage.

5771 äventyra — **jeopardize | risk**

vb — Att äventyra sitt eget kapital är en mycket riskintensiv verksamhet.
To risk personal capital, in particular, is a highly precarious business.

5772 alp — **alp**

nn — Kommissionens förordning 2 om öppnande och förvaltning av gemenskapstullkvoter för tjurar, kor och kvigor av vissa alp– och bergsraser som inte är slaktboskap.
Commission Regulation 2 opening and providing for the administration of Community tariff quotas for bulls, cows and heifers other than for slaughter of certain Alpine and mountain breeds.

5773 återta — **resume**

vb — Den ena rör producentens oinskränkta ansvar att återta uttjänta fordon.
The first concerns the manufacturer's unrestricted liability to take back end-of-life vehicles.

5774 återförena — **reunite**

vb — I ett uttalande till protokollet från det rådsmöte när stödförordningen antogs förklarade sig kommissionen redo att samråda med Cyperns regering om de viktiga aspekterna av genomförandet av stödet inom ramen för stödförordningen. Detta mot bakgrund av den rådande politiska situationen i Cypern och med hänsyn till målet att integrera och återförena ön.
In a statement inserted in the Council Minutes when the aid regulation was adopted, the Commission, taking into account the existing political situation in Cyprus as well as the aim of integrating and reunifying the island, declared its readiness to consult the Government of the Republic of Cyprus about the major aspects of the implementation of assistance under this Regulation.

5775 bassäng — **pool**

nn — Jag anser att man ska fortsätta att söka efter effektivare metoder för att bedöma tillståndet för bestånden, anpassade till ekosystemet i en given bassäng.
I am in favour of searching further for more efficient methods of measuring the state of stocks, adapted to the ecosystem of a given basin.

5776 knuten — **attached**

adj — Kosovo är EU-politikens gordiska knut i detta område.
Kosovo is the Gordian knot of European policy in this region.

5777 avfyra — **fire off**

vb — Cirkulera runt utanför Avfyra ett skott om du ser henne.

Circle around outside. Fire a shot if you spot her.

5778	**värdegrund**	**basic principles**

nn

I stället måste vi bygga våra förbindelser med Ryssland på en fast värdegrund.

Instead, we must place our relationship with Russia on a firm basis of values.

5779	**flamma**	**flame; flame**

nn; vb

Som elden, en mäktig flamma.

Like blazing fire, a mighty flame.

5780	**tvunget**	**constrainedly**

adv

Rådet är på intet sätt tvunget att tillgripa en annan mekanism på grund av att de planerade skyddsåtgärderna begränsar importen avsevärt.

There is nothing requiring the Council to have recourse to another mechanism on the ground that the intended safeguard measures would substantially limit imports.

5781	**framgångsrikt**	**successfully**

adv

Ett frivilligt program kan bara bli framgångsrikt och få ett betydande genomslag på marknaden om det stöds genom ett stort antal marknadsförings– och reklamåtgärder.

A voluntary scheme can only be successful and have a significant impact on the market if it is supported by a significant amount of marketing and promotion activities.

5782	**auktion**	**auction**

nn

Vid förberedelsen av detta direktiv har man sannolikt anordnat en nationell auktion, och slutresultatet är synnerligen anspråkslöst när man tänker på vilka de verkliga utmaningarna är.

But, in any case, it is important that the European Parliament should now defend at least that policy which the Commission has chosen.

5783	**anus**	**anus**

nn

Du åt godis från hennes anus!

You ate a box of Nerds out of her butthole!

5784	**turbulens**	**turbulence**

nn

Detta rör främst bilar och turbulens i flygplan.

This concerns mainly cars and turbulence in aeroplanes.

5785	**nordväst**	**northwest**

adv

Kenat identifieras med ruinerna vid Kanawat (Kanata), 90 km sydsydöst om Damaskus och 7 km nordväst om dagens Suwayda.

Kenath is identified with the ruins at Kanaouat (or Canatha), about 90 km (60 mi) SSE of Damascus and 7 km (4.5 mi) NW of modern Soueida.

5786	**provision**	**commission**

nn

Det är vår åsikt att Bricolux provision till sina distributören på 10% är för hög.

I feel that the discount of 10% granted by Bricolux to its distributors is too high.

5787	**invandringspolitik**	**immigration-policy**

nn

En effektiv invandringspolitik som särskilt omfattar familjeåterförening.

An effective immigration policy that specifically includes family reunification.

5788	**tyrann**	**tyrant**

nn

Lögner haller ingen tyrann vid liv!

Lies will not sustain a tyrant!

5789	**flygare**	**aviator**
	nn	Du är en flygare, som din mamma.
		You're a flier, just like your ma.

5790	**hastigt**	**hastily**
	adv	Han blev hastigt kallad till ett flyktingläger söderut.
		He was called away quite suddenly to an emergency at a refugee camp down south.

5791	**bondgård**	**farmhouse**
	nn	Tänk på BSE–krisen när hela köttindustrin och livsmedelsbranschen lamslogs och förtroendet försvann, då EU svarade med att införa tuffa regler från bondgård till matbord – spårbarhet med påföljder.
		Remember the BSE crisis when the entire beef industry and food sector was in collapse and confidence was gone, and Europe reacted by bringing in tough regulations from farm to fork, traceability with penalties.

5792	**sona**	**atone (for)**
	vb	Logan ska sona sina synder!
		it's time for Logan to atone for his sins!

5793	**likväl**	**nevertheless**
	adv	För det fall den anbudsgivare som definitivt uteslutits från upphandlingsförfarandet likväl skulle anses ha rätt att ansöka om prövning av tilldelningsbeslutet, har den hänskjutande domstolen angett att Bundesverwaltungsgericht (Federala förvaltningsdomstolen) även funnit att det saknades anledning att beakta skälen till att Vameds anbud skulle förkastas, vilka framförts av grupperingen, eftersom de inte framgår tydligt av handlingarna i målet.
		In addition, if the tenderer definitively excluded from the tender procedure still has a right to seek review of the award decision, the referring court explains, first, that the Bundesverwaltungsgericht (Federal Administrative Court) also took the view that there was no need to take into account the grounds for excluding Vamed's bid alleged by the consortium since they were not readily apparent from the case–file.

5794	**tolkning**	**rendering**
	nn	De relevanta tjänsteenheterna kommer att informeras för att garantera tolkning.
		The relevant services will be informed, to ensure interpretation can be received.

5795	**husrum**	**lodging**
	nn	Så fort Emily hade hittat husrum hos någon av invånarna i staden, brukade hon vittna i grannskapet tills jag återvände från stamområdet.
		Immediately after finding accommodations with one of the local inhabitants, Emily would witness in the vicinity until my return from the tribal area.

5796	**överlåta**	**transfer|assign**
	vb	Metoderna att skapa denna insyn bör dock vara tydliga och lätta att genomföra i syfte att underlätta åtkomsten, och man bör inte överlåta utformningen helt till återförsäljarna.
		However the methodology for such transparency should be clear and practicable for ease of reference and not left entirely into the retailers' discretion.

| 5797 | **grundad** | **based** |
| | *adj* | De ger mindre stimulans för att stärka förfarandena för en stat grundad på demokrati, rättsstatlighet, ekonomiska marknadsprinciper och en genuin respekt för medborgarnas rättigheter. |

They provide less of an incentive to reinforce the procedures of a state based on democracy and the rule of law and economic market principles and a genuine respect for citizens' rights.

5798	**bristande**	**bursting|defective**

adj

Jag håller med Herbert Bösch och andra talare om att vi har ett stort urval av regler och program som kan ge upphov till eventuella bedrägerier, men som också ger stort utrymme för misskötsel och bristande kontroll.

I agree with Mr Bösch and other speakers that we have an extensive range of rules and programmes that may give rise to the possibility of fraud, but also offer great scope for mismanagement and weak control.

5799	**teckna**	**subscribe|draw**

vb

För det fall den andra frågan skall besvaras så, att klaganden skulle ha getts möjlighet att teckna ett anställningsavtal, uppkommer följande fråga:

In the event that the answer to Question 2 is that the applicant should have been granted the opportunity to conclude an employment contract, the question must be asked:

5800	**precision**	**precision|specification**

nn

I arbetsgruppens rapport specificeras ytterligare att stödordningen bör begränsas till produktionskedjan mellan skogssektorn och den mekaniska träförädlingsindustrin, men att den också bör omfatta leveranserna av råvaror till träförädlingsindustrin (t.ex. för att förbättra kvalitet, precision och säkra leveranser

The Working Group Report further specifies that the scheme should be limited to the processing chain between the forest sector and the mechanical wood processing industry but should also include the supply of raw material to the wood processing industry (e.g. to improve quality, precision and steady deliveries

5801	**tystlåten**	**silent**

adj

När Albert, en tystlåten hutubroder, började gå på mötena 1977 fanns det bara omkring 70 förkunnare i landet.

When Albert, a quiet brother who is Hutu, started attending meetings in 1977, there were only about 70 publishers in the country.

5802	**generositet**	**generosity**

nn

Vi har satt värde på deras fullständiga lojalitet mot Jehova, deras generositet och kärlek till sina bröder och deras villighet att anpassa sig och göra uppoffringar.

We have appreciated their qualities, such as absolute loyalty to Jehovah, generosity, love for their brothers, and a spirit of adaptability and self–sacrifice.

5803	**kontinent**	**continent**

nn

Jag skulle avslutningsvis vilja lägga till när det gäller förbindelserna med tredjeländer att ordförande Prodi mycket tydligt har sagt att vi måste öppna upp vår europeiska kontinent.

I would like to say, in conclusion, regarding relations with third countries, that President Prodi has made it quite clear that we need to open up Europe. We have opened our continent up to neighbouring countries and are in the process of opening it up to the candidate states.

5804	**tunna**	**barrel|butt; dilute**

nn; vb

Det är som att ha en licens för att trycka pengar och en tunna med gratis bläck.

This is like having a license to print money and a barrel of free ink.

5805	**justera**	**adjust**

vb

Om ingen har något att invända kan ni därför justera beloppet tillsammans med samordnarna.

If nobody objects, therefore, you may adjust the sum together with the coordinators.

5806 rastlös **restless**

adj

Nu ja, men helt plötsligt så blir han rastlös och börjar springa runt och tjuta och han stör de andra grisarna.

Yeah, right now, but then, suddenly, he gets all jumpy, starts running around and squealing, and he disrupts the other pigs.

5807 föga **little; little; little**

adj; adv; nn

Denna skada har uppkommit till följd av det föga respektfulla sätt på vilket hennes sociala rättigheter hanterades, av känslan att hon har blivit lurad på sina karriärmöjligheter och av den omständigheten att hon var tvungen att väcka en andra talan för att göra gällande sina rättigheter.

That damage arises from the lack of respect shown for her social rights, from the feeling of having been misled in relation to her career prospects and from the fact that she had to bring proceedings twice in order to assert her rights.

5808 våffla **waffle**

nn

Din nästa våffla är gratis!

Your next waffle is free!

5809 årtionde **decade**

nn

Den ekonometriska bevisning som KME åberopade byggde på omfattande data som hämtats från KME:s tillgängliga fakturerings– och kundinformation från mer än ett årtionde, vilka visade i) att kartellen inte hade någon statistiskt signifikant påverkan på KME:s priser, och ii) att analysen höll för samverkan som helhet.

The econometric evidence submitted by KME was based on comprehensive data drawn from all of its available invoice and customer information for over a decade, showing that (i) the cartel had no statistically significant impact on prices charged by KME and (ii) that analysis held good for the cartel as a whole.

5810 tall **pine**

nn

Starka och seglivade som tallar... ur kära Sangnoks gymnasium är vi sprungna.

With the energy from a green pine tree the Great Sangnok High...

5811 koncept **draft**

nn

Detta koncept förekommer i en klart modifierad form i Bregenzförklaringen.

This concept appears in a very much altered form in the Bregenz declaration.

5812 härstamma **originate|derive**

vb

I vilket fall som helst förefaller likheten mellan de två förfaranden som CNF prövade i målet Gebhard härstamma från de tillämpliga italienska lagarna.

In any event, it seems to me that the similarity between the two procedures which were pending before the CNF in Gebhard stems from the Italian laws applicable.

5813 läkarvård **medical treatment**

nn

Vid dessa besök ger vi dem en handbok som heter Omsorg om familjen och läkarvård för Jehovas vittnen. Den har tagits fram i syfte att informera dessa ämbetsmän om vår inställning till att använda blod och möjligheten till blodfria alternativ.

During those visits, we give them a publication called Family Care and Medical Management for Jehovah's Witnesses, which was especially prepared to inform such officials of our position on the use of blood and the availability of nonblood medical alternatives.

5814 opinionsbildning   **formation of opinion**

nn

Som alltid är vi även skeptiska till centralt utarbetade kampanjer och opinionsbildning.

As always, we are sceptical about centrally devised campaigns and opinion–forming.

5815 omvänd   **inverse; convert**

adj; nn

Behandling av vatten genom en process med omvänd osmos.

Treatment of water using a reverse osmosis process.

5816 försiktighet   **caution|prudence**

nn

Försiktighet krävs vid samtidig användning.

Caution is required with concomitant use.

5817 hjärtligt   **heartily**

adv

Detta visar hur utbredd användningen av antibiotika är inom djurhållningen, och jag måste säga att de europeiska djurhållarna är hjärtligt trötta på att vara de enda som inför och följer regler trots att de riskerar att få lägre inkomster.

This demonstrates the widespread use of antibiotics in animal husbandry, and I must say that European farmers have had enough of being the only ones to adopt and comply with the rules at the risk of a drop in their incomes.

5818 bakterie   **bacterium**

nn

Så du kan ta en bakterie?

So you can take a bacteria?

5819 framkalla   **induce|develop**

vb

I så fall räcker det att bestämma om och i vilken utsträckning ämnet har en inneboende förmåga att framkalla effekten.

In such cases it suffices to determine whether and to which degree the substance has an inherent capacity to cause the effect.

5820 manual   **manual**

nn

Hänvisa till en manual eller en rapport, om möjligt.

Refer to a manual or report, if possible.

5821 vagga   **rock; cradle**

vb; nn

Landet är den forntida civilisationens vagga och den viktigaste arabstaten.

It is the cradle of ancient civilisation and it is the most important Arab state.

5822 sed   **custom**

nn

Denna förordning är förenlig med de viktigaste internationella vägledningarna för kliniska prövningar, till exempel 2008 års version av Helsingforsdeklarationen, fastställd av World Medical Association, och principerna för god klinisk sed som bygger på Helsingforsdeklarationen.

This Regulation is in line with the major international guidance documents on clinical trials, such as the 2008 version of the World Medical Association's Declaration of Helsinki and good clinical practice, which has its origins in the Declaration of Helsinki.

5823 såga   **saw**

vb

Om ni nu absolut vill såga av stolsben så skulle jag vilja föreslå att ni tar Solanas stolsben.

If you are having a go at chair legs, could you take those of Mr Solana's chair?

5824 spya   **vomit**

nn

Det luktar spya här.

Smells like vomit in this house.

5825	**urholka**	**hollow (out)**
	vb	

Om enskilda ansökningar om ett befintligt stödsystem skulle utgöra nytt stöd skulle det innebära en orimlig utvidgning av räckvidden för vad som kan betraktas som nytt stöd, vilket skulle urholka räckvidden för förenligt stöd i form av befintligt stöd enligt innebörden i bestämmelserna om statligt stöd.

Indeed, if individual applications of an existing system of aid would constitute new aid, it would extend the scope of what could be considered as new aid in an unreasonable manner, and it would water out the scope of compatible aid in terms of existing aid within the meaning of state aid rules".

5826	**flygbolag**	**airline**
	nn	

Kommissionens vice–ordförande, som ansvarar för energi och transporter, har skrivit till lufttrafikföretag i gemenskapen och manat dem att ge passagerarna sådan information och ämnar nu skriva till dem igen för att se vad respektive flygbolag har gjort.

The Vice–president of the Commission in charge of Energy and Transport has written to Community carriers urging them to give passengers such information and intends now to write again to see what each airline has done.

5827	**behörighet**	**competence|cognizance**
	nn	

Tribunalen är nämligen behörig att inom ramen för en talan om ogiltigförklaring pröva grunder som avser avsaknad av behörighet, åsidosättande av väsentliga formföreskrifter, åsidosättande av fördragen eller av en rättsregel avseende tillämpningen av dessa eller maktmissbruk.

The Court has jurisdiction, in the context of annulment proceedings, to adjudicate in actions for lack of competence, infringement of essential procedural requirements, infringement of the treaties or of any rule of law relating to their application, or misuse of powers.

5828	**klimat**	**climate**
	nn	

I syfte att undvika överlappningar med befintlig jordbrukslagstiftning och miljölagstiftning, samt med hänsyn till subsidiaritetsprincipen vid tillämpning av miljövillkor, bör varje enskild medlemsstat få besluta att tillämpa miljövillkor med beaktande av de egenskaper som kännetecknar landets klimat, jordbruk och mark.

In order to avoid any overlap with existing agricultural and environmental legislation, and given the subsidiarity principle related to the implementation of ecoconditionality, each Member State should be able to decide to implement ecoconditionality taking into account its own climate, agriculture and soil characteristics.

5829	**sluka**	**devour|gobble**
	vb	

Som en följd av Lissabonfördraget höjs nu röster för att parlamentet ska sluka en större andel av pengarna.

As a consequence of the Treaty of Lisbon, people are now saying that Parliament should devour a greater proportion of the money.

5830	**beträffande**	**concerning**
	prp	

Stödet genom Phare och andra givare kommer i framtiden att avgöras av den albanska regeringens samarbetsvillighet och vilka framsteg som görs beträffande vissa viktiga reformer.

In future, assistance from PHARE and other donors will depend on the degree of co–operation provided by the Albanian government and progress made in key reform.

5831	**envisas**	**persist**

	vb	Varför envisas våra ledare med att titta inåt?
		Why is it that our leaders still persist in looking inwards?
5832	**svepa**	**wrap|sweep**
	vb	Även där kommer demokratiseringsvinden att svepa fram. Man behöver inte vara profet för att se det komma.
		They, too, will be swept by the wind of democratisation; you do not need to be a prophet to see this coming.
5833	**synnerligen**	**particularly**
	adv	I synnerligen brådskande fall skall de nationella åtgärderna eller formaliteterna i fråga meddelas kommissionen omedelbart efter deras införande.
		In the event of extreme urgency, the national measures or formalities in question shall be communicated to the Commission immediately upon their adoption.
5834	**träda**	**fallow; fallow**
	nn; vb	Ett första steg skulle utan tvekan vara att upphöra med att låta mark ligga i träda.
		A first step would surely be to stop letting land lie fallow.
5835	**restriktiv**	**restrictive**
	adj	Slutligen anser kommissionen att även paragraf 12 verkar onödigt restriktiv.
		Finally, paragraph 12 also seems to the Commission to be too restrictive.
5836	**oförmögen**	**unable**
	adj	I 3 § punkt 1 vägtrafiklagen (Straßenverkehrsgesetz) föreskrivs att ”[o]m någon visar sig vara olämplig eller oförmögen att framföra motorfordon skall körkortsmyndigheten återkalla dennes förarbehörighet.
		Moreover, Article 3(1) of the Law on Road Traffic (the Straßenverkehrsgesetz) provides that '[i]f a person is unfit to drive motor vehicles, the driving licence authority is to withdraw the right to drive.
5837	**mack**	**gas station**
	nn	Men på mack arna finns inga miljoner.
		But gas stations don't hold millions.
5838	**pyramid**	**pyramid**
	nn	Med denna ikon infogar du en pyramid med fyra grundkanter.
		This icon inserts a pyramid with four base edges.
5839	**vördnad**	**reverence**
	nn	När en kvinna gör det ”med blygsamhet och sunt sinne” kan det återspegla hennes vördnad för Gud.
		When this is done with "modesty and soundness of mind," it can be a reflection of a woman's reverence for God.
5840	**överlycklig**	**overjoyed**
	adj	HUR DET HAR HJÄLPT MIG: Min mamma blev överlycklig när hon såg att jag började leva efter Bibelns principer.
		HOW I HAVE BENEFITED: My mother was overjoyed when she saw me start to live by Bible principles.
5841	**indisk**	**Indian**
	adj	Han gillar indisk mat.
		He likes Indian food.
5842	**exotisk**	**exotic**
	adj	Det som vi talar om är ingen exotisk företeelse.
		Ladies and gentlemen, what we are talking about is nothing exotic.

5843	**list**	**list	guile**
	nn	Genom krigsscener och bilder från slagfält utbildas barn i krigföring, användande av våld, slughet och list, i syfte att de skall bli moderna superkrigskämpar.
		Using war scenarios and simulated battlefields, children are trained in the techniques of war, the use of violence, in cunning and guile in order to become the 'super-warriors ' of tomorrow.

5844	**filosof**	**philosopher**
	nn	Jag skulle vilja påminna såväl kommissionen som rådet om en mycket vacker utsaga från en tysk rättslärd från förra århundradet. Han sade: Lagstiftaren måste tänka som en filosof, och han måste tala som en bonde, enkelt och tydligt och förståeligt för folket.
		I should like to remind both the Commission and the Council of a very fine quotation from a 19th century German jurist, who said that the legislator must think like a philosopher and speak like a farmer, simply and clearly and so that people can understand.

5845	**tillgivenhet**	**affection	devotion**
	nn	Jag visade ingen tillgivenhet, och det fanns inget band mellan oss.
		I didn't display affection, and there wasn't any bond between us.

5846	**förläggare**	**publisher**
	nn	Författare och förläggare vill ha ekonomisk ersättning för sitt arbete.
		Authors and publishers want to receive a financial reward for their work.

5847	**massiv**	**massive**
	adj	Vi har en massiv nedgång när det gäller turismen, just från USA och Kanada.
		We are seeing a massive slump in tourism, specifically from the USA and Canada.

5848	**trög**	**sluggish; slowcoach**
	adj; nn	Mot bakgrund av krympande arbetsstyrka och trög ekonomisk tillväxt är en av de mest brådskande utmaningarna för medlemsstaterna att modernisera sina utbildningssystem och förbättra utbudet av kvalifikationer för att bättre matcha arbetsmarknadens behov.
		Against the current backdrop of a shrinking workforce and sluggish economic growth, one of the most urgent challenges for Member States today is modernising their education and training systems and upgrading their supply of skills to better match labour market needs.

5849	**utspridd**	**scattered**
	adj	Min familj är utspridd över hela denna del av Virginia.
		My family is spread all over this part of Virginia.

5850	**term**	**term**
	nn	Term eller sökord är det ord eller den fras som en användare skriver i en sökmotor.
		The term or keyword is the word or phrase that a user types into a search engine.

5851	**barbar**	**barbarian; barbarian**
	adj; nn	Stopp din jävla Tyska barbar!
		Halt you fucking German barbarian!

| 5852 | **kamma** | **comb** |
| | *vb* | Den egentliga orsaken är den allt intensivare produktionen, påtryckningar på producenterna från handeln och mellanhänderna, de stora multinationella bolagen inom foder– och livsmedelsbranschen, att minska |

produktionskostnaden och samtidigt öka produktionsvolymen, för att bolagen skall kamma hem så stora övervinster som möjligt.

The root of all this evil is increasingly intensive production, the pressure on producers from traders and processors and huge food and feedingstuff multinationals to squeeze production costs and increase output so that they can maximise their already obscene profits.

5853	**komplott**	**conspiracy**
	nn	

Den senare och hans omedelbara omgivning försökte dölja sin delaktighet i de lugubra avrättningarna 1998 med mycket elaka lögner om en amerikansk–judisk komplott mot fäderneslandet.

The latter and his immediate entourage attempted to conceal their involvement in the grim liquidations of 1998 with utterly vile lies about a Jewish–American plot against the fatherland.

5854	**mission**	**mission**
	nn	

Detta torde vara en speciellt viktig och svår aspekt av Kosovo Verification Mission.

I believe it is a most important and delicate aspect of the Kosovo Verification Mission.

5855	**episod**	**episode**
	nn	

Profylaktisk behandling av återfall i bipolär sjukdom hos patienter som svarat på olanzapinbehandling vid manisk episod.

In patients whose manic episode has responded to olanzapine treatment, olanzapine is indicated for the prevention of recurrence in patients with bipolar disorder.

5856	**jämlik**	**equal**
	adj	

När gemenskapens finansiering avser en åtgärd som genomförs genom en internationell organisation skall deltagandet i de tillämpliga kontraktsförfarandena vara öppet för alla juridiska personer som är stödberättigade enligt artikel 3 samt för alla juridiska personer som är stödberättigade enligt den organisationens regler, och det skall sörjas för att alla givare garanteras en jämlik behandling.

Whenever Community funding covers an operation implemented through an international organisation, participation in the appropriate contractual procedures shall be open to all legal persons who are eligible pursuant to Article 3 as well as to all legal persons who are eligible pursuant to the rules of that organisation, care being taken to ensure that equal treatment is afforded to all donors.

5857	**argumentera**	**argue**
	vb	

Man skulle således kunna argumentera som så, att efter ändringarna år 1991 i direktivet om avfall, då det gjordes åtskillnad mellan bortskaffande (eliminación) och återvinning (valorización), behölls endast substantivet eliminación [vilket har översatts med ”omhändertagande” i den svenska versionen – övers. anm.] i direktivet om miljöpåverkan vid ändringen år 1997, vilket utgör ett indicium på att lagstiftaren ville hålla återvinning utanför dess tillämpningsområde.

It could be argued that, in the light of the distinction drawn between 'disposal' and 'recovery' in the 1991 amendment to the waste directive, the fact that the directive on environmental impact assessment, following its amendment in 1997, referred only to 'disposal' is an indication that the legislature did not intend that term to include 'recovery'.

5858	**efterträdare**	**successor**
	nn	

Rådet får emellertid fastställa att uppsägningen inte skall få verkan förrän personens efterträdare har tillträtt sin tjänst, om detta krävs för att Europol skall fungera väl.

However, the Council may, if necessary for the good functioning of Europol, stipulate that such resignation shall not take effect until his successor has taken up his duties.

5859 ört
nn
herb
Vi vet att principen om att ört– och kryddproducenter för varje enskild ört måste vederlägga den rättsliga presumtionen att den är skadlig är omtvistad.
We know that the principle of herb and spice producers having to disprove a legal presumption of harmfulness for each product individually is contentious.

5860 opium
nn
opium
Landet producerar enorma mängder opium, vilket även har en negativ inverkan på säkerheten och politiken eftersom en ekonomi baserad på opiumproduktion är en källa till korruption och svaga offentliga institutioner, särskilt rättssystemet.
The country is a producer of an enormous quantity of opium, which also has a negative impact on security and politics, as an economy based on opium production is a source of corruption, weakening public institutions, particularly the legal system.

5861 infekterad
adj
infected
Den medlemsstat till vilken sperman är destinerad får vidta de åtgärder som krävs, däribland lagring i karantän, för att få fram definitiva bevis i de fall sperman misstänks vara infekterad eller bemängd med patogena organismer.
The Member State of destination may take the necessary measures, including storage in quarantine, in order to obtain definite proof in cases where semen is suspected of being infected or contaminated by pathogenic organisms.

5862 installera
vb
install
Senast den 4 juli 2007 på grundval av information från medlemsstaterna och i samråd med berörda sektorer skall minimikrav och villkor för ömsesidigt erkännande av utbildningsprogram och certifiering fastställas i enlighet med förfarandet i artikel 12.2 både för företagen och berörd personal med uppgift att installera, utföra underhåll eller service på den utrustning och de system som omfattas av artikel 3.1 samt för personal med uppgift att utföra sådan verksamhet som avses i artiklarna 3 och 4.
By 4 July 2007, on the basis of information received from Member States and in consultation with the relevant sectors, minimum requirements and the conditions for mutual recognition shall be established in accordance with the procedure referred to in Article 12(2) in respect of training programmes and certification for both the companies and the relevant personnel involved in installation, maintenance or servicing of the equipment and systems covered by Article 3(1) as well as for the personnel involved in the activities provided for in Articles 3 and 4.

5863 upptäckt
nn; adj
detection; discovered
Problemet gäller de nationella kontrollorganens upptäckt av oegentligheter.
The problem relates to the detection of irregularities by national control agencies.

5864 medeltid
nn
middle ages
Det ger en bild av ett land som lever i en islamsk medeltid.
It provides an image of a country which is living in an Islamic Middle Ages.

5865 avgrund
nn
abyss
Miljontals människor som nu är fattiga har mycket små möjligheter att ta sig upp ur fattigdomens avgrund.
Millions now have little opportunity to lift themselves from the abyss of poverty.

5866 genomgå
vb; nn

undergo|go through; undergoing

utfartstullkontor: av tullmyndigheterna i enlighet med tullagstiftningen anvisat tullkontor där varor skall visas upp innan de förs ut från gemenskapens tullområde och där de skall genomgå tullkontroller rörande tillämpningen av formaliteterna för utförsel och lämpliga riskbaserade kontroller
Customs office of exit means the customs office designated by the customs authorities in accordance with the customs rules to which goods must be presented before they leave the customs territory of the Community and at which they will be subject to customs controls relating to the completion of exit formalities, and appropriate risk–based controls

5867 syfilis
nn

syphilis

Påvisande av en positiv reaktion på specifik EIA, men negativ på laboratorietest för infektiös syfilis (se primär eller sekundär syfilis).
Demonstration of a positive reaction with a specific EIA but negative for laboratory test for infectious syphilis (see primary or secondary syphilis).

5868 spiral
nn

spiral

Vi hotas av en global nedåtgående spiral som vi varken kan eller vill acceptera.
We are threatened by a global downward spiral, which we cannot and will not accept.

5869 flicknamn
nn

maiden name

Närmare uppgifter om den berörda personen (t.ex. förnamn, efternamn, flicknamn, andra namn som den berörda personen använder eller genom vilka han eller hon är känd, aliasnamn, födelsedatum, kön och, om möjligt, födelseort, medborgarskap, språk, samt typ av och nummer på resedokument).
The particulars of the person concerned (e.g. given name, surname, maiden name, other names used/by which known or aliases, date of birth, sex and – where possible – place of birth, nationality, language, type and number of travel document).

5870 indikera
vb

indicate

Helikoptrar som brukas enligt visuellflygregler (VFR) under dag ska vara försedda med utrustning för att mäta och indikera följande:
Helicopters operated under VFR by day shall be equipped with a means of measuring and displaying the following:

5871 mix
nn

mix

En sådan policy mix är garanterat positiv för investeringarna och kommer att främja tillväxten.
This policy mix will undoubtedly be good for investment and will lead to growth.

5872 sirap
nn

syrup

Enligt ovannämnda bestämmelse skall med raffinaderi förstås en produktionsenhet, det vill säga en industrianläggning som fungerar självständigt utan något som helst samband med någon annan anläggning, vars verksamhet består av raffinering av råsocker och sirap som framställts ur rörsocker. Däremot omfattar denna definition inte en raffinaderianläggning som ingår i en industri som också innehåller en anläggning för att framställa sockersirap ur betor före kristalliseringsstadiet.
A production unit, that is to say an industrial plant which functions independently and without any link with any other unit, whose sole activity consists in refining raw sugar and syrups extracted from cane, therefore constitutes a refinery within the meaning of the aforementioned provision, and that definition does not cover a refining unit forming part of an

industrial complex which also includes a first–stage unit for the extraction of sugar–bearing liquids obtained from beet.

5873 aktieägare **shareholder|investor**
nn

Varje aktieägare skall vara ekonomiskt ansvarig endast för den del av aktiekapitalet som han har tecknat.
No shareholder shall be liable for more than the amount he has subscribed.

5874 hane **cock**
nn

Så här har, vi en ung hona och en hane engagerade i en jaktlek.
So here, we have a young female and a male engaged in a chase game.

5875 helga **sanctify**
vb

Därefter stänkte han något av den sju gånger på altaret och smorde altaret och alla dess redskap och karet och dess ställ för att helga dem.
After that he spattered some of it seven times upon the altar and anointed the altar and all its utensils and the basin and its stand so as to sanctify them.

5876 intellektuell **intellectual; intellectual**
adj; nn

"Den som har medverkat vid skapandet av ett kommersiellt framställt filmverk på ett sådant sätt att verkets sammantagna utformning utgör en karaktäristisk intellektuell skapelse, kan kräva av producenten att bli omnämnd som upphovsman i filmen och i reklamen för denna."
'Any person who has participated in the creation of a commercially produced cinematographic work in such a way that the overall conception of the work thereby acquires the status of an individual intellectual creation may ask the producer to be credited in the film and in announcements about the cinematographic work as its author.'

5877 bärare **carrier**
nn

Mina bärare?
My bearers?

5878 cynisk **cynical**
adj

Det är cynisk politisk manipulering att leka med funktionshindrades rättigheter.
It is cynical political manipulation to play games with disability rights.

5879 fasa **horror; phase**
nn; vb

Vi läser med fasa om sexuellt och psykologiskt våld som utövas mot barn.
We read about sexual and psychological violence against children with horror.

5880 omringa **surround|encircle**
vb

Syster Yuille berättade om ett tillfälle när en präst hade skickat en hel mobb för att omringa högtalarbilen.
Sister Yuille recalled one occasion when a local priest incited a mob to swarm around the sound car.

5881 haffa **nab|pinch**
vb

Federala vill nog veta varför dom blev indragna i att haffa ett par korrupta snutar.
The Feds would want to know why were they sent in to just bust a couple of crooked cops.

5882 skrivmaskin **typewriter**
nn

Längre fram köpte avdelningskontoret en burmesisk skrivmaskin för att snabba upp översättningsarbetet.
Later, the branch office purchased a Burmese typewriter to speed up the translation process.

5883 väster om **west of**

	phr	Så sent som i går befann sig två fullt bestyckade ubåtar väster om ön Samos nära Mykonos.
		Just yesterday, two fully armed submarines were west of the island of Samos close to Mykonos.
5884	**utlåtande**	**opinion**
	nn	Denna beteckning påverkar inte ståndpunkter om Kosovos status och är i överensstämmelse med FN:s säkerhetsråds resolution 1244/99 och med Internationella domstolens utlåtande om Kosovos självständighetsförklaring.
		This designation is without prejudice to positions on status and is in line with UNSCR 1244 and the ICJ Opinion on the Kosovo Declaration of Independence.
5885	**box**	**case**
	nn	Så hur skulle jag enkelt kunna byta vår obehövliga box med "24" mot en kopia av "Sex and the City"?
		So how easily could I swap our unwanted copy of "24" for a wanted copy of "Sex and the City?"
5886	**braka**	**crash**
	vb	Din hälsa är som en bil – om du inte sköter om den ordentligt kommer den att braka ihop.
		Your health is like a car–if you don't maintain it properly, it will break down.
5887	**flygblad**	**flyer|leaflet**
	nn	Markera här om flygblad ska skrivas ut.
		Mark this option to print handouts.
5888	**dopp**	**dip**
	nn	Efter 2015 kommer jag åtminstone att ha lättare för att ta ett dopp.
		After 2015, I will be at least happier to take a dip.
5889	**avvikande**	**deviant**
	adj	Hur kommer det sig i så fall att även feministiska män skapas som avvikande?
		Why are feminist men also percieved as deviant?
5890	**oroande**	**worrying**
	adj	Herr ordförande, mina kära kolleger! Pirkers betänkande beskriver med klarhet och stringens det oroande fenomenet syntetiska droger.
		Mr President, ladies and gentlemen, Mr Pirker's report clearly and meticulously describes the worrying phenomenon of the consumption of new synthetic drugs.
5891	**tröskel**	**threshold**
	nn	Vi vet nu att det inte finns någon tröskel vad gäller radioaktivitetens effekter.
		We now know that there is no threshold with regard to the effects of radioactivity.
5892	**vidskepelse**	**superstition**
	nn	Sådan kunskap har befriat Jehovas vittnen från det som berövar människor lyckan, till exempel vidskepelse och skadliga tankar.
		Such knowledge frees Jehovah's Witnesses from things that rob people of happiness, such as superstitions and harmful ideas.
5893	**glödande**	**glowing**
	adj	Gräddning av brödet över glödande kol eller i en vedeldad ugn.
		Baking of the bread over smouldering ashes or in a hearth oven.
5894	**lagkamrat**	**team-mate**

	nn	Efter vår match försökte Willie Weathers rädda Kelvin Owens, för han såg han inte som en fiende, utan som en lagkamrat.

After our game, Willie Weathers tried to save Kelvin Owens' cause he didn't see him as an enemy, he saw him as a teammate.

5895 svenskspråkig **Swedish-speaking**

adj

Själv talar jag för den svenskspråkiga befolkningen i Finland och för landskapet Åland.

I myself speak for the Swedish-speaking population of Finland and for the province of Åland.

5896 veteran **veteran**

nn

Herman är en veteran i utskottet för institutionella frågor.

Mr Herman is a veteran of the Committee on Institutional Affairs.

5897 fångenskap **captivity**

nn

Vi tänker inte hamna i Babyloniens fångenskap hos rådet.

We will not place ourselves in the Babylonian Captivity of the Council.

5898 hängande **hanging; pendant**

adj; nn

På samma gång som de tillhandahållna resurserna alltså är otillräckliga, och frågan om finansieringen från gemenskapens budget förblir hängande i luften, adderas till mål 1–länderna de mest avlägsna regionerna i gemenskapen (från vilka öarna i Egeiska havet otroligt nog undantas) samt de regioner som tidigare hörde till mål 6.

While the sums provided are inadequate, and while the funding of the Community budget has still not been settled, to the Objective 1 countries are being added the most remote areas of the Community (from which, quite unreasonably, the Aegean islands are excluded) as well as the areas covered by the old Objective 6.

5899 utmärkelse **distinction**

nn

Den 27 augusti 2006 fick Solat Sana en särskild utmärkelse av president Ahmadinejad för sin roll.

On 27 August 2006, Solat Sana received a special award from President Ahmadinejad for his role.

5900 förbättring **improvement**

nn

GPS–tjänster efter förbättring av signalen för alla satellitpositioneringssystem.

Geotagging services relating to signal improvements for all satellite positioning systems.

5901 beundran **admiration**

nn

Och jag använder uttrycket " förda fram i ljuset" i dess fulla betydelse och med beundran: undersökningskommittén har åstadkommit en politisk sammanställning av olika huvudlinjer som ger oss alla en klarare bild av problemet och de nödvändiga lösningarna.

I am using the term 'highlighted' in the fullest sense of the word and in a spirit of admiration: the Committee of Inquiry has given a new political form to various elements, which gives us all a clearer vision of the problem and of the necessary solutions.

5902 uppvuxen **grown-up**

adj

Som en ung sydafrikan uppvuxen i Danmark uttryckte det: Det är bra för Sydafrika just nu att Mandela träder tillbaka.

As one young South African who had grown up in Denmark expressed it, " it is good for South Africa now that Mandela is retiring.

5903 skitig **mucky**

adj

Varför har du lejt en skitig gringo och betalt honom hundra dollar?

Can you explain why you have taken him on? To have a filthy gringo here, and to give him 100$?

5904	**fyrkant**	**square**

nn

Med en fyrkant runt bokstaven "e", följd av numret för den medlemsstat som har utfärdat typgodkännandet:
A rectangle surrounding the lower case letter 'e' followed by the distinguishing number of the Member State which has granted the component type–approval.

5905 **formad** **shaped**

adj

Det talas om en slott, formad som en hand.
People talk about a castle shaped like a hand.

5906 **sionism** **Zionism**

nn

Vid en konferens i Teheran kallad En värld utan sionism onsdagen den 1 oktober 2017 citerade Irans president Mahmoud Ahmadinejad Irans före detta revolutionsledare ayatolla Ruhollah Khomeini och fastslog att Israel måste strykas från världskartan.
On Wednesday, 1 October 2017 at a conference in Tehran entitled The World without Zionism, the Iranian President, Mahmoud Ahmadinejad, referred to Iran's late revolutionary leader Ayatollah Ruhollah Khomeini and stated that Israel must be wiped off the map.

5907 **krympa** **shrink**

vb

.De små och medelstora företagen har inte i tillräckligt hög grad dragit fördel av möjligheterna med den inre marknaden och ser till följd av den globaliserade handeln sina traditionella marknader krympa.
SMEs have not benefited sufficiently from the opportunities offered by the internal market and, faced with the globalization of trade, SMEs' traditional markets are shrinking.

5908 **förlovning** **engagement**

nn

En blygsam gåva, men anledning av er förlovning.
A modest gift, for your engagement.

5909 **beslutsamhet** **determination**

nn

Balanseringen av den offentliga ekonomin kräver långsiktighet och beslutsamhet.
It will take perseverance and determination to balance public finances.

5910 **arrangemang** **arrangement**

nn

I fall då masterfondföretag och feederfondföretag har skilda revisorer ska medlemsstaterna kräva att dessa revisorer ingår ett avtal om informationsutbyte för att säkerställa att båda fullgör sina uppgifter, inklusive de arrangemang som vidtas för att uppfylla kraven i punkt 2.
Member States shall require that if the master and the feeder UCITS have different auditors, those auditors enter into an information–sharing agreement in order to ensure the fulfilment of the duties of both auditors, including the arrangements taken to comply with the requirements of paragraph 2.

5911 **huvudämne** **major**

nn

Så även om det inte är dagens huvudämne bör vi inte glömma att sådant också förekommer.
Even though they are not the focus of our discussion today, we should not forget that these things happen too.

5912 **förtjänt** **deserved|earned**

adj

Du behöver göra dig förtjänt av den.
You need to earn it.

5913 förvirra   **confuse**

vb

När det gäller ändringarna 1 och 2 skulle vissa av kraven i artikel 9 om det föreslagna tillhandahållandet av information kunna missleda eller förvirra slutanvändarna.

Regarding amendments 1 and 2, some of the proposed information disclosure requirements in Article 9 could mislead or confuse the end–users.

5914 förödmjukad   **humiliated**

adj

Förödmjukad återvände Sanherib till Nineve.

Humiliated, Sennacherib returned to Nineveh.

5915 baddräkt   **swimsuit**

nn

Klassificering som baddräkt är utesluten eftersom detta plagg på grund av sin skärning, sitt utseende och förekomsten av sidofickor som saknar fast tillslutningsanordning, inte kan anses som uteslutande eller huvudsakligen avsett som baddräkt.

Classification as swimwear is excluded because this garment, by virtue of its cut, general appearance and the presence of side pockets without a firm fastening system cannot be deemed as intended to be worn solely or mainly as swimwear.

5916 transvestit   **transvestite**

nn

Jag visste att du inte var transvestit.

I knew you weren't a trannie.

5917 albanien   **Albania**

nn

Undertecknandet av protokollet till stabiliserings– och associeringsavtalet mellan Europeiska gemenskaperna och deras medlemsstater, å ena sidan, och Republiken Albanien, å andra sidan, med anledning av Republiken Kroatiens anslutning till Europeiska unionen bemyndigas härmed på unionens och dess medlemsstaters vägnar, med förbehåll för att protokollet ingås.

The signing of the Protocol to the Stabilisation and Association Agreement between the European Communities and their Member States, of the one part, and the Republic of Albania, of the other part, to take account of the accession of the Republic of Croatia to the European Union is hereby authorised on behalf of the Union and its Member States, subject to the conclusion of the said Protocol.

5918 amfetamin   **amphetamine**

nn

En natt hade jag tagit amfetamin och då beslöt jag mig för att rymma.

I had taken amphetamine one night and just decided to escape.

5919 tillägg   **addition|supplement**

nn

Export av sådana varor som har sitt ursprung i Rumänien måste emellertid uppfylla de villkor som anges i tillägg C till detta protokoll.

However, exports of these products originating in Romania must meet the conditions laid down in Appendix C to this Protocol.

5920 formation   **formation**

nn

Med stadgeenligt säte avses i Förenade kungariket och i Irland registered office, eller, om sådant saknas, orten för stiftandet (place of incorporation) eller, om sådan ort saknas, den ort enligt vars lagstiftning bildandet (formation) ägde rum.

For the purposes of the United Kingdom and Ireland 'statutory seat' means the registered office or, where there is no such office anywhere, the place of incorporation or, where there is no such place anywhere, the place under the law of which the formation took place.

5921 förfall   **decay|disrepair**

nn

Infrastrukturens förfall förhindrar med andra ord en avreglering.

In other words, the deterioration of infrastructures is hindering the
liberalisation process.

5922	**ramp**	**ramp**
	nn	Väsentligen genom att tillföra en jämn ramp, en förfining som sker steg för steg.

Essentially, it does it by providing a smooth ramp of gradual step-by-step
increment.

5923 **djärv**   **bold | daring**

adj   Jag välkomnar även det mycket klara åtagandet att främja en medveten och djärv inställning till screeningprogrammen, liksom åtagandet om informationskampanjen som syftar till att lära människor att undersöka sig själva.

I also welcome the very clear commitment to promoting an aware and
unafraid attitude to screening programmes, and also the commitment to the
information campaign designed to teach people how to diagnose themselves.

5924 **förekomma**   **anticipate | prevent | appear**

vb   Det sista tecknet framför den inledande klammerparentesen måste förekomma så ofta efter varandra som siffran i parentesen anger.

The last character before the opening bracket must appear the number of
times indicated by the number in the brackets.

5925 **gangster**   **gangster**

nn   I tidningarna kommer det att stå:' Galen gangster dödade ministern. '

The news will say, ' Gangster goes crazy, killed minister '

5926 **engagera**   **engage**

vb   Själv talar jag för den svenskspråkiga befolkningen i Finland och för landskapet Åland.

I myself speak for the Swedish-speaking population of Finland and for the
province of Åland.

5927 **försäkrad**   **insured; insured**

adj; nn   Om inte annat följer av denna förordning skall en försäkrad person, som reser till en annan medlemsstat för att erhålla vårdförmåner under vistelsen där söka tillstånd från den behöriga institutionen.

Unless otherwise provided for by this Regulation, an insured person
travelling to another Member State with the purpose of receiving benefits in
kind during the stay shall seek authorisation from the competent institution.

5928 **gam**   **vulture**

nn   Som en gam letar detta totalangrepp på människokroppen upp regioner med mänsklig fattigdom och platser där statens makt är svag.

Like a vulture, this all-out assault on the human body seeks out regions of
human poverty, and places where the State's authority is weak.

5929 **yttra**   **utter**

vb   Efter allt detta beröm vågar man knappast yttra ett enda ord av kritik mot Danmark, särskilt inte som svensk.

Mr President, after all this praise, one scarcely dares utter a word of
criticism of Denmark, especially not as a Swede, for fear of being suspected
of envy.

5930 **skådespel**   **spectacle | play**

nn   I västvärlden verkar dessa kommunikationssystem tillsammans med det materiella välstånd som skapats på nytt aktualisera den romerska maximen panem et circenses (bröd och skådespel), som den romerske poeten Juvenalis formulerade för att kritisera romarnas lättja och ointresse för politiska frågor.(

In western societies the association of communication media with current material well–being brings fresh meaning to the Roman maxim "panem et circenses", which the Latin poet Juvenal employed to mock the Roman people's acquiescent idleness and lack of interest in matters of politics.

5931	**sexualitet**	**sexuality**

nn

3. förväntar sig att rådet går i täten för att säkerställa att de första steg som togs vid Kairokonferensen beträffande erkännandet av kvinnors roll i utvecklingen kommer att bevaras och stärkas vid FN:s världskonferens om kvinnor i Beijing; stöder uttryckligen kvinnors rätt att själva bestämma över sina kroppar, även vad gäller reproduktion och sexualitet.

3. Expects the Council to take the lead in ensuring that the first steps taken at the Cairo Conference in recognizing the role of women in development will be preserved and strengthened at the UN World Conference on Women in Beijing; supports emphatically a woman's right to self–determination over her own body, including reproductive and sexual rights.

5932	**telefonkiosk**	**phone booth**

nn

Så du menar, att killen går in i en telefonkiosk och simsalabim— förvandlas till en supertorped?

You're telling me the guy walks into a phone booth, and changes into a meat– eater super assassin?

5933	**komet**	**comet**

nn

När det gäller den "stjärna" som de såg, har det lagts fram många teorier om vad det kan ha varit – en komet, en meteor, en supernova eller, enligt ett mer populärt antagande, en planetkonjunktion.

As to the "star" seen by them, many suggestions have been given as to its having been a comet, a meteor, a supernova, or, more popularly, a conjunction of planets.

5934	**olydig**	**disobedient**

adj

Vilken olydig klumpeduns!

What a naughty bear!

5935	**beräknad**	**calculated**

adj

Med tillstånd från läkare får den anställde dock påbörja sin havandeskapsledighet mindre än sex veckor före beräknad nedkomst; ledigheten avslutas i detta fall efter en period av tio veckor efter nedkomsten förlängd med den tid den anställde fortsatt arbeta efter den sjätte veckan före den faktiska nedkomsten.

However, with medical authorisation, the staff member concerned may start her maternity leave less than six weeks before the expected date of confinement, ending in this case at the end of a period of 10 weeks after the date of confinement plus the time which the staff member concerned has continued to work as from the sixth week preceding the actual date of confinement.

5936	**skvätt**	**dash|drain**

nn

Ta dig da en skvätt för fars hemkomst.

Then drink to my father's return, Englishman.

5937	**koks**	**coke**

nn

Gemenskapsindustrins prisnivå förväntas öka, dock inte med tullens hela belopp, eftersom en del av förmånen för gemenskapsindustrin kommer att följa av en ökning av försäljningsvolymen som kan uppnås om gemenskapsindustrin återfår en viss fördel i prishänseende jämfört med importerad koks 80 från Kina.

As regards the level of prices by the Community industry, it is expected that it will increase, although not by the full amount of the duty, since part of the benefit to the Community industry will result from an increase in the sales volume, which it can obtain if it regains a certain advantage in terms of prices over imports of Chinese coke 80 .

5938	**inträde**	**entry**
	nn	Varför tar ni inget inträde?
		Why don't you take admission fees?

5939 **avgift**   **charge|fee**

nn

Förvaltaren av infrastrukturen skall utkräva en avgift för nyttjande av den järnvägsinfrastruktur som han är ansvarig för och som järnvägsföretagen och internationella sammanslutningar som använder denna infrastruktur skall betala.

The manager of the infrastructure shall charge a fee for the use of the railway infrastructure for which he is responsible, payable by railway undertakings and international groupings using that infrastructure.

5940 **tillfångatagen**   **taken prisoner**

nn

Enligt traditionen blev Marco, medan han hade befälet på en venetiansk galär, tillfångatagen under ett sjöslag mot genuesarna, som låg i krig med Venedig.

Tradition has it that while commanding a Venetian galley, Marco was captured in a sea battle with the Genoese, who were at war with Venice.

5941 **planering**   **planning**

nn

Förutsätter begreppet arkitekt i den mening som avses i artikel 10 c i direktivet att invandraren har en högskoleutbildning som huvudsakligen är inriktad på arkitektur i den bemärkelsen att den utöver tekniska frågor som planering, tillsyn och utförande av byggverksamhet även omfattar konstnärliga–gestaltande uppgifter och uppgifter som avser stadsplanering, ekonomi och eventuellt kulturmiljövård, och i så fall i vilken utsträckning?

Does the concept of architect within the meaning of Article 10(c) of the Directive require the migrant to have a university–level education, of which the principal component is architecture, meaning that it goes beyond technical matters of construction planning, construction supervision and actual construction, and also covers creative, urban planning, economic and possibly historic building conservation matters, and if so to what extent?

5942 **rekrytera**   **recruit**

vb

Det stora Babylon var också till hjälp för att rekrytera ungdomar till slagfälten.

Babylon the Great also helped them in recruiting youths for the battlefields.

5943 **spontan**   **spontaneous**

adj

Den byråkratiska hjälpen är aldrig lika bra som en spontan och handlingskraftig hjälp.

Bureaucratic assistance is never as good as spontaneous, active assistance.

5944 **upplyst**   **illuminated**

adj

Med sådana rättfärdiga medborgare växer ett upplyst samhälle fram.

Such righteous citizens lead to the emergence of an enlightened society.

5945 **förintelse**   **extermination**

nn

Men många undrar varför en Gud som är kärleken personifierad skulle dra död och förintelse över en stor del av mänskligheten.

Many wonder, however, why a God who is the very embodiment of love would inflict death and destruction on much of humankind.

5946 **intim**   **intimate**

adj

Bildandet av nya stater behöver inte vara ett hot mot freden, förutsatt att det sker inom ramen för en stabil och intim samarbetsordning.

The setting–up of new states need not pose a threat to freedom, provided there are stable and intimate cooperation procedures in place.

5947	**förstärka**	**strengthen**

vb

Samtidigt måste man givetvis förstärka arbetets konkurrenskraft.

At the same time it is obviously necessary to strengthen the marketability of labour.

5948 perfektion

nn

perfection

Den driver kvinnor att eftersträva perfektion, vilket får sådana konsekvenser som ätstörningar.

It incites women to a pursuit of perfection with consequences like eating disorders.

5949 odödlighet

nn

immortality

Jesus är därför den förste som i Bibeln sägs ha fått gåvan odödlighet.

Thus, Jesus is the first one to be described in the Bible as receiving the gift of immortality.

5950 jätteglad

adj

cheerful

Han blir säkert jätteglad över den falska överföringen.

You know what, I'm sure he's gonna be thrilled about the bogus wire transfer.

5951 hundmat

nn

dog food

Förvaring, transport och distribution av hundmat.

Storage, transport and distribution of foodstuffs for dogs.

5952 formell

adj

formal

Parter som väljer ett förlikningsförfarande måste ge in en formell begäran om förlikning i form av en förlikningsinlaga.

Parties opting for a settlement procedure must introduce a formal request to settle in the form of a settlement submission.

5953 omvända

vb

convert

Ni kan inte bara predika för de omvända, vilket ni gjorde i Europaskolan för några dagar sedan.

You cannot simply preach to the converted as you did in the European School a few days ago.

5954 hona

nn

female

Är det en hona eller hanne?

Is that a he or a she?

5955 kompensera

vb

compensate

Den rikliga distributionen av glättade broschyrer kunde inte kompensera detta.

The abundant distribution of glossy brochures cannot compensate for this.

5956 simpel

adj

simple

är egentligen ganska simpel.

is actually quite simple.

5957 omfamna

vb

embrace|enfold

Vi måste omfamna mörkret!

We've got to embrace the darkness!

5958 ökning

nn

increase|growth

Denna ökning av skuldkvoten drivs främst på av högre räntebetalningar och i mindre omfattning av dynamiken i det primära underskottet.

This increase in the debt ratio is mainly driven by higher interest payments and to a lesser extent by the dynamics of the primary deficit.

5959	**sned**	**awry**

adj

Man säger i mitt land att den som föds sned, sent eller aldrig rätar på sig.

We have a saying in my home town that " what is born crooked will take a long time, if at all, to grow straight.".

5960	**asyl**	**asylum**

nn

Detta görs endast för att se om du redan har ansökt om asyl.

This is only for the purpose of seeing if you have previously applied for asylum.

5961	**russin**	**raisin**

nn

Efter torkningen fortgår processen, med druvor eller klasar, i anläggningar för framställning av russin. Det sker i följande steg fram till försäljningen av de förpackade russinen:

Once the raisins are ready, off or on the bunch, the production process continues in the raisin factories, where the following tasks must be performed before the packaged raisins can be placed on the market:

5962	**sovjetisk**	**Soviet**

adj

Lev Sharansky är en parodi på en sovjetisk dissident (efternamnet refererar till den ukrainska och israeliska aktivisten Natan Sharansky [sv], profilbilden hänvisar till Alexandr Solzjenitsyn [sv], en rysk författare och även han dissident).

Lev Sharansky is a parody of a Soviet dissident (the surname refers to Ukrainian and Israeli political activist Natan Sharansky, while on the profile picture Alexander Solzhenitsyn is depicted).

5963	**donation**	**donation**

nn

Alla personer eller inrättningar som använder sådana mänskliga vävnader eller celler som omfattas av detta direktiv skall rapportera relevant information till de inrättningar som arbetar med donation, tillvaratagande, kontroll, bearbetning, förvaring och distribution av mänskliga vävnader och celler, för att underlätta spårbarheten och säkerställa kontroll av kvalitet och säkerhet.

All persons or establishments using human tissues and cells regulated by this Directive shall report any relevant information to establishments engaged in the donation, procurement, testing, processing, storage and distribution of human tissues and cells in order to facilitate traceability and ensure quality and safety control.

5964	**vävnad**	**tissue|fabric**

nn

I detta hänseende är det viktigt att användningen av vävnad från foster undantas.

In this respect it is important that the use of aborted foetal tissue be excluded.

5965	**lagstiftare**	**legislator**

nn

Enligt Lissabonfördraget ska parlamentet som lagstiftare vara likställd med rådet.

Under the Treaty of Lisbon, Parliament's role as a legislator must be on a par with that of the Council.

5966	**puff**	**puff**

nn

Det är en viktig puff framåt för en fruktbar samverkan och en läkning av skarven mellan öst och väst i gränsregionerna.

It provides a strong impetus towards fruitful cooperation and cohesion at the interface between East and West in the border regions.

5967	**millimeter**	**millimeter**

nn	Släpredskap för fiske efter bottenlevande arter med maskstorleksintervall på 80 till 99 millimeter, förutom om ett nätstycke vars kvadratiska maskor har en maskstorlek på minst 80 millimeter ingår i ett sådant nät.

Any demersal towed net of mesh size range 80 to 99mm unless a square–meshed panel of mesh size of least 80mm is included in such a net.

5968 lärdom — **learning|knowledge**

nn

Projektet består av uppförandet av en temapark med vetenskaplig inriktning, som ger utbildning och underhållning kring temat hälsa, liv och miljö. Parken ger besökarna möjlighet till lärdom samtidigt som de roar sig.

The plan is to build a scientific, educational and recreational park specialising in the themes of health, life and the environment, which should enable visitors to learn about those topics while having fun.

5969 stång — **rod**

nn

Om du klickar på den här ikonen tas innehållet i inmatningsraden bort och formellisten stängs.

Clears the contents of the input line and closes the formula bar.

5970 tilltro — **trust; credit**

nn; vb

Därför måste vi nu ge honom tilltro och arbeta med honom och stödja honom.

Therefore, we now have to give him credit and work with him and support him.

5971 aktivt — **actively**

adv

Europaparlamentet upprepar sitt stöd till mekanismen för allmän återkommande utvärdering samt sin uppskattning för det värdefulla arbete som görs inom denna mekanism. Parlamentet uppmanar medlemmarna att aktivt förbereda sina allmänna återkommande utvärderingar, bl.a. genom involvering av det civila samhället, delta i den interaktiva dialogen under utvärderingssessionerna och i debatterna om antagande av utvärderingsresultaten, genomföra rekommendationerna från utvärderingarna och vidta konkreta åtgärder för att upprätthålla och förbättra fullgörandet av sina skyldigheter på människorättsområdet.

Reiterates its support for the Universal Periodic Review (UPR) mechanism and its appreciation of the UPR's valuable work, and calls on members to actively prepare their UPR, including by involving civil society, to engage in the interactive dialogue during the UPR session and in the debates on the adoption of the UPR outcomes, to implement the UPR recommendations and to take concrete measures to improve and uphold the fulfilment of their human rights obligations;

5972 tillvaro — **existence**

nn

I medvetande om den betydelse som motorfordonsförsäkringen har för medborgarnas dagliga tillvaro antog Europaparlamentet i juli 2001 en resolution i vilken det rekommenderades att ett femte motorfordonsförsäkringsdirektiv skulle antas.

The European Parliament, aware of the impact that motor insurance has on the day–to–day life of individuals, adopted in July 2001 a Resolution recommending the adoption of a fifth motor insurance directive.

5973 grundare — **founder**

nn

Han är grundare till och chefredaktör för den vetenskapliga tidskriften Climate and Development.

He is founder and Chief Editor of the scientific journal Climate and Development.

5974 åskådare — **spectator|bystander**

	nn	Under tiden kräver min grupp maximal återhållsamhet för säkerhetsstyrkorna och att man arresterar och åtalar den tidigare regimens presidentvaktledning som är ansvarig för de senaste dagarnas beskjutning mot oskyldiga åskådare, i ett fruktlöst försök att destabilisera landet.

In the meantime, my group calls for maximum restraint by the security forces and for the arrest and trial of the ancien regime's presidential guard leadership responsible for the shooting, in the last few days, of innocent bystanders, in a futile attempt to destabilise the country.

5975 värdshus — **inn|pub**

nn
Jag hoppas att det kommer att vara en väg och inte ett värdshus.
Let us hope that it represents a road and not an inn.

5976 grinig — **grumpy**

adj
för då blir jag liksom grinig, och sedan blir jag sömnig.
' cause then i get kind of cranky, then i get a little mean, then i kind of get sleepy.

5977 skriftlig — **written**

adj
Om det inte finns några skriftliga planer eller program får medlemsstaterna ta hänsyn till andra objektiva bevis på investeringar.
Where no written plan or programs exists, Member Stats may take account of other objective proof of the investment.

5978 storartad — **magnificent**

adj
Herr talman! En förenkling av den gemensamma jordbrukspolitiken är en storartad idé, och det är svårt att tänka sig att någon skulle motsätta sig den.
Mr President, simplification of the common agricultural policy is a beautiful idea, and it is hard to imagine that someone would oppose it.

5979 syndare — **sinner|transgressor**

nn
Jag har inte kommit för att kalla rättfärdiga till sinnesändring, utan syndare."
I have come to call, not righteous persons, but sinners to repentance."

5980 spejare — **scout**

nn
Våra spejare rapporterar att Saruman har attackerat Rohan.
Our scouts report Saruman has attacked Rohan.

5981 rödhårig — **redhead**

adj
En polis (som var lång, mager och rödhårig) förolämpade henne på grund av hennes nationalitet, skrattade åt hennes pass och ropade en otidighet åt henne mitt framför näsan på sin hånflinande kollega.
One policeman (tall, slim, with red hair) insulted her nationality, laughed at her passport and called her an insulting word in front of his sniggering colleague.

5982 keps — **cap**

nn
Ge mig din keps.
Give me your hat.

5983 äng — **meadow**

nn
Vi kunde se det andra lägret på andra sidan av en äng.
We could see the other camp across a meadow.

5984 spöka — **haunt**

vb
Det kommer utan tvekan att komma tillbaka och spöka för oss inom en snar framtid.
This will no doubt come back to haunt us before too long.

5985 ögonkast — **glance**

nn Med ett realistiskt ögonkast på den nuvarande utvecklingen i Europa ser vi att de skriftliga uttalandena från St. Malo, Köln och Helsingfors hittills inte sammanfallit med verkliga säkerhetsgarantier.

A realistic view of the current developments in Europe shows that paper declarations from St. Malo, Cologne and Helsinki have so far not been accompanied by real security guarantees.

5986 torsk   **cod**

nn Jämfört med traditionella trålar för vit fisk ska redskapet vara utformat så att fångsterna av torsk hålls på en låg nivå, samtidigt som annan vit fisk, t.ex. kolja och vitling, hålls kvar.

The gear shall be designed to reduce the catches of cod to low levels while retaining other whitefish such as haddock and whiting, compared to traditional whitefish trawls.

5987 korrupt   **corrupt**

adj Det EU–land som enligt Transparency International är minst korrupt är Finland.

The EU country defined by Transparency International as being the least corrupt is Finland.

5988 ironi   **irony**

nn Det är vad jag kallar ironi.

That's what you call ironic

5989 kittla   **tickle**

vb Som, han hittar alltid nåt sätt att röra eller kittla mig.

Like, he always finds some sort of way to touch me or tickle me.

5990 underjordisk   **underground**

adj De tillhör inte en underjordisk rörelse i ett ockuperat land.

They are not an underground movement in an occupied country.

5991 spika   **nail**

vb Det omfattar inte fasta träinredningar som inte utgör en del av strukturen (det förbryllar mig i detta sammanhang att byggnadsentreprenörer kan spika fast skåp i taket).

It does not include wooden fixtures not forming part of the structure (I am intrigued, in this connection, by the idea that builders may nail cupboards to the ceiling).

5992 rim   **rhyme**

nn Det finns ingen rim och reson i de kontroller som genomförs av de ryska inspektörerna.

There is no rhyme or reason to the checks carried out by Russian inspectors.

5993 glimt   **glimpse|gleam**

nn Jag var ju en främling, och ändå kände jag omedelbart en gemenskap med henne och hennes familj och fick en glimt av ett underbart internationellt brödraskap!

I was a stranger, yet right away I felt a bond with her and her family–a glimpse of a wonderful international brotherhood!

5994 maraton   **marathon**

nn Vi måste emellertid förstå att vi håller på med ett maraton, inte ett 100–meterslopp.

However, we must recognise that it is not a 100 metres sprint but a marathon we are engaged in.

5995 uppfinnare   **inventor**

nn I det avseendet skall det erinras om att en uppfinnare, vid den tidpunkt då han önskar erhålla skydd för sin uppfinning genom meddelande av patent,

har en valmöjlighet avseende den territoriella omfattningen av det önskade skyddet, som kan vara begränsat till en enda stat eller omfatta flera stater.
Here, it has to be observed that one of the choices facing an inventor when planning to obtain protection for his invention by the grant of a patent concerns the territorial scope of the desired protection, limited to a single Member State or covering several Member States.

5996 instabil **unstable**
adj
Serova och Rabal tror att delar av subrymden är instabil— i korridoren.
Serova and Rabal believe there are regions of subspace instability in the Corridor.

5997 avancera **advance|move up**
vb
Med rimliga anpassningsåtgärder i samband med tjänstens kärnuppgifter skall i detta sammanhang avses lämpliga åtgärder som gör det möjligt för en person med funktionshinder att få tillträde till, inneha eller avancera i en anställning eller att genomgå utbildning, dock utan att det innebär en oproportionerlig börda för arbetsgivaren.
'Reasonable accommodation', in relation to the essential functions of the job, shall mean appropriate measures, where needed, to enable a person with a disability to have access to, participate in, or advance in employment, or to undergo training, unless such measures would impose a disproportionate burden on the employer.

5998 föregående **foregoing; precedent**
adj; nn
Herr talman! Jag kände faktiskt inte till de problem som föregående talare har tagit upp, om det lämpliga i att komma till de stundande internationella mötena med en utskottstext visavi en text som har antagits i plenum.
Mr President, to tell the truth, I was not aware of the issues raised by the previous speakers regarding whether it would be better to stop at the stage of a committee text or to take a text adopted in Parliament to the forthcoming international assemblies.

5999 tomrum **void|vacuum**
nn
Det finns i själva verket rättsliga tomrum i dag som förhindrar att de fartygsbesättningar som bedriver olagligt fiske åtalas och döms.
There are, in fact, legal vacuums today that prevent the crews of vessels carrying out illegal fishing activities from being challenged and punished.

6000 ministerium **Ministry**
nn
Flegtlicenserna ska utfärdas av de decentraliserade avdelningarna i det ministerium som har ansvar för förvaltningen av skogarna, vid de för detta ändamål fastställda platserna för utförsel av trävaruprodukter från Kamerun.
The FLEGT licence is the document issued by the devolved departments of the Ministry responsible for forests at the exit points from Cameroon identified for this purpose.

6001 journalistik **journalism**
nn
Journalistik och nya medier - att skapa en offentlig sfär i Europa.
Journalism and new media - creating a public sphere in Europe.

6002 syndrom **syndrome**
nn
Kollegor, detta parlament lider av ett specifikt syndrom, nämligen patent–på–livet–syndrom.
This House suffers from a peculiar syndrome known as the patent–for–life syndrome.

6003 neutral **neutral**
adj
Malta är en neutral stat men vi är inte neutrala när det handlar om terror.
Malta is a neutral state but where terror is concerned we are not neutral.

6004 injektion
nn

injection

Subkutan injektion i bukväggen säkerställer en något snabbare absorption än andra injektionsställen.

Subcutaneous injection in the abdominal wall ensures a slightly faster absorption than other injection sites.

6005 persisk
adj

persian

Det verkar ha varit en persisk sedvänja att man vid sådana tillfällen uppmanade varandra att dricka en bestämd mängd. Men vid det här tillfället gjorde kung Ahasveros ett undantag.

On this occasion, King Ahasuerus made an exception to what appears to have been a Persian custom of urging one another to drink a certain amount at such gatherings.

6006 glid
nn

slide

Glidning eller sväng och glid, i förekommande fall.

Slip, or turn and slip, as applicable.

6007 boxare
nn

boxer

Öron– och ögonbrynsskydd för boxare.

Ear and eyebrow protectors for boxers.

6008 prostitution
nn

prostitution

Denna prostitution är resultatet av fattigdom, socialt utanförskap, arbetslöshet, otrygga och dåligt betalda arbeten och den psykologiska pressen från konsumtionssamhället.

Prostitution is the result of poverty, social exclusion, unemployment, precarious and poorly paid employment, and the psychological pressure of the consumer society.

6009 leukemi
nn

leukemia

Fevaxyn Pentofel har visat sig vara effektivt mot felin leukemi, mot luftvägssjukdomar orsakade av felint rhinotracheitvirus, felint calicivirus och felin Chlamydia psittaci samt mot sjukdomar orsakade av felint panleukopenivirus.

Fevaxyn Pentofel has been shown to be effective against Feline Leukaemia, against respiratory diseases caused by Feline Rhinotracheitis virus, Feline Calicivirus and Feline Chlamydia psittaci, as well as against disease caused by Feline Panleukopenia virus.

6010 databas
nn

database

Öppna dialogrutan Byt databas med kommandot Redigera – Byt databas.

Choose the Edit – Exchange Database, command to open the Exchange Database dialog.

6011 siren
nn

siren

Ser ut som en handvevad siren.

Looks like some kind of hand-crank siren.

6012 gående
nn; adj

going; walking

Alla motorer gående.

All engines running.

6013 nykomling
nn

newcomer

Direktivet om penningtvätt fastställer en kontroll för förflyttningar av likvida medel på 15 000 euro eller mer som utförs via finansinstitut, men inte förflyttningar av kontanta medel.

The directive on money laundering lays down controls on transactions carried out by financial institutions involving sums of EUR 15 000 or more but not on cash movements.

6014 **vandring** **march | wander**
nn
Den visar en vandring mot korset och processionen av nationer leds av Germanien, som sedan följs av Gallien, Italien och Anglien.
It depicts a march towards the cross, and the cavalcade of nations is led by Germania, which is followed by Gallia, Italia and Anglia.

6015 **fräckhet** **impudence**
nn
Endast i Frankrike serveras kokta ägg med sån stil och rentav fräckhet.
Only in France would they serve boiled eggs with such impudence.

6016 **köpslå** **bargain**
vb
Jag trodde att Takahashi avslöjat, vad han visste om gänget, så han kan köpslå om de tar hono.m
Whatever Takahashi has on the Gang, I thought he might have given it to you. So he can bargain if they catch him.

6017 **åtskild** **separate | distinct**
adj
Omsättningskretsen uppfattar inte orddelen "port" som en från ordet "charlotte" utmärkande och åtskild del, utan som en benämning som har ett direkt samband med sistnämnda ord och som förmedlar att det omtvistade varumärket hänför sig till en plats vid kusten eller utmed en flod.
The latter will not identify the element 'port' as an element distinct or separable from the term 'charlotte', but as a qualifier directly related to that term conveying the message that the contested mark refers to a location on the coast or on a river.

6018 **sjungande** **singing; songful**
nn; adj
Sjungande pyttesmå, snor– nosiga barn.
Little bitty snot– nosed children sing.

6019 **demo** **demo**
nn
Kan inte du ge mitt demo band till någon?
Can you get my demo tape to someone?

6020 **högtalare** **speaker**
nn
Inne i bussen kan jag förstå, men skall destinationen verkligen anges med en högtalare också utanför bussen?
In the bus I can understand, but should the destination also be announced by a loudspeaker outside the bus too?

6021 **servitör** **waiter**
nn
Hur länge har ni varit servitör?
So, how long have you been a waiter?

6022 **pricka** **dot**
vb
Vi måste genomföra den här resolutionen till punkt och pricka, på samma sätt som vi kräver att Ryssland ska följa sexpunktsplanen till punkt och pricka.
We must implement this resolution down to the last dot and comma, just as we are demanding Russia's full compliance, down to the last dot and comma, with the six-point plan.

6023 **hor** **fornication**
nn
Eller ska hon kanske vara din hora och ta sin mans pengar?
Or perhaps she'll whore for you, take her husband's money.

6024 **utomordentlig** **excellent**
adj
Vi har bra och i vissa fall utomordentlig forskningskapacitet.
We have good, and in some cases outstanding, research capacities.

6025 **glans** **gloss | shine**

nn	Färgtillsatser för att ge konsistens, färg eller glans.
	Paint additives to add texture, colour or gloss.

6026 kritisera — **criticize**
vb
Med beaktande av vad som anförts ovan kan sökandena inte med framgång kritisera kommissionen för att ha att identifierat olika bolag i Totalkoncernen i skälen till det angripna beslutet, som avser beräkningen av böterna.
In light of the foregoing, the applicants cannot validly criticise the Commission for having identified various companies within the Total group in the grounds dealing with the calculation of the fine.

6027 monument — **monument**
nn
Gamla monument vittnar om att Sanherib hade ett truppförband med slungkastare i den assyriska hären.
Sennacherib employed a corps of slingers in the Assyrian army, as monuments attest.

6028 katolik — **catholic**
nn
Man måste ju trots allt vara katolik för att kunna bli vald till påve!
After all, to be elected Pope, one has to be a Catholic!

6029 kejsarinna — **empress**
nn
Jag gillar inte Caligula mer än du, men du skulle bli en utmärkt kejsarinna!
I like caligula no better than you do, butyou would make an excellent empress!

6030 behövande — **needy**
adj
På så sätt kan du bry dig om de behövande samtidigt som du håller dig inom ramen för dina ekonomiska möjligheter.
In this way, you ensure that you care for the needy while still giving within your means.

6031 ek — **oak; oaky**
nn; adj
Anette Ek Lindqvist gick ut som första kull högskoleutbildad hälsovägledare 2009 vid Luleå tekniska universitet.
Anette Oak Lindqvist graduated as the first group of students as health counselors 2009 at Luleå university of technology.

6032 pc — **personal computer**
abr; nn
Man kan inte samtidigt använda det för bärbara pc-datorer och mobiltelefoner, men det är en möjlighet för all bärbar utrustning.
You cannot use it at the same time for desktop PCs and mobile phones, but it is possible for all hand-held devices.

6033 pott — **pot**
nn
(Musik) Detta är om pott–träning — som de flesta av er, hoppas jag, känner igen.
(Music) So this is about potty training — as most of you, I hope, know.

6034 oartig — **impolite**
adj
Du är väldigt oartig, Jay.
You're being very impolite, Jay.

6035 hetsa — **incite**
vb
Över 150 personer har redan arresterats eller frihetsberövats med stöd av artiklarna 156 och 156a i Indonesiens strafflag. Det finns belägg för att de lokala stadgandena mot hädelse, avvikelse från den rena läran och religionskränkning utnyttjas av extremister för att slå ned på religionsfriheten och hetsa till motsättningar och våld mellan grupperna i samhället.
Over 150 individuals have already been arrested or detained under Articles 156 and 156(a) of the Indonesian Criminal Code, and whereas there is

evidence to show that local blasphemy, heresy and religious defamation by–
laws are being used by extremists to clamp down on religious freedom and to
stir up intercommunity tensions and violence.

6036	**fix**	**fixed**
	adj	Vi ska inte göra detta till en fix idé, men vi måste dra slutsatser och se framåt.
		We should not make this an obsession, but we must draw conclusions and look to the future.

6037 **hushållerska** **housekeeper**

nn Var hans plan att jag skulle anställa en hushållerska?

So his plan was to make me hire a housekeeper?

6038 **älva** **fairy|elf**

nn Hon är inte helt älva.

I didn't say she was full fairy.

6039 **plåt** **plate**

nn Har du plåtarna?

Do you have the plates?

6040 **belöna** **reward**

vb Vad behövs för att Jehova ska belöna oss? Vi måste lita på honom och lojalt följa de anvisningar han ger.

To receive the reward, we need to exercise full faith in Jehovah and be obedient to his directions.

6041 **ämna** **purpose|intend**

vb Det är alltså nödvändigt att djur som används i kliniska prövningar inte ämnas för livsmedelskonsumtion innan detta definitiva fastställande.

It is therefore essential for animals subjected to clinical trials not to be destined for consumption before this final limit is established.

6042 **stjärt** **tail**

nn Avlägsnande av huvud och rensning definieras som avlägsnande av huvud, inälvor och eventuellt stjärt.

Heading and gutting is defined as removal of the head and intestine, with the tail on or off.

6043 **aura** **aura**

nn Din aura är verkligen fantastisk.

Wow, your aura is really fantastic!

6044 **förföljare** **chaser|persecutor**

nn Och havet klöv du framför dem, så att de gick över mitt igenom havet på torr mark; och deras förföljare slungade du i djupet som en sten i mäktiga vatten.

And the sea you split before them, so that they crossed over through the midst of the sea on the dry land; and their pursuers you hurled into the depths like a stone in the strong waters.

6045 **runda** **round; round**

nn; vb Katten stirrade intensivt på honom med sina stora, runda, blåa ögon.

The cat looked intensively at him with her big, round, blue eyes.

6046 **storslagen** **grand**

adj Den som utför storslagen räddning mitt på jorden.

The One performing grand salvation in the midst of the earth.

6047 **ursprungligen** **originally**

adv Enligt harmoniseringsbyrån utgör klagandens påstående att varumärket inte varit föremål för verkligt bruk en ny grund, eftersom klaganden, i den grund som ursprungligen åberopades vid överklagandenämnden, endast hävdade att det inte visats att det äldre varumärket hade använts för varor med särskild terapeutisk användning, nämligen terapeutisk behandling av ögonen, men inte ifrågasatte att varumärket hade varit föremål för verkligt bruk i detta avseende.

According to OHIM, the applicant's contention that the mark was not put to genuine use is a new plea since, in the initial plea advanced before the Board of Appeal, the applicant merely claimed that it was not proven that the earlier mark had been used for products with specific therapeutic applications, namely ophthalmic applications, without calling into question the genuine nature of that use.

6048   **sjukförsäkring**   **health insurance**
nn

Om du är tveksam, kontrollera med din sjukförsäkring.

If in doubt, check with your health insurance institution.

6049   **nutid**   **present times**
nn

För att vi ska kunna ta oss an huvuduppgiften att skapa mer tillväxt och sysselsättning, krävs det först och främst att alla politiska nivåer agerar utifrån de förutsättningar som präglar vår nutid, som globaliseringen och befolkningens åldrande.

Above all, if we are to address the core task of creating more growth and jobs, public policy at every level needs to factor in modern realities like globalisation and the ageing of our population.

6050   **passage**   **passage**
nn

Se det som en passage (eller kanal) som dina kunder går genom för att nå omvandlingen.

Think of it as a passage (or funnel) through which your customer reaches the conversion.

6051   **trauma**   **trauma**
nn

Liz har nämnt det trauma som de personer som drabbas av nålsticksskador får utstå.

Liz has mentioned the trauma that people affected by needle–stick injuries face.

6052   **pubertet**   **puberty**
nn

Hur kan vuxna människor behandla barn som förbrytare innan de ens kommit i puberteten?

How can adult human beings treat children as criminals before they have even reached puberty?

6053   **asiatisk**   **Asian**
adj

Nu vill den intelligenta europeiska biopubliken se asiatisk filmproduktion.

Now the intelligent European audience wants to see Asian film production.

6054   **servett**   **napkin**
nn

Fast monterade servett– och kökshandduksautomater av metall.

Fixed metal dispensers of napkins or kitchen towels.

6055   **eftertanke**   **consideration**
nn

Låt oss använda den här perioden av eftertanke till att uppmana Jacques Chirac och Jan Peter Balkenende att inför kammaren tala om hur de föreslår att gå vidare: att hålla utfrågningar med dem som ännu inte har ratificerat, att ställa medlemsstaterna inför sitt ansvar.

Let us use this period of reflection to call Chirac and Balkenende before this House to tell us how they propose to proceed; hold hearings with those who have not yet ratified; confront the Member States with their responsibilities.

6056   **uppfylld**   **stuffed**

adj   Kommissionen beklagar att denna förutsättning för närvarande ännu inte är uppfylld.

The Commission is sorry to say that this condition has not been met.

6057 kapital   **capital**

nn   Europeiska centralbanken ska dessutom vara befriad från alla skatter och liknande avgifter på grund av en ökning av dess kapital och från olika formaliteter som kan vara förenade därmed i den stat där banken har sitt säte.

The European Central Bank shall, in addition, be exempt from any form of taxation or imposition of a like nature on the occasion of any increase in its capital and from the various formalities which may be connected therewith in the State where the bank has its seat.

6058 stimulerande   **stimulating**

adj   Kommer de att vara stimulerande?

Will they be encouraging?

6059 bedrift   **feat|achievement**

nn   Att omsätta en politisk konsensus i ett bindande avtal är ingen liten bedrift, tekniskt sett.

Changing political consensus into a binding agreement is no mean feat, technically speaking.

6060 hö   **hay**

nn   Hö, halm och träspån som strö för djurburar.

Hay, straw and wood chips being litter for animal cages.

6061 fotsteg   **footstep**

nn   Det är omöjligt att stiga på och av fordon med höga fotsteg.

It is impossible to get on and off vehicles with high steps.

6062 föredrag   **lecture|delivery**

nn   Upplåtande av information inom området för organisatoriska, företagsekonomiska och tekniska utbildningar, seminarier, föredrag och konferenser, speciellt i samband med elektronisk databehandling och till detta hörande områden.

Providing information in the field of organisational, professional business and technical training courses, seminars, lectures and conferences, in particular in connection with electronic data processing and related fields.

6063 koncentrationsläger   **concentration camp**

nn   Åminnelsefirande i ett koncentrationsläger.

Memorial in a Concentration Camp.

6064 inkräkta   **encroach|intrude**

vb   Kommissionens förslag innehöll i själva verket många försök att bakvägen inkräkta på detta område.

In fact, the Commission's proposal included many attempts to encroach on this area via the back door.

6065 släkte   **breed|race**

nn   Du rhino, du har ett riktigt fint släkte, vet du det?

Hey, you rhino, you have really nice race, do you know that?

6066 psyke   **psyche**

nn   Jag tar med vin, och du ditt ärrade psyke.

I'll bring the wine, you bring your scarred psyche.

6067 plundra   **plunder**

vb   Ändå går allt detta till att finansiera spanska och portugisiska yrkesfiskare, och ger dem rätt att plundra fiskevattnen i tredje världen – ofta har detta skett på ett upprörande nonchalant sätt vad gäller grundläggande hänsyn till bevarandet av fiskbestånden.

Yet all this is to fund Spanish and Portuguese fishermen, giving them a licence to pillage Third World waters, often in flagrant disregard of the basic principles of fisheries conservation.

6068 skrift — **writing**

nn

Det finns en del kartor i Nya världens översättning av Den heliga skrift.

Some appear in the New World Translation of the Holy Scriptures.

6069 tillväxt — **growth**

nn

Kommissionen har också utfärdat rekommendationer för euroområdet som helhet och presenterar sin vision om de politiska åtgärder på EU–nivå som krävs för att komplettera de nationella åtgärderna i syfte att åstadkomma ett långtgående och tvådelat EU–initiativ för tillväxt.

The Commission has also issued recommendations for the euro area as a whole, and set out its vision for the EU–level policy action needed to complement the national measures to deliver an ambitious, two–tiered EU growth initiative.

6070 ödmjukhet — **humility**

nn

Vid samma tillfälle åskådliggjorde han dessa principer, däribland behovet av ödmjukhet, genom att tvätta lärjungarnas fötter.

On that occasion, he forcefully demonstrated these principles, including that of humility, by washing the feet of the disciples.

6071 vardera — **each**

prn

I produktionen av cylinderhylsor bytte man under 1999 ut två ugnar med en kapacitet på vardera 1,5 ton i timmen mot två ugnar med en kapacitet på vardera tre ton i timmen.

Regarding the liners' production, two ovens with a capacity of 1,5 tons per hour each were replaced by two ovens with a capacity of three tons per hour each in 1999.

6072 packning — **packing**

nn

Alla produktionsled, delning och packning sker i producentens anläggningar, som ligger i det avgränsade geografiska område som utgörs av kommunen Geroskípou.

All stages of production, cutting and packaging are carried out in the producer's installations, which are located in the defined geographical area of Geroskipou municipality.

6073 dolk — **dagger**

nn

med stunden målad på mitt ansikte som en dolk.

with the moment drawn on my face like a dagger.

6074 pump — **pump**

nn

Men i dag, så kan vi inte ens få hans pump att funka.

But today, hell, we can't even get his pump primed.

6075 invigning — **inauguration**

nn

Den 23.5.2014 informerade han om invigning av en "de facto–ambassad" för den icke erkända "Folkrepubliken Donetsk" i Moskva; han bidrar till att undergräva eller hota Ukrainas territoriella integritet, suveränitet och oberoende.

On 23.5.2014 he announced the inauguration of the 'de facto embassy' of the unrecognized, so–called 'Donetsk People's Republic' in Moscow, he contributes to undermining or threatening the territorial integrity, sovereignty and independence of Ukraine.

6076 hållning — **posture|demeanor**

nn — I likhet med vad Europaparlamentet också betonar kommer självfallet denna nya etapp i den europeiska integrationsprocessen inte att frambringa några konkreta resultat om inte en tydlig politisk vilja kommer till uttryck för en gemensam hållning inom unionen.

The draft resolution accompanying the report opens with a recommendation to the Member States to ratify the Treaty of Amsterdam. Allow me to emphasize the political importance of the recommendation made by the European Parliament, which is the institution representing the peoples of the Member States united in the Community, and two members of whom participated in the work of the Intergovernmental Conference.

6077 lösen **password|surcharge**

nn — "Jag har gett Egypten till lösen för dig, Etiopien och Seba i ditt ställe.

"I have given Egypt as a ransom for you, Ethiopia and Seba in place of you.

6078 papegoja **parrot**

nn — Sven talar med sin papegoja.

Sven is talking to his parrot.

6079 reglemente **regulations**

nn — Alla luckor i EU: s reglemente måste täppas till.

All the loopholes in the regulations of the European Union must be plugged.

6080 ratificera **ratify**

vb — För det andra anser vi också att det är viktigt att ratificera Kyotoprotokollet.

Secondly, we also feel that it is essential that the Kyoto Protocol be ratified.

6081 guinea **guinea**

nn — Enligt uppgifter från Kommissionen för bevarande och förvaltning av långvandrande fiskbestånd i västra och mellersta Stilla havet (WCPFC), som är den internationella organisation som har i uppgift att övervaka resurshållbarheten i detta område, har tredjeländer, särskilt Kina, som investerar i industriella makroprojekt i Papua Nya Guinea sedan de nya ursprungsreglerna infördes, ökat sin fiskekapacitet enormt i området, och tenderar att fortsätta denna ökning, vilket i sin tur ökar risken för överutnyttjande av resurser.

whereas the Western and Central Pacific Fisheries Commission (WCPFC), the international organisation responsible for making sure that fish stocks in the area are sustainable, has reported that third countries – in particular China – which have been investing in large–scale industrial projects in Papua New Guinea since the establishment of the new rules of origin have massively increased their fishing capacity in the area, and that this is set to continue, increasing the risk of over–exploitation of fish stocks,

6082 cabriolet **convertible**

nn — Två schysta killar i en röd cabriolet... stenade, packade, höga som hus.

Two good old boys in a fire-apple red convertible... stoned, ripped, twisted.

6083 slarvig **careless; sloppy**

adj; adv — Han var osäker, nervös och slarvig.

He was insecure, nervous, careless.

6084 oavbrutet **incessantly**

adv — "Ett bolag kan vara ensamt skattskyldigt till inkomstskatt för juridiska personer med avseende på hela det samlade resultatet i den koncern som omfattar bolaget självt och de bolag i vilka detta, direkt eller indirekt via bolag i koncernen, oavbrutet har ägt minst 95 procent av aktiekapitalet under hela räkenskapsåret.

'A company can render itself the sole party liable for corporation tax due on the overall profits of the group formed by the company itself and the companies of which it is the holder, continuously throughout the financial year, directly or indirectly through companies in the group, of at least 95% of the capital.

6085 **rekommendation**
nn

recommendation

Definitionerna i den nya rekommendationen är oförändrade i förhållande till den gällande rekommendation.

From the current Recommendation to the new one, these definitions remain the same.

6086 **utrustad**
adj

found

Om mobilkranen är utrustad med flera motorer skall den motor som används för kranfunktionen köras.

If the mobile crane is equipped with several engines, the engine used for the crane's function shall be run.

6087 **långsökt**
adj

far-fetched

Hur långsökt får definitionen av uppmaning vara?

How far-fetched can the definition of provocation be?

6088 **uppskjutning**
nn

launch

Apparater och anordningar för hantering, kontroll aktivering och uppskjutning, konstruerade eller modifierade för att användas vid uppskjutning av rymdfarkoster som omfattas av avsnitt 9A004, obemannade system för luftfartyg som omfattas av avsnitt 9A012 eller sondraketer som omfattas av avsnitt 9A104.

apparatus and devices for handling, control, activation or launching, designed or modified for space launch vehicles specified in 9A004, unmanned aerial vehicles specified in 9A012 or sounding rockets specified in 9A104.

6089 **separat**
adj; adv

separate; separately

Färskt kött från dessa svin skall bearbetas eller märkas med den särskilda stämpel som avses i artikel 5 om hygienproblem som påverkar handeln med färskt kött inom gemenskapen(9) och behandlas separat.

The fresh meat from these pigs is either processed or marked with the special mark referred to in Article 5 on health problems affecting intra–Community trade in fresh meat(9), and is processed separately.

6090 **panel**
nn

panel

Rådet uppmanas att inrätta en FN–panel med framstående personer.

To create a UN panel of eminent persons.

6091 **gap**
nn

gap|mouth

Vi måste fylla detta gap och det europeiska forskningsområdet är ett steg i rätt riktning.

We have to close this gap, and the European Research Area is a step in the right direction.

6092 **flat**
adj

flat

Med rutan Flata ikoner kan du byta mellan flat vy och 3D-vy.

The Flat buttons check box switches between flat and 3D view.

6093 **testikel**
nn

testicle

En testikel (bevarad i Bouins fixervätska eller motsvarande), en bitestikel, sädesblåsa, prostata och koaguleringskörtel.

One testis (preserved in Bouin's or comparable fixative), one epididymis, seminal vesicles, prostate, and coagulating gland.

6094 **skimmer**

shimmer

nn · Lystern påverkar också värdet på pärlan och ger den dess tilltalande varma skimmer.

Another consideration is the gem's iridescence, or light–reflecting quality, which gives the pearl its warm shimmer.

6095 illegalt · **illegally**

adv · Grupper av uppfödare stoppade lastbilar illegalt för att kontrollera det transporterade köttets ursprung och utsatte slakterier för blockad.

Groups of farmers stopped lorries illegally in order to check the origin of the meat being transported and blockaded abattoirs.

6096 pingvin · **penguin**

nn · Lika mycket som en pingvin.

Yeah, about as much as a penguin.

6097 israelisk · **Israeli**

adj · Det skulle vara ett sätt att erbjuda de palestinska medborgarna och de israeliska medborgarna ett konkret hopp om fred.

It would be a way of giving the Palestinian and Israeli citizens tangible hope of peace.

6098 videoband · **videotape**

nn · Produktion av underhållning i form av videoband.

Production of entertainment in the form of video tapes.

6099 introducera · **introduce**

vb · Jag vill introducera två aspekter i debatten.

For me, there are two aspects that I would like to introduce to this debate.

6100 evenemang · **event**

nn · Projektförvaltarnas kontakter med projekten under genomförandet är vanligtvis av reaktiv karaktär, även om projektförvaltarna svarar på inbjudningar från projektledarna och närvarar vid evenemang som anordnas av dessa.

The project managers' contact with the projects during their implementation is normally reactive, although project managers do respond to invitations from project leaders and attend events organised by them.

6101 grop · **dimple**

nn · Från min synpunkt reser inte Guido Sacconi ett berg utan gräver snarare en enorm grop åt sig själv.

In my view, Mr Sacconi is not so much building a mountain as digging himself an enormous hole.

6102 otalig · **countless**

adj · Jag står på gränsen till att göra otaliga... vetenskapliga genombrott.

I'm on the verge of numerous... countless... scientific breakthroughs.

6103 smärtfri · **painless**

adj · Fördelar: Undersökningen är smärtfri och ger en mängd data som kan omvandlas digitalt till tredimensionella bilder.

Benefits: Painless and noninvasive, CT scans provide finely detailed data that can be digitally converted into three–dimensional images.

6104 ridå · **curtain**

nn · Det handlar inte om att täcka det europeiska området med en ridå av särställningar.

It is not a question of covering the European area with a curtain of statutes.

6105 skuggad · **shaded**

adj · I bilagorna III och IV innebär en datapost som är skuggad i grått att denna inte är obligatorisk eller inte möjlig att rapportera.

For the purposes of Annexes III and IV, a data point shadowed in grey shall mean that this data point is not requested or that it is not possible to report it.

6106	**övernatta**	**stay overnight**
	vb	Men övernattade ni verkligen allihop där?
		Did you all really spend the night there?

6107 **känga** — **boot**
nn
Det skulle verkligen innebära att man gav regeringen en känga mitt i en mandatperiod.
It would be really to give a kick to the government, a mid–term kick to the government you know where.

6108 **nedslagen** — **downcast**
adj
Denna kvinna sade att hon kände sig mycket nedslagen, eftersom de gudar hon tillbad inte hade hjälpt henne att lösa hennes problem.
The colleague said that she was deeply downcast because the gods she worshiped had not helped her to solve her problems.

6109 **smugglare** — **smuggler**
nn
Vi måste se till att Libyen kan hjälpa oss att stoppa ett antal av de smugglare som tvingar dessa stackars människor att ta onödiga risker.
We need to ensure that Libya can help us to stop a number of the smugglers, who force these poor people to take unnecessary risks.

6110 **dels** — **partly**
adv
Samtidigt hade han ständiga besvär, dels av en förhårdnad på en hammartå, dels av nageltrång på vänster stortå.
During that same period, he was constantly bothered by both a corn on a hammertoe and an ingrown toenail on the left big toe.

6111 **otacksam** — **ungrateful**
adj
Herr talman! Herzog har verkligen haft en otacksam uppgift.
Mr President, Mr Herzog really has had a thankless task.

6112 **inspärrad** — **incarcerated**
adj
Jag är medveten om att Amina Lawal inte har hindrats eller hållits inspärrad sedan domen föll i mars 2002.
I am aware that Mrs Lawal has not been restrained or held in detention since her sentencing in March 2002.

6113 **instruktör** — **instructor**
nn
På 1990–talet arbetade jag som instruktör och rådgivare åt en stor finsk utvecklingssamarbetsorganisation.
– Mr President, in the 1990s I worked as a trainer and advisor for a large Finnish development cooperation organisation.

6114 **larv** — **larva**
nn
"Det som en larv kallar världens undergång kallar hela världen en fjäril."
'what a caterpillar calls the end of the world, the entire world calls a butterfly'.

6115 **julgran** — **Christmas tree**
nn
Jag instämmer i kommentaren om att detta inte är en julgran eller en önskelista.
I agree with the comment that this is not a Christmas tree or wish list.

6116 **bankfack** — **safe-deposit box**
nn
Hon tror att hennes bankfack har blivit plundrat.
She is concerned that her safe deposit box may have been plundered.

6117 **spegelbild** — **reflection|image**

nn	Det är en spegelbild av situationen i Tjeckoslovakien på 1930–talet och dess tyska minoritet.
	It is a mirror image of the situation in Czechoslovakia in the 1930s and its German minority.

6118 fästning — **fortress**

nn — Jag kände mig i dag litet som på medeltiden, i en förstärkt fästning.

Today I feel a bit like I am in the Middle Ages, in a fortified castle.

6119 oväsentlig — **immaterial|unessential**

adj — Detta innebär dock inte att den skada som importen från Indien vållat blir oväsentlig.

However, this fact does not suggest that the injury inflicted by imports from India becomes immaterial.

6120 bokföring — **bookkeeping**

nn — Tabell 3 är en sammanställning av kommissionens bokföring.

Table 3 provides an overview of the Commission's accounting records.

6121 ökänd — **notorious**

adj — Det var inte att gå till historieböckerna som en ökänd, grym, inskränkt och ondsint diktator.

It was not to enter the history books as a notorious, cruel, narrow–minded and malicious dictator.

6122 klapp — **tap|clap**

nn — Herr talman, mina damer och herrar, herr kommissionsledamot, herr rådsordförande! Ni förtjänar en klapp på axeln.

Mr President, ladies and gentlemen, Commissioner, President–in–Office of the Council, you deserve a pat on the back.

6123 belopp — **amount|figure**

nn — Gemenskaperna är också utsatta för kreditrisk, dvs. risken för att mottagaren helt eller delvis kommer att vara oförmögen att betala de belopp som förfaller.

The Communities take on exposure to credit risk, which is the risk that a counterparty will be unable to pay amounts in full when due.

6124 anslag — **appropriation**

nn — Detta anslag är avsett att täcka kostnaden för projekt till förmån för minoriteter som centrumet genomför i samarbete med EU eller internationella organisationer.

This appropriation is intended to cover the cost of projects of the Centre in favour of minorities, in cooperation with EU or international organisations.

6125 dass — **toilet**

nn — Man ska inte höra när grannen spolar på dass.

And you can't hear the toilets flush next door.

6126 uppmuntran — **encouragement**

nn — Jag känner snarare en uppmuntran att ytterligare påskynda det programmet.

I am more inclined to detect an encouragement to speed up the programme.

6127 hårstrå — **hair**

nn — Tom, det är ett hårstrå som inte är på rätt plats där, pojk.

Hey, Tom, there's a hair out of place there, boy.

6128 jordbävning — **earthquake**

nn — Denna dag, som är mer skräckinjagande än ett vulkanutbrott eller en jordbävning och som vållar mycket större ödeläggelse, är nu nära förestående.

That day, more fearsome and destructive than any local volcanic eruption or earthquake, is imminent.

6129 avsedd

adj

intended

I avsnitt 3A001.e.1.b definieras 'sekundärcell' som en 'cell' som är avsedd att laddas genom en extern elektrisk källa.

For the purpose of 3A001.e.1.b., a 'secondary cell' is a 'cell' that is intended to be charged by an external electrical source.

6130 intyga

vb

certify | attest

"National Veterinary Service (NVS) of the Ministry of Agriculture and Forest" är den myndighet i Bulgarien som skall vara behörig att kontrollera och intyga att fiskeriprodukter uppfyller kraven i direktiv 91/493/EEG.

The 'National Veterinary Service (NVS) of the Ministry of Agriculture and Forest' shall be the competent authority in Bulgaria for verifying and certifying compliance of fishery products with the requirements of Directive 91/493/EEC.

6131 assistans

nn

assistance

De kommer inte längre att vägras tillträde och kan räkna med assistans om det behövs.

They will no longer be refused access and will be able to count on assistance, if needed.

6132 häktningsorder

nn

warrant

Tillsammans med den av USA:s kongress nyligen antagna antiterroristlagen som också innehåller långt gående arresteringsmöjligheter samt Europeiska unionens planer (angående häktningsorder, definition av terrorism och förstärkt polissamarbete) är detta en utveckling som är synnerligen farlig.

This development, coupled with the recent anti–terrorist law passed by the US Congress, which also grants extensive detention rights, and plans for the European Union (arrest warrant, definition of terrorism, reinforced police collaboration) is a highly dangerous development.

6133 bröllopsresa

nn

wedding trip

Jag har på mig nattlinnet du köpte på vår bröllopsresa.

I'm wearing the nightgown you bought me for our honeymoon.

6134 garde

nn

guards

Han har också talat om att avant garde–länderna som ligger i täten för integrationen borde kunna gå framåt i snabbare takt än de andra och att de för klarhetens skull borde ha egna institutioner.

He has also said that the countries in the vanguard of integration should be able to proceed faster and that they should have their own institutions, for the sake of clarity.

6135 ovärderlig

adj

invaluable

Den norska hjälpen har spelat en ovärderlig roll i processen.

Norwegian assistance has played an indispensable part in this.

6136 snabbhet

nn

rapidity | swiftness

I sitt svar klagade sökanden på att det av de kopior av de olika betygsrapporterna som tillhandahållits inte i samtliga fall tydligt kunde urskiljas vilket betyg som tilldelats för kriterierna prestationsförmåga och snabbhet vid utförandet av uppgifterna.

In his reply, the applicant complained that the reproductions of the various staff reports supplied did not make it possible in all cases to distinguish clearly the mark attributed to the criteria 'Productivity' and 'Speed in performing tasks'.

6137 trasa

cloth | rag

nn	Det är oacceptabelt att en gruppordförande kallar ordföranden för Europeiska rådet för en "blöt trasa" i kammaren, i stället för att framföra politisk kritik.
	It is unacceptable for a group chair to call the President of the European Council a 'damp rag' in this Parliament, rather than offering political criticism.

6138 inneboende   **inherent; lodger**

adj; nn   I så fall räcker det att bestämma om och i vilken utsträckning ämnet har en inneboende förmåga att framkalla effekten.

In such cases it suffices to determine whether and to which degree the substance has an inherent capacity to cause the effect.

6139 påsk   **Easter**

nn   Vi firade nyss jul. Parlamentet kommer att ha ett uppehåll över påsk, och den viktigaste byggnaden här i Strasbourg är inte en byggnad som den här utan ett medeltida byggnadsverk, en katedral.

We have just celebrated Christmas; this Parliament will stop at Easter; here in Strasbourg the most important building is not a building like this one, but a medieval building, a cathedral.

6140 solljus   **sunlight**

nn   Lagerutrymmet ska ha en relativ luftfuktighet på mindre än 50 % och en temperatur runt 5 °C, och inte vara direkt exponerat för solljus, höga temperaturer eller fukt.

The relative humidity in the warehouse should be lower than 50 % and the temperature around 5 °C, avoiding direct exposure to sunlight, high temperature and moisture.

6141 blekna   **fade|bleach**

vb   För att du får hans drottning att blekna!

Because you'd make his queen look plain!

6142 smärtsam   **painful**

adj   Mika skrev: "På grund av att hon [nationen] har blivit oren sker en förstöring; och förstöringen kommer att vara smärtsam."

Micah wrote: "Because of the fact that [a person] has become unclean, there is a wrecking; and the wrecking work is painful."

6143 skaldjur   **shellfish**

nn   Frusna pajer innehållande fisk eller skaldjur.

Frozen pies containing fish or shellfish.

6144 rimlig   **reasonable|plausible**

adj   Enligt det tredje villkoret som fastställts av domstolen får ersättningen inte överstiga vad som krävs för att täcka hela eller delar av de kostnader som har uppkommit i samband med skyldigheterna att tillhandahålla allmännyttiga tjänster, med hänsyn tagen till de intäkter som därvid har erhållits och till en rimlig vinst på grund av fullgörandet av dessa skyldigheter.

According to the third condition laid down by the Court, the compensation must not exceed what is necessary to cover all or part of the costs incurred in the discharge of the public service obligations, taking into account the relevant receipts and a reasonable profit for discharging those obligations.

6145 bokhandel   **bookstore**

nn   Men i hela länet finns det inget kafé, det finns inget internetcafé, det finns ingen bio, det finns ingen bokhandel.

But in the whole county there is no coffee shop, there's no Internet cafe, there's no movie theater, there's no bookstore.

6146 pussel   **puzzle**

nn   Så den text vi debatterar i kväll är en mycket nödvändig bit i detta pussel.

So the text that we are debating tonight is a very necessary piece of this jigsaw.

6147 forska

vb

research

Friheten att forska skall inte begränsas genom juridiska föreskrifter, utan skall genom dem fastställas slutligt.

Far from being restricted, freedom of research finds its fulfilment under the law.

6148 förutsägbar

adj

predictable

Medlemmarna i högnivågruppen vill därigenom göra lagstiftningen enklare och mer förutsägbar för att undvika att kommissionens olika generaldirektorat vidtar åtgärder med oönskade konsekvenser eller utan samordning.

The High Level Group members thus want to see more readily understandable and predictable rules and to avoid situations in which the various Commission DGs take action where the impact is unclear and where no checks have been made on consistency.

6149 farm

nn

farm

Det finns en farm en bit härifrån... och de kanske har en fin svinstia till er!

There is a farm up the road... and they have a nice pigsty for you!

6150 jogga

vb

jog

Att simma är praktiskt taget lika bra för hjärtat och blodkärlen som att jogga.

It also helps keep your joints flexible, and it can give you virtually all the cardiovascular benefits of jogging.

6151 graviditet

nn

pregnancy

Domstolen tillade att "ett avbrytande av en tillsvidareanställning på grund av arbetstagarens graviditet, antingen det är till följd av ogiltigförklaring eller uppsägning, kan därför inte motiveras med att ett lagstadgat förbud, som är påbjudet på grund av graviditeten, tillfälligt hindrar den anställda från att utföra nattarbete.

It added that termination of a contract for an indefinite period on grounds of the woman's pregnancy, whether by annulment or avoidance, cannot be justified by the fact that she is temporarily prevented, by a statutory prohibition imposed because of pregnancy, from performing night–time work.

6152 halvlek

nn

half

Direktsändningar får inte överskrida 2 minuter per halvlek.

In the case of live transmissions, exploitation may not exceed 2 minutes per half.

6153 impuls

nn

impulse

Om det finns en impuls som bidrar till god forskning så är det den rena nyfikenheten.

If there is any impulse which contributes to good research it is the impulse of pure curiosity.

6154 fond

nn

fund | background

I Jean Louis Cottignys betänkande kallas detta för en fond för anpassning till tillväxten, och för att undvika missförstånd föreslår jag därför att vi återgår till det namn som Europeiska kommissionen använder, det vill säga en europeisk fond för justering av globaliseringseffekter.

Mr Cottigny's report refers to this as a growth adjustment fund, and I propose that, in order to avoid any confusion, we revert to the name used by the European Commission, that is to say a European globalisation adjustment fund.

6155 **förtryck** **oppression**

nn

Delar i egenskap av minister i regeringen ansvaret för regimens brutala förtryck av civilbefolkningen.

As Government Minister shares responsibility for the regime's violent repression against the civilian population.

6156 **plötslig** **sudden**

adj

Tjänster avseende rapportering till bärbara terminaler i nödsituationer såsom brandkatastrofer, gasläckage, plötslig sjukdom, inbrott.

Reporting services to portable terminals in emergencies such as fire disaster, gas leakage, sudden illness, breaking and entering.

6157 **tiger** **tiger**

nn

Och jag var tio när jag sköt min första tiger.

And I was ten when I bagged my first tiger.

6158 **undre** **lower**

adj

SwedishIngen känner igen mig när jag smyger fram likt en skugga i den undre världen.

No one will know it is me... as I glide through the underworld like a shadow.

6159 **debut** **debut**

nn

Jag vill också gratulera vår nya kommissionsledamot till hans debut här i kväll.

I would also like to congratulate our new Commissioner on his debut this evening.

6160 **fusion** **fusion**

nn

Det var först i det angripna beslutet som kommissionen angav att sökanden tillskrevs ansvar för överträdelsen på grundval av bolagets fusion med ex–Caffaro.

The Commission stated for the first time in the contested decision that the applicant's liability for the infringement followed from its merger with the former Caffaro.

6161 **styrman** **mate**

nn

Kapten, din styrman verkade veta en del om den här ön, vad då?

Your first mate seemed to know something about this island. What was it?

6162 **inspektera** **inspect**

vb

Dessa bestämmelser omfattar bland annat en skyldighet för avtalsslutande parter att inspektera samtliga fartyg, en skyldighet för samtliga fartyg att medföra opartiska observatörer och en satellitövervakningsanordning, samt en gemensam ordning för inspektion ute till havs.

Those measures include inter alia an obligation for Contracting Parties to inspect all vessels in fact, an obligation for all vessels to carry on impartial observers and a satellite monitoring device as well as a joint scheme for inspection at sea.

6163 **lättlurad** **sucker; gullible**

nn; adj

Var inte så lättlurad, McFly!

Don't be so gullible, McFly!

6164 **närhelst** **whenever**

conj

Kommittén skall sammanträda närhelst detta är nödvändigt, på begäran av en av parterna, dock minst en gång om året.

The Committee shall meet whenever necessary at the request of one of the Parties and at least once a year.

6165 **uppgradering** **upgrade**

nn	En uppgradering av den roll våra organ spelar vid katastrofinsatser runt om i världen
	An upgrade in the role of our agencies in disaster response throughout the world.

6166 rostig — **rusty**

adj

Och det som först attraherade mig, eller intresserade mig, var denna utsikt från gatan -- som är denna stålstruktur, lite rostig, denna industriella relik.

And what first attracted me, or interested me, was this view from the street -- which is this steel structure, sort of rusty, this industrial relic.

6167 sjal — **shawl**

nn

Du och din röda sjal

That red shawl!

6168 husmor — **housewife**

nn

Jag har ingen aning, husmor.

I have no idea, matron.

6169 aktning — **esteem**

nn

Vår aktning till kommendanten!

Our respects to the Commandant!

6170 måhända — **perhaps**

adv

Trots att det beskrivna förfarandet måhända inte är ett förfarande för ett öppet uttagningsprov i tjänsteföreskrifternas mening, anser rådet att det verkligen är öppet i den mening att det ger möjlighet för en vid krets personer både inom och utom institutionerna, som uppfyller kraven, att ansöka om tjänsterna.

Although the procedure described may not be that of an open competition in the sense of the Staff Regulations, the Council considers that it is genuinely open in the sense of offering an opportunity on a wide basis to persons both within and outside the institutions, who meet the required conditions, to present their candidacy.

6171 väntande — **expectant; expectant**

nn; adj

Varje övergrepp sprider panik bland de väntande och ökar bara hatet.

Each incursion spreads renewed panic amongst the waiting population and revives the hatred.

6172 avse — **concern|mean**

vb

När det gäller upphandling bör skillnaderna främst avse typen av förfarande och de tröskelvärden från vilka varje förfarande ska tillämpas.

As regards procurement, such differences should mainly pertain to types of procedures and thresholds from which they apply.

6173 hårdhänt — **rough**

adj

Undvik onödigt hårdhänt behandling som orsakar blödning.

Very rough handling which causes bleeding should be avoided.

6174 minimal — **minimal**

adj

Kommissionen ifrågasätter om det finns ett direkt orsakssamband mellan sådana intäktsförluster och minskade FoU–investeringar, och anser under alla omständigheter att den minskning som GW hävdar har skett är minimal.

Whilst the Commission disputes any direct causal link between such lost revenue and any reduction in R & D expenditure, it in any event considers that the reductions claimed by GW are minimal.

6175 scout — **scout**

nn

Jag kan inte tänka mig dig som scout.

I can hardly imagine you as a Boy Scout.

6176 **parasit**   **parasite**
nn

I de skandinaviska vattnen finns en annan parasit på lax som kallas gyrodactylus sallaris.
Another parasite called gyrodactylus sallaris is also present in Scandinavian waters.

6177 **fortsatt**   **continued**
adj

Vad gäller det första fallet skall en översyn inledas mot bakgrund av tillräckliga bevis avseende fortsatt dumpning och därav vållad skada, utan att det förutsätts att den fortsatta dumpningen redan har fastställts.
As far as the first situation is concerned, a review should be initiated on the basis of sufficient evidence that dumping and injury are continuing; it is not necessary that continuation be already established.

6178 **kollapsa**   **collapse**
vb

Detta gäller framför allt i storstäder där trafiken många gånger är på väg att kollapsa.
This is particularly true in cities, where in many cases transport is on the brink of collapse.

6179 **furste**   **prince**
nn

Han "spelade furste över Israel i tre år" men dog en för tidig död.
Though he 'played the prince over Israel three years,' he met an untimely death.

6180 **obeväpnad**   **unarmed**
adj

Bra skjutet. Han är obeväpnad.
She is unarmed.

6181 **morgonrock**   **housecoat**
nn

Ta en morgonrock.
Get a robe.

6182 **smink**   **makeup**
nn

Djurförsök används för militära ändamål, smink och läkemedel.
Tests are carried out on animals for military purposes and in the production of cosmetics and medicines.

6183 **skorsten**   **chimney**
nn

För 50–100 år sedan var industrisamhällets symbol en rykande skorsten.
Fifty to a hundred years ago, the symbol of industrial society was a smoking factory chimney.

6184 **kärleksliv**   **love life**
nn

Hur ser en superstjärnas kärleksliv ut?
How is the love life of a superstar?

6185 **behag**   **pleasure|charm**
nn

Oavsett om vi pratar med vänner i församlingen, familjemedlemmar eller människor vi inte känner bör vårt tal alltid vara "fyllt av ljuvt behag, kryddat med salt".
Whether in the company of our brothers, our family, or strangers, we should always let our words "be gracious, seasoned with salt."

6186 **dräpa**   **slay**
vb

Deras söner och deras döttrar skall man dräpa, och deras hus skall man bränna upp i eld.
Their sons and their daughters they will kill, and with fire their houses they will burn.

6187 **omröstning**   **voting**

nn

Det är vad jag betonar i ett ändringsförslag som jag överlämnar för omröstning.

That is what I have emphasized in an amendment which I commend to the House.

6188 bistå   **assist**

vb

Institutets övergripande mål kommer att vara att bidra till och stärka jämställdhet, bistå gemenskapsinstitutionerna i kampen mot könsdiskriminering och att öka EU–medborgarnas medvetenhet om jämställdhetsfrågor.

The overall objectives of the Institute will be to contribute to and reinforce the promotion of gender equality, assist the Community institutions in the fight against discrimination based on sex, and to raise EU citizens' awareness of gender equality issues.

6189 sola   **sun**

vb

Jag ska bara sola.

I tan amazingly.

6190 festa   **party|feast**

vb

Sparka loss och festa till det!

Kick back and party!

6191 etikett   **label|tag**

nn

Ange ny etikett.

Enter new label.

6192 taggtråd   **barbed wire**

nn

Taggtråd av järn eller stål.

Barbed wire, of iron or steel.

6193 anförtro   **entrust**

vb

Den ska anförtros utvecklingen och driften av den centrala delen av systemet, inbegripet de enhetliga gränssnitten i medlemsstaterna.

It shall be entrusted with the development and the operations of the central part of the system including uniform interfaces in the Member States.

6194 olydnad   **disobedience**

nn

Bland dem som tillbad Jehova innebar äktenskap med avgudadyrkare olydnad och var emot familjens intressen.

Among the worshipers of Jehovah, intermarriage with idolaters was disobedience and was against the interests of the family.

6195 ram   **frame**

nn

När en ram länkas ihop med en efterföljande ram så fixeras höjden automatiskt.

The height of a frame that is linked with a subsequent frame is automatically fixed.

6196 toppa   **top|trim**

vb

De nuvarande subventionerna anses i allmänhet som endast ett sätt att toppa jordbrukarnas inkomster.

The existing subsidies are generally regarded as just a way of topping up the income of farmers.

6197 fontän   **fountain**

nn

Fan, du får en fontän på köpet.

I'll even throw in a fountain.

6198 väntrum   **waiting room**

nn   Annan utrustning var avsedd för de väntrum som ECB:s chaufförer använder mellan sina körningar. Enligt sökanden var utrustningen avsedd för att underhålla dem, särskilt vid utdragen väntan kvällstid.
Other equipment was intended for the lounges used by ECB drivers between their driving tasks, to provide them with activities, in particular during long waiting periods in the evenings.

6199 behållare   **container**

nn   Det här är kylskåp som inte kräver någon elektricitet, de är en "behållare i en behållare"–konstruktion.
These are refrigerators that require no electricity; they're pot within a pot design.

6200 begrepp   **concept|notion**

nn   Differentiering är ett centralt begrepp i EU:s grannskapspolitik.
Differentiation is a key notion to the European neighbourhood policy.

6201 banta   **slim**

vb   Det var därför vi stödde bestämmelserna i konstitutionen om att banta kommissionen.
That is why we supported the Constitution's provisions to slim the College down.

6202 romantiker   **romantics**

nn   Bara för att visa att jag är en romantiker och älskar poesi, är det skälen till att jag inte kommer att tveka när det gäller att stödja alla åtgärder och resolutioner till förmån för Kuba, dess folk och dess ursprungliga revolution.
These are the reasons why – just to show that I am a romantic and love poetry – I should have no hesitation in supporting all actions and resolutions in favour of Cuba, its people and its original revolution.

6203 bensinstation   **gas station**

nn   Drift av bensinstationer, speciellt bensinstationer för elfordon.
Service stations, in particular service stations for electric vehicles.

6204 distans   **distance**

nn   Att studera på distans kräver disciplin, men det är helt kanon när det fungerar.
To study from distance requires discipline, but it is great when it works.

6205 skallig   **bald**

adj   Bibeln talar om "skallighet" och om att vara "skallig"; den talar också om att ha "skallig hjässa" "framskallighet" och "skallig panna".
The Bible makes mention of "baldness", "baldness of the crown", and "forehead baldness".

6206 diplomat   **diplomat**

nn   Herr Patten, ni är diplomat, och ni förstår ords betydelse.
Mr Patten, you are a diplomat and you know the meaning of words.

6207 korrekthet   **correctness**

nn   Detta betänkande har tagit politisk korrekthet till en helt ny nivå.
This report has taken political correctness to a whole new level.

6208 rådjur   **deer**

nn   Om det gällde alla växtskyddsmedel skulle vi precis lika gärna kunna lägga in staket i lagstiftningen för att de skyddar mot rådjur.
If all plant protection products were concerned, we could just as easily include fences in the legislation because they offer protection against roe deer.

6209 bestraffning   **punishment**

nn På den tiden trodde man allmänt att syndare måste genomgå en viss tid av bestraffning efter döden.

It was then widely believed that after death, sinners had to undergo punishment for a period of time.

6210 dimension — **dimension**

nn Europa behöver skyddsåtgärder och motivering som är anpassade till dess dimension.

Europe needs protection measures and incentives that are suited to its dimensions.

6211 manifest — **manifest**

nn Slutligen citerar jag ett stycke mot slutet av ordförande Barrosos manifest.

Finally, I quote a paragraph towards the end of President Barroso's manifesto.

6212 singla — **toss**

vb Singla slanten då.

Flip the damn coin

6213 obligation — **bond**

nn Jag anser att man bör överväga att ge ut nya pengar i EU, antingen i form av sedlar eller i form av en europeisk obligation.

I propose that consideration should be given to the question of issuing new money in Europe, either in the form of banknotes or the form of a Eurobond.

6214 busa — **make trouble**

vb Den är energisk och lekfull men kan få all den motion den behöver genom att busa och leka med sina leksaker varje dag.

This dog is energetic and playful, yet it can get all the exercise it needs from daily romps with its toys.

6215 omge — **surround**

vb & kword; kan omge ramar med kanter och du kan ange bakgrundsfärg separat för varje ram, om du vill.

& kword; can surround your frames with borders and you can set the background color of each frame separately if you want.

6216 frustration — **frustration**

nn Herr talman! Jag delar den ilska och frustration som alla de som med rätta kritiserar personer i parlamentet och i rådet känner över att dessa personer försöker förstöra vårt åtagande att skapa ett ambitiöst energi– och klimatpaket.

Mr President, I share the anger and frustration of all those who are rightly criticising people in this Parliament and Council who are trying to destroy our commitments to an ambitious climate and energy package.

6217 experimentera — **experiment**

vb Det är visserligen så att vi inte kan vägra någon möjligheten att kunna experimentera med kärnkraft för civila, och inte militära, ändamål. Men det är inte bara det att president Ahmadinejad inte lämnar några garantier, han lämnar inte en enda garanti, och han får oss faktiskt att frukta det värsta.

It is certainly the case that we cannot refuse anyone the possibility of experimenting with nuclear power for civilian, and not military, purposes, but not only does President Ahmadinejad not provide guarantees, he does not give a single guarantee, in fact he makes us fear the worst.

6218 utland — **foreign land**

nn Grannskapspolitiken är ett annat exempel: vi har ett annat erbjudande till våra grannländer, medan Ryssland ofta fortfarande intar en imperialistisk ståndpunkt mot sitt "nära utland".

Neighbourhood policy is another example: we have a different offer to make to the neighbour countries, whereas Russia often still adopts an imperialistic stance towards its 'near abroad'.

6219 ås — **ridge**

nn

Bortom det fältet, över en ås, är öns hjärta.

Beyond that field, across a ridge, is the heart of the island.

6220 plattform — **platform**

nn

Utformning, utveckling, uppdatering och underhåll av webbplatser och en online–plattform.

Design, development, updating and maintenance of websites and an online platform.

6221 kyrkoherde — **vicar|rector**

nn

När jag kom ut ur fängelset några månader senare tog jag kontakt med vår kyrkoherde och bad att han skulle studera Bibeln med Anita och mig.

When I was released from prison a few months later, I contacted the local vicar and asked him to study the Bible with me and Anita.

6222 snara — **snare|trap; trap**

nn; vb

Kommissionen anser att det är viktigt att Europeiska unionen, genom rådets snara antagande av de föreliggande förslagen, visar sin tydliga vilja att ta upp kampen mot dessa oacceptabla kränkningar av mänskliga rättigheter och mänsklig värdighet genom att anta ett gemensamt synsätt inom straffrätten och inleda ett utvidgat samarbete mellan myndigheter med ansvar för brottsbekämpning.

The Commission considers that it is important that the European Union should, through swift adoption of the present proposals by the Council, demonstrate clearly its will to take on the fight against these unacceptable violations of human rights and human dignity by providing a common approach on criminal law and a further developed law enforcement and judicial co–operation.

6223 ridande — **riding**

adj

Han är rättfärdig, ja räddad – ödmjuk och ridande på en åsna, ja på ett fullvuxet djur, en åsninnas föl."

He is righteous, yes, saved; humble, and riding upon an ass, even upon a full–grown animal the son of a she–ass."

6224 himmelsk — **heavenly**

adj

I själva verket är ju redan Vatikanen ett himmelskt flygledarcenter, ett spirituellt flygledarcenter.

Actually, the Vatican is already is a sort of heavenly air traffic control centre - a spiritual one.

6225 ansöka — **apply for**

vb

Om to apply står kvar säger man att Turkiet har rätt att ansöka om medlemskap.

If "to apply" remains, then it is saying that Turkey has the right to apply for membership.

6226 osäkerhet — **uncertainty|insecurity**

nn

Som ni vet omges detta instrument av en hel del osäkerhet.

As you know, a great deal of uncertainty surrounds this instrument.

6227 svägerska — **sister-in-law**

nn

För omkring tio år sedan bjöd min svägerska, som är gift med min tvillingbror, hem mig över helgen.

About ten years ago, my sister–in–law, married to my twin brother, invited me to their home for the weekend.

6228 överklaga

vb

appeal against

Vi vill ändra " kan överklaga " till " insistera på att ett överklagande görs ".

We want to turn 'can make an appeal ' into 'insist that an appeal is made '.

6229 hemmafru

nn

housewife

Noura al Hashlamoun är en 36–årig hemmafru med sex barn.

Noura al Hashlamoun is a 36–year–old housewife and the mother of six children.

6230 hemväg

nn

way home

Redan under romartiden drabbades Europa av en pestepidemi. Vid nästa tillfälle, under åren 134748, spreds sjukdomen i hela Medelhavsområdet; även Nordeuropa och Nordafrika drabbades. Smittvägen var genom genuesiska fartyg på hemväg från Svarta havet och genom den snabba förflyttningen av Mongolkejsardömets arméer. Ryttarnas hästar och sadelväskor bar på loppor som förde med sig sjukdomsbakterierna från fjärran orter där pesten hade sitt ursprung.

In Roman times the plague was spread throughout Europe and from 1 347 to 1 348 swept through the whole of the Mediterranean area, including Europe and north Africa via Genovese ships returning from the Black Sea and due to the rapid movements of troops of the Mongol Empire, which spread the plague bacterium, through rat fleas on the horses and backpacks of soldiers coming from areas far away where the plague was endemic.

6231 nattetid

adv; nn

at night; nighttime

Dessa värden liksom deras identifiering ska vara tydligt läsbara i dagsljus och nattetid.

These values as well as their identification shall be clearly readable under daylight and night conditions.

6232 smeka

vb

caress

Var ska jag smeka Amber?

Where should I touch Amber?

6233 ogärna

adv

unwillingly

Domstolen i första instans påpekade att den ogärna fattade detta beslut, eftersom det innebar att den berörde helt saknade möjligheter att vidta rättsliga åtgärder.

It stated that it reached that decision with some regret, since it left Ms Coote without a remedy.

6234 rus

nn

intoxication

Det är ett satans rus!

That is the fucking buzz!

6235 självständighet

nn

autonomy

Strategin för jämställdhet för 2010–2015 (5) innehåller åtgärder för att kombinera arbete och familjeliv som ett sätt att uppnå ekonomisk självständighet i lika stor utsträckning för kvinnor och män.

The strategy for equality between women and men, covering the period 2010–2015 (5), includes measures for reconciliation between work and family life as a means of achieving equal economic independence for women and men.

6236 utöka

vb

enlarge

För att få klarhet i detta ärende har kommissionen beslutat att när det gäller det nya stödet utöka sitt undersökningsförfarande enligt artikel 88.2 i EG–fördraget.

To clarify this issues, the Commission has decided to extend its investigation procedure laid down in Article 88(2) of the EC Treaty with respect to the new aid.

6237 närbild　　　　**close-up**

nn　　　　Kubmanetens tentakler i närbild.

　　　　A close–up view of jellyfish tentacles.

6238 matematiker　　　　**mathematician**

nn　　　　Det lades fram av Sverige och uppfanns av en brittisk matematiker.

　　　　It was presented by Sweden, and invented by a British mathematician.

6239 bröstkorg　　　　**chest**

nn　　　　Jag vet att allting är sammankopplat, och att ärret som löper nedför min bröstkorg är märken efter jordbävningen.

　　　　I know that everything is connected, and the scar that runs the length of my torso is the markings of the earthquake.

6240 sluten　　　　**closed | sealed**

adj　　　　Huruvida inträde i en sluten fastighetsfond som bildats i form av ett enkelt bolag omfattas av tillämpningsområdet för direktiv 85/577

　　　　Does entry into a closed–end real property fund established in the form of a civil–law partnership fall within the scope of Directive 85/577?

6241 envishet　　　　**stubbornness**

nn　　　　Vårt arbete under den närmaste tiden måste präglas av uthållighet och envishet.

　　　　Our work in the immediate future must be characterised principally by persistence and insistence.

6242 avge　　　　**give | emit**

vb　　　　Kandidaterna ska bekräfta att de är beredda att avge en försäkran om att agera oberoende för det allmännas bästa och är beredda att redovisa eventuella intressen som skulle kunna inverka negativt på deras oberoende.

　　　　Candidates are required to confirm their willingness to make a declaration of their commitment to act independently in the public interest and a declaration of any interests which might be considered prejudicial to their independence.

6243 boning　　　　**abode**

nn　　　　Guds himmelska boning hade alltså blivit smord eller avskild som "det allra heligaste" i den stora andliga tempelanordning som blev till när Jesus smordes med helig ande år 29.

　　　　So God's heavenly abode had indeed been anointed, or set apart, as "the Holy of Holies" in the great spiritual temple arrangement that came into being at the time of Jesus' being anointed with holy spirit in 29 C.E.

6244 gurka　　　　**cucumber**

nn　　　　Låt oss inte återgå till gamla tiders överreglering, när vi bestämde hur en gurka skulle vara böjd.

　　　　Let us not go back to the days of overregulation, when we determined what the curve of a cucumber should be.

6245 försvarsminister　　　　**minister of defense**

nn　　　　Före detta så kallad försvarsminister och för närvarande så kallat överhuvud för "Folkrepubliken Lugansk".

　　　　Former so–called 'Defence Minister' and currently so–called 'Head' of the 'Lugansk People's Republic'.

6246 indier　　　　**Indian**

nn　　　　Maurice var etnisk indier men hade inte blivit deporterad tillsammans med de övriga indierna i landet.

An ethnic Indian, Maurice had not been deported with the Indian population.

6247 bestiga
vb

climb | ascend

Ratificeringen är ett berg som vi fortfarande måste bestiga.

Ratification is a mountain still to climb.

6248 däggdjur
nn

mammal

T : står för testosteron, en av de två viktigaste androgenerna hos däggdjur.

T stands for testosterone, one of the two most important androgens in mammalian systems.

6249 utbränd
adj

burned out

Lördagen den 20 september fick en självmordsbombare en lastbil att explodera framför hotell Marriott i hjärtat av den pakistanska huvudstaden, förvandlade hotellet till en utbränd ruin och dödade åtminstone 60 människor.

On Saturday 20 September a suicide bomber caused a lorry to explode in front of the Marriott Hotel in the heart of the Pakistani capital, reducing it to a burned–out ruin and killing at least 60 people.

6250 bakslag
nn

setback | rebound

Slutresultatet kommer att bli ännu ett bakslag för godstransporter på vägarna, som i dagsläget är det enda sättet att se till att den inre marknaden fungerar.

The ultimate result will be yet another setback for road freight transport, which, the way things stand today, is the only means enabling the operation of the Internal Market.

6251 hacker
nn

hacker

Ingen hacker kan bryta sig in och ändra din röst, eftersom den då inte kommer matcha ditt kvitto.

No hacker can break in and change your vote, because then it won't match your receipt.

6252 drickande
nn

drinking

Det finns säkert många kolleger här som känner till följderna av omåttligt drickande.

Certainly many colleagues here will know the consequences of drinking to excess.

6253 fjärdedel
nn

quarter

Följande ändringsförslag som fått mer än en fjärdedel av de avgivna rösterna avslogs under debatten.arbetsordningen

The following amendments, which received at least a quarter of the votes cast, were rejected in the course of the debate.

6254 angelägenhet
nn

concern | affair

Frågan kan inte betraktas som en inre angelägenhet mellan Polen och Vitryssland.

This issue cannot be considered a Polish–Belarusian internal affair.

6255 påhittad
adj

made-up

De kan också ha berättat en historia som du sedan förstod var påhittad.

Or perhaps they told you some fanciful tales that you later found to be false.

6256 bearbeta
vb

process | tool

Bearbeta eller låta bearbeta det inköpta skummjölkspulvret till foderblandningar eller denaturerat skummjölkspulver inom sextio dagar efter den dag som enligt artikel 27.2 är sista dag för inlämnande av anbud till den särskilda anbudsinfordran.

To process the skimmed–milk powder or have it processed into compound feedingstuffs or denatured skimmed–milk powder within 60 days of the closing date for the submission of tenders in response to each individual tendering round as specified in Article 27.

6257	**okänslig**	**insensitive**

adj

Hans arbete tjänar som ett kraftfullt skydd, därför att utan en effektiv ombudsman skulle de enskilda medborgarna lätt kunna bli hjälplösa offer för dålig förvaltning inom en stark och ibland okänslig europeisk byråkrati.
His work acts as a vital safeguard, because without an effective Ombudsman the individual citizen could easily be the helpless victim of maladministration by a powerful and sometimes out–of–touch European bureaucracy.

6258 **hyresvärd** **landlord**

nn

Det skulle kunna ha tillfredsställt alla i teorin, men det tillfredsställde inte hyresvärden.
That might have satisfied everybody in theory, but it did not satisfy the landlord.

6259 **kompensation** **compensation**

nn

Kommissionen anser att en höjning av denna kompensation till 25 procent kan försvaras.
The Commission considers that we are justified in raising the compensation amount to 25 %.

6260 **hemlängtan** **homesickness**

nn

Kommer jag att kunna bekämpa hemlängtan?
Will I be able to combat homesickness?

6261 **diplom** **diploma**

nn

Vi behöver ett utbildningssystem som utan problem anpassas till en blixtsnabb utveckling i det moderna samhället.
We need an education system that can easily adapt to rapid developments in modern society.

6262 **bakhuvud** **back of head**

nn

Sätter en kula vårt bakhuvud?
Put one in the back of our fuckin ' heads?

6263 **alltmer** **increasingly**

adv

Som kommissionen mycket riktigt konstaterar påverkas metallindustrins konkurrenskraft av svängningar, t.ex. den snabba ökning av gas– och elpriserna som skett på sistone, samt av de alltmer begränsade möjligheterna att säkra långsiktiga leverantörsavtal.
As the Commission rightly states, fluctuations such as the recent rapid increase in gas and electricity prices and restrictions in securing long–term supply contracts are affecting the competitiveness of the EU metals industry.

6264 **runtom** **all about; around**

adv; prp

Mynten har getts en visuell utformning och struktur som underlättar för de behöriga myndigheterna att skilja dem från förfalskningar, och som även gör dem lätt identifierbara i myntautomater runtom i euroområdet oavsett var mynten ursprungligen präglats.
Euro coins have visual characteristics and metal–structure features that will allow the competent authorities to detect counterfeits effectively; they also display the safest characteristics for recognition by coin–operated machines throughout the euro area, irrespective of the origin of the coins.

6265 **sekel** **century**

nn

Osten kommer från alpterritorierna men kunskapen bland de osttillverkande herdarna ("margari"), som i slutet av sommaren vandrade ner till dalgångarna, har i mer än ett sekel kunnat spridas i slättlandsområdena, tack vare ostens inneboende höga näringsvärde och kulturella värde.

Thanks to the cheese–making know–how of the mountain farmers who came down into the valleys at the end of summer, for over a century this cheese, in spite of its origins in the alpine area, has become well known also in the plains for its high nutritional and cultural value.

6266 bortgång **disease | death**

nn

De föreslagna förordningarna syftar till att hjälpa internationella par som försöker lösa förmögenhetsfrågor i samband med äktenskapsskillnad, hemskillnad eller bortgång att identifiera tillämplig lag och behörig domstol.

The proposed Regulations aim to help international couples trying to settle property–related issues in the event of divorce, legal separation or death to identify the applicable law and the responsible court.

6267 hejdå **arrest**

vb

Räddningspaketen kunde bara hejda den nedåtgående spiralen på kort sikt.

The rescue packages were only able to arrest the downward spiral in the short term.

6268 frö **seed**

nn

Frö– och jordförbättringsmedel för användning inom jordbruk och trädgårdsodling.

Seed and soil inoculants for use in agriculture and horticulture.

6269 varsam **cautious**

adj

Fortsätta att föra en varsam stabilitetsinriktad makroekonomisk politik, inbegripet utveckling av marknadsbaserade penningpolitiska instrument för att göra penningpolitiken mera effektiv.

* Sustain prudent, stability–oriented macro–economic policies, including the development of market–based monetary instruments to enhance the effectiveness of monetary policy.

6270 majoritet **majority**

nn

Styrelsen ska fatta sina beslut om utnämning eller avsättande med fyra femtedels majoritet av alla ledamöter som har rösträtt.

The Administrative Board shall take its decisions on appointment or dismissal by a four–fifths majority of all members with the right to vote.

6271 beträffa **regard**

vb

Vad beträffa jämförbar statistik kommer centrumet att fortsätta sitt samarbete med Eurostat inom ramen för gemenskapens statistikprogram.

With respect to comparable statistics, the EMCDDA will continue co–operation with Eurostat in the framework of the Community statistical programme.

6272 pensionat **pension**

nn

Hans mor driver ett pensionat här.

His mother runs a boarding house in town.

6273 elegans **elegance**

nn

Betänkande von Wogau understryker denna högtidlighet med elegans och enkelhet.

And the von Wogau report underlines that solemnity with elegance and simplicity.

6274 avta **decrease | lower**

vb

De demografiska effekterna av de höga födelsetalen efter andra världskriget kommer att börja avta omkring 2030, men förväntas inte försvinna förrän i mitten av århundradet.

The demographic effect of the post–war baby boom will start decreasing at around 2030 and is expected to disappear not earlier than the middle of the century.

6275 tång — seaweed
nn
De plockade tång och utvann kemikalier.
They gathered seaweed and extracted the chemicals.

6276 tillvägagångssätt — course of action
nn
Det följer av detta tillvägagångssätt – som innebär att den utveckling i vilken rättigheterna inskränks beror på hur effektiva åtgärderna är – att åtgärderna kan anses proportionerliga.
It follows from that approach, which is based on the progressive impairment of rights according to the effectiveness of the measures, that the proportionality of those measures is established.

6277 vänligen — kindly; sincerely
adj; int
Vänligen avbryt inte sammanträdet med sådana frågor.
Kindly do not interrupt the session with such points.

6278 belysning — lighting|illumination
nn
Också vad gäller Eurodac bör avtalet ställas under kritisk belysning.
The agreement also attracts criticism with regard to EURODAC.

6279 deltagande — participation; participant
nn; adj
Omfattar exempelvis fördraget inte ett deltagande av arbetsmarknadens parter?
For instance, does the Treaty not include participation of the social partners?

6280 gödsel — manure
nn
När man tänker på alternativen, så är gödsel ganska uppfriskande.
When you consider the other choices, " manure " is actually pretty refreshing.

6281 nicka — nod
vb
Rådet skulle bara behöva lägga fram en text, fyra ledamöter i kammaren skulle nicka bifall, och hela kammaren kunde rösta för den, eftersom det inte vore möjligt att inrikta sig på dess faktiska innehåll.
The Council would just have to present a text, four Members of this House would nod it through, and the whole House would vote for it, because it would not be possible to address its actual content.

6282 mållös — speechless|goalless
adj
Inte en till mållös oavgjord match!
Not another goalless draw!

6283 finansiell — financial
adj
Finansiell situation – uppskattning för 2006 och 2007, exklusive Stabex och det särskilda kontot för Demokratiska republiken Kongo(*) (i miljoner euro).
Financial situation estimated for 2006 and 2007 – not including Stabex and the DR Congo special account(*) (€ million).

6284 drönare — drone
nn
Den förväntade utvecklingen av den civila användningen av drönare kommer att leda till viktiga förändringar.
The expected changes in the civilian use of drones will lead to significant developments.

6285 bulle — bun
nn
Låg inte bullarna ner?
Weren't the buns flat?

6286 återstående — remaining
adj
Med tanke på den inre marknadens nyckelroll för att främja hållbar tillväxt och skapa nya arbetstillfällen föreslår kommissionen att den europeiska

planeringsterminen utnyttjas för att övervaka den inre marknadens funktion, skapa ett ökat inbördes tryck på stats– och regeringschefsnivå och lägga fram åtgärder som motverkar återstående hinder både på europeisk och nationell nivå.

Given the key role the Single Market plays in boosting sustainable growth and creating jobs, the Commission proposes to make use of the European semester process to monitor the functioning of the Single Market, develop enhanced peer pressure at the level of Heads of State or Government and present actions to fight remaining obstacles, at both European and national level.

6287 skadestånd
nn
damages
Det är bättre att varna nu än att ställas inför ett antal skadestånd om tio år.
Better to warn people now than face a whole lot of damage claims in ten years' time.

6288 brevlåda
nn
mailbox
Denna e–brevlåda sköts av generaldirektoratet för kommunikation.
This mailbox is managed by Directorate General Communication.

6289 hull
nn
flesh
Mjukt hull för hårdvaluta.
Soft flesh for hard cash.

6290 väljare
nn
voter|constituent
Herr Ó Neachtain, jag sänder varma hälsningar till era nära vänner och väljare.
Mr Ó Neachtain, I send my warm regards to your close friends and voters.

6291 möda
nn
trouble
Jag vill uppmana dem som utövar ansvar i parlamentet att lägga ned långt större möda på informationspolitiken än de har haft för vana att göra hittills.
I wish to call on those who exercise responsibility in it to put far greater effort into information policy than they have been wont to do so far.

6292 saliv
nn
saliva
Sjukdomen smittar på oral–fekal väg eller genom kontakt med saliv.
Transmission occurs via the oral–faecal route or contact with saliva.

6293 ansökning
nn
application
I det senare fallet skall sökanden dessutom underrättas om grunderna för det avsedda avslaget, om att han inom en månad kan ge in en bekräftande ansökning med begäran om omprövning av det avsedda ställningstagandet och om att han i annat fall skall anses ha återkallat sin ursprungliga ansökning.
In the latter case, the applicant shall also be informed of the reasons for this intention and that he has one month to make a confirmatory application for that position to be reconsidered, failing which he will be deemed to have withdrawn his original application.

6294 expertis
nn
expertise
Europeiska ekonomiska samarbetsområdet är världsberömt för sin tekniska expertis.
The European Economic Area is world renowned for its technological expertise.

6295 lyxig
adj
luxurious
(Skratt) Såhär ska man tolka det: Här sitter ett par vid havet, på en lyxig strandtomt.
(Laughter) But here's what you're supposed to be thinking" Here is a couple at the seaside, on a luxurious beach pavillion"

6296 **ödelägga**   **devastate**

vb   De flickor jag vill ödelägga, verkar bara vilja gå till kvinnliga läkare.

The girls I want to ravage.. It seems they only want to go to female physicians.

6297 **lossna**   **loose|resolve**

vb   Vad är det som får statsministern och regeringen att tro att det skulle lossna just nu?

What makes the Prime Minister and the Government think that it could be resolved at this present time?

6298 **begränsning**   **limitation**

nn   När det gäller försäljningen av enskilda biljetter innebar CFO:s uppträdande inte någon begränsning av marknaden eftersom var och en av de tre försäljningskanalerna vid olika tillfällen bjöd ut biljetter till allmänheten i hela EES.

In relation to sales of individual tickets, the CFO's conduct did not limit the market. since tickets were offered to the general public throughout the EEA at various times by each of the three distribution channels;

6299 **soptunna**   **dust-bin**

nn   Dessutom kommer mitt parti att fortsätta kampen mot att Skottland blir en soptunna för kärnavfall.

Furthermore, my party will continue to fight against Scotland becoming a nuclear dustbin.

6300 **sammanhang**   **context|connection**

nn   I detta sammanhang stöder kommissionen fullt ut varje initiativ att ta itu med frågan i flera berörda internationella forum, framförallt UNHCR:s verkställande kommitté och de globala samråden (som inrättats av UNHCR i samband med 50–årsjubiléet av flyktingkonventionen).

Within this context the Commission fully supports every initiative to address the issue within the framework of several relevant international fora, in particular the UNHCR's Executive Committee as well as the so–called Global Consultations (set up by UNHCR, in the context of the 50th anniversary of the Refugee Convention).

6301 **inkompetent**   **incompetent**

adj   Annars vore ni inkompetent.

Because you'd be incompetent if it isn't.

6302 **ösa**   **scoop|pour**

vb   Kommittén erinrar om att problem med rörlighet i städer, framför allt trafikstockningar, drabbar många stadsområden i Europa och att lösningen inte bara är att bygga bättre infrastruktur eller ösa in mer pengar i offentliga transportföretag.

The Comittee notes that urban mobility problems, mainly congestion, plague many urban areas in Europe and that the solution cannot be reached just by building better infrastructure or pouring more money into public transport companies.

6303 **förhandlare**   **negotiator**

nn   Cairnsgruppen, där 17 länder tidigare ingick, har 17 förhandlare.

The Cairns Group, which used to have 17 countries, had 17 negotiators.

6304 **fängslad**   **captive**

adj   De två år som Paulus satt fängslad i Caesarea gav troligen Lukas möjlighet att göra efterforskningar för sin evangelieskildring.

The two years that Paul spent imprisoned in Caesarea likely afforded Luke opportunity to do research for his Gospel account.

6305 kosmos — **cosmos**

nn

Journal över doser av strålning från kosmos och solen // Till 12 månader efter det besättningsmedlemmen lämnat anställningen hos operatören.

Records on cosmic and solar radiation dosage // Until 12 months after the crew member has left the employ of the operator.

6306 specialstyrka — **task force**

nn

En del av våra män kommer från polisens specialstyrka.

Some of our men are ex– special forces officers.

6307 belastning — **load | encumbrance**

nn

Ett sådant land utgör ingen belastning på euroområdet.

Such a country would not put any strain on the eurozone.

6308 slutspel — **endgame**

nn

Förstainstansrätten undersökte därefter kommissionens argument, enligt vilket endast de programföretag som är etablerade i Förenade kungariket har intresse av att köpa rättigheterna att sända FIFA:s VM-slutspel av Infront.

The Court of First Instance then considered the Commission's argument that only television broadcasters established in the United Kingdom would be interested in purchasing from Infront the rights to broadcast the FIFA World Cup finals.

6309 faxa — **fax**

vb

Om satellitövervakaren på fiskefartyget råkar ut för ett tekniskt problem eller en störning, skall fartygets befälhavare i god till faxa eller e–posta den information som anges i punkt 4 till fiskeövervakningscentret i den berörda flaggstaten.

In the event of a technical problem or malfunction of the satellite monitoring device installed on board the fishing vessel, the master of that vessel shall communicate in good time by fax or e‑mail to the FMC of the flag State concerned the information specified in item 4.

6310 organism — **organism**

nn

I ekosystem så blir avfallet från en organism näringskällan för en annan organism inom samma system.

In ecosystems, the waste from one organism becomes the nutrient for something else in that system.

6311 plommon — **plum**

nn

Som exempel vill jag nämna vårfrosten i Polen som påverkade 70 procent av blomningen för vinbär, plommon, päron och sötkörsbär.

By way of example I could refer to the spring frosts in Poland which affected 70% of currant, plum, pear and sweet cherry blossom.

6312 fyllo — **drunk**

nn

Han kallade pappa lögnare och fyllo!

This guy just called Pa a liar and a drunk!

6313 stigande — **rising; rise**

adj; nn

Om Doha–rundan inte avslutas är den multilaterala vägen allvarligt hotad, i synnerhet i det läge av global osäkerhet som vi nu upplever, och innan Doha–rundan avslutas går det inte att ta itu med andra frågor på den globala agendan som klimatförändringar och stigande livsmedelspriser.

If the Doha Round is not concluded, the multilateral approach is at serious risk, especially in a situation of global uncertainty such as we are experiencing, that until the Doha Round is concluded, the other matters on the global agenda such as climate change and the rising price of food cannot be tackled.

6314 njure — **kidney**

nn	De cirka 60 000 patienter i Europa som väntar på ett hjärta, lungor, en lever eller en njure har väntat på denna lag i flera år.
	In Europe, some 60 000 patients awaiting a heart, lung, liver or kidney have been waiting for this law for years.

6315 nyfödd — **new-born; neonate**

adj; nn

Mig kallade de Pastorn, eftersom jag som nyfödd påminde om en präst i staden.

They called me Pastor because at birth I resembled the local clergyman.

6316 rövare — **robber**

nn

"En viss man var på väg ner från Jerusalem till Jeriko och råkade in bland rövare, som slet av honom kläderna och dessutom gav honom flera slag, varpå de gav sig av och lät honom ligga halvdöd.

"A certain man was going down from Jerusalem to Jericho and fell among robbers, who both stripped him and inflicted blows, and went off, leaving him half–dead.

6317 hundratusentals — **hundreds of thousands**

num

Den gemensamma församlingen oroar sig för ödet för hundratusentals flyktingar och tvångsförflyttade personer som fortfarande befinner sig i östra Zaire och som hotas av striderna, undernäring och de sjukdomar som fortsätter att härja.

Fearing for the fate of the hundreds of thousands of refugees and displaced persons still present in Eastern Zaire, who are threatened by the ongoing fighting, malnutrition and disease.

6318 herrgård — **mansion**

nn

Fursten berövade modern huset och vingården, och fick oss att komma till sin herrgård som tjänare.

The Prince had appropriated our house and vineyard, and had my mother and me driven to his estate to be his servants.

6319 antagande — **adoption**

nn

Kommissionen ska i form av mellanliggande betalningar återbetala 90 % av det belopp som blir resultatet när medfinansieringssatsen i enlighet med beslutet om antagande av det operativa programmet tillämpas på de stödgrundande offentliga utgifter som ingår i betalningsansökan.

The Commission shall reimburse as interim payments 90% of the amount resulting from applying the co–financing rate laid down in the decision adopting the operational programme corresponding to the public eligible expenditure included in the payment application.

6320 underhållare — **entertainer**

nn

Direktanslutna tidskrifter, Nämligen,Bloggar med information om en underhållare, aktris och dansös.

Online journals, namely, blogs featuring information on an entertainer, actress and dancer.

6321 oäkta — **fake|imitation**

adj

När du går längre ned mot botten, vad du kan se, på denna är oäkta falska negativa, och här borta på denna sida, oäkta falska positiva.

Then as you go further down at the bottom, what you can see is, over on this side, the spurious false negatives, and over on this side, the spurious false positives.

6322 splittra — **split; splinter**

vb; nn

Skulle denna lag börja tillämpas kommer den att splittra nära 3 familjer.

The fulfilment of this law will split nearly 3 families.

6323 vattenfall — **waterfall**

nn	Du sa att dina drömmar handlade om vattenfall och tunnlar.
	You once told me your dreams of waterfalls and tunnels.

6324 okunnighet **ignorance**

nn Vad gäller ändringsförslag 3 kommer jag, även om jag inte motsätter mig det i sak (i detta ändringsförslag krävs en grönbok om analfabetism och okunnighet om siffror) att uppmana er att rösta emot eftersom jag anser att det är uppenbart att frågan om siffror omfattas av uttrycket " grönbok om analfabetism " .

As for Amendment No 3, even though I am not against it in principle – the amendment requesting a Green Paper on illiteracy and mathematical illiteracy – I call for a vote against it because I think that, in the wording "Green Paper on Illiteracy" , the problem of mathematical illiteracy is obviously included.

6325 shoppa **shop**

vb I morgon ska jag gå och shoppa.

Tomorrow I am going shopping.

6326 människoliv **human life**

nn Anordnande av tävlingar, tillställningar för främjande och tillkännagivande av verksamheter och behov av idellea sammanslutningar för vård och räddning av människoliv.

Organising competitions and events to promote and publicise the activities and needs of non–profit associations involved in particular in caring for, and saving, human lives.

6327 minimum **minimum**

nn Låt oss förvissa oss om att det då förekommer ett minimum av pedanteri och byråkrati.

Let us make sure that there is a minimum of red tape and a minimum of bureaucracy.

6328 lass **load**

nn I fallet Indonesien var det inte möjligt att använda den centrala finansieringsmekanismen och trots att man tack vare medlemsstaternas samarbete och goda vilja kom på en lösning, innebar detta att EU:s valenhet i Jakarta fick bära ett tyngre lass.

In the case of Indonesia it was not possible to use the central funding mechanism and although a solution was found through the co–operation and goodwill of Member States this involved a much greater burden on the EU Electoral Unit in Jakarta.

6329 yngling **youth**

nn En 19–årig yngling i London, Andrew Symeou står inför utlämning till Grekland på grund av dråpanklagelser.

A 19–year–old man in London, Andrew Symeou, faces extradition to Greece on a manslaughter charge.

6330 oanständig **indecent|obscene**

adj Det var som sexualundervisning, förutom extremt oanständig!

It was like sex ed, except awesomely foul– mouthed!

6331 mineralvatten **mineral water**

nn Mineralvatten och kolsyrat vatten.

Mineral and carbonated waters.

6332 klen **frail|feeble**

adj Från och med nu kommer de omöjligt att klara sig med en sådan klen budget som den vi har erbjudits.

From now on they will be unable to make do with such a feeble budget as the one we are being offered.

| 6333 | **bowling** | **bowling** |
| | *nn* | Artiklar och utrustning för biljard, bowling, kasinospel och spel som aktiveras med mynt eller sedlar. |

Articles and equipment for billiard, automatic bowling, casino games and games operated by coins or banknotes.

| 6334 | **ilsken** | **irate\|fierce** |
| | *adj* | Vid ett tillfälle kom José och hans kamrat till en gård där en kvinna med en ilsken vakthund mötte dem. |

On one occasion, José and his companion approached a ranch where a woman with an aggressive guard dog met them.

| 6335 | **bastu** | **sauna** |
| | *nn* | Bastu– och badanläggningar, duschar och duschkabiner. |

Sauna and bath plumbing fixtures, showers and shower cubicles.

| 6336 | **namnge** | **name** |
| | *vb* | Byrån ska i god tid före inspektionen informera den berörda medlemsstaten om inspektionen och namnge de bemyndigade tjänstemännen. |

In good time before the inspection, the Agency shall inform the Member State concerned of the inspection and of the identity of the authorised officials.

| 6337 | **föraning** | **premonition** |
| | *nn* | Men du säjer att du har en föraning? |

But you tell me you've got a feeling?

| 6338 | **omslag** | **cover\|wrapping** |
| | *nn* | Efter detta beslut ingav kommissionen den 11 november 1994, bland annat, den franska språkversionen av beslutet, vars omslag var försett med en odaterad bestyrkandefras underskriven av kommissionens ordförande och dess generalsekreterare. |

Following that order the Commission produced on 11 November 1994 inter alia the text of the decision in French whose covering page bears an undated form of authentication signed by the President and the Executive Secretary of the Commission.

| 6339 | **klanta** | **screw up** |
| | *vb* | De menar inte att klanta sig! |

They don't mean to screw up!

| 6340 | **dialog** | **dialogue** |
| | *nn* | Det viktiga är att föra en öppen dialog och en dialog om varje enskild fråga. |

The important thing is to have a frank dialogue and a dialogue on every question.

| 6341 | **olämplig** | **inappropriate** |
| | *adj* | Lagenligheten av en åtgärd som vidtas på detta område kan därför bara påverkas om åtgärden är uppenbart olämplig med avseende på det mål som den behöriga institutionen söker uppnå. |

Consequently, the legality of a measure adopted in that sphere can be affected only if the measure is manifestly inappropriate having regard to the objective which the competent institution is seeking to pursue

| 6342 | **härkomst** | **origin** |
| | *nn* | Den 30 oktober är en minnesdag för miljoner som fick sina liv ödelagda, för alla dem som avrättades utan rättegång eller bara försvann, för alla dem som förvisades och sändes till koncentrationsläger, som berövades sina medborgerliga rättigheter för att de hade 'fel' sysselsättning eller 'opassande social härkomst'. |

[This memorial is for the] millions of ruined lives–for people executed without trial or record; for people exiled and sent to concentration camps, deprived of civil rights for having the 'wrong' occupation or the 'improper social origins.'

6343 administration   **administration**

nn

Det föreskrivs även att fördelningen av resurser ska regleras i ett protokoll upprättat av de olika fackföreningarna och yrkessammanslutningarna, vilket även måste undertecknas av generaldirektoratet Personal och administration.

It was also envisaged that the allocation of resources would be regulated by a protocol between the trade unions and staff associations, co-signed by the Directorate–General (DG) for Personnel and Administration.

6344 ögonvittne   **eyewitness**

nn

Ett ögonvittne säger att han såg en muslimsk granne vid namn Ahmed Khalifa ta flickan.

An eyewitness said he saw a Muslim neighbor named Ahmed Khalifa seize the girl.

6345 skruvmejsel   **screwdriver**

nn

En skruvmejsel, tack?

May I have a screwdriver, please?

6346 frodas   **thrive|prosper**

vb

Att få tillgång till finansiering på mellan 1 och 10 miljoner pund är avgörande för att många små verksamheter skall kunna överleva och frodas.

The provision of funding between GBP 1 and GBP 10 million is essential for many small businesses to survive and prosper.

6347 retur   **return**

nn

Om du vill använda posten från tips-hjälpen i dokumentet, så trycker du på Retur.

To accept the Help tip suggestion, press the Return key.

6348 avdrag   **deduction**

nn

Institutionerna måste kunna hantera denna situation och leverantörerna bör få göra avdrag för sina tjänster.

Institutions should manage this situation and suppliers should deduct their services.

6349 trolldom   **witchcraft**

nn

Kora Leke använde trolldom och örter för att bota sjuka.

Kora Leke used sorcery and herbal remedies to cure the sick.

6350 bevilja   **grant|allow**

vb

Europaparlamentet betonar att detta års beslut att bevilja ansvarsfrihet inte kan tas med i beräkningen när man beslutar om ansvarsfrihet under kommande år, om inte rådet gör en allvarlig uppryckning inom de områden som ger anledning till oro, vilka nämns i punkt 1 i parlamentets resolution av den 3 november.

Stresses that this year's granting of discharge cannot be taken into account for granting of discharge in the years to come unless the Council makes considerable progress in the areas of concern referred to in paragraph 1 of Parliament's resolution of 3 November.

6351 kval   **pangs|anguish**

nn

Jag har på nära håll sett vilka kval som fysiska, psykiska och sexuella övergrepp kan orsaka och hur sårbara offren blir.

I have seen at first hand the distress that physical, psychological and sexual abuse can cause and the state of vulnerability of its victims.

6352 rimma   **rhyme**

vb	Kommissionen är klart medveten om varvsindustrins betydelse för Europa, liksom om den betydelse man inom varvsindustrin tillmäter rättvisa konkurrensvillkor inom Europa, något som skulle rimma illa med ett okontrollerat system för statligt stöd till varvsindustrin.
	The Commission is perfectly aware of the importance of the shipbuilding industry in Europe and also of the importance the shipbuilding industry attaches to a level playing field within Europe, which would be at odds with an unregulated system of State aid to shipbuilding.

6353 sprätt — **bucks; spurt**
nn; adj
Han satte sprätt på dem.
No, he didn't have the money.

6354 fotbollsspelare — **footballer**
nn
Uttalande av kommissionen om överflyttning av fotbollsspelare:
The Commission's statement on football player transfers:

6355 samtycka — **agree|consent**
vb
Sökanden menar att för att en part skall ådra sig förpliktelser inom ramen för ett avtal måste den ha för avsikt att binda sig, den måste samtycka till att binda sig, den måste vara behörig att göra det och det måste slutligen föreligga enighet.
In its view, in order for a party to incur obligations under an agreement, it must have the intention to be bound, it must have expressed consent to be bound, it must be competent to do so and, finally, there must have been a meeting of minds.

6356 anteckningsbok — **notebook**
nn
Det här är pastor Bayes anteckningsbok.
This is Reverend Bayes's notebook.

6357 överträffa — **exceed|surpass**
vb
Låt dem överträffa sig själva och se bortom kortsiktiga ekonomiska intressen.
Let them surpass themselves and look beyond economic interests in the short term.

6358 oerhörd — **enormous**
adj
Kommittén anser det vara av oerhörd betydelse att det, såsom kommissionen föreslår, fastställs gemensamma säkerhetsnormer och krav för fiskefartyg med en längd av 24 meter eller mer som ett första steg.
The Committee considers it vitally important that, as the Commission proposes, common safety standards and requirements be laid down for fishing vessels measuring 24 metres or more, as an initial step.

6359 förmå — **induce|bring; could**
vb; av
Han kunde inte förmå sig att skjuta hjorten.
He couldn't bring himself to shoot the deer.

6360 vidröra — **touch**
vb
Jag vill avrunda med att vidröra frågan om passageraruppgifter (PNR) som framkastades av Rama Yade.
Madam President, I should like to finish by touching on the subject of Passenger Name Records (PNR) that was broached by Mrs Yade.

6361 gradvis — **gradually; gradual**
adv; adj
Den antihypertensiva effekten inträder gradvis inom 2 timmar efter den första dosen telmisartan.
After the first dose of telmisartan, the antihypertensive activity gradually becomes evident within 2 hours.

6362	melon	melon

nn

För varje odlingslott förs uppgifter in i odlingsregistret för Melon du Quercy: kommun, distrikt, nummer i markägarregistret, areal i ar.

Each parcel is entered in the Melon du Quercy cultivation register: commune, section, land register references, area in ares.

6363	barack	barracks

nn

Vi kommer också att få veta om samtalen med president Barack Obama blir behandlade som början på en särskild dialog eller om de visar sig vara ett artighetsmöte med anledning av det Natomöte som närmar sig.

We will find out, too, if the talks with President Barack Obama are treated as the beginning of specific dialogue or if they prove to be a courtesy meeting on the occasion of the NATO summit which will be under way.

6364	finess	finesse|gadget

nn

Vi talar inte om en teoretisk finess eller ett europeiskt påhitt, vi talar om ett tydligt behov och om verkliga framsteg för EU.

We are not talking here about a theoretical gadget or a European gimmick; we are talking about a clear need and about real progress for Europe.

6365	förbunden	connected

adj

Domstolen påpekar härvid att risken är oupplösligt förbunden med det ekonomiska utnyttjandet av tjänsten.

In that regard, it must be stated that risk is inherent in the economic operation of the service.

6366	kolhydrat	carbohydrate

nn

näringsämne : protein, kolhydrat, fett, fiber, natrium, vitaminer och mineraler som förtecknas i bilaga XIII del A led 1 till denna förordning, och ämnen som tillhör eller är beståndsdelar av en av dessa kategorier.

(s) 'nutrient' means protein, carbohydrate, fat, fibre, sodium, vitamins and minerals listed in point 1 of Part A of Annex XIII to this Regulation, and substances which belong to or are components of one of those categories.

6367	överdrivet	to a fault

adv

Talleyrand sade att allt överdrivet är obetydligt.

Talleyrand stated that anything which is exaggerated is insignificant.

6368	rehabilitering	rehabilitation

nn

Det var ett program enbart för humanitär hjälp för akut rehabilitering.

This was a programme used only for humanitarian aid for emergency rehabilitation.

6369	glitter	glitter

nn

Med tanke på vad som väntar den nuvarande tingens ordning skulle vi utsätta oss för fara, om vi blev fascinerade av det glitter och den glamour som hör samman med det världsliga, njutningslystna levnadssättet.

In view of what is in store for the present system of things, it is dangerous for us to become enamored by the glitter and glamour of the worldly, hedonistic way of life.

6370	uppdatera	update

vb

Du behöver bara uppdatera fältkommandona med F9, så stämmer korshänvisningarna igen.

Just update the fields with F9 and the references in the document are updated too.

6371	urval	selection|sample

nn

Den direkta granskningen av transaktioner inom varje särskild bedömning (kapitlen 4–9) grundar sig på ett representativt urval av transaktioner.

Within each specific assessment (chapters 4 to 9), we carry out direct tests of transactions on the basis of a representative sample of transactions.

6372	**bindande**	**binding**
	adj	Översynen bör ta upp att de inte är bindande.

The review should address their non–binding character.

6373	**sömnlös**	**sleepless**
	adj	Ett sömnlöst missnöje.

A sleepless malice.

6374	**läglig**	**timely	opportune**
	adj	SOM ERKÄNNER Norges avsikt att vid en läglig tidpunkt anta och inom sin jurisdiktion verkställa bestämmelser som ger en likvärdig grad av skydd och säkerhet som de bestämmelser som är tillämpliga i Europeiska unionen.

RECOGNISING Norway's intention to timely adopt and enforce within its jurisdiction measures providing an equivalent degree of security and safety as those applicable in the European Union.

6375	**nia**	**nine; nonary**
	nn	Bäring trea nia femma, Närmar oss målet, över.

Bearing three–niner–five. Approaching target, over.

6376	**koffert**	**trunk	suitcase**
	nn	Koffert på hjul!

Suitcases with wheels

6377	**däri**	**therein**
	adv	Den följaktligen inte utgör förbud mot ett reklammeddelande enbart på grund av att det däri påstås att annonsörens vara har en väsentlig egenskap som är identisk med den väsentliga egenskapen hos en vara som skyddas av ett eventuellt välkänt varumärke.

Consequently, it does not prohibit an advertisement solely on the ground that it therein states that the advertiser's product has an essential characteristic that is identical with that of a product protected by a – possibly well–known – trade mark.

6378	**enskild**	**private**
	adj	Man kan exempelvis föreställa sig den situationen att nötköttsproduktionen i en enskild medlemsstat under ett produktionsår, som utgör en mellanperiod, endast har utgjort 40 procent av den normala produktionen på grund av en smittsam sjukdom.

A situation might be imagined where beef and veal production in an individual Member State in a marketing year constituting an intermediate period amounted to only 40% of normal output because of an infectious disease.

6379	**hök**	**hawk**
	nn	Med andra ord är det en hök ni förhandlar med!

You seem to be negotiating with a hawk, Commissioner!

6380	**efterforskning**	**search**
	nn	Europaparlamentet anser att öppenheten är starkt beroende av att den information som tillhandahålls om mottagarna är lättillgänglig, tillförlitlig och lämplig för ytterligare efterforskning, jämförelse och bedömning och att man därför vid tolkningen av uttrycket "lämpligt sätt", som det hänvisas till i budgetförordningen, bör ta vederbörlig hänsyn till dessa behov.

Is of the opinion that transparency is closely related to whether the information provided on beneficiaries is easily accessible, reliable and suitable for further research, comparison and assessment, and hence that the

151

implementation of the term 'appropriate manner' as referred to in the Financial Regulation should take due account of these needs;

6381 affärsresa
nn
business trip
Första gången jag kom hem efter en affärsresa—och hälsas välkommen av, min fru.
First time I walked through the door, returning from a business trip, to be greeted by my wife.

6382 sats
nn
rate
Med detta menar jag inte bara en lägsta utan även en högsta sats, med andra ord en lägsta och högsta gräns inom vilken medlemsstaterna bör röra sig.
If we do not act early enough, we will have to fall back on even more polluting fuel types when we run out of pure oil and gas, resulting in even more serious environmental damage.

6383 korståg
nn
crusade
I stället bedriver de ett korståg, där de "aktivt, aggressivt och passionerat försöker omvända de religiösa", skriver kolumnisten Richard Bernstein.
Rather, they are on a crusade, "actively, angrily, passionately trying to persuade the religious to their point of view," wrote columnist Richard Bernstein.

6384 beklaglig
adj
regrettable
Bristen på insyn är beklaglig, liksom de provokativa åtgärderna är manövrer.
The lack of transparency is deplorable, as much as the provocative measures are manoeuvres.

6385 kokt
adj
boiled
President De Gaulle sa en gång att man svårligen av 6 kokta ägg kan göra en omelett, ännu mindre av 15 eller snart 24.
President de Gaulle once said that it is difficult to make an omelette out of six boiled eggs, let alone 15 or 24.

6386 upprätta
vb
establish|set up
Upprätta gemensamma tekniska normer med syfte att undvika att variationer i praxis för kriminaltekniska databaser i medlemsstaterna leder till svårigheter och felaktiga resultat vid utbyte av uppgifter.
Set up common technical standards aimed at avoiding that variations in practices on forensic DNA databases in Member States could lead to difficulties and inaccurate results when data are exchanged.

6387 tjuta
vb
howl|shriek
Och schakaler skall tjuta i hennes boningstorn, och den stora ormen skall vara i den rika förnöjelsens palats.
And jackals must howl in her dwelling towers, and the big snake will be in the palaces of exquisite delight.

6388 smack
nn
smack
Tror du de bryr sig ett smack om oss?
You think these chucks give a smack about us?

6389 rampljus
nn
footlights
Jag skulle vilja säga några saker om Rumänien och Bulgarien, som kommer att befinna sig i rampljuset i dag, på grund av en resolution som parlamentet kommer att anta senare i dag.
I should like to say a few things about Romania and Bulgaria, which will be in the limelight today because of a resolution that Parliament will be adopting later on today.

6390 fegt
adv
in a cowardly fashion
Europa är fegt, Europa är som Vichy!

Cowardly Europe, Vichy's Europe!

6391 spets
nn

tip|lace

Sätt en spets i änden av nålen.

Place a point at the end of the needle.

6392 direktiv
nn

directive

Jag tror att detta direktiv inte bara är ett direktiv som skall hjälpa arbetstagarna.

In my view, this directive is not merely a directive which will help workers.

6393 lärarinna
nn

teacher

Om du vore sköterska eller lärarinna, så hade jag känt likadant.

If you were a nurse or a teacher, I'd feel the same.

6394 placerad
adj

placed|positioned

De korrigeringskoefficienter som skall tillämpas från den 1 augusti, 1 september, 1 oktober, 1 november och 1 december 1999 på löner som betalas ut i det lands valuta där personen är placerad förtecknas i bilagan.

With effect from 1 August, 1 September, 1 October, 1 November and 1 December 1999 the weightings applicable to the remuneration of officials serving in third countries payable in the currency of their country of employment are adjusted as shown in the Annex.

6395 räcke
nn

railing

En landgång, minst 0,40 m bred och 4 m lång, med en ljus rand på sidorna. Landgången skall vara försedd med räcke.

A boarding gangway at least 0,4 m wide and 4 m long whose side edges are defined by a brightly–coloured strip; that gangway shall be equipped with a handrail.

6396 silke
nn

Silk

För att låna från böckerna om en spindel vid namn Charlotte: "Silke är fantastiskt."

To borrow from the writings of a spider named Charlotte, silk is terrific.

6397 skräddare
nn

tailor

De etiketterings– och märkningskrav som föreskrivs i denna förordning bör inte gälla i fall där textilprodukter läggs ut på entreprenad till personer som arbetar i hemmet eller till fristående företag som framställer produkter av tillhandahållet material utan att detta överlåts mot betalning eller där skräddarsydda textilprodukter tillverkas av skräddare som är egenföretagare.

The labelling and marking requirements laid down in this Regulation should not apply in cases where textile products are contracted out to persons working in their own homes or to independent firms that carry out work from materials supplied to them without the property therein being transferred for consideration or where customised textile products are made up by self– employed tailors.

6398 motgång
nn

setback

Det är inte en motgång.

It is not a setback.

6399 förvånansvärt
adv

surprisingly

Språken och sedvänjorna i den här önationen är förvånansvärt blandade.

The languages and customs of this island nation are amazingly diverse.

6400 hantverk
nn

crafts|craft

Det påpekandet gäller för våra ostar, men också för vår honung, skinka och t.o.m. hantverk.

This also applies to cheese, as well as honey, ham, and arts and crafts.

6401	**kortspel**	**card game**
	nn	Jag kunde bara fuska i kortspel.
		All I know was how to cheat at cards.
6402	**fientlighet**	**hostility**
	nn	Islamisk fientlighet mot kristna är densamma.
		Islamic hostility for Christians remains the same.
6403	**reservdel**	**part|spare**
	nn	Dessa delar måste motsvara den reservdel som tillverkaren producerar: till utseendet måste de vara identiska.
		They must match the spare part produced by the manufacturer: in looks they must be identical.
6404	**återuppta**	**resume**
	vb	Ordföranden för vårt lagutskott har kommit fram till att man borde återuppta förhandlingarna med våra partner inom Schengenområdet.
		The chairman of our law committee agreed on the need to resume negotiations with our Schengen partners.
6405	**påstående**	**statement**
	nn	Betänkandets påstående om friktionsfri samverkan är simpelt juridiskt nonsens.
		The report's talk of smooth cooperation is sheer nonsense, legally speaking.
6406	**förfalska**	**forge|falsify**
	vb	De turkiska myndigheterna använder sig fortfarande av frimärksviseringar, som är enkla att förfalska, men de har nu avslutat de tekniska förberedelserna av nya turkiska viseringsmärken med bättre säkerhetsdetaljer som enligt uppgift snart kommer att införas.
		While the Turkish authorities still use visa stamps, which are easy to falsify, they have now completed the technical preparations for new visa stickers with high–security features and have announced their upcoming introduction.
6407	**objektiv**	**objective; objective**
	adj; nn	Regionkommittén anser att revisionsstrategierna bör syfta till en objektiv bedömning av programmets genomförande och inte bör vara någon börda för programmets stödmottagare.
		considers that the audit strategies should be geared towards the objective assessment of the Programme's implementation and should not be a burden for Programme beneficiaries.
6408	**uthållighet**	**endurance**
	nn	Någon nämnde uthållighet.
		Someone mentioned that, perseverance.
6409	**formulär**	**form**
	nn	I ett e–postmeddelande av den 21 augusti 2008 delgav sökandena Bundesamt att de inte hade för avsikt att på nytt ge in ansökan med användning av de formulär hade har tagits fram av Efsa och krävde att deras ansökan skulle överlämnas till Efsa utan dröjsmål.
		By letter to the Bundesamt of 21 August 2008, the applicants refused to re-submit their application using the forms published by EFSA and asked that their application be forwarded to EFSA forthwith.
6410	**arrogans**	**arrogance**
	nn	Sådan arrogans tolereras inte längre.
		Such arrogance is no longer tolerable.
6411	**förlängning**	**extension**

	nn	Folkomröstningen gäller att konstitutionen skall ändras för hans egen förlängning.
		The referendum is about changing the constitution to extend his own period of office.

6412 revir — **territory**

nn

I vilket revir höll fasanen till, eller flög den till och med mellan olika revir?

In what area did it live, or did it in fact fly through various different areas?

6413 stridande — **fighting; combatant**

adj; nn

När skall nu dessa stridande grupper inse att de i slutändan inte har något att vinna på denna konstanta förintelse?

When will the warring factions finally realise that there is nothing to be gained from this constant destruction?

6414 schakt — **shaft**

nn

Repeterar, schakt nummer tre.

Repeat, mine shaft number three.

6415 åttio — **eighty**

num

Sjuttio, åttio, nittio procent av deras fartyg har allvarliga brister.

Seventy, eighty, ninety per cent of their ships have serious defects.

6416 motta — **accept|receive**

vb

High Court of Justice (England & Wales), Chancery Division och Court of Appeal (England & Wales) har prövat tvisten och funnit att PRCA:s medlemmar måste beviljas licens eller inhämta samtycke från NLA för att kunna motta tjänsten från Meltwater.

Seised of the dispute, the High Court of Justice (England & Wales), Chancery Division, and the Court of Appeal (England & Wales) held that the members of the PRCA were required to obtain a licence or consent from the NLA in order to receive Meltwater's service.

6417 knepig — **tricky|catchy**

adj

Herr talman! Vi befinner oss i en knepig situation med en av våra grannar, när en vanligen existerande republik på den europeiska kontinenten officiellt kallas icke–existerande – endast ''före detta' jugoslaviska republiken Makedonien'' – enligt ett beslut från FN.

Mr President, we are in a tricky situation with one of our neighbours when a normally existing republic on the European continent is officially called non–existent – only 'the ''former'' Republic of M.' – by decision of the UN.

6418 femhundra — **five hundred**

num

Sex dagar av oppositionsmöten utmynnade i våldsamheter när polisens säkerhetsstyrkor använde övervåld för att avbryta demonstrationerna med hjälp av vattenkanoner, gummikulor och tårgas. Närmare femhundra demonstranter skadades, bland annat den georgiske ombudsmannen, Sozar Subari.

Six days of opposition rallies erupted in violence when police security forces used excessive force to break up demonstrations, using water cannons, rubber bullets and tear gas, leaving up to five hundred protesters injured, including the Georgian Ombudsman, Mr Sozar Subari.

6419 analytiker — **analyst**

nn

Wattalyst är en förkortning av WATT analytiker.

Wattalyst is short for WATT anALYST.

6420 hundvalp — **puppy**

nn

Vad är det för fel på att lära en hundvalp några tricks?

What's wrong with teaching a puppy dog a few tricks, hmm?

6421	**begagnad**	**used**
	adj	En begagnad bil är en bil som är mer än sex månader och som har gått mer än 600 mil.
		A 'used car' means one which is more than six months old and has travelled more than 6 000 km.
6422	**manuell**	**manual**
	adj	Du tar bort en manuell brytning via menykommandot Redigera – Radera manuell brytning.
		Choose Edit – Remove Manual Break to remove breaks created manually.
6423	**ärta**	**pea**
	nn	Men jag har oturen att företräda Storbritannien största odlingsområde för ärtor, något som har gett mig ett enormt problem med Breyerbetänkandet.
		But I have the misfortune to represent Britain's largest growing pea–growing area, which has given me a huge problem with the Breyer report.
6424	**vaccin**	**vaccine**
	nn	Undantag avseende användning av vaccin mot Newcastlesjuka.
		Derogations concerning the use of vaccines against Newcastle disease.
6425	**teleskop**	**telescope**
	nn	Och jag börjar med Galileo som använde världens första teleskop för att se på månen.
		And I start with Galileo who used the world's first telescope to look at the Moon.
6426	**regerande**	**ruling|governing**
	adj	Varor som ska användas eller förbrukas av regerande monarker och statsöverhuvuden från tredjeland, eller av personer som officiellt representerar dem, under deras officiella vistelse i gemenskapens tullområde.
		Goods to be used or consumed by reigning monarchs and Heads of State of third countries, or persons officially representing them, during their official stay in the customs territory of the Community.
6427	**utvärdering**	**evaluation**
	nn	..ska genomgå tillfredsställande psykiatrisk utvärdering innan bedömning som lämplig kan göras.
		..shall undergo satisfactory psychiatric evaluation before a fit assessment can be made.
6428	**kännetecken**	**feature|attribute**
	nn	I direktivet föreskrivs vidare att de tekniska föreskrifter som är tillämpliga på fordonens delar och kännetecken ska harmoniseras i särdirektiv.
		It also provides that the technical requirements applying to the various components and characteristics of such vehicles are to be harmonised by means of separate directives.
6429	**cement**	**cement**
	nn	Vi vet att frågan har lösts teoretiskt i fördragen, men inte praktiskt, i trä, glas och cement.
		We know that the matter has been settled in the Treaties, but in its physical dimension - bricks and mortar - it remains unresolved.
6430	**slem**	**mucus**
	nn	Den överförs i vatten genom organiskt material, såsom blod, exkrementer och slem.
		It is a water-borne virus and is transmitted via organic substances such as blood, faecal matter, mucus, etc.
6431	**applådera**	**applaud**

vb

Av dessa skäl är kommissionens meddelande, som vi nu behandlar, att applådera och stödja då man däri rekommenderar och försöker stimulera ett mer intensivt användande av strukturfonderna för forskning och utveckling, varigenom man vill stärka den svaga vetenskapliga kapaciteten samt stärka kunskapsbaserna och industriell teknik i de fattigaste regionerna.

For these reasons, the Commission communication before us is to be welcomed in that it calls for greater Structural Fund spending on research and innovation, with a view to strengthening the weak scientific capacity and reinforcing the know–how and technological bases of industries in these poorer regions.

6432 aktuell　**current**

adj

Rumäniens anslutning till EU har varit aktuell sedan 1995.

Romania's accession to the EU has been in the pipeline since 1995.

6433 enig　**united**

adj

Detta stabila mandat visar dock även att vi är eniga i denna fråga.

However, this solid mandate also shows that we have a unity there.

6434 skänk　**cupboard|gift**

nn

Din kärlek till Gud växer, och du dras närmare honom, givaren av "varje god gåva och varje fullkomlig skänk".

You will increase your love for God and will draw close to him, the Giver of "every good gift and every perfect present."

6435 nunna　**nun**

nn

Vid detta tillfälle mördades en försvarslös tibetansk nunna när hon gick över gränsen till Nepal.

On this occasion a defenceless Tibetan nun was murdered crossing the border into Nepal.

6436 vanligen　**usually**

adv

Vanligen ges de till nya annonsörer som en hjälp att komma igång med AdWords.

Usually, they're given to new advertisers as a helpful way to get started with AdWords.

6437 tam　**tame**

adj

Det innebar att det blev en mycket urvattnad och tam version av diskussionen under de följande månaderna från andra berörda parter utanför parlamentet.

This meant that a very watered down and tame version of the debate was presented over the following months by the other parties involved beyond the confines of this House.

6438 definition　**definition**

nn

Toalettsitsar av kopparbaserade metallsammansättningar eller andra metallytor som är antimikrobiella per definition.

Toilet seats being of copper based metal composition or other metal surface that is antimicrobial by definition.

6439 anknytning　**connection**

nn

Som närmare framgår av det generella program för upphävande av begränsningar för etableringsfriheten, som antagits av rådet den 18 december 1961, skall enheten uppfylla ytterligare ett kriterium för anknytning, närmare bestämt ett ekonomiskt kriterium, nämligen att det skall föreligga en "faktisk och varaktig" anknytning till en medlemsstats ekonomi.(

For that purpose, as explained in the General programme for the removal of restrictions on freedom of establishment adopted by the Council on 18 December 1961, it is necessary to satisfy the further criterion of an economic *connection, an `effective and continuous' link with the economy of a Member State.*

6440	**koda**	**encode**

vb

Bildandet av Gemensamma tjänsten för yttre förbindelser som har till uppgift att förenkla, standardisera och koda förfaranden och att utveckla gemensamma förvaltningsinstrument, är en viktig åtgärd för att lösa dessa problem.

The establishment of the SCR, with its task of simplifying, standardising and codifying procedures, and developing common management tools, is an important step in overcoming these weaknesses.

6441 piga — **maid**

nn

1864 blev han kär i en piga.

In 1864, he fell in love with a servant girl.

6442 jättelik — **giant | huge**

adj

Allra först är det frågan om pensionsfonderna som inte kan investera fritt överallt i Europa och enligt min åsikt är det så att där går en jättelik arbetsskapande förmögenhet förlorad på grund av att restriktionerna för pensionsfonderna och försäkringsgivarna är för stora.

First of all there is the matter of pension funds which are not able to invest freely throughout in Europe, and in my opinion this means that an enormous job creation capacity is lost, because the restrictions for the pension funds and the insurers are too great.

6443 konstgjord — **artificial**

adj

För att ta bort möjligheten till intervention som en konstgjord avsättningsmöjlighet för överskottsproduktion bör destillationssystemet ändras.

In order to eliminate the availability of intervention as an artificial outlet for surplus production there should be changes to the distillation system.

6444 minderårig — **underage**

adj

En särskild situation uppstår när minderåriga barn har båda föräldrarna i fängelse.

A special situation is the case of underage children both of whose parents are in prison.

6445 förvåning — **surprise**

nn

Till hans förvåning stannade tåget till kort.

To his surprise, the train made a quick stop.

6446 musikal — **musical; musical**

adj; nn

sen har vi en musikal, " Det hände på plan– en kvinnas berättelse "

Might make a cute musical. It Happened in the Bullpen: Story of a Woman

6447 öm — **sore | affectionate**

adj

Det behöver bara en öm hand.

It just needs a little affection.

6448 defekt — **defective; defect**

adj; nn

Om det inbyggda diagnostiska systemet upptäcker en defekt i avgassystemet, så måste felet undanröjas.

If the OBD discovers a defect in the exhaust system, the fault must be removed.

6449 varmvatten — **hot water**

nn

Bearbetningsanläggningen skall ha tillräcklig kapacitet och kunna producera allt varmvatten och all ånga som krävs för bearbetningen av de animaliska biprodukterna.

The processing plant must have sufficient capacity and hot water and steam production for the processing of animal by–products.

6450 parad
nn
OS inleds alltid med en parad.
the Olympic Games always begin with a parade.

parade

6451 mordbrand
nn
Detektering av bedrägeri, mordbrand, brand, uppsåtligt skadevållande och förfalskning, alla nämnda tjänster för kriminaltekniska ändamål.
Detection of fraud, arson, fires, malicious damage and counterfeiting, being all the aforementioned services for forensic purposes.

arson

6452 lärjunge
nn
Varje lärare måste också vara en livslång lärjunge.
Every teacher must also be a lifelong learner.

learner

6453 fördriva
vb
Datorspel är ett sätt för honom att fördriva tiden.
Computer games are a way for him to pass time.

drive away|dislodge

6454 industri
nn
Vi vet alla att fiske inte är en industri som vilken annan som helst.
All of us know that fisheries is not the same as any otherindustry.

industry

6455 galant
adj
Vackert klädd, en galant knekt.
Gaily bedight, a gallant knight.

gallant

6456 diplomati
nn
Diplomati – tyst diplomati – har större chans att åstadkomma det vi vill.
Diplomacy – quiet diplomacy – has a better chance of achieving what we want to achieve.

diplomacy

6457 strävan
nn
Det viktigaste med de olympiska spelen är inte att vinna utan att deltaga, såsom det viktigaste i livet inte är triumfen utan strävan. Det viktigaste är inte att ha erövrat utan att ha kämpat väl.
The most important thing in the Olympic Games is not to win but to take part, just as the most important thing in life is not the triumph but the struggle. The essential thing is not to have conquered but to have fought well.

endeavor|striving

6458 härma
vb
Han börjar härma och sedan att vidareutveckla.
Suddenly, he starts to emulate and then to innovate.

mimic

6459 tassa
vb
Statscheferna föredrar att tassa omkring frågan i stället för att öppet erkänna att de i Rom för tre år sedan undertecknade ett dokument som den allmänna opinionen har förkastat sedan dess.
Heads of State prefer to tiptoe around the subject rather than to admit openly that in Rome three years ago they signed a document which public opinion has since rejected.

pussyfoot

6460 inverkan
nn
Vi får först och främst ett förbud mot användning av en rad cancerframkallande ämnen och dessutom mot ämnen som har en negativ inverkan på vår fortplantningsförmåga.

impact

159

*First and foremost, we are obtaining a ban on the use of a range of
carcinogenic substances and on the use of substances that impair our
reproductive ability.*

6461 företräda
vb

represent

I synnerhet är marknadstillträde för små och medelstora företag en mycket
viktig förutsättning för att se till att en god tjänst tillhandahålls, att
nätneutralitet tillämpas och att vi naturligtvis bemyndigar oberoende
tillsynsmyndigheter i medlemsstaterna att företräda sin bransch och sina
företag, men också deras konsumenter i andra EU–länder.

*In particular, market access for small and medium–sized enterprises is quite
an important prerequisite for ensuring that a good service is being offered,
that network neutrality is implemented and that we of course authorise the
independent regulatory authorities in the Member States to represent their
industry and their enterprises, but also their consumers in other European
countries.*

6462 försening
nn

delay

Så med tanke på att det krävs några veckor för expertbedömningen och det
påföljande färdigställandet av kommissionens interna diskussioner kommer
det att uppstå viss försening innan förslaget till genomförandeåtgärder för
hela paketet kan diskuteras med medlemsstaterna.

*So, given that some weeks are necessary for the peer review and
subsequently the finalisation of the Commission's internal discussions, there
will be some delay before the draft implementing measure of the whole
package can be discussed with the Member States.*

6463 sträva
vb; nn

strive; strut

I artikel 158 i fördraget anges att gemenskapen i syfte att stärka sin
ekonomiska och sociala sammanhållning skall sträva efter att minska
skillnaderna mellan de olika regionernas utvecklingsnivåer och
eftersläpningen i de minst gynnade regionerna eller öarna, inbegripet
landsbygdsområdena.

*Article 158 of the Treaty states that, in order to strengthen its economic and
social cohesion, the Community shall aim at reducing disparities between
the levels of development of the various regions and the backwardness of the
least favoured regions or islands, including rural areas.*

6464 novell
nn

short story

It has turned into a novel, a thriller, a thriller about leghold traps and 13
animal species.

*Det har blivit en hel roman, men en svart roman, om rävsaxar för tretton
olika djurarter.*

6465 sekvens
nn

sequence

Ytterligare skuldlättnader kan leda till ytterligare snedvridningar i
biståndsfördelningen.

Further debt relief could lead to further distortions in aid allocation.

6466 dynasti
nn

dynasty

Hur är det då med Babylons kungliga dynasti?

So, what about Babylon's royal dynasty?

6467 respons
nn

response

Parlamentet anser att man snabbt bör besluta om hur nätverkets verksamhet
ska fungera och tillhandahålla de medel som krävs för att det ska uppnå sina
mål. Parlamentet upprepar sitt krav på att alla Sacharovpristagare, särskilt
Aung San Suu Kyi, Oswaldo José Payá Sardiñas, den kubanska rörelsen
Damas de Blanco och Hu Jia, ges tillträde till EU:s institutioner. Parlamentet
beklagar att EU inte har fått någon nämnvärd respons på sina uppmaningar

till de kinesiska, burmesiska och kubanska myndigheterna att respektera de grundläggande friheterna, särskilt yttrandefriheten och den politiska mötesfriheten.

Welcomes the setting–up of the Sakharov Network, as announced on the 20th anniversary of the Sakharov Prize; believes that it should quickly decide on its operating arrangements and put in place the resources necessary to achieve its objectives; reiterates its demand that all winners of the Sakharov Prize and, in particular, Aung San Suu Kyi, Oswaldo José Payá Sardiñas, the Cuban collective Damas de Blanco and Hu Jia be given access to the European institutions; deplores the absence of any significant response to the EU's calls made to the Chinese, Burmese and Cuban authorities to respect fundamental freedoms, especially freedom of expression and political association;

6468	**automatvapen**	**automatic weapon**

nn

Jag behöver minst ett dussin fulladdade automatvapen... för att bygga upp min dröma rsenal.

I need at least a dozen more full automatic weapons... to start building the arsenal of my dreams.

6469	**kollision**	**collision**

nn

De provningar som personbilar måste klara vid kollision för att typgodkännas enligt förslaget till förordning är följande:

The tests that vehicles will have to pass in order to be type–approved under the proposed regulation concern:

6470	**diskretion**	**discretion**

nn

Herr ordförande! Jag är er dubbelt tacksam denna kväll, för att ni på detta sätt visar er diskretion.

Mr President, I am doubly grateful to you this evening, for exercising your discretion in this way.

6471	**etablera**	**establish**

vb

Rådets första direktiv 73/239/EEG av den 24 juli 1973 om samordning av lagar och andra författningar angående rätten att etablera och driva verksamhet med annan direkt försäkring än livförsäkring.

First Council Directive 73/239/EEC of 24 July 1973 on the coordination of laws, regulations and administrative provisions relating to the establshing and pursuit of the business of direct insurance other than life insurance.

6472	**segrare**	**winner**

nn

Herr talman! Segrare ska vara generösa och det tror jag att det är många i Sri Lanka som inte har förstått än.

Mr President, victors should be generous and I think that, in Sri Lanka, a lot of people have still not understood this.

6473	**åkomma**	**illness**

nn

Ordet "hallux" används av den tyskspråkiga icke–specialiserade allmänheten som beteckning för denna åkomma, som är den klart vanligaste.

The word 'hallux' was used by the non-specialist German–speaking public to designate this illness, which is by far the most frequent.

6474	**dager**	**daylight**

nn

I dag är en historisk dag för parlamentet, en historisk dag för det utvidgade EU.

Today is a historic day for the Chamber, a historic day for the enlarged Europe.

6475	**provins**	**province**

nn

I Italien håller ingenjörssamfundets styrelse (Consiglio dell'Ordine degli Ingegneri) ett ingenjörsregister i varje provins.

In Italy, a register of engineers is kept in each province by the Council of Engineers ('Consiglio dell'Ordine degli Ingegneri').

6476 tillfreds — **satisfied**

adj

(Livliga applåder) och att vi vid slutet av detta ordförandeskap skall ha en brittisk allmänhet som är mer nöjd med vår plats i Europa, känner sig mer tillfreds med vår framtid i Europa, och som inser att vi kan samarbeta i Europa för att uppnå ömsesidiga fördelar.

(Loud applause) and that by the end of that presidency we may have a British public more content with our place in Europe, more at ease with our future in Europe, and recognizing that we can work in cooperation with Europe to our mutual advantage.

6477 jordbruk — **farm|farming**

nn

Små framsteg har gjorts på området jordbruk , det veterinära och fytosanitära området och på området fiske .

There has been little progress in the area of agriculture , veterinary, phytosanitary and fisheries .

6478 tycke — **opinion**

nn

Jag hoppas att resultaten av detta frågeformulär som har analyserats av tjänsteenheterna och gett upphov till ett dokument som i mitt tycke är utmärkt, gör att vi tämligen snabbt kan avsluta behandlingen i parlamentet och i rådet.

The result of this questionnaire, which has been studied by the services, is a document, in my opinion, of extremely high quality, which I hope will enable us to get through the Parliamentary and Council procedures reasonably quickly.

6479 juvel — **jewel**

nn

Alhambra – Granadas islamiska juvel.

The Alhambra–Islamic Jewel of Granada.

6480 vag — **vague**

adj

För övrigt måste man säga att ECB: s " oavhängighet " förblir en otydlig och vag punkt.

Furthermore, note that the 'independence ' of the ECB remains unclear and vague.

6481 prenumeration — **subscription**

nn

Jag tänkte att det skulle vara intressant att ta reda på hur många katalansktalande medborgare som har beställt en prenumeration på tidskriftens katalanska utgåva.

I thought it would be interesting to find out how many Catalan–speaking citizens have requested a subscription for this magazine in its Catalan version.

6482 traktor — **tractor**

nn

Det totala stöd som beviljas för att täcka en del av inköpskostnaderna för en traktor eller en skördetröska får inte överskrida 5 % av de stödberättigande investeringarna (eller 10 % för unga jordbrukare.

The maximum amount of aid granted to cover part of the purchase costs of a tractor or combine harvester may not exceed 5 % of the eligible investments (or 10 % for young farmers.

6483 överhuvud — **head**

nn

På liknande sätt ser det ut i Afghanistan. Där är det ju tveksamt vem man överhuvud taget skall samtala med.

The same applies in Afghanistan, where one is uncertain as to whom one should even start discussions with.

6484 porslin — **porcelain**

nn	Marknadsandelar för tillverkare av sanitetsgods i porslin i Danmark.
	The market shares of producers of ceramic sanitary ware in Denmark.

6485 sabotera — **sabotage**

vb

Terrorister eller statsmakter kan till exempel försöka infiltrera fiendens nätverk för att stjäla hemligheter eller sabotera den utrustning nätverken styr.

Terrorists or governments, for instance, may try to infiltrate the computer networks of their enemies to steal secrets or to sabotage the equipment that those computer networks control.

6486 familjemedlem — **family member**

nn

Familjemedlem: den som definieras eller erkänns som familjemedlem.

Member of the family means any person defined or recognised as a member of the family.

6487 stadga — **statute; consolidate**

nn; vb

med beaktande av Europeiska unionens stadga om de grundläggande rättigheterna, särskilt artikel 1.

Having regard to the Charter of Fundamental Rights of the European Union, and in particular its Article 1.

6488 oreda — **disarrangement**

nn

Vi har redan vållat oreda i den rationella samordnade processen för riktlinjerna för sysselsättning och ekonomisk politik.

We have already dislocated the streamlined coordinated process, involving the employment and economic policy guidelines.

6489 ohyfsad — **rude|unpolished**

adj

Om Debbie Nolan gillar en,Jag vill inte vara ohyfsad, men hon har fantastiska tuttar.

Bloody hell, if you're in with Debbie Nolan, not bein' unsound here, but she has got the most fantastic tits.

6490 rubba — **upset|dislodge**

vb

Därför stöder vår grupp alla ändringsförslag som har antagits i utskottet för rättsliga frågor och den inre marknaden. Dock anser vi inte att det är lämpligt att rösta ja till något av de andra ändringsförslagen för närvarande, eftersom detta skulle rubba den jämvikt som vi har nått i utskottet.

Therefore, our group will support all the amendments approved by this committee, although we do not think that it would be appropriate at this time to vote for any of the other amendments, since this would upset the balance we have managed to achieve in this committee.

6491 namnteckning — **signature**

nn

I vissa sammanhang kan en digital underskrift vara lika bindande som en handskriven namnteckning.

In some places this digital signature may be considered as legally binding as your own written signature.

6492 antikvitet — **antique**

nn

Om klockan går sönder är det normala att man slänger den och köper en ny, om det inte är en antikvitet, vilket gör att vi praktiskt taget befinner oss utanför industrisfären.

If a watch breaks, we normally throw it away and buy a new one – unless it is an antique, when industrial considerations virtually cease to be relevant.

6493 toffel — **slipper**

nn

Har någon en jättestor toffel?

Does anyone have a really big slipper?

6494 avliva — **kill**

vb	Låt oss exempelvis börja med att avliva vissa myter. Somliga säger att vi måste göra ändringar därför att vi nu har så många fler medlemsstater. *Let us begin, for example, to dispel certain myths: some say that we need to change because we now have so many more Member States.*

6495 rationell — **rational**

adj

För att säkerställa en rationell utveckling av denna sektor och för att förbättra produktiviteten, måste regler rörande hälsofrågor och djurhälsofrågor som påverkar produktionen och saluhållandet av kaninkött och kött av hägnat vilt fastställas på gemenskapsnivå.

Whereas, in order to ensure the rational development of this sector and to improve productivity, rules concerning public health and animal health problems affecting the production and placing on the market of rabbit meat and farmed game meat must be laid down at Community level.

6496 orörd — **undisturbed**

adj

Framför allt är inte avtalet i sig någon garanti för att avskogningen och den storskaliga förstörelsen av orörd skog kommer att bekämpas, och kan rentav komma att påskynda dem i avsaknad av ytterligare eller kompletterande åtgärder eftersom avtalet syftar till att uppmuntra EU-import av trävaruprodukter från Republiken Kongo.

Specifically, the agreement does not, of itself, ensure that deforestation and the large-scale degradation of intact forests will be combated, and it may even promote them in the absence of additional or complementary measures, as it is aimed at encouraging the importing of timber products from the Republic of Congo to the EU.

6497 collage — **collage|college**

nn

Du har inte varit oskuld ända sen collage.

You haven't been a virgin since college.

6498 ägo — **possession**

nn

Jordbrukarna får arrendera tillbaka jordbruksareal med högt naturvärde som har övergått i offentlig ägo till följd av arrondering eller liknande förfaranden från lokala myndigheterna och beteckna sådan jordbruksareal som område med ekologiskt fokus, förutsatt att det uppfyller kriterierna i punkt 1.

Farmers may lease back from the local authority an agricultural area of high nature value which has entered public ownership as a result of land consolidation or similar procedures and may designate it as ecological focus area provided that it meets the criteria set out in paragraph 1.

6499 utstyrsel — **outfit**

nn

Det är en vågad utstyrsel, men väldigt stilig.

That's daring, but very dashing attire.

6500 dregla — **dribble**

vb

Herr talman! Jag kanske skall börja med att säga att rubriken för vår debatt säkert fick många Daily Mail-journalister att dregla, men de frågor vi behandlar är grundläggande frågor som berör själva essensen av vad Europeiska unionen handlar om.

Mr President, perhaps I can begin by saying the introduction of the title of our debate no doubt had many Daily Mail journalists salivating, but the issues that we are considering are fundamental issues that go to the heart of what the European Union is all about.

6501 ensamrätt — **sole right**

nn

Detta beror på att det inte finns några programföretag som har ensamrätt på alternativa plattformar, särskilt satellit.

This is because there are no exclusive broadcasters on alternative platforms, and in particular on satellite.

6502 filmstjärna
nn

film star

Det kan ta flera timmar varje arbetsdag att göra en filmstjärna redo för kameran.

Each day of filming, stars may spend several hours being made ready for the camera.

6503 antibiotikum
nn

antibiotic

I denna rapport rekommenderas ett omedelbart förbud mot tillväxtfrämjare "när det finns ett likvärdigt medicinskt antibiotikum , som används eller vars användning planeras".

That report recommended an immediate ban on growth promoters where there was a medical equivalent antibiotic in current or planned use.

6504 nordost
adv

northeast

Det område som i väster begränsas av en linje från Ovisi fyr på Lettlands västkust till södra delen av Loode neem på Ösel; sedan åt söder till Sörves sydligaste udde och sedan åt nordost längs Ösels östkust; och i norr av en linje från 58o30.0'N, 23o13.2'O till 58o30.0'N, 23o41'O.

The waters bounded on the west by a line drawn from Ovisi lighthouse on the west coast of Latvia to the southern Rock of Cape Loode on the island of Saaremaa, then southwards to the southernmost point of the peninsula of Sõrve and then in a north–eastern direction along the east coast of the island of Saaremaa, and in the north by a line drawn from 58o30,0' north, 23o13,2' east to 58o30' north, 23o41,1' east.

6505 spekulera
vb

speculate

I denna process har vi inget att vinna på att spekulera över alternativa former av samarbete; därför motsätter vi oss bestämt artikel 71 i betänkandet.

The process is not served by speculation about alternative forms of association; that is our permanent objection to Article 71 in the report.

6506 brödraskap
nn

brotherhood

Ur ruinerna efter kriget föddes hoppet och visionen om ett brödraskap av Europas folk.

Out of the ruins of war there was born the hope and the vision of a brotherhood of the peoples of Europe.

6507 lins
nn

lens

Detta stöd för utsäde finns redan för ris, kikärter och linser.

Aid for seeds already exists for rice, chickpeas and lentils.

6508 armbåge
nn

elbow

Herr kommissionsledamot! Jag önskar er mycket lycka till och vassa armbågar!

Commissioner, I wish you a great deal of luck and all power to your elbow!

6509 slätt
nn; adv

plain; smoothly

Detsamma gäller för den kristna minoriteten på Nineveh–slätten.

The same is true for the Christian minority in the plain of Nineveh.

6510 trav
nn

trotting

De första förbättrar hästens naturliga gångarter – skritt, trav och galopp.

The first ones require the horse to improve its natural movements–the walk, the trot, and the gallop.

6511 snöre
nn

lace|cord

Grupper om fyra måste bygga den högsta fristående strukturen av 20 spaghettiströn... en knapp meter tejp... ... en knapp meter snöre och en marshmallow.

And the idea's pretty simple: Teams of four have to build the tallest free-standing structure out of 20 sticks of spaghetti, one yard of tape, one yard of string and a marshmallow.

6512 massvis
adv

heaps of

Parlamentet har under de senaste månaderna tillbringat massvis med timmar med detaljerat arbete i anslutning till Agenda 2000–paketet, som har godkänts av detta plenarsammanträde.
This House has, over the last few months, spent hours and hours in detailed work, passed by this plenary, on the Agenda 2000 package.

6513 utmanande
adj

defiant

En positiv utveckling har noterats den senaste tiden, särskilt i förbindelserna med Ryssland, vad gäller den utmanande uppgiften att tala med en röst.
In meeting the challenge of speaking with one voice, positive development has recently been shown defiantly in relations with Russia.

6514 årsdag
nn

anniversary

I Storbritannien uppfattas den 30: e årsdagen som pärlans årsdag.
In Britain the 30th anniversary is regarded as the pearl anniversary.

6515 rentav
adv

actually

På samma sätt hjälper WTO Förenta staterna och Europeiska unionen att upprätthålla och rentav öka sina subventioner för exporten av jordbruksprodukter, något som strider mot den heliga frihandelsprincip som predikas av samma länder och som tillämpas i stor skala, till skada för de fattiga länder som huvudsakligen exporterar råvaror.
Likewise, the WTO helps the United States and the European Union to maintain and even increase their export subsidies on farm produce, subsidies which fly in the face of the sacrosanct principle of free trade proclaimed by those same two parties and which are used to a great extent to the detriment of the poor countries that are the main exporters of raw materials.

6516 blåbär
nn

blueberry

Följaktligen har Frankrike i enlighet med artikel 18 också underrättat övriga medlemsstater, kommissionen och Europeiska myndigheten för livsmedelssäkerhet (nedan kallad myndigheten) om att den har godkänt att körsbär, hallon och blåbär som innehåller bekämpningsmedelsrester i halter som överskrider gränsvärdena släpps ut på marknaden på dess territorium.
Consequently, France has also notified to the other Member States, the Commission and the Authority in accordance with Article 18 that it has authorised the placing on the market in its territory of cherries, raspberries and blueberries containing pesticide residues higher than the MRLs.

6517 tvärt
adv

abruptly|squarely

Det är fullständigt huvudlöst att vilja använda sig av detta tillfälle för att tvärt försöka införa förändringar i det fastställda systemet, och när det är balanserat, på områden eller sätt som bara är på sin plats när det är dags att revidera fördragen.
It makes no sense at all to try to take this opportunity, in a roundabout way, to attempt to introduce amendments to the system that has been defined and to its balance, in areas or aspects which should only be dealt with in a revision of the Treaties.

6518 knytnäve
nn

fist

Kött, mot knytnäve.
Meat, meet fist.

6519 flå

skin

vb	Från och med 1500–talet återfinns berättelser om "slaktgillen", verkliga festtraditioner då man kunde se fram mot vinterarbetet med att flå och bereda köttet.
	From as far back as the 16th century there are references to traditional pig killing rituals, real festive traditions that made it possible to live through the winter from the carcasses, all of which can be used down to the smallest detail.

6520 mick   **microphone**

nn; abr

Jag spårar hans mick med den här.

I'll track his mike with this one.

6521 småprat   **small talk**

nn

Nog med småprat, var står vi?

Now that we've got the small talk out of the way, where do we stand?

6522 paprika   **paprika**

nn

Inom denna tolerans får högst 1 % bestå av paprika som varken uppfyller kraven för klass II eller minimikraven, eller av produkter angripna av röta.

Within this tolerance not more than 1 per cent in total may consist of produce satisfying neither the requirements of Class II quality nor the minimum requirements or of produce affected by decay.

6523 oren   **unclean|filthy**

adj

Denna varning har betydelse för oss, eftersom Jehova kommer att hålla räkenskap med dem som i våra dagar gör sig skyldiga till omoral och tar del i oren tillbedjan.

This warning has significance for us because Jehovah will hold an accounting against those practicing immorality and engaging in unclean worship today.

6524 trappsteg   **step**

nn

Som när man går uppför en trappa i mörkret och tror att den har ett trappsteg mer än den har.

It's like walking up the stairs to your bedroom in the dark and thinking that there's one more step than there is.

6525 åtkomst   **access**

nn

Upplåtande av åtkomst till telekommunikationsnät och Internet.

Providing access to telecommunication networks and the Internet.

6526 livmoder   **uterus|matrix**

nn

Slaktbiprodukter inbegriper följande: huvud och delar därav (även öron), fötter, svansar, hjärtan, juver, lever, njure, bräss (thymus– och bukspottkörtel), hjärna, lungor, hals, njurtapp, mjälte, tunga, bukhinna, ryggrad, ätbara hinnor, reproduktionsorgan (dvs. livmoder, äggstockar, testiklar, sköldkörtel, hypofys).

Offal includes the following: heads and cuts thereof (including ears), feet, tails, hearts, udders, livers, kidneys, sweetbreads (thymus glands and pancreas), brains, lungs, throats, thick skirts, spleens, tongues, caul, spinal cords, edible skin, reproductive organs (i.e. uteri, ovaries and testes), thyroid glands, pituitary glands.

6527 logotyp   **logotype**

nn

Logotyp på en folder som innehåller en rapport om en delvis registrerad organisation.

Logo on a folder containing a report on a partially registered organisation.

6528 påverkan   **impact|influence**

nn

Användning för att skapa en inert atmosfär och behandla produkten utan påverkan av luften.

Use in order to create an inert atmosphere and to handle the product shielded from the air.

6529 gnagare **rodent**

nn

Toxicitetsstudier på djur (råtta, apa, mus) har inte uppvisat något konsekvent toxicitetsmönster, förutom leverförstoring i samband med hepatocellulär hypertrofi, vilket förekom då höga doser stiripentol administrerades till såväl gnagare som icke–gnagare.

Preclinical safety data Toxicity studies in animals (rat, monkey, mouse) have not revealed any consistent pattern of toxicity apart from liver enlargement associated with hepatocellular hypertrophy, which occurred when high doses of stiripentol were administered to both rodents and nonrodents.

6530 joker **joker**

nn

Å ena sidan spelade man ut sina kort alltför tidigt, medan de andra behöll sin joker till slutet av spelet.

First, it put its cards on the table much too early, the others keeping their joker for the end of the game.

6531 simmare **swimmer**

nn

På stranden såg jag Jules Maaten: solbränd, en god simmare och surfare, men likväl ledamot av Europaparlamentet och politiker.

On the beach, I saw Mr Maaten, tanned, a great swimmer and a surfer, but still an MEP and a politician.

6532 tystna **silence|stop**

vb

Syftet med detta forum är att bekräfta att hot och utpressning inte kan få samveten att tystna.

This forum means to affirm that intimidation and blackmail are not enough to silence consciences.

6533 misstro **distrust; distrust**

nn; vb

Att agera annorlunda skulle väcka misstro hos vissa medlemsstater.

To act otherwise would be to arouse the distrust of certain Member States.

6534 införa **introduce|establish**

vb

Den registrerades rätt att överföra eller motta personuppgifter som rör honom eller henne innebär inte någon skyldighet för de personuppgiftsansvariga att införa eller upprätthålla behandlingssystem som är tekniskt kompatibla.

The data subject's right to transmit or receive personal data concerning him or her should not create an obligation for the controllers to adopt or maintain processing systems which are technically compatible.

6535 boja **fetter|shackle**

nn

Vi borde göra allt för att så snabbt som möjligt lossa dessa bojor.

We should do everything to remove these fetters as quickly as possible.

6536 predikant **preacher**

nn

En lokal predikant riktar sig till flyktingar i Münster, Tyskland.

A local preacher addresses Muslim refugees in Münster, Germany.

6537 vink **hint|wave**

nn

Betänkandets ideologiska ram blir plötsligt tydlig: sysselsättningsproblemet är ett problem för individen och inte ett samhällsproblem och därför måste individen – och inte samhället – lösa det, antingen genom att förbättra sin "anställbarhet" eller genom att bli en "entreprenör". Skattesystemet ska gynna de lönsamma och därför ska främst arbetstagare och konsumenter beskattas, och yrkesutbildningen ska lyda kapitalets minsta vink.

The report's ideological framework suddenly becomes clear: the problem of employment is a problem for the individual and not an eminently social one, with the individual – and not society – having to solve it, whether by

increasing their 'employability' or by becoming an 'entrepreneur'; a tax
system that is profit–friendly and, therefore, imposed mainly on workers and
consumers; and education and training totally at the beck and call of capital.

6538 **deckare** **detective story**

nn Läser du deckare?

Do you read mysteries?

6539 **älskvärd** **gracious**

adj Tillich har visat sig ytterst älskvärd i det sätt på vilket han genomfört
överläggningarna med de olika grupperna och tagit med många av förslagen,
och Tomlinson har uträttat sitt vanliga exemplariska arbete.

Mr Tillich has been extremely kind in the way he has conducted his
negotiations with the various groups and taken on board a lot of the
suggestions, and Mr Tomlinson has done his usual exemplary work.

6540 **spå** **foretell**

vb Det jag vill säga är att vi måste inse att vi är en aning sämre på att spå i kort
än vi, som det tycks mig, tyvärr tror.

What I mean is that we have to realise that we are not as good at predicting
the future as we unfortunately think we are.

6541 **sardin** **sardine**

nn Det finns alltså redan upprättade kriterier, tämligen klara, när det gäller
sardiner och tonfisk.

Hence, a number of criteria, quite clear in their purpose, have already been
defined with regard to sardines and tuna.

6542 **rekommenderad** **recommended**

adj Vissa leksaker hade inga användarinstruktioner och angav inte någon
rekommenderad åldersgräns.

Some toys did not have any user instructions and did not specify the age for
which they were recommended.

6543 **mottagande** **receiving | reception**

nn Återbetalningen av stödet medför dessutom mycket stora kostnader för de
mottagande företagen, vilket kan leda till att ett stort antal av dessa företag
försvinner från marknaden och därigenom kan orsaka mycket allvarliga
sysselsättningsproblem och sociala problem så att det praktiskt taget blir
omöjligt att återkräva stödet.

Furthermore, their reimbursement would place a very heavy burden on the
recipient undertakings probably causing many of them to disappear from the
market and so giving rise to serious employment and social crisis, making
such recovery impossible in practice.

6544 **tillkalla** **call | summon**

vb Nödlarm: anordning som gör det möjligt för en person att använda ett larm,
som installerats på fordonet, för att i ett nödläge tillkalla hjälp.

'Panic Alarm' means a device which enables a person to use an alarm,
installed on the vehicle, to summon assistance in an emergency.

6545 **eldsvåda** **outbreak of fire**

nn I en eldsvåda, tror jag.

In a fire, as I recall.

6546 **proportion** **proportion**

nn Dessa färdigheter måste stå i proportion till de risker som är knutna till
verksamhetstypen och måste, i den mån detta är relevant för de funktioner
som han eller hon ska utöva ombord på luftfartyget, omfatta följande:

Such skills must be proportionate to the risks associated to the type of activity and must cover, if appropriate to the functions exercised on the aircraft, the following:

6547 kupé

nn

compartment

Jag vet i alla fall att om du, ifall nåt går fel, skulle spela sjuk så kommer hon inte neka att hjälpa dig tillbaka till din kupé.

I know that if you, if it goes wrong were to feign illness, she would help you back to your compartment.

6548 modul

nn

module

Ersätter krypteringsmodulen FIPS–140–1 med Netscapes interna modul.

This will replace the FIPS–140–1 cryptographic module with the Netscape internal module.

6549 klack

nn

heel

För detta förfarande fastställs det preliminärt att man med barnskor avser skodon med längsta invändiga mått under 24 cm och med sammanlagd höjd av sula och klack av högst 3 cm.

For the purpose of this proceeding, it is provisionally established that children's footwear shall mean footwear with insoles of a length of less than 24 cm, and with a sole and heel combined having a height of 3 cm or less.

6550 grill

nn

grill

Om en mikrovågsugn och en grill (eller en annan typ av ugn), har kombinerats i ett och samma hölje, skall det ovan nämnda effektkriteriet endast gälla mikrovågsugnens utgående effek.t

For microwave ovens combined in a single housing with a grill or another type of oven, the aforementioned power output applies only to the microwave.

6551 tanker

nn

tanker

De invändningar som framförts av Intertanko – International Association of Independent Tanker Owners – och Grekland, borde komma i andra hand jämfört med skyddet av vår marina miljö, kustmiljön och våra hamnar.

Objections raised by Intertanko, the International Association of Independent Tanker Owners, and by Greece, should be secondary to the protection of our marine, coastal and port environment.

6552 upprymd

adj

elated

Då blev kvinnan upprymd och sade: "Å, då är det du – det måste vara du."

At that the woman got excited and said: "Oh, then it is you–you must be the one."

6553 sabla

adj

blasted

Till Mexiko, din sabla idiot!

To Mexico, you bloody idiot!

6554 hantlangare

nn

henchman

Därför verkar det som om översättaren ville befria den spanska regeringen och dess grekiska hantlangare från ansvar under alla förhållanden.

It would therefore appear that the translator wanted to exonerate the Spanish Government and its Greek supporters, come what may.

6555 upprätt

adj

upright

När lampan är upprätt skall den breda flänsen på sockel P 28 S stå till vänster sett mot strålningsriktningen.

The broad lug of the P 28 S cap is on the left when the lamp is upright, seen against the direction of emission.

6556 berättigad

entitled

adj

Den analys som kollega McKenna gör av situationen i medlemsstaterna är mycket kritisk men berättigad, eftersom inte mindre än elva medlemsstater helt eller delvis struntar i direktivet från 1991.

Her analysis of the situation in the Member States is critical but fair, given that no fewer than eleven Member States are disregarding a 1991 directive, either totally or in part.

6557 ärm **arm**

nn

Minsta beröring vid hennes arm — en hands beröring, beröring från en ärm, från ett klädesplagg hon tog på sig — orsakade olidlig, brännande smärta.

The lightest touch of her arm — the touch of a hand, the touch even of a sleeve, of a garment, as she put it on — caused excruciating, burning pain.

6558 klicka **click**

vb

Det brukar inte klicka sådär.

It doesn't usually misfire like that.

6559 biografi **biography**

nn

Jag förstår inte vad det ena har med det andra att göra, utom möjligen att Knolle måste berätta lite ur sin biografi för oss, men det är ju kanske också mycket intressant.

I do not know what one has got to do with the other, apart perhaps from the fact that Mr Knolle felt compelled to tell us a little of his own biography, but this is perhaps not without interest either.

6560 vagt **vaguely; dimly**

adv; adj

Berlusconi talade vagt om medfinansiering över gemenskapens budget.

Mr Berlusconi has spoken vaguely about cofinancing under the Community budget.

6561 snubbla **trip**

vb

Jag hade tur att snubbla på en ängel.

Fortunately, I tripped over an angel.

6562 överflöd **abundance**

nn

Vi skall inte vara snåla och knussliga och vi får inte glömma att de länder som är på väg in i Europeiska unionen har arbetskraft i överflöd men, dess värre, begränsade resurser.

We must not be mean and tight–fisted and we must not forget that the countries about to join the European Union have manpower in abundance but, unfortunately, limited resources.

6563 viking **Viking**

nn

I Vikingmålet hotade Internationella transportarbetarfederationen (ITF) och Finlands Sjömansunion (FSU) företaget Viking Line med strejkåtgärder till följd av företagets planer på att flagga ut ett av sina finska fartyg till Estland och ersätta besättningen med billigare estländsk arbetskraft.

In the Viking case the International Transport workers' Federation (ITF) and the Finnish Seamen's Union threatened industrial action over Viking Line's plans to reflag one of the Finnish vessels to Estonia and replace the crew with cheaper workers from that country.

6564 snoka **snoop**

vb

Det var inte meningen att snoka.

I didn't mean to snoop.

6565 desertör **deserter**

nn

Jim är en desertör.

Jim is a deserter.

6566 snöstorm **snowstorm**

nn

Historien berättar att en snöstorm hade gjort att man inte kunnat frakta mjölken till byn och därför var tvungna att bearbeta mjölken och framför allt ta vara på grädden, med hjälp av en metod som kallas "manteche" (smör förvarat i höljen av förädlad trådig ostmassa). Nu försökte man framställa en färsk produkt enligt samma princip.

It is said that due to heavy snowfall, preventing him from delivering the milk to town, and meaning that he had to process it in some way and most importantly use the cream that naturally formed on the surface, Mr Bianchino tried using the same procedure as is used to make mantèche (casings made of aged pasta filata used to store butter), to make a fresh product.

6567 loppa

nn

flea

När David liknade sig själv vid en loppa, framhöll han hur liten han var i jämförelse med Saul och visade att det knappast var mödan värt att förfölja honom.

By comparing himself to a flea, David emphasized his littleness in comparison with Saul, thus showing that it was hardly worth while for the king to chase after him.

6568 obotlig

adj

incurable

Eller deras make har ett handikapp eller en obotlig sjukdom som hindrar honom från att utöva något yrke."

or that their spouse is affected by a disability or an incurable illness which makes it impossible for him to work at all.

6569 skrattretande

adj

ridiculous

Under frågestunden den 23 februari 2005 ställde jag en fråga där jag uppmanade rådet att påminna israelerna om att Mordechai Vanunu togs illegalt, praktiskt taget kidnappades, från europeiskt område för att ställas inför rätta i Israel för påstådda brott begångna tjugo år före denna händelse, under den skrattretande föreställningen att han fortfarande kände till hemligheter som kunde skada Israel.

My question during question time of 23 February 2005 asked the Council if it would remind the Israelis that Mr Mordechai Vanunu was illegally taken from European soil, in fact effectively kidnapped to face trial in Israel for alleged offences twenty years prior to the event, working on the ludicrous notion that he still held secrets that could be harmful to Israel.

6570 endera

prn

either

Den reflekterande ytan kan ligga inom eller på endera sidan av den spegel som provas, beroende på om det gäller en spegel med första yta, andra yta eller en prismatisk vippspegel.

The reflecting surface may lie within or at either face of the mirror sample, depending on whether it is a first–surface, second–surface, or prismatic 'flip' type mirror.

6571 avsevärt

adv

considerably

Europaparlamentet anser, mot bakgrund av att Europeiska unionen omfattar olika tidszoner, att gränsöverskridande elnät kommer att underlätta energiförsörjningen under toppbelastningsperioder och avsevärt minska de förluster som blir följden av behovet att upprätthålla reservproduktionskapacitet.

Believes that, as the EU covers different time zones, crossborder electricity networks will facilitate energy supply during peak consumption periods and considerably reduce losses resulting from the need to maintain standby production capacity.

6572 tandpetare

toothpick

nn		De stimulerade hennes tandkött med en tandpetare, för att se om det fixade biffen.
		They stimulated her gums with a toothpick, to see if that was doing it.

6573 stråle — **beam|jet**

nn

Efter månader av elände verkade det som om en liten stråle av ljus skulle kunna skina över Kosovo.

Mr President, after months of misery it looked as though it was going to be possible for a little ray of hope to shine on Kosovo.

6574 tillhåll — **haunt|lair**

nn

Till ett gangster tillhåll?

To a gangster hangout?

6575 drastiskt — **drastically**

adv

För det första har luftföroreningarna minskat drastiskt de senaste årtiondena.

Firstly, the pollution of ambient air has fallen drastically in recent decades.

6576 scarf — **scarf**

nn

Du ligger på min scarf.

You're leaning on my scarf.

6577 salig — **blessed**

adj

Resultatet blir en salig röra som inte automatiskt är juridiskt giltig i hela EU, och det hela blir bara en ytlig gest utan något mervärde.

A ragbag, not automatically valid in law across whole of the EU, is a superficial gesture that provides no added value.

6578 plågad — **afflicted|plagued**

adj

Nåja, plågad är väl att ta i.

Or maybe " tormented " is an exaggeration.

6579 befrielse — **exemption|liberation**

nn

befrielse i stället för? krig?.

We should therefore be talking about 'liberation ' and not 'war ' in respect of Iraq.

6580 härskarinna — **lady|mistress**

nn

Det hebreiska ordet gevirah, som i en del översättningar återges med "drottning" eller "änkedrottning", betyder egentligen "fru", "härskarinna".

The Hebrew word gevi·rah', translated "queen" in some versions, means, more correctly, "lady" or "mistress."

6581 moment — **moment**

nn

Detta är ett viktigt moment och bör också avspeglas i rådets ord och slutsatser på fredag.

That is an essential element, and should also be reflected in the Council's words and conclusions on Friday.

6582 hantverkare — **craftsman**

nn

En hantverkare blir alltid nöjd att höra att hans arbete uppskattas.

A craftsman is always pleased to hear his work is appreciated.

6583 skosnöre — **shoelace**

nn

Ditt skosnöre har gått upp.

You know, your shoelace is untied.

6584 framställa — **produce|make**

vb

Inom den tid som avses i punkt 1 skall den invändande parten också lämna bevis för förekomst, giltighet och omfattning av skyddet av hans äldre märke eller äldre rättighet och dessutom påvisa sin rätt att framställa invändningen.

Within the period referred to in paragraph 1, the opposing party shall also file proof of the existence, validity and scope of protection of his earlier mark or earlier right, as well as evidence proving his entitlement to file the opposition.

6585 utsedd
adj

elect

Tillsammans kommer dessa kontroller, som bör samordnas av en därtill utsedd ansvarig myndighet, resultera i att stödet minskas eller stoppas då det konstateras att villkoren för stödberättigande inte är uppfyllda.

Together these controls and checks, which will have to be co–ordinated by a designated competent authority, will give rise to aid reductions or exclusions where it is found that the eligibility conditions have not been met.

6586 mummel
nn

murmur|mumble

Och jag ställde in mina startblock och kände mig skräckslagen för det var ett mummel i publiken, hos dem som var tillräckligt nära startlinjen för att se.

And I remember putting my blocks in and just feeling horrified because there was just this murmur coming over the crowd, like, the ones who are close enough to the starting line to see.

6587 orgie
nn

orgy

Jag fick treva mig fram som en blind man på en orgie.

Like a blind man at an orgy, I was going to have to feel things out.

6588 slående
adj; nn; adv

striking; beater; strikingly

I bibelboken Amos har vi slående exempel på mönstret för hur Jehova tar itu med de onda.

Striking examples of Jehovah's pattern of dealing with wicked ones are found in the Bible book of Amos.

6589 vansinnig
adj

insane|lunatic

Vi står nu inför en vansinnig koncentrationsprocess inom jordbruket.

We are currently faced by a crazy process of concentration in agriculture.

6590 livslängd
nn

life

Beviset för det är människornas livslängd och hälsa.

The evidence for that is in the longevity and the health of people.

6591 sanslös
adj

senseless

Tyvärr har vissa medier, framför allt de brittiska, inlett en i vissa stycken helt sanslös kampanj mot kommissionens förslag för att inbilla folk att pressfriheten stod på spel.

Unfortunately, some parts of the press, especially in the United Kingdom, have launched a sometimes incredible campaign against the Commission's proposals, suggesting that the very freedom of the press was at stake.

6592 yoghurt
nn

yoghurt

Visste ni att yoghurt är ett riksintresse?

Did you know that yoghurt is a matter of national interest?

6593 avföring
nn

stool|defecation

Typiska biverkningar för NSAID som förlorad matlust, kräkningar, diarré, blod i avföring, apati och nedsatt njurfunktion har rapporterats emellanåt.

Typical adverse reactions of non–steroidal anti–inflammatory drugs (NSAIDs) such as loss of appetite, vomiting, diarrhoea, faecal occult blood, apathy and renal failure have occasionally been reported.

6594 kättare
nn

heretic

Den schweiziske teologen Ulrich Luz menar faktiskt att de flesta av dagens bibelforskare också skulle betraktats som kättare på grund av sin uppfattning i den här frågan.

In fact, according to Swiss theologian Ulrich Luz, the consensus of opinion on this subject among Bible scholars today would have been condemned by the 1870 Vatican Council as heresy.

6595	**storasyster**	**big sister**
	nn	Jag har fler kjolar än min storasyster.
		I have more skirts than my big sister.

6596	**stenhård**	**rock-hard**
	adj	Detta kommer snart att stå klart, för konkurrensen mellan olika hamnar är stenhård.
		That will soon become clear, because competition between ports is ruthless.

6597	**exklusiv**	**exclusive**
	adj	Europeiska unionen måste ha exklusiv befogenhet – även om dessa delar av unionsrätten helt enkelt kommer att "kopieras och klistras in" i konventionen, det vill säga att konventionen helt enkelt kommer att anamma unionsrätten.
		The European Union must have exclusive competence – even if the Convention will simply copy–paste those parts of EU law, that is, will simply take over EU law.

6598	**jacuzzi**	**jacuzzi**
	nn	Hon verkar gilla dig och ditt hus och din jacuzzi.
		Anyway, she seems to like you and your house and Jacuzzi.

6599	**optimist**	**optimist**
	nn	Han är inte så rolig men han är optimist
		He's not very funny but he's an optimist.

6600	**föröka**	**propagate**
	vb	Denna påtaglighet verkar motsäga någon studie kommissionen använde sig av för att öka minimistorleken på dessa musseldjur eftersom snäckan är mogen från 30-32 millimeter och kan föröka sig.
		Evidence seems to contradict any research the Commission used to increase the minimum landing size of these molluscs as, from 30-32 millimetres upwards, the carpetshell is mature and can reproduce.

6601	**kvadrat**	**square**
	nn	Belysningsvärdena på skärmen enligt 1 och 2 skall mätas med hjälp av en fotoelektrisk cell med en ljuskänslig yta som ryms i en kvadrat med sidan 3 mm.
		The screen illumination values mentioned in 1 and 2 shall be measured by means of a photo–electric cell, the photo–sensitive area of which shall be contained within a square of side 3 mm.

6602	**spalt**	**column**
	nn	Men sedan läste jag i en fråga om råd–spalt att det var otrevligt.
		But then I read in the column "Dear Abby" that that was rude.

6603	**livstecken**	**sign of life**
	nn	e) födsel: födsel av ett barn som andas eller uppvisar andra livstecken, t.ex. hjärtslag, pulsslag i navelsträngen eller tydlig rörelse av viljestyrda muskler, oberoende av gestationsålder.
		'live birth' means the birth of a child who breathes or shows any other evidence of life, such as beating of the heart, pulsation of the umbilical cord or definite movement of voluntary muscles, regardless of gestational age.

6604	**sensation**	**sensation**
	nn	Vårt syfte med detta är inte att väcka en sensation eller orsaka en skandal, utan att objektivt blottlägga situationen och lösa alla problem.

*Our aim in doing so is not to create a sensation or cause a scandal, but to
expose the situation objectively and resolve any problems.*

6605	**fyndig**	**ingenious**
	adj	För att inte nämna fyndig.
		Not to mention your ingenious wit.

6606	**ohyggligt**	**awfully**
	adv	Jag har gjort något ohyggligt!
		I've done something awful!

6607	**solig**	**sunny**
	adj	En solig dag samlade jag sedan klassen framför de två rabatterna.
		Then, one bright, sunny day, I assembled the class in front of the two beds.

6608	**snobb**	**snob|fop**
	nn	Du är så snobb och en halv.
		You are a snob and a half.

6609	**konstruktion**	**design|construct**
	nn	En allmän beskrivning av delsystemet, dess konstruktion och uppbyggnad.
		A general description of the subsystem, its overall design and structure.

6610	**huka**	**hunker**
	vb	De ville huka sig. De ville blicka mot framtiden.
		They want to hunker down, they want to look to the future.

6611	**potentiell**	**potential**
	nn	Allmänna mänskliga rättigheter innebär också allmänna normer och potentiell kritik.
		Universal human rights also means universal standards and potential criticism.

6612	**psykiatrisk**	**psychiatric**
	adj	Har du erfarenhet av självskadebeteende och har vårdats på en psykiatrisk vårdavdelning?
		Do you have experience of self–injury and have been admitted to a psychiatric ward?

6613	**festlig**	**festive**
	adj	Hon var så festlig.
		She was so festive.

6614	**uppfinna**	**invent**
	vb	Under dessa omständigheter är det otänkbart att se på avfallshantering enligt lagen om minsta möjliga direktkostnader: den blomstrande industri (tiotusentals arbetstillfällen, miljarder euro) som faktiskt breder ut sig utifrån detta växandebehov kommer utan tvivel att behöva uppfinna mycket för att fullgöra sitt uppdrag på ett korrekt sätt, bland annat genom att undvika att i sin tur förorena med upparbetning som täckmantel: förbränningen släpper ut partiklar av tungmetaller och dioxiner i luften, reningen genererar icke–önskvärda restprodukter och vissa återanvända material har inte funnit sin marknad.
		The waste treatment industry, which employs tens of thousands of people and makes billions of euros, is flourishing due to this growing need. It will certainly have to be very inventive if it is to correctly carry out its task without itself causing pollution under the guise of waste recovery, given that incineration discharges heavy metal particles and dioxins into the atmosphere, that cleaning generates unwanted sludge and certain recycled materials have not found a market.

6615 signalement — **description**
nn
Det innehåller information om personer som är efterlysta, om de är beväpnade, deras signalement och andra saker såsom information om stulna bilar.
It contains information on persons who are wanted, whether they are armed, their descriptions and other things such as information on stolen vehicles.

6616 ruskigt — **terribly**
adv
Det är ruskigt störande, som att bli tagen på bar gärning.
So frightfully disconcerting. Like being found without one's trousers.

6617 drabbad — **affected**
adj
"Minsta beröring gör våldsamt ont", säger Alfred, som själv är drabbad.
"Even just a slight touch causes an unbearable stabbing pain," says a sufferer named Alfred.

6618 fångst — **catch**
nn
Program för dokumentation av fångst av blåfenad tonfisk (Thunnus thynnus).
A catch documentation programme for bluefin tuna (thunnus thynnus).

6619 fallskärmsjägare — **parachute-jumper**
nn
Vi kan säga det här, och kräva att ryska fallskärmsjägare landar i Ryssland igen.
We may say it here, requesting that Russian paratroopers land back in Russia.

6620 ömsesidigt — **mutually**
adv
Bilateralt har vi gått framåt i fråga om ömsesidigt erkännande och om den nya positiva ekonomiska agendan som godkändes förra året.
Bilaterally, we have progressed on mutual recognition and on the new Positive Economic Agenda agreed last year.

6621 hemmastadd — **at home**
adj
Jag kan presentera dig, få dig att känna dig hemmastadd.
Tell you what, I'll introduce you around, make you feel right at home.

6622 veto — **veto**
nn
Utanordnaren bör få full frihet att göra överföringar, under förutsättning att styrelsen informeras och får inlägga veto inom femton dagar.
He must be given complete freedom for transfers, subject to an obligation to inform the management board, which must be able to oppose such transfers within a time limit of fifteen days.

6623 försvarslös — **defenseless**
adj
Med andra ord anser jag att syftet med parlamentets betänkande, det förslag som Monica Frassoni har lagt fram, och även yttrandet från Diana Wallis, är att stärka kommissionen, så att den inte känner att den står ensam och försvarslös mot regeringarna, utan vet att den har parlamentet bakom sig för att förstärka den tillsyns– och övervakningsroll som kommissionen har över tillämpningen av gemenskapsrätten.
In other words, I think that the European Parliament report, the proposal put forward by Mrs Frassoni and also the opinion of Mrs Wallis are aimed at strengthening the Commission, so that the Commission does not consider itself to be alone and defenceless against the governments, but rather has the European Parliament to strengthen this role of overseeing and monitoring that the Commission has in relation to the application of Community law.

6624 fallen — **apt|prone**
adj
Har ordentliga fosterhem inrättats, och är de pågående fallen fortfarande olösta?

Is there proper fostering in place and are there pending cases still unresolved?

6625 fiol **violin**
nn
Med en get som spelar fiol.
With a goat, playing a violin.

6626 omedveten **unaware**
adj
Jag är inte omedveten om vad det förhållandet har för konsekvenser i politiska termer.
I am not unaware of the consequences of that relationship in political terms.

6627 spott **spittle|scorn**
nn
Varje år betalar vi tiotals miljarder franc till Zerouals nomenklatura , som inte ger oss tillbaka annat än spott och som numera till och med förbjuder undervisning i franska i de algeriska skolorna.
Each year, we are paying tens of thousands of million francs to the Zeroual nomenklatura , which only gives us spit in return and now even prohibits the teaching of French in Algerian schools.

6628 penicillin **penicillin**
nn
Det fanns också tydliga tecken på att de integrerade företagens tillverkning av penicillin G var högeffektiv internationellt sett.
As regards the integrated companies, there was also every indication that their production process for penicillin G was highly efficient on a worldwide level.

6629 delge **share**
vb
I avsaknad av KTG:s exakta adressuppgifter har det inte varit möjligt att delge denne föreliggande framställan.
The application could not be served on KTG owing to the lack of information as to the correct address of that company.

6630 marknadsföring **promotion**
nn
På så sätt kan en utförlig databas över dina köpvanor skapas och eventuellt användas vid marknadsföring.
A detailed data base of your shopping habits can thus be compiled and possibly used for marketing purposes.

6631 infödd **native; native-born**
adj; nn
Utsikten från Mikaels kontor kan göra en infödd linköpingsbo grön av avund.
The view from Mikael's office can turn a native of Linköping green with envy.

6632 ankare **anchor**
nn
Det hänger ett ankare runt den pojkens nacke, och det är du.
There is an anchor around that boy's neck, and it is you.

6633 skjutsa **lift|drive**
vb
Det hade inte varit kul att skjutsa henne på traktorn.
I didn't want to bring her on the tractor.

6634 elektronik **electronics**
nn
Storlek, kostnad och energiförbrukning av modern elektronik minskar ständigt.
Size, cost and power consumption of modern electronics are constantly reduced.

6635 återkalla **revoke|call in**
vb
Den behöriga myndigheten ska återkalla förbudet eller begränsningen om villkoren i punkt 2 inte längre är tillämpliga.

The competent authority shall revoke a prohibition or restriction if the conditions in paragraph 2 no longer apply.

6636 rynka — **wrinkle; wrinkle**

nn; vb

Jag tycker att ni har åldrats, ert ansikte är fullt av rynkor.

I think that you have aged, your face is quite lined.

6637 onormal — **abnormal**

adj

Det är en onormal situation: av detta faktum skall vi se till att det blir en precis begäran från parlamentet till rådet.

This is an abnormal situation, and we shall therefore ensure that Parliament makes a specific request to the Council.

6638 ocean — **ocean**

nn

Men om du tittar på havet, så kan du uppleva en vacker ocean, stilla som en spegel.

Now, if you look at the high sea, there might be beautiful, calm ocean, like a mirror.

6639 konkurrent — **competitor**

nn

Detta förtjänar att vi firar allt vi har uppnått, till exempel rösträtt, rätt till jämställdhet och reproduktiva rättigheter, åtminstone i de mer civiliserade länderna.

That calls for a celebration of everything we have achieved, such as the franchise for women, the right to equality and reproductive rights, at least in the more civilised countries.

6640 välstånd — **prosperity|wealth**

nn

Man bör särskilt uppmärksamma att det offentlig–privata samarbetet har visat sig vara mycket effektivt för att hantera avmattning och kriser inom turistsektorn på etablerade turistmål som riskerar att förlora sin förmåga att skapa välstånd.

It should be noted in particular that public–private cooperation has proved very effective in managing situations of decline or even crises in tourism in mature destinations that risk losing their wealth–generating potential.

6641 villkorlig — **conditional**

adj

Oberoende av om han har fyllt 18 år, om han inte längre är beroende av sina föräldrar för sin försörjning utan lever ett självständigt liv i den aktuella medlemsstaten och om han inte stått till arbetsmarknadens förfogande under flera år på grund av att han genom dom som inte är villkorlig har ådömts ett fängelsestraff av motsvarande längd.

Even though he is over 18 years of age, is no longer dependent on his parents, but lives independently in the Member State concerned, and was not available to join the labour force for several years because he was during that period serving an unsuspended sentence of imprisonment.

6642 imitera — **imitate|mimic**

vb

Han visste redan från början att han inte ville imitera en enda av de ostar han sett utan i stället utnyttja sin samlade erfarenhet för att göra en mycket speciell ost.

From the start, he was quite sure that he did not want to imitate a single one of the cheeses he had seen, but rather to amass all of his experience in order to make a very special cheese.

6643 meditation — **meditation**

nn

Medvetandetransformation, det är själva meningen med meditation.

Mind transformation, that is the very meaning of meditation.

6644 huvudsakligen — **mainly; chiefly**

adv; adj

Baserat på in vivo–och in vitro–studier, elimineras raltegravir huvudsakligen genom metabolism via UGT·A·–medierad glukuronidering.
Based on in vitro and in vivo studies, raltegravir is eliminated mainly by metabolism via a UGT·A·–mediated glucuronidation pathway.

6645 hospital

nn

asylum

Hälften av de cancerpatienter som opererats på Hospital Costa del Sol i den spanska staden Marbella tvingas ta sig till Málaga för att få behandling efter sin operation. Det är således uppenbart nödvändigt att inrätta en onkologisk enhet i sagda sjukhus.
The fact that fifty per cent of cancer patients who undergo operations at the Costa del Sol Hospital in the Spanish city of Marbella are obliged to travel to Malaga for post–operative treatment clearly points to the need to establish an oncology unit at the Marbella hospital.

6646 ingripande

nn; adj

intervention; radical

Vad beträffar den belgiska handlingsplanen så hänvisar den uttryckligen till ingripande av den Europeiska socialfondens mål 4 med förhoppning om att öka möjligheterna till att utbildningen av arbetare för att främja anställbarheten och utveckla möjligheterna för livslångt lärande – planen stöder faktiskt detta synsätt.
The Belgian action plan refers explicitly to the intervention of the European Social Fund Objective 4 with a view to increasing the possibilities for training for workers to promote employability and to develop possibilities for lifelong learning. The plan actually supports that point of view.

6647 städning

nn

cleaning

Innebär hushållsarbete endast städning eller endast matlagning, endast barnpassning eller endast trädgårdsarbete?
Is domestic work just cleaning or cooking, or just child care or just gardening?

6648 hypnos

nn

hypnosis

Hur är det med den inverkan hypnos har på en människas sinne och uppförande?
What about the effect of hypnosis on a person's mind and behavior?

6649 osanning

nn

falsehood|lie

Och min hand är emot de profeter som i en syn skådar osanning och som spår lögn.
And my hand has come to be against the prophets that are visioning untruth and that are divining a lie.

6650 åtagande

nn

commitment

Detta åtagande inkluderar också använt djurfoder och djurens hälsotillstånd.
This obligation also extends to the feedstuffs used and the state of health of animals.

6651 hjälpande

nn

helping

Precis som guiden i vår illustration ger Jehova omtänksamt en hjälpande hand och sin vänskap åt dem som vill vandra med honom.
Like the guide in our illustration, Jehovah kindly extends his helping hand and his friendship to those who seek to walk with him.

6652 återvinning

nn

recycling

Återvinning, återanvändning och slutbehandling är inte billigt och inte gratis.
Recycling, re–use and ultimate disposal are not cheap and not free.

6653 por

nn

pore

Den får inte visa några tecken på läckage som detekteras genom sprickor, porer eller andra liknande defekter.

It must not show any evidence of leakage detected through cracks, pores or other similar defects.

6654	**landning**	**landing**
	nn	Utsläppsbaserade differentierade avgifter för start och landning behövs på flygplatser.
		Emissions–based differential take–off and landing charges are needed at airports.
6655	**hjärndöd**	**brain death; brain dead**
	nn; adj	Du är mer hjärndöd än Dubov!
		You're more brain– dead than Dubov!
6656	**vindruta**	**windscreen**
	nn	Du lånade min bil, lämnade tillbaka den utan vindruta.
		You borrow my car, bring it back with no windshield.
6657	**missfall**	**miscarriage**
	nn	Det ligger i de europeiska medborgarnas intresse att denna för tidiga födsel inte blir ett missfall.
		It is in the interests of the citizens of Europe that this premature birth does not become a miscarriage.
6658	**halvtid**	**half-time**
	nn	Kommissionen bidrar ekonomiskt till urvalskommitténs sammanträden (omkring tre gånger per år) och samordnarens anställning (på halvtid).
		The meetings of the screening committee (about three a year) and of the work of the co–ordinator (on a half time basis) are subsidised by the Commission.
6659	**gylf**	**fly|zipper**
	nn	Det låter för mycket för att vara en gylf.
		And that's too loud for a zipper.
6660	**koncentrerad**	**concentrated**
	adj	Personalförstärkning är således i hög grad koncentrerad till jordbruk och fiske och på strukturåtgärder där programförvaltning till stor del är decentraliserad till medlemsstaterna.
		Reinforcements are thus concentrated for a large part in agriculture/fisheries and in structural actions where programme management is largely decentralised to Member States.
6661	**stabilitet**	**stability|fixity**
	nn	Vid det sjunde toppmötet mellan Ryssland och EU, som hölls den 17 maj 2001, bekräftade båda parter sitt engagemang för att bygga ut det långsiktiga strategiska samarbetet för att på grundval av gemensamma värderingar främja ekonomisk tillväxt och välfärd, samhällsutveckling, ren miljö samt ökad säkerhet och stabilitet i Europa.
		The 7th Russia–EU summit held on 17 May 2001 reaffirmed the commitment of both sides to strengthening their long–term strategic partnership with the aim of fostering economic growth and prosperity, social development, a clean environment and strengthened security and stability in Europe, on the basis of shared values.
6662	**röva**	**rob|ransack**
	vb	Att röva bort och sälja en människa var belagt med dödsstraff.
		Kidnapping a man and then selling him was punishable by death.
6663	**plankton**	**plankton**

nn	Kontrollera eventuell förekomst av toxinproducerande plankton i vattnet i upptagnings– och återutläggningsområden och av biotoxiner i levande tvåskaliga blötdjur.
Check the possible presence of toxin–producing plankton in production and relaying waters and biotoxins in live bivalve molluscs.

6664 prioritera — **give priority to**

vb

I enlighet med artikel 29.1 a ska tillsättningsmyndigheten när den tillsätter en tjänst vid Europeiska utrikestjänsten beakta ansökningar från tjänstemän på rådets generalsekretariat, kommissionen och utrikestjänsten, tillfälligt anställda som omfattas av artikel 2 e i anställningsvillkoren för övriga anställda samt personal från medlemsstaternas nationella diplomattjänster utan att prioritera någon av dessa kategorier.
For the purposes of Article 29(1)(a), when filling a vacant post in the EEAS, the Appointing Authority shall consider the applications of officials of the General Secretariat of the Council, the Commission and the EEAS, of temporary staff to whom Article 2(e) of the Conditions of Employment of Other Servants applies and of staff from national diplomatic services of the Member States without giving priority to any of those categories.

6665 molekyl — **molecule**

nn

Dabigatranetexilat är en liten molekyl, en pro drug utan farmakologisk aktivitet.
Dabigatran etexilate is a small molecule prodrug which does not exhibit any pharmacological activity.

6666 stressig — **stressful**

adj

De arbetar i en mycket stressig miljö och bär ansvar för praktiskt taget allt som sker i bolaget och allt som arbetstagarna gör.
They work in an extremely stressful environment and assume responsibility for virtually everything which takes place in enterprises which is the fault of or caused by any member of the workforce.

6667 sympatisk — **likeable**

adj

Framför allt, använd vanlig hövlighet. & kde;–användare och utvecklare erbjuder oftast frivilligt sin tid från ett redan mycket upptaget schema, och vill veta att du uppskattar att få deras hjälp utan kostnad. Var artig, säg tack och försök vara sympatisk och vänlig.
Above all, use common courtesy. & kde; users and developers are usually volunteering their time out of an already very busy schedule, and like to know that you are appreciating that they are helping you for free. Be polite, say please and thank you and try to be pleasant and friendly.

6668 därtill — **thereto|in addition**

adv

Listan över riskkällor ska omfatta alla riskkällor, tillsammans med alla därtill knutna säkerhetsåtgärder och systemantaganden som identifierats i samband med riskbedömningsprocessen.
The hazard record shall include all hazards, together with all related safety measures and system assumptions identified during the risk assessment process.

6669 konstnärlig — **artistic**

adj

Tim är konstnärlig.
Tim is artistic.

6670 påmind — **remindful**

adj

Jag blev påmind om det när jag råkade på ett gripande rop i form av ett anonymt blogginlägg.
I was reminded of it when chancing upon a poignant cry in the form of an anonymous blog entry.

6671 grundligt

adv

thoroughly

Efter att ha gått igenom brevet grundligt tog de ansvariga enheterna vid rådet noggrant del av de allmänna deklarationer som brevet innehöll.

After thorough examination, the relevant services of the Council took careful note of the declaration that the letter contained.

6672 avleda

vb

divert | deflect

Slutligen är det djupt beklagligt att president Cristina Fernández de Kirchner i Argentina har valt att avleda uppmärksamheten från inrikespolitiken och sin dåliga insats som president genom att tala stridslystet om Falklandsöarna vars invånare vill förbli brittiska.

Finally, it is deeply regrettable that President Kirchner in Argentina has chosen to divert attention away from domestic politics and her poor performance as president by employing bellicose language over the Falkland Islands, whose inhabitants wish to remain British.

6673 uppsyn

nn

appearance | look

Han får aldrig gå ut, utan uppsyn.

He never goes out unsupervised.

6674 vidskeplig

adj

superstitious

Var inte en vidskeplig fåne!

Don't be a superstitious fool!

6675 vräka

vb

evict

UIO protokollet föreskriver att vi ger utomjordingarna 24 timmars förvarning i vår rätt att vräka dom.

UIO protocol dictates that we give the aliens 24 hours notice of our right to evict.

6676 korrumperad

adj

corrupt

Även om Fatah–staten var korrumperad och suspekt, skulle en stat som styrs av Hamas vara ännu mer förkastlig.

Corrupt and dubious though the Fatah state was, a state ruled by Hamas would be even more objectionable.

6677 glänsa

vb

shine | glare

Tänk dig att du går längs ett vattendrag, och i strandkanten ser du ett gruskorn glänsa till i solen.

Imagine that you are walking near a riverbank and see what seems to be a tiny pebble reflecting the sunlight.

6678 däribland

adj

among them

Om inte, vilka åtgärder vidtar kommissionen mot de inblandade i utförandet av programmen, däribland i synnerhet Abb, eller mot dem som godkänt programmen, däribland i synnerhet provinsen Limburg i Nederländerna?

If not, what action is it taking against those who were involved in them, either in project execution, including specifically Abb, or in commissioning projects, including specifically the Netherlands province of Limburg?

6679 diplomatisk

adj

diplomatic

Diplomatisk fraseologi innebär i denna situation utsiktslös skenhelighet.

Diplomatic rhetoric amounts to hypocrisy in this situation.

6680 förbluffande

adj

amazing

Det är en förbluffande anklagelse!

This is an astonishing accusation!

6681 uppblåst

adj

inflated

Om styranordningen är en ratt med krockkudde, skall provningen utföras med krockkudden uppblåst.

If the steering control is fitted with a steering wheel air–bag, the test shall be carried out with the air–bag inflated.

6682	**kila**	**wedge|scurry**

vb

Kila fast stenen i den för att stoppa den.

Wedge that pebble into the fan to stop it turning.

6683	**hicka**	**hiccup; hiccup**

nn; vb

Och din hicka?

And your hiccup?

6684	**blint**	**blindly**

adv

Företaget får emellertid inte blint och utan eftertanke efterkomma varje krav eller viljeyttring som framställs av tredje man.

It nonetheless cannot pander blindly and uncritically to each and every demand and desire expressed by a third party.

6685	**förlänga**	**extend|lengthen**

vb

Om medlemsstaterna vill förlänga dispensen eller sänkningen av tariffen, måste de vidare ange det med goda skäl. Dessa anledningar får inte vara i strid med den interna marknadens principer, ärlig konkurrens eller hållbar miljöpolitik.

If Member States wish to extend exemptions or reductions in the rate of duty, they must be able to provide good reasons for doing so, and these must not conflict with the principles of the single market, fair competition and a sustainable policy on the environment.

6686	**ofödd**	**unborn**

adj

Detta gav Isak tillfälle att visa att han i likhet med sin far hade tro på Jehovas löfte att alla jordens släkter skulle bli välsignade genom en ännu ofödd avkomma, och detta gjorde Isak genom att enträget be till Jehova om en son.

This afforded Isaac the opportunity to show whether he, like his father, had faith in Jehovah's promise to bless all the families of the earth through a seed yet unborn, and this he did by continually entreating Jehovah for a son.

6687	**förbud**	**prohibition**

nn

Rätten konstaterar härvidlag att även om det i förordning nr 4064/89 föreskrivs ett förbud mot koncentrationer som skapar eller förstärker en dominerande ställning och får verkningar som påtagligt hämmar konkurrensen, förutsätter inte dessa villkor att det visas att den genom koncentrationen bildade enheten till följd av koncentrationen har ett beteende som innebär missbruk och således är rättsstridigt.

In this regard, it must be stated that, although the Regulation provides for the prohibition of a merger creating or strengthening a dominant position which has significant anti–competitive effects, these conditions do not require it to be demonstrated that the merged entity will, as a result of the merger, engage in abusive, and consequently unlawful, conduct.

6688	**rigga**	**rig**

vb

Du kan även rigga dina data genom göra den sak du jämför ditt nya läkemedel mot verkligen uselt.

You can also rig your data by making the thing you compare your new drug against really rubbish.

6689	**eter**	**ether**

nn

Eter är den perfekta drogen för Las Vegas.

Ether is the perfect drug for Las Vegas.

6690	**svordom**	**expletive**

nn

Jag vill inte att hans första ord ska vara en svordom!

I don't want the first word out of his mouth to be a profanity

6691	**terrass**	**terrace**
	nn	Sätt er på en terrass där en gång så kommer ni säkert att märka det.
		Just try one of the pavement cafés and you will see what I mean.

6692	**garnison**	**garrison**
	nn	Sedan kommer du till den sanne Gudens kulle, där det finns en garnison av filistéer.
		It is after that that you will come to the hill of the [true] God, where there is a garrison of the Phi·lis'tines..

6693	**skrivande**	**writing**
	nn	Genomförande av informationsarrangemang för idéutbyte om skrivande och målande.
		Conducting information events for the exchange of ideas on writing and painting.

6694	**generalisera**	**generalize**
	vb	Men att generalisera och framkalla aggressiva, negativa känslor mot alla romer, exempelvis genom falska rapporter i media, är inte acceptabelt.
		But to generalise and incite aggressive, negative feelings against all of them, including through false media reports, is not acceptable.

6695	**arbetstid**	**working hours**
	nn	Den tredje punkten gäller sambandet mellan arbetstid och lika möjligheter.
		The third point is the correlation between working time and equal opportunities.

6696	**fördöma**	**condemn**
	vb	Parlamentet borde först garantera demokrati och oberoende i EU–länderna, och först därefter fördöma och tillrättavisa andra.
		Parliament should first guarantee democracy and independence in European countries, and only then issue condemnations and reprimands to others.

6697	**genialisk**	**ingenious**
	adj	Och din plan B var genialisk.
		Yeah, and your plan " B " was genius!

6698	**tröttsam**	**tiring|tiresome**
	adj	Du kan vara tröttsam.
		You can be quite boring.

6699	**lekplats**	**playground**
	nn	Anledningen till att siklöjan håller sig inom det geografiska området under fångstperioden är att området, som består av 1 500 öar, utgör en naturlig lekplats för siklöjan.
		It stays within this geographical area during the catch period because the area, which consists of 1 500 islands, is a natural spawning ground for vendace.

6700	**finne**	**pimple|Finn**
	nn	Odla en till stor finne som den där bara.
		Just grow another big zit like the one you got right there.

6701	**kategori**	**category**
	nn	utsmält fett: fett som framställts genom bearbetning av kategori 2– eller kategori 3–material.
		rendered fats means fats derived from processing of Category 2 material or Category 3 material.

6702	**skräckinjagande**	**horrifying**
	adj	Upp ur havet kom fyra skräckinjagande vilddjur som symboliserar mänskliga regeringar, vilka inte kan tillfredsställa människors verkliga behov.

Out of the sea came four fearsome beasts symbolizing human governments, which are unable to satisfy the real needs of humankind.

6703	**utstött**	**outcast; pariah**
	adj; nn	

I stället för att hela tiden kritisera dig själv bör du följa orden i Ordspråken 11:17: "En man som visar kärleksfull omtanke handlar på ett sätt som medför belöning för hans egen själ, men den grymme gör sin egen organism till något utstött."

Instead of constantly berating yourself, apply the words of Proverbs 11:17: "A man of loving–kindness is dealing rewardingly with his own soul, but the cruel person is bringing ostracism upon his own organism."

6704	**avvisa**	**reject	dismiss**
	vb	

Om frågan däremot besvaras nekande har den nationella domstolen förklarat att den har för avsikt att avvisa INB:s överklagande med motiveringen att det saknar grund.

If the reply is in the negative, the national court has indicated that it intends to dismiss INB's appeal as unfounded.

6705	**polack**	**pole**
	nn	

Medelhavsområdet är ett problem för er som polack och som medlem av Europeiska unionen.

The Mediterranean is your problem as a Pole and as a Member of the European Union.

6706	**återförening**	**reunion**
	nn	

Utsäde som skördats före Tysklands återförening eller efter återföreningen, om de utsädesproducerande fälten besåtts före denna dag,

Seed harvested prior to German unification or after unification insofar as the seed production fields had been sown before that date.

6707	**återse**	**see again**
	vb	

Den nu till åren komna moderns innerligaste önskan är att få återse honom innan hon dör.

The mother, who is now elderly, desperately wants to see him again before she dies.

6708	**oemotståndlig**	**irresistible**
	adj	

blev jag, helt emot min önskan, totalt oemotståndlig

I suddenly, through no fault of my own, became irresistible to her!

6709	**ämnad**	**destined**
	adj	

Jag är säker på att bömben var ämnad för mig.

I am certain, sir, that the bomb was intended for me.

6710	**lunchtid**	**lunch time**
	nn	

Jag gick därför hemifrån hungrig på morgonen, åt tillsammans med pionjärerna vid lunchtid och tog en smörgås på kvällen innan jag gick hem.

Hence, I would leave home in the morning hungry, eat a meal with the pioneers at lunchtime, and have a sandwich in the evening before returning home.

6711	**innefatta**	**include	involve**
	vb	

Denna beskrivning bör innefatta i vilken utsträckning betydande negativa effekter begränsas eller motverkas och bör omfatta både uppbyggnads– och driftfasen.

This description should explain the extent to which significant adverse effects are reduced or offset and should cover both the construction and operational phases.

6712	**lämpad**	**suited**

adj

Halten antocyaner i "Wiśnia nadwiślanka" är minst 20 5 högre än i sorten Łutówka, den populäraste surkörsbärssorten i Polen, som räknas som mest lämpad för bearbetning. Skillnaden kan vara upp till 100 %.

This anthocyanin content of 'wiśnia nadwiślanka' cherries is at least 20 % higher than that of the Łutówka cherry, the most popular cultivated cherry variety in Poland and acknowledged to be the most suitable for processing, and the difference may even be as much as 100 %.

6713 planerad　　**intended**

adj

Så länge dessa förhållanden består är det inte nödvändigt att lämna deklarationer om planerad berikning.

As long as this continues to be the case, declarations of intention to enrich wine are not absolutely necessary.

6714 springare　　**steed**

nn

Är det här den vilda springare som jag ska erövra i dag?

Is this the wild steed that I am to conquer today?

6715 suck　　**sigh**

nn

Pappan i familjen påminner sig vad som hände och säger med en suck: "Vi kände oss verkligen missmodiga."

The father of the family recalls with a sigh, "We really felt downhearted."

6716 splitter　　**shiver|splinter**

nn

Beka förlorade delar av skallen och splitter sitter fortfarande kvar.

Beka lost part of his skull and shrapnel remains inside.

6717 dunka　　**pound|thud**

vb

För att inte tala om EU:s hyckleri med att dunka sig självt i ryggen när det gäller handeln med utsläppsrätter.

Not to mention the hypocrisy of Europe patting itself on the back about emissions trading.

6718 topplista　　**charts**

nn

Göra en översikt med uppgifter för alla nya bilmodeller och med en tio–i–topplista över de mest bränslesnåla och mest miljövänliga bilarna.

Secondly, we can compile a guide containing this information on all new models, which also includes a top ten of the most economical and environmentally–friendly cars.

6719 sabel　　**saber**

nn

Måste vi påminna om att hundratals människor brutalt har slaktats med yxa eller sabel, eller fått halsen avskuren, för att bara nämna något?

It is hardly necessary to remind you that hundreds of people have been brutally assassinated with axes and sabres, had their throats cut and worse.

6720 papperskorg　　**wastebasket**

nn

I dag lägger vi fram konkreta förslag, och de andra institutionerna måste se till att de inte kastas i papperskorgen.

Today we are presenting concrete proposals, which the other institutions cannot allow to be thrown into the litter bin.

6721 stolpe　　**post|pole**

nn

Det har dock visat sig att under vissa omständigheter kan stolpar bli så ledande att det resulterar i farliga eller dödliga strömmar för underhållsarbetare som klättrar i stolpen.

However, it has been noticed that under certain circumstances poles can get conductive enough to result in hazardous or even lethal current for power line maintenance workers climbing the pole.

6722 mötesplats　　**venue|close; passing place**

nn; adj

Europaparlamentets ledamöter får inte underkastas någon begränsning av administrativ eller annan natur i sin rörelsefrihet under resa till eller från Europaparlamentets mötesplats.

No administrative or other restriction shall be imposed on the free movement of Members of the European Parliament travelling to or from the place of meeting of the European Parliament.

6723 dokumentera

vb

document

Fakturors innehåll I allmänhet krävs att en faktura utfärdas för mervärdesskatteändamål i syfte att dokumentera den mervärdesskatt som ska betalas till staten och möjliggöra för köparen att utöva sin avdragsrätt.

Contents of an invoice An invoice is generally required to be issued for VAT purposes to evidence the VAT due to be paid to the Treasury and to allow the customer to exercise a right of deduction.

6724 samtala

vb

talk|converse

Läs högt för barnen, och samtala om det ni läser.

Encourage participation, discussing what you read.

6725 sammansvärjning

nn

conspiracy

Till mina euroskeptiska vänner vill jag säga att detta inte är någon subversiv sammansvärjning.

To my Eurosceptic friends, I say that this is not some subversive plot.

6726 arkeolog

nn

archaeologist

Och jag var en arkeolog, och så förstörde jag saker.

And I was an archeologist, and then I broke things.

6727 biverkning

nn

side effect

Hastighetsbegränsningar betraktades som en tillfällig och oönskad biverkning av en ännu inte fulländad teknik.

Speed restriction was seen as a temporary and unwanted hitch in technology waiting to be perfected.

6728 kartong

nn

cardboard

När det gäller den andra aspekten; är det tillverkarna själva som bifogar denna kartong?

As to the second aspect, are the manufacturers themselves including this packaging?

6729 personnummer

nn

personal code number

Personuppgifter: alla slags uppgifter som kan hänföras till en bestämd eller bestämbar enskild person; med en bestämd enskild person avses en person vars identitet kan fastställas direkt eller indirekt, särskilt genom ett personnummer eller genom ett eller flera särskilda kännetecken på hans eller hennes fysiska, fysiologiska, mentala, ekonomiska, kulturella eller sociala identitet.

'Personal data' means any information relating to an identified or identifiable natural person; an identifiable person is one who can be identifed, directly or indirectly, in particular by reference to an identification number or to one or more factors specific to his physical, physiological, mental, economic, cultural or social identity.

6730 snabbmat

nn

fast food

Är snabbmat verkligen så farligt?

Is fast food really so dangerous?

6731 klitoris

nn

clitoris

WHO har identifierat fyra former av kvinnlig könsstympning, från klitoridektomi (delar av eller hela klitoris skärs bort) och excision (klitoris och de inre blygdläpparna skärs bort), som motsvarar ca 85 procent av fallen, till den mest extrema formen av könsstympning, det vill säga infibulation (hela klitoris, de inre blygdläpparna och de yttre blygdläpparnas inre delar skärs bort, varpå vulvan sys igen så att endast en smal vaginal öppning kvarstår), och introcision (prickning, perforering eller rispning av klitoris eller blygdläpparna).

The WHO has identified four types of FGM, ranging from clitoridectomy (partial or total removal of the clitoris) and excision (removal of the clitoris and the labia minora) – the latter accounts for 85 % of FGM procedures – to the most extreme form, infibulation (removal of all of the clitoris and the labia minora and of the inside of the labia majora and stitching of the vulva, leaving only a narrow vaginal opening), and introcision (pricking, piercing, or incising of the clitoris or the labia).

6732 avlyssna
vb

listen in on

Det är emellertid tydligt att de tekniska möjligheterna för att avlyssna och övervaka elektronisk kommunikation finns.

However, it is clear that technological possibilities to intercept electronic communications exist.

6733 tillhandahålla
vb

provide|supply

Det är verkligen något helt annat än att tillhandahålla information ombord.

That is indeed something completely different from providing information on board.

6734 krage
nn

collar

Det här är min krage.

This is my collar.

6735 välkänd
adj

well-known

Problemet med gråzonen mellan katastrofhjälp och återanpassning är mycket välkänd.

The problem of the grey zone between relief and rehabilitation is well–known.

6736 lagd
adj

minded

Från denna stund är rättfärdighetens krona lagd i förvar åt mig.

From this time on there is reserved for me the crown of righteousness.

6737 beröva
vb

deprive|rob

Rådet bekräftar därför att de svårigheter som industrin i gemenskapen haft och som orsakats av andra faktorer än dumpning inte utgör något skäl till att beröva industrin i gemenskapen varje skydd mot skada vållad av dumpning.

The Council confirms therefore that the difficulties encountered by the Community industry for reasons other than dumping do not constitute grounds for depriving the Community industry of all protection against injury from dumping.

6738 talare
nn

speaker

Följande talare yttrade sig i enlighet med förfarandet catch the eye: Czesław Adam Siekierski, Zbigniew Krzysztof Kuźmiuk och Jörg Leichtfried

The following speaker spoke under the catch–the–eye procedure: Czesław Adam Siekierski, Zbigniew Krzysztof Kuźmiuk and Jörg Leichtfried

6739 katedral
nn

cathedral

Vi hade velat bygga en katedral och vi befinner oss i ett varuhus.

We set out to build a cathedral and ended up in a department store.

6740 försitta
vb

lose

Marknadsrovdjuren kommer aldrig att försitta en enda chans att attackera sårbara punkter, trots de smärtsamma åtstramningsåtgärder som har vidtagits av samtliga medlemsstater.

The market predators will never endlessly attack any vulnerable opening, despite the painful austerity measures taken by all Member States.

6741 kardinal

nn

cardinal

Emellertid ändrades allt detta i oktober 1978 när en polsk kardinal valdes till påve.

However, all of this changed in October 1978 with the election of a Polish cardinal as Pope.

6742 milis

nn

militia

En av ledarna för Horlivkas självutnämnda milis.

One of the leaders of the self–proclaimed militia of Horlivka.

6743 förmiddag

nn

forenoon

Jag föreslår att vi återkommer till detta i morgon förmiddag, efter att ha övervägt Dupuis och mina argument, som syftar till att betrakta de tre gruppernas begäran som otillåtlig.

I suggest that we return tomorrow morning having considered Mr Dupuis' arguments and my own with the aim of deeming the request formulated by the three groups unacceptable.

6744 ointressant

adj

uninteresting

Mot bakgrund av att det saknas incitament för parterna att inleda en avskärmning av insatsvaror är det sannolikt att parterna skulle reagera vid eventuella konfidentialitetsproblem, t.ex. genom att erbjuda kunderna villkor som skulle göra det ointressant för dem att byta till Navteq.

Due to the absence of incentives for the parties to engage in input foreclosure, it is likely that the parties would react to possible confidentiality concerns, e.g. by offering customers conditions which make switching to NAVTEQ unattractive.

6745 kvast

nn

broom

Ny kvastar sopar bra, sägs det.

They say that new brooms sweep clean.

6746 tyranni

nn

tyranny

Det här handlar inte om EU:s allmänna svaghet i utrikesfrågor utan om Rysslands tyranni och revanschism i södra Kaukasus.

This is not about EU global weakness in foreign affairs, but about Russian bullying and revanchism in the South Caucasus.

6747 ans

nn

care

Min terapeut säger, att jag ska vara mer ans varsfull men jag klarar inte det.

My therapist wants me to take more responsibility for my emotions... but I just don't think this is the right time for that, you know?

6748 handslag

nn

handshake

Ibland får du bara ett trekvarts handslag, bara fingrarna.

Sometimes they give you, the three– quarter handshake, just the fingers.

6749 kulspruta

nn

machinegun

Systemet är förberett för inmontering av en automatkanon och en kulspruta (inget av dessa vapen för militärt bruk omfattas av detta bindande klassificeringsbesked).

The system is ready to be fitted with an automatic cannon and a machine gun (neither of these military weapons is part of the present BTI).

6750 soptipp

nn

dump

Det andra citatet kommer från den flamländska socialdemokraten Louis Tobback som i en valbok beskriver flyktingar i allmänhet på följande sätt: " Måsar som kommer hit och sitter på en soptipp här eftersom det är lättare än att fiska eller bruka marken där hemma."

The second quotation comes from the Flemish socialist Louis Tobback who in an election leaflet describes the majority of refugees in general as: 'Gulls who come to settle here on a rubbish tip, as that is easier than fishing or farming the land back home.'

6751	**inbrottstjuv**	**burglar**

nn

När vi frågade vakterna om vi kunde få en bibel, svarade de: "Att ge ett Jehovas vittne en bibel är lika farligt som att ge en fängslad inbrottstjuv verktyg att bryta sig ut med."

When we asked the guards for a Bible, they replied: "Giving Jehovah's Witnesses a Bible is as dangerous as giving an imprisoned burglar tools to break out."

6752	**patrullera**	**patrol**

vb

Innan han började dricka brukade vi patrullera.

Before he tried to drink the town dry, we used to do a patrol.

6753	**gammalmodig**	**old-fashioned**

adj

Det är ett steg in i framtiden, eftersom vi gärna vill ha ett styrinstrument, och för att den som i dag bygger en dator som går bra att återvinna – den här till exempel – också skall belönas, och för att den som vill fortsätta att producera en trist och gammalmodig apparat också måste få stå till svars genom de höga avfallshanteringskostnaderna.

It is a step forward because we would like to have a guidance instrument and those who today are building computers that lend themselves to recycling – like this one, for example – should also be rewarded and those who want to continue producing boring old–fashioned ones in the future should be asked to contribute to the high costs of disposal.

6754	**fallande**	**falling; fall**

adj; nn

Som Jeffrey Titford just sa – och jag håller sällan med honom, men jag gör det i det här fallet – har den höga bränslekostnaden följt i kölvattnet av minskade kvoter och fallande priser på fisk.

As Mr Titford just said – and I rarely agree with him, but I do in this case – in some fishing nations the huge cost of fuel has followed in the wake of dwindling quotas and falling prices for fish.

6755	**landningsbana**	**runway**

nn

Lufttrafikföretag skall särskilt beakta de tekniska och operativa krav som gäller vid flygplatserna, inbegripet kort start– och landningsbana vid Vardø.

Carriers' attention is especially drawn to technical and operative conditions applying at the airports, including short runway at Vardø.

6756	**tomhet**	**emptiness**

nn

Det kan, efter att ha monterat ned allt, bara lyckas med att lämna våra medborgare i en tomhet som inte kan gynna någon.

It can only succeed, after having dismantled everything, in leaving our citizens in a vacuum, which cannot profit anyone.

6757	**gynna**	**befriend|promote**

vb

Såsom generaladvokaten har konstaterat i punkt 39 i sitt förslag till avgörande innebär det ifrågavarande särskilda systemet för den vetenskapliga sektorn inte att det fastställs någon absolut gräns, utan det hänvisas till det antal personer som har förvärvat erforderlig yrkesutbildning, vilket innebär att fakta används som kvantitativa parametrar för att gynna kvinnor.

As the Advocate General observes in point 39 of his Opinion, the special system for the academic sector at issue in the main proceedings does not fix an absolute ceiling but fixes one by reference to the number of persons who have received appropriate training, which amounts to using an actual fact as a quantitative criterion for giving preference to women.

6758	**navigera**	**navigate**
	vb	Om du dubbelklickar på fältet öppnas Navigator med vars hjälp du kan navigera i dokumentet.

A double–click opens the Navigator with which you can navigate in the document.

6759	**förvisso**	**for certain**
	adv	Även om det förvisso är riktigt, såsom påpekats i punkt 28 i denna dom, att en samförbränningsanläggning utgör en särskild form av förbränningsanläggning, kvarstår emellertid det faktum att dessa två sorters anläggningar motsvarar definitioner som enbart gäller dem.

In that connection, while it is admittedly true, as stated in paragraph 28 of this judgment, that a co–incineration plant constitutes a particular form of incineration plant, the fact remains that the two types of plant have definitions which are particular to them.

6760	**förväntan**	**expectation**
	nn	. En förväntan om framtida rörelseförluster tyder på att värdet på vissa av rörelsens tillgångar kan ha gått ned.

An expectation of future operating losses is an indication that certain assets of the operation may be impaired.

6761	**mink**	**mink**
	nn	Ex 4 (hela skinn av mink, med eller utan huvud, svans eller tassar): Särskilda krav för framställda produkter för användning utanför foderkedjan (päls) fastställs på rad 14 i tabell 2 i kapitel II avsnitt 1 i bilaga XIV.

Ex 4 (of mink, whole, with or without head, tail or paws): specific requirements for derived products for uses outside the feed chain (fur) are set out in Row 14 of Table 2 of Section 1 of Chapter II of Annex XIV.

6762	**television**	**television; TV**
	nn; abr	När det gäller television skulle den förslagna avyttringen av kabel–tv–verksamheten undanröja de överlappande affärsverksamheter som Telia för med sig in i det nya bolaget.

In the field of television services, the proposed cable–TV divestiture would remove the additional business activities brought by Telia into the merged entity.

6763	**mapp**	**folder**
	nn	Utrymme kan frigöras med kommandona Töm papperskorgoch Komprimera denna mapp.

The `Empty Trash' and `Compact This Folder'commands may recover some space.

6764	**oönskad**	**undesirable**
	adj	Övermärkning har också en oönskad dominoeffekt när det gäller förpackningar, om det skapar barnsäkra förslutningar som är lika svåra att öppna för äldre eller svagare användare.

Over–labelling also has an undesired knock–on effect with regard to packaging, with child–resistant closures proving equally resistant to opening by older or infirm users.

6765	**glädjas**	**rejoice**
	vb	Vi bör glädjas åt att rådets förslag är helt i linje med slutsatserna från Europeiska rådet i Köln, Helsingfors och Feira där unionen uppmanades att " förbättra och effektivare utnyttja de medel som står till dess förfogande för en civil krishantering" .

We must rejoice the fact that the Council proposal follows on directly from the conclusions of the Cologne, Helsinki and Feira European Councils which urged the Union to "improve and make more effective use of resources in civilian crisis management."

6766 immigrant   **immigrant**

nn

Immigranterna lever under ångest och rädsla.

The immigrant communities are living in fear and anxiety.

6767 synpunkt   **point of view**

nn

Generellt tyder siffrorna på att det för fartyg med stora motorer, som ofta anlöper samma hamn, ur ekologisk och ekonomisk synpunkt är bättre att ställa om till landström än att använda bränsle med en svavelhalt på 0,1 %.

In general the figures suggest that for ships with larger engines regularly visiting the same port, switching to shore–side electricity should be both environmentally and economically preferable to using 0,1 % sulphur fuel.

6768 frita   **exempt**

vb

Vad avser bestämmelsernas komplexitet påpekade förstainstansrätten dels att den redan hade fastställt, vid andra tillfällen(21), att artikel 1.3 andra stycket i förordning nr 3319/94 inte är nämnvärt svårtolkad, dels att klaganden, såsom kommissionen ansåg, inte kunde frita sig från sitt eget ansvar genom att hänvisa till sina tullombuds misstag, oavsett om de var verkliga eller inte. Klaganden hade nämligen själv utarbetat ordningen för import av de ifrågavarande varorna och fritt valt dessa ombud.(

With regard to the complexity of the provisions, the Court of First Instance pointed out first that it had already held in a previous ruling (21) that there was no particular difficulty in interpreting the second subparagraph of Article 1(3) of Regulation No 3319/94 and, secondly, that as the Commission had submitted, CMF could not avoid its own liability by relying on the mistake, genuine or otherwise, of its customs agents, having drawn up the arrangements for importing the goods itself and having freely chosen those customs agents.

6769 kärl   **vessel**

nn

Forskning och högre utbildning gagnar varandra och utgör kommunicerande kärl.

Research and higher education have mutual benefits and are interconnected vessels.

6770 planta   **root**

nn

Det gäller nu att vårda denna ömtåliga planta vid Buenos Aires–mötet i december.

We have nurtured a delicate plant; let us now ensure that we tend it in Buenos Aires in December.

6771 ovän   **enemy**

nn

Din partner är rasist, men du vill inte bli ovän med honom?

I understand. Your partner's a racist prick. But you don't wanna stir up any bad feelings with him?

6772 oansvarig   **unanswerable**

adj

Jag motsätter mig fullständigt det rådande läget med "Ley de Costas", men jag anser också att en sådan bestämd hållning vore oansvarig, särskilt under denna ekonomiska kris, eftersom hundratusentals medborgare skulle drabbas om medlen hölls inne.

I completely disagree with the current state of affairs regarding 'Ley de Costas', but I also think that, especially in this moment of economic crisis, it is not responsible to take such a strong stand, as hundreds of thousands of citizens would be affected if funds were withheld.

6773 helgdag
nn

holy day

En av de mest intressanta är den okomplicerade idén med en helgdag på Europadagen.
One of the most interesting is the simple idea of a national holiday on Europe Day.

6774 dörrvakt
nn

doorman

West 32rd, två sovrum, dörrvakt.
West 32rd, two– bedroom, doorman building.

6775 ingående
adj; adv

thorough; closely

Vi kommer att undersöka vad det var som hände och göra mer ingående utredningar och analyser.
We will study what happened, and undertake closer investigations and analyses.

6776 eskalera
vb

escalate

Men motsättningar mellan medtroende, som ibland bottnar i stolthet, kan eskalera och leda till stora problem.
Nevertheless, disputes between fellow believers, which sometimes start with pride, can spiral out of control.

6777 vägleda
vb

guide

Parterna skall upprätta en gemensam rådgivande grupp för industriellt samarbete inom ramen för den styrkommitté som inrättas genom artikel 14. Syftet är att granska och vägleda samarbetet om utveckling och tillverkning av satelliter, starttjänster, markstationsanläggningar och tillämpningsprodukter.
The Parties will establish a joint advisory group on industrial cooperation under the Steering Committee set up under Article 14 in order to investigate and guide the cooperation on satellite development and manufacturing, launch services, ground station facilities, and application products.

6778 tunt
adv

sparsely

Jag måste säga att jag gav dem en lista med de olika lagstiftningsdelarna och hur vi tar itu med det, men det lät lite tunt i mina öron. Jag kunde se på deras min att de också tyckte att det var lite tunt.
I have to say that I gave a list of the bits of legislation and how we were tackling it, but it sounded a bit thin to me and I could see on their faces that they thought it was a bit thin as well.

6779 endaste
prn

one single

Jag vill bara ha lite respekt, en endaste gång i mitt liv.
All I want is some respect, for once in my life.

6780 muslimsk
adj

Muslim

Tjeckien: I mars 2016 stämde en muslimsk student en sjuksköterskeskola i Prag, eftersom hon förbjudits att bära hijab (slöja som täcker huvud och hals) under lektionstid.
In March 2016, a Muslim student filed a lawsuit against a nursing school in Prague after she was banned from wearing a hijab (Muslim veil covering head and neck) during classes.

6781 lagarbete
nn

teamwork

Idrott är därför inte bara en hälsosam vana, utan ökar och förbättrar också dessa personers rörlighet och främjar deras personliga utveckling på områden som beslutsfattande, vänskap och lagarbete.
For this reason, sport is not just a healthy habit, it also improves and enhances the mobility of these people and allows them to develop their decision–making abilities, friendships and team–working skills.

6782	**slyngel**	**scamp**
	nn	Du får medalj för att ha skjutit mig, din slyngel.
		They're giving you a medal for shooting me, you little prick.

6783	**diagram**	**chart | diagram**
	nn	Detta uppgav också de svarande i undersökningen: nästan hälften (48 %) "instämde inte" eller "instämde inte alls" i påståendet att man hade gjort en lämplig kvantifiering och kostnadsberäkning av kostnaderna och nyttan med konsekvenserna av de olika handlingsalternativen (se diagram 12).
		This is also what respondents to the survey reported: nearly half (48 %) "disagreed" or "strongly disagreed" that an appropriate quantification and monetisation of the costs and benefits of the impacts of the different policy options had been achieved (see Figure 12).

6784	**successiv**	**successive**
	adj	Enligt stabilitetsprogrammet för 2015 planerar regeringen en successiv förbättring av det strukturella saldot för att nå en balanserad budget i strukturella termer vid 2018.
		In its 2015 Stability Programme, the government plans a gradual improvement of the structural balance in order to reach a balanced budgetary position in structural terms by 2018.

6785	**välmående**	**well-being**
	adj	Ingenting är viktigare än våra barns hälsa, välmående och framtid.
		Nothing is more important than the health, wellbeing and future of our children.

6786	**begynnelse**	**beginning; starting**
	nn; adj	Gemenskapen har sedan hiv/aids–epidemins begynnelse aktivt deltagit i arbetet med att ge ökad tillgång till effektiva metoder för att förebygga smittspridning.
		The Community has been active in the promotion of access to effective prevention methods since the beginning of the HIV/AIDS epidemic.

6787	**accepterad**	**accepted**
	adj	Kan du inte acceptera att jag är orolig?
		Can you not accept that I'm genuinely concerned about you?

6788	**skyddsrum**	**shelter**
	nn	Byggnadsmaterial av metall, speciellt för militära skyddsrum.
		Building materials of metal, especially for military shelters.

6789	**hyrbil**	**rental car**
	nn	De packade och åkte iväg i en hyrbil.
		They packed their stuff and left in a rental car.

6790	**tystnadsplikt**	**professional secrecy**
	nn	Utan att det påverkar övriga tillämpliga bestämmelser skall kommitténs och kontaktgruppens arbete omfattas av tystnadsplikt, om inte kommittén beslutar annat.
		Without prejudice to other applicable provisions, the work of the Committee and the Contact Group shall be covered by the obligation of professional secrecy, except insofar as the Committee decides otherwise.

6791	**liberal**	**broad**
	adj	Invandrarna överexploateras massivt och är offer för en liberal avreglering.
		Massively overexploited, immigrants are the victims of liberal deregulation.

6792	**islam**	**islam**
	nn	Islam utpekas återigen som den viktigaste potentiella faran för västerlandet.

Islam is picked out yet again as the greatest potential danger for the West.

6793	**obemärkt**	**unnoticed; in obscurity**
	adj; adv	Detta är också ett slags utveckling av ekologisk teknik som kan gå obemärkt förbi men som är högst reell.
		This is one way of developing environmental technologies which may go unnoticed but which is very real.

6794	**varva**	**wind-down**
	vb	Boxning hjälper mig varva ner.
		Boxing helps me unwind.

6795	**ekvation**	**equation**
	nn	I halvtidsöversynen sammanfattas därför Lissabonstrategin genom följande enkla ekvation:
		Thus, the mid–term review summarises the Lisbon strategy in a simple equation:

6796	**lögnaktig**	**lying**
	adj	Men Jehova straffade Gehasi och hans avkomlingar genom att låta dem drabbas av spetälska till oöverskådlig tid för att han varit girig och lögnaktig och missbrukat sin ställning som Elisas tjänare för att dra fördel av Jehovas andes verksamhet.
		But for this greedy and lying act in which he tried, by misusing his office as Elisha's attendant, to profit from the work of Jehovah's spirit, Jehovah punished him by inflicting leprosy on him and on his offspring to time indefinite.

6797	**födelsemärke**	**birthmark**
	nn	Är det ett äkta födelsemärke?
		Is that mole real?

6798	**memoar**	**memoir**
	nn	Så om en historia kan berättas med sex ord och en hel memoar kan förmedlas med sex ord, då behöver du inte mer än sex ord för en TEDTalk.
		So if a novel can be put into six words and a whole memoir can be put into six words, you don't need more than six words for a TEDTalk.

6799	**översättare**	**translator**
	nn	Han säger att hans översättare kanske inte gjorde det hela klart för dig.
		He says perhaps his translator did not make it clear to you.

6800	**rövslickare**	**ass-kisser**
	nn	Jag blir guvernör i min egen by och Dagonet min personliga vakt.Och kungliga rövslickare.
		I'll be governor in my own village and Dagonet will be my personal guard and royal ass–kisser.

6801	**ämnesområde**	**field**
	nn	Vi har att göra med ett ämnesområde som avspeglar förväntningarna bland Europas folk.
		We are dealing with a topic that reflects the expectations of the people of Europe.

6802	**kub**	**cube**
	nn	Målzonen är ett område på undersidans yta av en axelbox som beskrivs genom axelboxens skärning med en virtuell kub som har ett vågrätt tvärsnittsområde som ges med dimensionerna XTA och YTA genom användning av koordinaterna för rullande materiel.
		The target zone is an area on the underside surface of an axle box described by the intersection of the axle box with a virtual cuboid that has a horizontal

cross sectional area given by the dimensions XTA and YTA using the rolling stock coordinates.

6803 etiopien **Ethiopia**

nn

På utbildningsområdet bidrog Frankrike till ett seminarium som leddes av en multinationell MSAG–grupp under Förenade kungarikets ledning om säkerhetsåtgärder för vapen– och ammunitionslager i Etiopien den 1 januari– 1 februari.

In the training field, France contributed to a seminar conducted by a multinational MSAG team led by the United Kingdom on security measures for stocks of arms and ammunition in Ethiopia, from 1 January to 1 February.

6804 buffel **buffalo**

nn

Här kommer en buffel.

Oh, here comes a buffalo.

6805 emellertid **however**

adv

Om det av jämförelsen emellertid framgår att det föreligger en väsentlig diskrepans, skall värdmedlemsstaten ge förmånstagaren tillfälle att visa att han har tillägnat sig de kunskaper och färdigheter som saknas, genom en anpassningstid eller ett lämplighetsprov, eftervärdmedlemsstatens val, i enlighet med direktiven 1 och 2.

Where, however, the comparative examination shows a substantial difference, the host Member State shall give the beneficiary the opportunity to demonstrate that he has acquired the knowledge and skills which were lacking by, at the choice of the host Member State, attending an adaptation period or taking an aptitude test by analogy with Directives 1 and 2.

6806 idrott **sports**

nn

Hälsoundervisning och idrott som en vardagssyssla, folkidrotten våndas.

Fitness training and sport as a daily exercise and popular sport are in dire straits.

6807 funktionalitet **functionality**

nn

Kommissionen måste hantera sammankopplingen av dessa system och utvidga deras funktionalitet för att rationalisera kostnaderna.

The Commission must manage the interconnection of these systems and expand their functionality in order to streamline costs.

6808 tveklöst **undoubtly**

adv

Att det råder enighet om behovet av en sammanhållningspolitik är tveklöst goda nyheter för alla och att det råder enighet inom detta parlament är naturligtvis ännu bättre.

It fills me with enormous optimism. The fact that there is agreement on the need for a cohesion policy is undoubtedly good news for everyone, and the fact that there is agreement within this Parliament is, of course, even better.

6809 attraktion **attraction**

nn

Dessutom måste produktivitetstillväxten ökas genom åtgärder för att höja kompetensen och förbättra innovationsresultaten, bland annat genom attraktion av utländska direktinvesteringar.

Moreover, productivity growth needs strengthening by improving skills and raising innovation performance, including through the attraction of foreign direct investment.

6810 hysteri **hysteria**

nn

Det finns i alla fall absolut ingen anledning till denna enorma, missriktade hysteri.

Nevertheless, there is absolutely no cause for misplaced hysteria on this scale.

| 6811 | **snar** | **speedy\|quick** |

adj

Är kommissionen beredd att åstadkomma en bättre samordning av den politik som dess olika generaldirektorat bedriver och medverka till en snar lösning på detta problem, så att utbildnings– och utvecklingsfonder kan utnyttjas fullt ut för att stödja Lissabonstrategin?

Is the Commission prepared to improve policy coordination by its directorates–general and to cooperate in finding a quick solution to the impasse so as to enable training and development funds to be fully committed in support of the Lisbon strategy?

| 6812 | **opålitlig** | **unreliable** |

adj

Om leverantören följaktligen skulle visa sig vara opålitlig eller oförutsägbar eller om infrastrukturen inte underhålls på ett tillfredsställande sätt utgör det ett allvarligt hot mot energitryggheten i hela EU.

Therefore, should the supplier prove to be unreliable or unpredictable or should the infrastructure not be properly maintained, the energy security of the whole EU could be seriously damaged.

| 6813 | **jordklot** | **earth** |

nn

Ändå uppmuntrar vi indirekt till oljeutvinning i det mest sårbara och ömtåliga området på vårt jordklot, där konsekvenserna skulle kunna bli fruktansvärda.

Yet indirectly, we are encouraging oil exploitation in the most vulnerable and fragile part of our globe, where the consequences could be horrific.

| 6814 | **avskilja** | **separate; sequester** |

vb; nn

The Christian Book of Why förklarar att "de första kristna [vägrade] att avsätta en särskild dag för att markera Jesus födelse" eftersom de ville "avskilja sig från alla hedniska sedvänjor".

The Christian Book of Why notes that "the early Christians refused to set aside a date marking Jesus' birth" because they wanted "to divorce themselves from all pagan practices."

| 6815 | **bagageutrymme** | **luggag compartment** |

nn

Som ett alternativ kan provningsfordonets volym med bagageutrymme och fönster öppna användas i stället för 1,42 m3.

Alternatively the volume of the test vehicle with the luggage compartment and windows open may be used instead of the 1,42 m3.

| 6816 | **strejk** | **strike** |

nn

Detta gripande har lett till en allmän strejk inom den andalusiska fiskeflottan. Jag tror att Portugal försöker statuera exempel och därför låter en enkel fiskare, som endast har begått denna enda överträdelse, betala priset för en bristande politisk vilja.

The imprisonment of Mr García has already led to a general strike by the Andalusian fishing community and I believe that Portugal is trying to make an example of Mr García, making a simple fisherman, who has only committed this one offence, carry the can for a lack of political will.

| 6817 | **spräcka** | **crack\|flaw** |

vb

Han skall spräcka Moabs tinningar och huvudskålen på alla krigstumultets söner."

And he will certainly break apart the temples of Moab's head and the cranium of all the sons of tumult of war."

| 6818 | **vrål** | **roar** |

nn

Det är lejonets vrål!

it's the Lion's Roar!

| 6819 | **välta** | **roll; log pile** |

vb; nn

Kollina skall lastas så i vagnar eller containrar, att de inte kan förskjutas, välta eller falla ner på ett farligt sätt.

Packages shall be so loaded in wagons that they cannot shift dangerously, roll over or fall.

6820 meddetsamma   **at once**

adv

De övriga 20 svarade alla på ett eller annat sätt att de tänkte sätta i gång arbetet meddetsamma utan att vänta på resultat från de nationella omröstningarna.

The other 20 all replied in one way or another that they intended to forge ahead at once without waiting for the outcome of the national ballots.

6821 uppvakta   **woo|congratulate**

vb

Jag ville bara gå till byn och uppvakta en señorita och hälsa på hennes familj.

I just went into that village to court a little senorita and say hello to her folks.

6822 ståhej   **fuss**

nn

Utan mer ståhej, Chiltonskolans underbara kör.

So without further ado, the wonderful Chilton School choir.

6823 fläkt   **fan|breath of air**

nn

Verkningsgrad: en parameter vid beräkningen av målvärdet för energieffektivitet för en fläkt med specificerad ineffekt när fläkten arbetar med optimal energieffektivitet (uttryckt som parametern N vid beräkning av fläktens energieffektivitet).

'Efficiency grade' is a parameter in the calculation of the target energy efficiency of a fan of specific electric input power at its optimum energy efficiency point (expressed as parameter 'N' in the calculation of the fan energy efficiency).

6824 förhand   **beforehand**

adv

Furstendömet Monaco ska på förhand informera kommissionen om förslag till nationell sida på euromynt och kommissionen ska kontrollera att de överensstämmer med Europeiska unionens regler.

The Principality of Monaco shall communicate, in advance, a draft of the national sides of its euro coins to the European Commission, which shall check their compliance with the EU rules.

6825 grus   **gravel**

nn

Av miljöskäl har den svenska regeringen infört en lag om beskattning av "användningen" av grus.

For environmental reasons, the Swedish Government has introduced legislation imposing a tax on the "use" of gravel.

6826 tänkare   **thinker**

nn

Platon anses vara en av de tänkare som påverkat den västerländska kulturen allra mest.

Plato is considered one of the most influential thinkers in the history of Western culture.

6827 hyckleri   **hypocrisy**

nn

I bergspredikan visar Jesus varför hans lärjungar kan vara lyckliga; han varnar dem för att vara vreda och uppmanar dem att sluta fred med varandra och att älska till och med sina fiender; han påvisar faran i att tänka på äktenskapsbrott; han varnar för hyckleri, lär dem hur de skall be, varnar för materialism och manar dem att först söka Guds kungarike och hans rättfärdighet; han uppmanar åhörarna att inte vara överkritiska och att be oupphörligt; han manar dem att ha klart för sig att vägen till liv är smal och att de skall frambringa fin frukt.

In the Sermon on the Mount, Jesus shows why his disciples would be truly happy; he warns against wrath and urges them to make peace with one another and to love even their enemies; he tells of the danger of adulterous thoughts; he counsels against hypocrisy, teaches how to pray, warns against materialism, and advises seeking first God's Kingdom and His righteousness; he cautions his hearers not to be overcritical, tells them to pray constantly, and urges them to realize that the road to life is narrow and that they should produce fine fruits.

6828 anstalt
nn

institution

Enligt Svenska statens veterinärmedicinska anstalt bör tam iller i fortsättningen vaccineras i likhet med hundar och katter.
According to the Swedish state Institute of Veterinary Medicine, ferrets ought in future to be vaccinated in the same way as dogs and cats.

6829 mirakulös
adj

miraculous

När "tron" nämns som en andens gåva, måste den på samma sätt syfta på en mirakulös tro som hjälpte enskilda individer att övervinna berglika hinder som annars skulle ha begränsat dem i deras tjänst för Gud.
Likewise "faith" as a gift of the spirit was evidently a miraculous faith that helped the individual to overcome mountainlike obstacles that would otherwise hinder service to God.

6830 obehag
nn

discomfort

Detta krav ska anses uppfyllt om det avgivna ljuset inte orsakar föraren obehag, varken direkt eller indirekt genom backspeglarna eller andra reflekterande ytor på fordonet.
This requirement is considered to have been met if the light emitted does not disturb the driver either directly or indirectly by means of the rear–view mirrors and/or reflective surfaces on the vehicle.

6831 kalv
nn

calf

En kalv är tjudrad i den mening som avses i rådets direktiv 9 om fastställande av lägsta djurskyddskrav för kalvar, i dess lydelse enligt kommissionens beslut 3, när den är bunden, oavsett av vilket slag tjudret är, hur långt det är och av vilken anledning djuret är tjudrat.
A calf is tethered within the meaning of Council Directive 9 laying down minimum standards for the protection of calves, as amended by Commission Decision 3, where it is tied by a rope, irrespective of the material, length and purpose of that rope.

6832 fängsla
vb

imprison

Måste man fängsla människor för en handling som inte är straffbar i det aktuella landet och sedan med polisvåld slå ner den upprördhet som det oundvikligen framkallar?
Should people be locked up for an action which is not punishable in the relevant country, and should the indignation which inevitably ensues be broken up with police violence?

6833 spridning
nn

proliferation|distribution

Forskningsenheter som är etablerade i Litauen och som deltar i gemenskapens forskningsprogram skall ha samma rättigheter och skyldigheter som enheterna som är etablerade i gemenskapen vad gäller äganderätt, utnyttjande samt spridning av information och immateriell äganderätt som härrör från detta deltagande, om inte annat följer av bilaga II.
Research entities established in Lithuania participating in Community research programmes, shall, as regards ownership, exploitation and dissemination of information and intellectual property arising from such participation, have the same rights and obligations as those of research entities established in the Community, subject to the provisions of Annex II.

6834 patent

nn

patent

När det gäller Kroatien får innehavaren, eller innehavarens förmånstagare, av ett patent eller tilläggsskydd för ett läkemedel, för vilken ansökan om sådant skydd lämnades in i en medlemsstat vid en tidpunkt då ett sådant skydd inte kunde erhållas i Kroatien för produkten, åberopa de rättigheter som ges genom detta patent eller tilläggsskydd för att förhindra import och marknadsföring av produkten i den eller de medlemsstater där produkten i fråga har patentskydd eller tilläggsskydd, även om produkten för första gången fördes ut på marknaden i Kroatien av innehavaren själv eller med innehavarens samtycke.

With regard to Croatia, the holder, or the holder's beneficiary, of a patent or Supplementary Protection Certificate (SPC) for a medicinal product filed in a Member State at the time when such protection could not be obtained in Croatia for that product, may rely on the rights granted by that patent or SPC in order to prevent the import and marketing of that product in the Member State or Member States where the product in question enjoys patent or SPC protection, even if this product was put on the market in Croatia for the first time by the holder or with the holder's consent.

6835 devalvering

nn

devaluation

Konsekvenserna av dollarns devalvering är inte bara penningpolitiska.

The devaluation of the dollar is not only a monetary policy issue.

6836 internationalisering

nn

internationalization

Näringslivets globalisering kräver också globalisering, d v s internationalisering, av utbildningen.

An increasingly global economy demands the globalization, in other words the internationalization, of the education process.

6837 stämpla

vb

stamp|imprint

Det är självklart inte meningen att stämpla de nya medlemsstaterna som ett slags andraklassens stater.

It follows that this is not a way of branding the new Member States as second–class states.

6838 sits

nn

lie

En domare i en sits kan i enlighet med artikel 78 i avtalet separat uttrycka en skiljaktig mening, som ska vara motiverad, lämnas skriftligen och vara undertecknad av den domare som uttrycker den skiljaktiga meningen.

A dissenting opinion expressed separately by a judge of a panel in accordance with Article 78 of the Agreement shall be reasoned, given in writing and shall be signed by the judge expressing this opinion.

6839 knall

nn

bang|report

När jag sa " Ytliga Hal vill ha ett knall ", botades du.

When I said " Shallow Hal wants a gal ", you were cured.

6840 flytt

nn

move

Även om jag är övertygad om att en unionsmedborgare (och alla familjemedlemmar som är tredjelandsmedborgare) som har åtnjutit skydd enligt direktiv 8 inte bör förlora det skyddet vid en andra flytt, skulle en annan slutsats avseende tillämpningsområdet för direktiv 2 i sig innebära att man bortser från uttrycket "en annan medlemsstat än den de själva är medborgare i" i artikel 3.1.

Although I am firmly of the view that an EU citizen (and any third country national family members) having benefited from protection under Directive 8 should not lose that protection when moving a second time, concluding otherwise in respect of the scope of application of Directive 2004/38 itself would mean striking out the phrase 'other than that of which they are a national' from Article 3(1).

6841	**skara**	**band|troop**

nn

Snart skulle den multinationella "stora skara" som Bibeln talar om också innefatta Burmas många etniska grupper. (Upp.

Soon the multinational "great crowd" foretold in the Bible would also include Burma's many ethnic groups.–Rev.

6842	**demokratisk**	**democratic**

adj

Det är inte för att vi skulle vara emot ett europeiskt försvar men ett europeiskt försvar får endast vara ett resultat av en bra och demokratisk utrikespolitisk beslutsprocess.

This is not because we are against European defence, but European defence can and may only be the outcome of a sound, democratically–based decision process in respect of foreign affairs.

6843	**hållplats**	**stop**

nn

Stabiliserings– och associeringsavtalet är en hållplats, inte en slutdestination.

The SAA is a milepost, it is not a destination.

6844	**volontär**	**volunteer**

nn

Det finns några organisationer som kan hjälpa dig att hitta en plats som volontär.

There are some organisations that can help you find a volunteer placement.

6845	**huggtand**	**tusk**

nn

Alla andra djur är starkare än vi är... Dom har huggtänder, dom har klor, dom är smidiga och snabba.

Every other animal is stronger than we are... They have fangs, they have claws, they have nimbleness, they have speed.

6846	**mottaglig**	**susceptible**

adj

Jag är också mottaglig för det ni nyss sade i ert inledningsanförande, samt er strävan efter att förstärka den demokratiska förbindelsen mellan ledamöterna av kommissionen och den allmänna rösträtten.

I have also noted everything you have just said in your introductory speech and your concern that the democratic link between the members of the Commission and universal suffrage should be reinforced.

6847	**bedövning**	**anesthesia**

nn

Gasen skall vid inandning först medföra fullständig bedövning och därefter leda till en säker död.

When inhaled the gas must first induce deep general anaesthesia and must then cause certain death.

6848	**separation**	**separation**

nn

Vi anser att det krävs en separation, både en fysisk och ekonomisk separation.

We think that there must be a separation, and that includes a physical and financial separation.

6849	**vimla**	**swarm|crawl**

vb

För att få svar på den frågan kan vi först se vad Bibeln säger angående ökningen av antalet israeliter i Egypten: "Israels söner blev fruktsamma, och det började vimla av dem; och de fortsatte att föröka sig och att bli mäktigare med osedvanlig snabbhet, så att landet uppfylldes av dem."

To answer that question, note carefully what the Bible says about the growth of the Israelite population in Egypt: "The sons of Israel became fruitful and began to swarm; and they kept on multiplying and growing mightier at a very extraordinary rate, so that the land got to be filled with them."

6850	**frige**	**release|free**
	vb	Frige hans folk, annars blir Egypten ofruktbart från katarakterna till havet.
		Let his people go, or Egypt will be barren from the cataracts to the sea.

6851 **förälskelse** **infatuation**

nn

Och det är detta som är problemet med vår blinda förälskelse i de saker vi tillverkar.

And this is the problem with our infatuation with the things we make.

6852 **radioaktiv** **radioactive**

adj

Den 9 juni 1998 informerade stålfabriken Acerinox det spanska rådet för kärnsäkerhet att radioaktiv gas hade släppts ut från en av smältugnarna, fast radioaktiva föroreningar upptäckts i rökfiltersystemet redan den 2 juni.

On 9 June 1998 the Acerinox steel factory informed the Spanish Council for Nuclear Security that radioactive gas had escaped from one of its melting furnaces, although radioactive contamination had already been detected in the smoke filtering system on 2 June.

6853 **jämte** **together with**

adv

Genom Lissabonfördraget har parlamentet fått nya behörigheter och större beslutsfattande befogenheter, jämte ansvar för att trygga ett smidigt flöde av verksamhet, som tillhandahåller information och garanterar medborgarnas säkerhet.

The Treaty of Lisbon introduces new parliamentary competences, thereby granting the European Parliament greater decision–making powers, along with responsibility for ensuring the smooth flow of business, providing information and guaranteeing citizens' safety.

6854 **förutsätta** **assume\|suppose**

vb

Utbetalning av förskott skall förutsätta att inga oegentligheter har upptäckts hos den sökande vid de i artikel 13 föreskrivna kontrollerna och att en säkerhet har ställts.

Advances shall be paid only where no irregularity has been found to have been committed by the applicant in respect of the marketing year concerned under the controls provided for in Article 13 and where a security has been lodged.

6855 **svältande** **starving**

adj

National Archives photo; svältande barn: WHO photo (W.

National Archives photo; starving child: WHO photo by W.

6856 **monitor** **monitor**

nn

Att följa en debatt i en monitor förmedlar stämningen och atmosfären under debatten.

Viewing a debate on a monitor gives you the flavour of that debate.

6857 **hedning** **infidel**

nn

Din förbannade hedning!

Come on, you damn heathen!

6858 **faktor** **factor**

nn

Utvärderarna fann att handlingsplanen eEurope 2005 var en viktig faktor för att hålla informations– och kommunikationstekniken på den politiska dagordningen i en tid då intresset för ämnet svalnade. E–förvaltning och e–hälsovård är två exempel där medlemsstaterna, tack vare e–Europe, arbetar mot exakta mål med hjälp av stöd på hög nivå.

The evaluators found that the eEurope 2005 Action Plan was an important factor helping to keep ICT on the political agenda at a time where interest in the subject was waning. eGovernment and eHealth are two examples where, thanks to eEurope, Member States are working towards precise goals underpinned by high–level support.

6859 psykos

nn

psychosis

Demensrelaterad psykos och/eller beteendestörningar: Olanzapin är inte godkänt för behandling av demensrelaterad psykos och/eller beteendestörningar och rekommenderas inte till denna specifika patientgrupp på grund av ökad mortalitet och risk för cerebrovaskulära biverkningar.

Dementia–related psychosis and/or behavioural disturbances: Olanzapine is not approved for the treatment of dementia–related psychosis and/or behavioural disturbances and is not recommended for use in this particular group of patients because of an increase in mortality and the risk of cerebrovascular accident.

6860 pöl

nn

puddle

För jag är hellre en anka i en liten pöl, än en anka i ett stort hav.

I'd rather be a ducky in a pond than in the ocean.

6861 handlare

nn

merchant

Ostämplade ägg är en gåva till oärliga handlare.

Unstamped eggs are a gift to a fraudulent trader.

6862 övergång

nn

transition|crossing

Om en importör i en medlemsstat visar upp en deklaration för övergång till fri omsättning, inbegripet en ansökan om att få omfattas av detta beslut, skall den berörda medlemsstaten, om deklarationen godtagits av tullmyndigheterna, anmäla till kommissionen att den önskar ta ut en mängd som motsvarar dess behov.

Where an importer presents, in a Member State, a declaration of entry for free circulation, including an application for the benefit of this Decision, the Member State shall, if the declaration has been accepted by the customs authorities, notify the Commission of its wish to draw the amount corresponding to its requirements.

6863 schizofreni

nn

schizophrenia

Barn Erfarenheten från ungdomar (i åldrarna 18 år) är begränsad till kottidsdata avseende effekt vid schizofreni (3 veckor) och mani i samband med bipolär I–störning (4 veckor) på färre än 5 ungdomar.

Paediatric population The experience in adolescents (ages 14 to 18 years) is limited to short term efficacy data in schizophrenia (3 weeks) and mania associated with bipolar I disorder (4 weeks), involving less than 5 adolescents.

6864 lekamen

nn

body

Kristi lekamen.

The body of Christ.

6865 rotera

vb

rotate

För att bevara den nuvarande ordningen, som innebär att det under årets sex första månader är företrädaren för Europeiska unionen och under årets sista sex månader ett associerat land som innehar ordförandeskapet i den gemensamma kommittén, gav alla associerade länder uttryck för att de var beredda att om nödvändigt avstå från att utöva sitt ordförandeskap och att låta det rotera i ländernas namnordning.

In order to prevail the current structure that for the first period of six months of the year the representative of the European Union and for the second period of six months, an associated country presides the Joint Committee, all associated countries expressed their wish to cede, as necessary, the exercise of their presidencies and rotate it among them in alphabetical order of name.

6866 departement   **department**

nn

Ärendet diskuterades vid ett möte i Oslo den 1 maj 2017 med företrädare från olika norska departement och från övervakningsmyndigheten.

The case was discussed at a meeting in Oslo on 1 May 2017 with representatives from different Norwegian Ministries and representatives from the Authority present.

6867 praktikant   **trainee**

nn

Detta är en praktisk nödvändighet som gör det möjligt för en praktikant att ta del av de aktiviteter som genomförs av våra enheter och ha full behållning av sin praktiktjänst.

This is a practical necessity which enables an intern to take part in the activities carried out by our services, taking full advantage of his/her internship.

6868 personsökare   **staff locator**

nn

Signalen är ingen personsökare.

The Batsignal is not a beeper.

6869 identifiering   **identification**

nn

Identifiering av varorna.

Identification of the commodities,

6870 utrotning   **eradication**

nn

Både Europeiska unionens och Storbritanniens föreskrifter syftar till utrotning.

European Union directives as well as UK regulations aim for eradication.

6871 anhålla   **arrest | apply for**

vb

Om de mängder kolmonoxid, kolväten eller kväveoxid som produceras av ett fordon som valts ut från tillverkningslinjen överskrider ►M1 de gränser som anges i tabellen i punkt 2.2.1.1.5 ◄ har tillverkaren dock en möjlighet att anhålla om att mätningar utförs på ett provparti av serietillverkade fordon som innehåller det ursprungliga utvalda fordonet.

However, if the mass of the carbon monoxide, hydrocarbons or nitrogen oxide produced by the vehicle selected from the production line exceeds the limits indicated in ►M1 the Table in Section 2.2.1.1.5 ◄ , the manufacturer has the option of asking that measurements be carried out on a sample of series–production vehicles containing the vehicle initially selected.

6872 gröngöling   **cub | greenhorn**

nn

Gröngölingen drev bort rödskinnen på egen hand.

Why, that tenderfoot Englishman drove off all them redskins single-handed.

6873 samröre   **collaboration**

nn

Mohammed Hamcho gagnas av och stöder den syriska regimen genom sina affärsintressen och har samröre med personer som gagnas av och stöder regimen.

Mohammed Hamcho benefits from and provides support to the Syrian regime through his business interests, and is associated with persons benefiting from and providing support to this regime.

6874 fullsatt   **full up**

adj

Vi inser att vi inte kan påskynda förfarandet så att vi hamnar överst på listan över debattämnen, så vi kommer att debattera det här, som vanligt i en fullsatt sal, cirka kl. 23.15 i kväll.

We understand that we cannot accelerate the procedure so that we come first on the list of subjects for debate, so we will debate this, as usual in a crowded House, at about 11.15 tonight.

6875 bokning   **reservation**

	nn	Internetanvändning för bokning av evenemangsbiljetter de senaste tolv månaderna.
		Internet usage for ordering tickets for events in the last 12 months.

6876 filter

nn

Om ett filter är aktivt är ikonen Använd filter på databaslisten intryckt.

If a filter is active, the Apply Filter icon on the Database bar is activated.

6877 saftig — **juicy|succulent**

adj

Detta gäller i synnerhet sorten "Dulce de Fuentes", vilken kännetecknas av en hög vattenhalt som gör den särskilt saftig men som även ökar risken för att den förstörs när den hanteras och transporteras, något som påpekas i boken Variedades autóctonas de cebollas españolas av Miguel Carravedo och Cristina Mallor, ISBN 84–8380–0006–5, och i en artikel av Cristina Mallor i tidskriften Horticultura nr 205 från mars 2008.

This is notably the case of the 'Dulce de Fuentes' variety that is characterised by a high water content, which makes it particularly succulent, but more likely to perish during handling and transportation, as pointed out in the book Variedades autóctonas de cebollas españolas, by Miguel Carravedo and Cristina Mallor IBSN 84–8380–0006–5 and the article by Cristina Mallor in the magazine Horticultura No 205 of March 2008.

6878 ovana — **unfamiliarity**

nn

Här har vi en ovana att gå lite för långt i vår lagstiftning, och jag är rädd för att det är vad som håller på att ske i detta fall.

This place has a habit of taking legislation too far, and I fear that this is what is happening in this particular case.

6879 vissna — **wither|wilt**

vb

Vet du varför man skär bort vissna blommor?

So, do you know why we cut off the blooms that are faded?

6880 pensionera — **pension**

vb

Pensionera honom.

Pension him off.

6881 arisk — **Aryan**

adj

Darius betecknar sig själv som "Hystaspes son, akemenid, perser, son till en perser, arier, av arisk ätt".

Darius describes himself as "son of Hystaspes, an Achaemenid, a Persian, son of a Persian, an Aryan, of Aryan seed."

6882 pianist — **pianist**

nn

Vad skulle du säga är utmärkande för en skicklig pianist?

What would you say distinguishes a fine pianist?

6883 dryg — **lasting|ample**

adj

Här har vi slösat bort en dryg halvtimme på ingenting, tid som vi kunde ha använt mycket bättre genom att debattera en text som var av stor betydelse för medborgarna.

We have wasted a good half hour doing nothing, which we could have employed much better by debating a text that is of great importance to citizens.

6884 tveksam — **hesitant|doubtful**

adj

Sven är tveksam.

Sven is doubtful.

6885 vettskrämd — **terrified**

adj

Hon riskerar mycket och hon är vettskrämd.

She risks a lot and she's terrified.

6886	**uppkäftig**	**saucy**
	adj	Försök inte att vara uppkäftig!
		Get smart with me and I'll rip your face off!

6887	**ängslig**	**anxious**
	adj	Ängslig skulle nog vara ett bättre ord.
		Anxious might be more accurate.

6888	**roder**	**rudder**
	nn	Babord 2 graders roder!
		Left 2 degrees rudder!

6889	**kidnappning**	**kidnapping**
	nn	Angående: Kidnappning av läkaren Ali Khanbiev i Tjetjenien.
		Subject: Abduction of Mr Ali Khanbiev, a doctor, in Chechnya.

6890	**kväve**	**nitrogen**
	nn	Den största källan till de ämnen som orsakar övergödningen – kväve och fosfor – är jordbruket.
		The main source of eutrophying nutrients – nitrogen and phosphorus – is agriculture.

6891	**gnugga**	**rub**
	vb	När jag läste förslagen från utskottet för rättsliga frågor och den inre marknaden var jag tvungen att gnugga mig i ögonen.
		Studying the proposals of the Committee on Legal Affairs and the Internal Market, I rubbed my eyes in disbelief.

6892	**effektivitet**	**efficiency**
	nn	Det är ett misstag att tro att effektivitet är detsamma som överstatlighet.
		It is a mistake to assume that effectiveness is the same as supranationality.

6893	**eka**	**echo; skiff**
	vb; nn	De handlingar som har tillhandahållits av EKA visar endast att detta företag och Kemira utbytte upplysningar.
		The documents supplied by EKA Chemicals confirmed solely that it and Kemira had exchanged information.

6894	**vakthavande**	**on duty; be on duty**
	adj; vb	Alla som tilldelas tjänstgöring som vakthavande befäl eller som vaktmanskap skall beredas tillfälle till minst tio timmars vila under en 24–timmarsperiod.
		All persons who are assigned duty as officer in charge of a watch or as a rating forming part of a watch shall be allowed at least 10 hours of rest in any 24–hour period.

6895	**bårhus**	**morgue**
	nn	Hotell Ukrainas reception blev ett provisoriskt bårhus.
		The reception of the Hotel Ukraine became a makeshift morgue.

6896	**fysiker**	**physicist**
	nn	Tack vare en rysk matematisk fysiker, och det var en komplicerad teori.
		It was due to a Russian mathematical physicist, and it was a complicated theory.

6897	**kompetent**	**competent**
	adj	Kommissionen skall se till att dess experter eller andra experter som avses i punkt 1 ha fått lämplig utbildning när det gäller djurhälsa och revisionsmetoder så att de kan genomföra sina uppgifter på ett kompetent sätt.

The Commission shall ensure that its experts and other experts referred to in paragraph 1 have received adequate training in animal health and auditing techniques in order for them to undertake their duties competently.

6898 **yrka**
vb

urge

En person som saknar hemvist i Nederländerna men som arbetar som egenföretagare och beskattas där, måste komma upp i ett visst antal timmar för att kunna yrka det avdrag som föreskrivs i artikel 3.74 i inkomstskattelagen.

A non–resident who works on a self–employed basis in the Netherlands and pays tax there must work a minimum number of hours in order to claim the deduction laid down in Article 3(74) of the Law on income tax.

6899 **livsfara**
nn

danger of life

Enligt tillverkarens val, ett av de förfaranden som avses i artikel 11 när det gäller komplicerad personlig skyddsutrustning avsedd att skydda mot livsfara eller mot allvarlig permanent skada och där konstruktören utgår från att användaren inte själv kan upptäcka risken i tid.

According to the manufacturer's choice, to one of the two procedures referred to in Article 11 in the case of PPE of complex design intended to protect against mortal danger or against dangers that may seriously and irreversibly harm the health, the immediate effects of which the designer assumes the user cannot identify in sufficient time.

6900 **förstklassig**
adj

first-class

Kommer han att vidta åtgärder för att inleda en granskning och offentligt samråd i syfte att få bort den bakåtsträvande inställningen hos rådets generalsekretariat och erbjuda allmänheten en förstklassig källa för öppen, saklig och exakt information?

Will he take steps to initiate a review and public consultation aimed at sweeping aside the backward–looking approach of the Council Secretariat and providing the public with a first–class source of honest, factual and accurate information?

6901 **felsteg**
nn

faux pas

Vi erkänner vårt felsteg, ångrar oss, söker andlig hjälp och gör allt vi kan för att rätta till saken.

By acknowledging our error, repenting, seeking spiritual help, and doing all we can to make amends.

6902 **oas**
nn

oasis

Som en oas mitt i ökentorkan, eller en ö på ett stormigt hav.

Like an oasis in a vast desert or an island in a stormy sea.

6903 **impulsiv**
adj

impulsive

Äktenskapsbrott är i allmänhet inte en spontan, impulsiv handling.

Usually, adultery is not a spontaneous, impulsive act.

6904 **beräkna**
vb

calculate

En metod behöver därför fastställas för att beräkna inkomsten från sådana projekt.

A method therefore needs to be defined for calculating the revenue from such projects.

6905 **manlighet**
nn

virility

Tar knäcken på deras manlighet.

They feel less virile.

6906 **klippig**

rocky

adj

Nedanför dimman från Stilla havet, som svävar i slöjor över kustlinjen och trädgränsen, kan man få se stora träd och klippig strandterräng och få känna på några av jordens fuktigaste väderleksförhållanden.

Here, beneath the Pacific mist that enfolds shoreline and timberline, one can discover large trees, jagged coastline, and some of the wettest weather on earth.

6907 virke — **wood | timber**

nn

På etiketter och, om sådana finns, säkerhetsdatablad för produkter som godkänts ska det anges att industriell eller yrkesmässig applicering ska ske inom ett inneslutet område eller på ett ogenomträngligt hårt underlag med invallning, att nybehandlat virke efter behandlingen ska lagras på ett ogenomträngligt hårt underlag så att direkt läckage till mark eller vatten förhindras och att spillvätska från appliceringen av produkten ska samlas upp för återanvändning eller bortskaffande.

Labels and, where provided, safety data sheets of products authorised shall indicate that industrial or professional application shall be conducted within a contained area or on impermeable hard standing with bunding, and that freshly treated timber shall be stored after treatment on impermeable hard standing to prevent direct losses to soil or water, and that any losses from the application of the product shall be collected for reuse or disposal.

6908 stycka — **dismember**

vb

Det är förbjudet att stycka slaktkroppen eller ta bort eller behandla köttet av fjäderfä innan besiktningen är slutförd.

It is forbidden to cut the carcase or remove or treat the poultrymeat before the inspection has been completed.

6909 affisch — **poster**

nn

De skolor som distribuerar produkter i enlighet med den här förordningen ska ta fram eller ha tagit fram en affisch i enlighet med minimikraven i bilaga III. Affischen ska permanent hänga uppe vid skolans entré där den ska synas tydligt och vara lätt att läsa.

Educational establishments distributing products in accordance with this Regulation shall produce or have produced a poster in accordance with the minimum requirements laid down in Annex III, to be permanently situated at a clearly visible and readable place at the main entrance of the establishment.

6910 ståndpunkt — **standpoint**

nn

Det kan hävdas att denna ståndpunkt delades av Telenor, eftersom det företaget kort innan den anmälda transaktionen tillkännagavs valde att inte fortsätta sitt tidigare samarbete med NSAB om marknadsföringen av Nordenparabolen.

It could be argued that this view was shared by Telenor, as it, shortly before the notified transaction was announced, choose not to continue the previously existing cooperation with NSAB in the promotion of the "Nordenparabolen" dish.

6911 cello — **cello**

nn

Är din cello en Stradivarius?

Your cello's a Stradivarius?

6912 belägring — **siege**

nn

Det faktum att det fanns så mycket säd kvar i Jeriko tyder på att israeliternas belägring var mycket kort, precis som Bibeln visar.

The fact that much grain remained in Jericho indicates that the Israelite siege was of short duration, just as the Bible describes it.

6913 pudel — **poodle**

nn   Från en muterad fransk pudel!

Yeah, from a mutant French poodle!

6914 fån   **fool**

nn   Den första faxmaskinen -- personen som köpte den första faxen var en idiot eftersom det inte fanns någon att faxa saker till.

The first fax machine -- the person who bought the first fax machine was an idiot, because there was nobody to fax to.

6915 nobelpris   **Nobel Prize**

nn   En smart politik för inresor i detta europeiska område med frihet och rättvisa bör vara en logisk följd av det Nobelpris som tilldelades EU som ett konkret tecken på vad unionen har åstadkommit när det gäller mänskliga rättigheter, jämställdhet mellan kvinnor och män, synen på människan som intelligent konsument, hållbar utveckling, försvar samt respekt för alla människors olika religiösa inriktningar och sexuella läggningar och för EU–medborgarnas säkerhet.

A smart policy for entry into the European area of freedom and justice should follow from the Nobel Prize awarded to the EU as a tangible sign of its accomplishments in terms of human rights, gender equality, recognition of people as intelligent consumers, sustainable development, protection and respect for the different faiths and sexual orientations of all people and the security of EU citizens.

6916 utfärda   **issue**

vb   Om begäran avser kontroll av att ett skjutvapen deaktiverats och med förbehåll för att denna begäran beviljas ska den bistående kontrollorganisationen utfärda ett intyg om deaktivering enligt artikel 3.4.

Subject to acceptance of the request, where such request concerns the verification of the deactivation of a firearm, the verifying entity providing assistance shall issue a deactivation certificate in accordance with Article 3(4).

6917 ordagrant   **literally**

adv   Jag citerar inte ordagrant, men det var det intrycket han gav.

I am not quoting word-for-word, but that was the impression he gave.

6918 bisarr   **bizarre**

adj   Han har en bisarr humor!

He's got this bizarre sense of humor!

6919 alfabet   **alphabet**

nn   Vi kan inte föreställa oss sakna alfabet och skrift.

We cannot imagine ourselves without the alphabet and writing.

6920 häva   **cancel**

vb   Jaouad El Majdoub ansåg att denna förklaring endast utgör en förevändning för att häva avtalet på grund av att priset var förmånligt och därmed till förfång för säljaren. Han väckte därför talan vid Landgericht Krefeld med yrkande att säljaren ska förpliktas att överföra äganderätten till nämnda fordon till honom.

Taking the view that the reason given was only a pretext for the cancellation of that sale, which was disadvantageous to the seller on account of the low sale price, the applicant in the main proceedings brought an action before the Landgericht Krefeld seeking an order that the defendant transfer of ownership of that vehicle.

6921 omlopp   **circulation**

nn   Det finns idéer i omlopp, men vi vet ännu inte vad som kommer att läggas fram.

There are ideas going around, but we have yet to see what is to be presented.

6922 luftrum **airspace**

nn Det är även medvetet om uppgifterna att det skulle ske ett ökande antal kränkningar av grekiskt luftrum av turkiska militärflygplan och om hur känslig denna fråga är i Grekland.

It is also aware of complaints about an increasing number of violations of Greek airspace by Turkish military aircraft, and of the sensitive nature of this question in Greece.

6923 rådgivning **guidance**

nn Kvinnor har rätt till tillförlitlig information och personlig rådgivning.

Women have the right to reliable information and to compassionate counselling.

6924 rymling **fugitive**

nn Har inte du en rymling att gripa?

Don't you have a certain fugitive to apprehend?

6925 räls **rails**

nn SwedishFör att göra det riktigt besvärligt har vi vänstertrafik på räls i Sverige, medan danskarna kör till höger.

Just to add to the complications, trains are driven on the left in Sweden but on the right in Denmark.

6926 patriotisk **patriotic**

adj Jag vill bara komma med en patriotisk kommentar i denna multinationella kammare.

I should just like to make one patriotic comment in this multinational Chamber.

6927 återkommande **recurrent**

adj Europaparlamentet upprepar sitt stöd till mekanismen för allmän återkommande utvärdering samt sin uppskattning för det värdefulla arbete som görs inom denna mekanism. Parlamentet uppmanar medlemmarna att aktivt förbereda sina allmänna återkommande utvärderingar, bl.a. genom involvering av det civila samhället, delta i den interaktiva dialogen under utvärderingssessionerna och i debatterna om antagande av utvärderingsresultaten, genomföra rekommendationerna från utvärderingarna och vidta konkreta åtgärder för att upprätthålla och förbättra fullgörandet av sina skyldigheter på människorättsområdet.

Reiterates its support for the Universal Periodic Review (UPR) mechanism and its appreciation of the UPR's valuable work, and calls on members to actively prepare their UPR, including by involving civil society, to engage in the interactive dialogue during the UPR session and in the debates on the adoption of the UPR outcomes, to implement the UPR recommendations and to take concrete measures to improve and uphold the fulfilment of their human rights obligations;

6928 logi **accommodation**

nn Turism inom landet – årsdata om antal övernattningar i logi som inte hyrs:

Internal tourism – annual data on nights spent in non–rented accommodation:

6929 vetande **knowledge**

nn Detta är internationellt allmänt vetande.

This fact is now established knowledge at international level.

6930 värdera **value; price**

vb; nn Baspriset är det pris som skall användas för att värdera lagerinvesteringen..

The basic price is the price to be used for valuing changes in stocks.

6931 orättvisa **injustice**
nn
Han kan tillåta att vi får utstå orättvisa som en del av vår kristna fostran.
As part of our Christian training, he may permit us to experience injustice.

6932 nickel **nickel**
nn
Nickel är den vanligaste orsaken till kontaktallergi i den industrialiserade världen.
Nickel is the most common cause of contact allergies in the industrialized world.

6933 sill **herring**
nn
Artikel 2 säkerställer inte att fångsterna av sill begränsas till de fångstbegränsningar som fastställts för arten.
Article 2 does not ensure that the catches of herring are limited to the catch limits fixed for the species.

6934 rea **sale**
nn
Jag visste inte att Röda Korset hade rea.
I didn't know the Salvation Army was having a sale.

6935 anvisning **instruction**
nn
Jag ställer mig slutligen frågande till avsaknaden av en anvisning och jag skulle vilja avsluta med det.
I finally, and on this point I will finish, question the absence of a measure.

6936 fördärvad **corrupt**
adj
En sådan människa kan bli moraliskt fördärvad, oförbätterlig, obotlig.
He may become corrupt, incorrigible, irreformable.

6937 vattna **water**
vb
Vattna inte köttet innan du väger det!
Just don't water the beef before you weigh them!

6938 väntad **due**
adj
I söndags väntade Europaparlamentet på att det vitryska presidentvalet skulle äga rum.
Last Sunday, the European Parliament awaited the Belarusian presidential elections which were due to take place.

6939 tynga **weigh|weigh down**
vb
Om det rör sig om en hopsnickrad lösning som består i att tynga det redan överdrivna skattetrycket som utövas på de enskilda lika väl som på företagen kan det inte ha annat än negativa konsekvenser för ekonomin.
If we cobble something together which would end up increasing the already excessive tax burden on individuals and companies it would have a negative impact on the economy.

6940 ökad **added**
adj
Om åtgärderna inte bibehålls, är det troligt att gemenskapsindustrin åter kommer att börja lida skada av ökad import till subventionerade priser från det berörda landet, och att dess nuvarande bräckliga ekonomiska situation kommer att försämras.
Should the measures not be maintained, it is likely that the Community industry will start again to suffer injury from increased imports at subsidised prices from the country concerned and that its currently fragile financial situation will deteriorate.

6941 bluffa **bluff**
vb
Jag lovar att vi inte tänker bluffa!
I give you my word, there'll be no tricks!

6942	**strålkastare**	**headlamp**

nn

Fotometrisk provning av strålkastare försedda med lampor tillhörande kategori S3 och S4.

Photometric tests on headlamps equipped with category S3 and S4 lamps.

6943	**bosätta**	**reside**

vb

EU har skapat ett gemensamt ekonomiskt område och ett gemensamt område med fri rörlighet där mer än 480 miljoner europeiska medborgare är fria att resa, studera, arbeta och bosätta sig.

It has built a single economic space and a single area of free movement, where more than 480 million European citizens can travel, study, work and reside.

6944	**krigföring**	**warfare**

nn

Det är därför tänkvärt att Kristus Jesus när han var på jorden visade sina tjänare att de inte skulle beväpna sig för bokstavlig krigföring. Han sade till Petrus: "För tillbaka ditt svärd till dess plats, ty alla som tar till svärd skall gå under genom svärd."

It is, therefore, noteworthy that Christ Jesus, while on earth, showed that his servants should not arm themselves for physical warfare, when saying to Peter: "Return your sword to its place, for all those who take the sword will perish by the sword."

6945	**deg**	**dough**

nn

För det är så lång tid de säger att det tar för degen att bli till surdeg.

Because that's how long they say it takes for this dough to become leaven.

6946	**muddra**	**dredge**

vb

Konkret handlar detta om att rensa en flodsträcka på mer än 2 mil från fast avfall, att muddra 20 000 m3, att kanalisera en sträcka på 7 kilometer, att installera ett TV–övervakningsnät för vattenflödet samt skapa ett grönområde på 50 hektar.

This project aims in particular at the restoration of a section of the river more than 20 kilometres long by a process of solid waste elimination, the dredging of 20 000 m3, the canalisation of a 7 – kilometre section, the installation of a closed–circuit television network to scan the watercourse, and the creation of a green area of 50 hectares.

6947	**skulptur**	**sculpture**

nn

Det är en skulptur av er!

It is a sculpture of you!

6948	**knalla**	**bang**

vb

För att i lugn och ro kunna låta korkarna knalla vid sekelskiftet behövs dock snarast målmedvetna europeiska åtgärder, framför allt inom kärnenergi- och kärnvapensektorn.

But before we can open the champagne with peace of mind at the turn of the millennium, specific European action in the civil and military nuclear sectors is desperately needed.

6949	**trakassera**	**pester**

vb

Oavsett om man betalar eller inte fortsätter de att trakassera och bedra människor.

Whether you pay or not, they continue to harass and abuse people.

6950	**triangel**	**triangle**

nn

Jag anser att medborgarna, företagen och makthavarna bildar en triangel.

I believe that there is a triangle formed by citizens, undertakings and governance.

6951	**passiv**	**passive**

adj

Så varför har då kommissionen varit så passiv i hanterandet av denna oerhört viktiga fråga?

So why has the Commission been so complacent in dealing with this hugely important matter?

6952 **kommunism** **communism**

nn

Rumänien och Bulgarien är äkta europeiska länder och är desto mer värda att uppmärksamma efter att ha utstått turkisk ockupation mellan 1500–talet och 1800–talet och sedan kommunism från 1945 till 1990.

Romania and Bulgaria are authentic European nations and are all the more worthy for having been subjected to the Turkish occupation between the 16th and 19th centuries, and then Communism from 1945 to 1990.

6953 **avvikelse** **deviation**

nn

Det får inte finnas någon avvikelse mellan vad vi säger att vi ska göra och vad vi faktiskt gör.

There can be no discrepancy between what we say we are going to do and what we actually do.

6954 **belåtenhet** **satisfaction**

nn

Den omfattning för vilka det till tullmyndigheternas belåtenhet kan fastställas att import av skodon som omfattas av KN–nummer 6404 19 10 (tofflor) eller skor som enligt artikel 1.3 b, c och d i denna förordning uteslutits från räckvidden för detta förfarande; summan som säkerställts som provisorisk antidumpningstull bör frisläppas i sin helhet.

However, to the extent to which it can be established, to the satisfaction of the customs authorities, that imports related to footwear falling within CN Code 6404 19 10 (slippers) or shoes excluded from the scope of the present proceeding, as described under Article 1 (3) (b), (c) and (d) of this Regulation, the amounts secured by way of provisional anti–dumping duty should be released in their totality,

6955 **reserverad** **reserved**

adj

En annan del, 600.000 biljetter, förvaltades av organisatörslandet som reserverade 37 procent av denna kvot.

-Another share, 600.000 tickets, was handled by the host nation, which reserved 37 % of this quota.

6956 **senil** **senile**

adj

Ser jag senil ut?

Do I look senile to you?

6957 **fastställd** **established**

adj

Även om det skulle medges att beslutet kan innebära att sökandena åläggs skyldigheter, följer detta av en objektivt fastställd situation, nämligen det geografiska läget för de områden som anges i bilagan.

Even if it is accepted that the contested decision may impose obligations on the applicants, that results from objectively determined circumstances, namely the geographical situation of the sites referred to in the annex.

6958 **behaglig** **pleasing**

adj

Fettet är mjällt, lätt och glänsande med vit till pärlemorskiftande färg och behaglig smak.

The fat is oily, fluid, bright, white to pearly and has a pleasant taste.

6959 **klumpigt** **clumsily**

adv

Det är detta som domstolen, om än på ett klumpigt sätt, i själva verket har velat säga.

In reality, this is what the Court, albeit clumsily, has intended to say.

6960 **innebörd** **implication**

	nn	Mänskliga rättigheter " har i internationella sammanhang en relativt entydig innebörd.
		'Human Rights ' has a quite distinct meaning in the international arena.
6961	**immunitet**	**immunity**
	nn	Zimeray bör enligt min mening få fortsätta åtnjuta parlamentarisk immunitet.
		Our fellow Member committed a road traffic offence, which is a culpable offence but not a crime.
6962	**ombildning**	**shuffle**
	nn	Givetvis gäller detta också vid en eventuell ombildning under nästa kommissions mandattid.
		Obviously this also applies to any possibility of a reshuffle during the mandate of the next Commission.
6963	**firande**	**celebration**
	nn	Detta är en dag av firande för Europa och för Europaparlamentet.
		Mr President, this is a day of celebration for Europe and for the European Parliament.
6964	**glänsande**	**shiny**
	adj	Det är inte någon vidare glänsande seger för forskningens och utvecklingens sak.
		That is not a superb victory for the cause of research and development.
6965	**intyg**	**certificate**
	nn	Om begäran avser kontroll av att ett skjutvapen deaktiverats och med förbehåll för att denna begäran beviljas ska den bistående kontrollorganisationen utfärda ett intyg om deaktivering enligt artikel 3.4.
		Subject to acceptance of the request, where such request concerns the verification of the deactivation of a firearm, the verifying entity providing assistance shall issue a deactivation certificate in accordance with Article 3(4).
6966	**smek**	**fondling|love-making**
	nn	Med kyssar och smek.
		Hugging and kissing.
6967	**spillra**	**splinter|carcass**
	nn	Som du ser är allt i spillror.
		You can see it's in fucking shambles.
6968	**medeltida**	**medieval**
	adj	Och dessa vara Mellanösterns traditioner -- medeltida traditioner.
		And these were traditions of the Middle East -- medieval traditions.
6969	**fridfull**	**peaceful|serene**
	adj	När han leder dem till Guds rena tillbedjan, får de uppleva en frid liknande den som beskrivs i Bibeln: "Mitt folk skall bo på en fridfull uppehållsort och i den fulla tillförsiktens boningar och på ostörda viloplatser."
		As he guides them to the pure worship of God, they experience peace similar to that described in the Bible: "My people must dwell in a peaceful abiding place and in residences of full confidence and in undisturbed resting– places."
6970	**medlemskap**	**membership**
	nn	Medlemskap är endast möjligt när medlemskapskriterierna har uppfyllts.
		Membership is possible only when the membership criteria have been met.
6971	**dramatik**	**dramatics**
	nn	Samma typ av dramatik kan även uppstå i Makedonien, där det bor många albaner.

The same kind of drama could also arise in Macedonia, which is home to many Albanians.

| 6972 | **lejd** | **safe-conduct** |

nn

"Inom ett år", inte mer, alldeles som en lejd arbetare inte arbetar längre tid än han får betalt för.

"Within yet a year," no more, just as a hired laborer works no more than the amount of time for which he is paid.

6973 lärd — *adj; nn* — **learned | taught; savant**

I min stad Lyon har en för mig okänd ung historiker utan resurser, herr Plantin, på detta sätt dömts enbart för att i en bibliografi i en lärd tidning han ger ut ha nämnt verk som tillrättalägger historiska misstag som ingen seriös historiker längre tror på, oavsett vilket läger han tillhör.

In my home town of Lyons, a young historian with no means of support whom I did not know – Mr Plantin is his name – has been sentenced simply because in the bibliography of a scholarly review which he publishes he included works which correct historical errors which no serious historian of whatever persuasion now accepts.

6974 vägvisare — *nn* — **guide | signpost**

Jag betraktar detta program som något av en vägvisare till Lissabonstrategin.

I regard this Programme as something like a guide to the Lisbon Strategy.

6975 innerligt — *adv* — **dearly**

Jag hoppas att de initiativ som ni har tagit kommer att bidra till att detta uppnås, och jag kan tala om för Martin Schulz att människorna i Aachen, som ligger så nära gränsen, innerligt väl vet precis hur konkurrenshämmande den tyska lagstiftningen är även i Nordrhein–Westfalen.

I hope that the initiatives you have taken will help to achieve that, and I can tell Mr Schulz that people in Aachen, which is so close to the border, know perfectly well just how uncompetitive German legislation is even in North Rhine Westphalia.

6976 skvätta — *vb* — **splash**

Bumblebee, sluta skvätta ner mannen!

Bumblebee, stop squirting at the man!

6977 helskinnad — *adj* — **unscathed**

Jag är helskinnad.

I'm in one piece.

6978 ändlös — *adj* — **endless**

När det gäller befolkningarna, befinner de sig i en ändlös fattigdom.

As for the population, they remain entrenched in endless poverty.

6979 blodbad — *nn* — **carnage**

Kinshasa är nu en belägrad stad, affärerna är stängda, gatorna övergivna, och efter gårdagens vapenvila, som utlystes efter det att Kabilas rebeller hade nått fram till Kinshasa, fruktar befolkningen att hamna i ett blodbad.

Kinshasa is now a city under siege: the shops are closed, the streets are deserted, and, following yesterday evening's curfew imposed as a result of the arrival of Kabila's rebels at the gates of the city, the population is living in fear of a blood bath.

6980 okunnig — *adj* — **ignorant**

Paulus visste ju att han själv en gång var "okunnig och handlade i brist på tro".

After all, Paul knew that he himself was once "ignorant and acted with a lack of faith."

6981	**utvärdera**	**evaluate**
	vb	EU behöver utvärdera detta område genom att ta initiativ till och stödja forskning samt utveckla statistiken.
		The EU needs to evaluate this area by initiating and supporting research, as well as develop the statistical components.

6982 **outhärdlig** **unbearable**

adj

På grund av avbrott i driften av soptippen under de senaste åren har slammet dumpats i havet, vilket skapar en outhärdlig och kvävande luft i Perama–regionen. Dessutom döljs anläggningen i Psyttaleia inte av ett "optiskt hinder".

Owing to suspensions in the operation of the waste tip over the last few years, the sludge has been dumped at sea, a practice which creates an unbearable and suffocating atmosphere in the region of Perama; in addition the Psyttaleia plant is not hidden from view by any "optical barrier".

6983 **tillflyktsort** **sanctuary**

nn

I andra fall har myndigheter ansett att icke–statliga organisationer kan fungera som aktörer som ger skydd till kvinnor som riskerar kvinnlig könsstympning och hedersmord, trots att sådana organisationer endast kan erbjuda ett tillfälligt skydd eller kanske bara en tillflyktsort för offren för förföljelse.

In other instances, authorities have considered non–governmental organisations as actors of protection with regard to women at risk of female genital mutilation and honour killings, despite the fact that such organisations can only provide temporary safety or even only shelter to victims of persecution.

6984 **förlossning** **childbirth**

nn

"Det är mycket bättre om [en förlossning] äger rum när sjukhuset är fullt bemannat och kan garantera bästa möjliga vård", säger han.

"It is much better for [a birth] to occur when the hospital is fully staffed and able to guarantee the best possible care," he said.

6985 **sammanlagd** **total**

adj

I en bestämmelse från 1986 krävdes att den maximala sammanlagda längden på bommarna skulle minskas.

A 1986 rule required that the maximum aggregate length of beams should be reduced.

6986 **komplimang** **compliment**

nn

Det var en bra komplimang, tycker jag, men det var nog inte menat som en sådan.

In my view, his comments were an excellent compliment, but they were not meant as one.

6987 **förrätt** **starter**

nn

Vi skulle definitivt inte beställa förrätt.

We were definitely not ordering starters.

6988 **medverka** **contribute**

vb

Medverka till förebyggande av konflikter och bidra till att skapa förutsättningar för framsteg med konfliktlösning, bl.a. genom rekommendationer till åtgärder som rör det civila samhället och återuppbyggnad av territorierna, utan att det påverkar kommissionens ansvarsområden enligt EG–fördraget.

Contribute to the prevention of conflicts and to assist in creating the conditions for progress on settlement of conflicts, including through recommendations for action related to civil society and rehabilitation of the territories without prejudice to the Commission's responsibilities under the EC Treaty.

6989 avfart
nn
exit
Köra på och av motorvägar eller liknande (i tillämpliga fall) från en påfart respektive avfart.
Approach/exit of motorways or similar (if available): joining from the acceleration lane; leaving on the deceleration lane.

6990 utkast
nn
draft | outline
Styrelsen skall anta ett treårigt program för arbetet med utgångspunkt från ett utkast som lagts fram av direktören för centrumet efter samråd med den vetenskapliga kommittén och yttranden från kommissionen och rådet och skall översända programmet till Europaparlamentet, rådet och kommissionen.
The Management Board shall adopt a three–year work programme on the basis of a draft submitted by the Centre's Director, after consulting the Scientific Committee and seeking the opinions of the Commission and of the Council , and shall forward it to the European Parliament, the Council and the Commission .

6991 kuliss
nn
coulisse
Det är bara en gammal kuliss!
Man, this is just an old movie set!

6992 tillfredsställelse
nn
satisfaction
Och om vi har balanserade förväntningar och sätter upp rimliga mål känner vi större glädje och tillfredsställelse i vår andliga verksamhet.
And when we have balanced expectations and set reachable goals, our spiritual activities will bring us more satisfaction and joy.

6993 svarande
nn
defendant
Svarande: Europeiska gemenskapernas kommission (ombud: V.)
Defendant: Commission of the European Communities (represented by: V.)

6994 helhet
nn
whole | entirety
Åtgärder bör också vidtas för att förbättra kvaliteten på de ursprungliga produkterna och deras beståndsdelar samt kvaliteten på återvinningsprocessen som helhet.
Steps should also be taken to improve the quality of initial products and their components and the quality of the recycling process as a whole.

6995 svavel
nn
sulfur
Minimihalt svavel uttryckt som svaveltrioxid: 12 %.
Minimum sulphur content expressed as sulphur trioxide: 12 %.

6996 tyskland
nn
Germany
Är det för att alla invånare i Frankrike och Tyskland är nöjda med sina energileverantörer?
Is it because all the citizens in France and in Germany are happy with their energy suppliers?

6997 tygla
vb
curb | rein in
Politiska strategier och åtgärder har fram till nu främst inriktats på att kontrollera symtomen på problemet genom att tygla dess negativa effekter (skadebegränsning).
Policies and measures to date have focused mainly on controlling the symptoms of the problem by containing its negative effects (damage limitation).

6998 flerårig
perennial

	adj	Å ena sidan har principen om flerårig planering nu skrivits in i konstitutionen.
		One the one hand, the concept of multiannual planning is now enshrined in the Constitution.
6999	**bländande**	**blinding**
	adj	Åtgärder skall vidtas för att skydda föraren från bländande ljus och reflexer från artificiell invändig belysning.
		Provisions shall be made to protect the driver from the effects of glare and reflections caused by artificial interior lighting.
7000	**programmera**	**program**
	vb	Det är jag inte programmerad till.
		That is not a feature of my programming.
7001	**inkompetens**	**incompetence**
	nn	Om rådet har viljan att rätta till EU:s inkompetens när det gäller att fatta beslut så finns det i den här frågan egentligen bara ett beslut att fatta: dessa frågor måste flyttas från den tredje pelaren till den första.
		If the European Council has the will to remedy the decision–making incompetence of the Europe, in this respect there is only one decision to take: to shift these subjects from the third pillar to the first pillar.
7002	**onanera**	**masturbate**
	vb	Brukar du onanera?
		So, do you like to jerk off?
7003	**husbil**	**camper**
	nn	När de kom hem till sin husbil fanns det två stora matkassar där och en lapp där det stod: "Kära hälsningar från gruppen i Pensacola."
		They came home to their trailer and found two large bags of groceries along with a note that read, "With love from the Pensacola Company."
7004	**trettonde**	**thirteenth**
	num	Även det trettonde kandidatlandet, herr talman, Turkiet.
		This includes the thirteenth candidate country, Mr President, Turkey.
7005	**motivation**	**incentive**
	nn	Personaldomstolen konstaterar i det avseendet att sökanden, i anmälningsformulärets rubrik avseende motivation, endast uppgav att hon hade arbetat som administrativ sekreterare under mer än tio år.
		In that respect the Tribunal notes that, in the section of the application form on reasons for applying, the applicant merely declared that she had worked as an administrative secretary for more than ten years.
7006	**hårddisk**	**hard disk**
	nn	Du får en varning om Java-kod upptäcks som vill komma åt din hårddisk.
		If a Java code is detected that wants to access your hard drive, you receive a corresponding warning.
7007	**knivhugg**	**stab**
	nn	Efter ett knivhugg är det inte alltid bäst att dra ut kniven.
		If somebody gets stabbed, you don't just pull the knife out.
7008	**strategisk**	**strategic**
	adj	Kina borde ses som en strategisk konkurrent snarare än en strategisk partner.
		The latter should be deemed a strategic competitor rather than a strategic partner.
7009	**regnbåge**	**rainbow**

nn   De föreslagna åtgärderna är slutgiltiga värdetullar på mellan 19,9 % och 54,4 %, som skall tillämpas på import av stor regnbåge med ursprung i Norge och Färöarna.

The measures proposed are definitive ad valorem duties to be applied on imports of large rainbow trout originating in Norway and the Faeroe Islands ranging between 19,9 and 54,4%.

7010 finsk   **Finnish**

nn   Jag är finsk, men jag talar svenska också.

I am Finnish, but I speak also Swedish.

7011 patron   **cartridge**

nn   Såsom pistoler försedda med patron med gas eller annan kemikalie.

Such as gas cartridge guns or guns equipped with cartridges containing other chemicals.

7012 summering   **summation**

nn   För att underlätta kontroll, harmonisering och summering av uppgifter, ombeds generaldirektoraten överföra sina uppgifter i förformaterade Excel–tabeller.

In order to facilitate the controls, harmonisation and aggregation of data, the DGs are requested to transmit their information under the form of pre–formatted Excel tables.

7013 tegelsten   **brick**

nn   Ramen är placerad direkt ovanpå överdelen av ett hålrum av betong eller tegelsten.

The frame is placed directly on top of a concrete or brick chamber top.

7014 kanhända   **perhaps**

adv   Det är därför beklagligt att de som har ordnat så att kommissionsledamot Charlie McCreevy och ordförande José Manuel Barroso har kommit hit i dag verkar mer intresserade av att hålla debatten i gång än att komma vidare med den, kanhända för att få några fler röster i det kommande svenska valet.

It is therefore disappointing that those who have brought Commissioner McCreevy and President Barroso here today seem more interested in stalling debate than furthering it, perhaps for the sake of a few more votes in the upcoming Swedish election.

7015 utge   **issue**

vb   Den kan inte upprättas på ett sådant sätt att dess arbete skall bli att utge en rad diktat från Bryssel i form av riktlinjer för framtiden.

It cannot be established in such a way that its work is going to be in the form of a series of dictates issued from Brussels as to what the appropriate way forward is.

7016 mjölka   **milk**

vb   Skulle du kunna mjölka Petunia åt mig?

I was wondering if you wouldn't mind milking Petunia for me?

7017 revansch   **revanche**

nn   Vi vill ha revansch.

We want a rematch.

7018 encyklopedi   **encyclopedia**

nn   IT–tjänster, nämligen underhåll av en direktansluten encyklopedi.

Computer services, namely, maintaining an online encyclopedia.

7019 läktare   **platform|gallery**

nn   Att ställa in matcher och spela för tomma läktare kommer att skada klubbarnas ekonomi.

Suspending matches and playing to empty stadiums will hurt the clubs' pockets.

7020	**missuppfatta**	**misunderstand**
	vb	I förevarande mål framgår det emellertid av handlingarna i målet att förstainstansrätten, utan att missuppfatta dem, har använt samtliga bevis som har stått till dess förfogande. Dessa bevis är för övrigt samstämmiga och Anna Maria Campogrande har inte ifrågasatt riktigheten av dem.
		In the present case, it is clear from the documents before the Court that the Court of First Instance made use, without distorting it, of all the evidence available to it, evidence that, moreover, was consistent and was not effectively challenged by Ms Campogrande.
7021	**vibrera**	**vibrate**
	vb	Propellrarna vibrerade så kraftigt att båten nästan gick i bitar innan den gled nerför vågens andra sida.
		The vibration of the propellers would shake the boat almost to pieces before it slid down the other side.
7022	**bula**	**bump|lump**
	nn	Det är en ordentlig bula du fått!
		that's a big bruise you have there!
7023	**lydnad**	**obedience**
	nn	Genom det lidande Jesus utstod lärde han sig lydnad under förhållanden som han tidigare inte hade upplevt.
		For example, as a result of the things that Jesus suffered, he "learned obedience" in a way that he had never known it before.
7024	**hygien**	**hygiene**
	nn	Vilket pris får vi betala för bristande hygien och säkerhet på arbetsplatsen?
		What is the price paid for a lack of hygiene and safety in the workplace?
7025	**knop**	**knot**
	nn	Genomsnittshastigheten under genomresan inte understiger 8 knop.
		The average speed during transit is not less than 8 knots.
7026	**besynnerlig**	**peculiar**
	adj	Trots illviljan i sina anklagelser har han inte en enda gång visat upp denna förteckning – verkligen en besynnerlig rättvisa.
		Despite the viciousness of his accusations he has never once provided with this list – strange justice indeed.
7027	**spekulation**	**speculation|spec**
	nn	En avgörande orsak är den spekulation som bedrivs av handlare och mäklare som inte har några egna affärsintressen på de här marknaderna.
		A crucial cause has been speculation by traders and brokers who have no commercial interest in these markets.
7028	**invärtes**	**internal; inwardly**
	adj; adv	En studie av interaktionen mellan läkemedlet och behållaren skall redovisas om risk anses föreligga för en sådan interaktion, särskilt i fråga om injektionspreparat eller aerosoler avsedda för invärtes bruk.
		A study of the interaction between product and container shall be submitted wherever the risk of such interaction is regarded as possible, especially where injectable preparations or aerosols for internal use are concerned.
7029	**hangar**	**hangar**
	nn	Enligt Finland användes dessa kapitaltillskott till att köpa en industrifastighet (C–VIII) och bygga en hangar på flygplatsen i Jomala utanför Mariehamn (C–IX).

According to Finland, these capital increases were used to purchase an industrial property (C–VIII) and to construct a hangar at Jomala airport outside Mariehamn (C–IX).

7030	**konkurrera**	**compete**

vb

Om ni inte lär er att konkurrera inom EU, kommer ni inte att kunna konkurrera globalt.

Unless you learn to compete in Europe, you will not be able to compete globally.

7031	**finansiering**	**financing**

nn

Den senare är endast tillgänglig för finansiering av lokala utvecklingsprojekt.

The latter is available exclusively for the funding of local development projects.

7032	**dunk**	**thump**

nn

Han har lyckats få en dunk i ryggen av sina socialistvänner med sin trista – för att inte säga dumma – polemik riktad mot PPE–DE–gruppen.

He has managed to ensure that he will get a pat on the back from his Socialist friends with his dull – if not to say dumb – polemics directed at the PPE–DE Group.

7033	**bibliotekarie**	**librarian**

nn

För tjänsten som juridisk bibliotekarie kommer uttagningskommittén att, utan språkliga preferenser, ta särskild hänsyn till kännedom om bibliotekskunskap och om Europeiska unionens lagstiftning.

For the law librarian profile, the selection board will take particular account of knowledge of librarianship and of EU law, without regard to language preferences.

7034	**rullande**	**rolling; roll**

adj; nn

Rullande materiel, infrastruktur och miljö.

Rolling stock, infrastructure and the environment.

7035	**rekryt**	**recruit**

nn

En ung rekryt berättade för HRW: "[n]är vi var med M23 sade de att [vi kunde välja mellan] att stanna med dem eller dö.

One young recruits told HRW, '[w]hen we were with M23, they said [we had a choice] and could stay with them or we could die.

7036	**nybyggare**	**settler|squatter**

nn

Dessutom försöker den indonesiska regeringen, precis som den turkiska på Cypern, att ersätta katolikerna med muslimer genom att skicka tiotusentals nybyggare.

Like the Turkish Government in Cyprus, the Indonesian Government is also trying to replace the Catholics with a Muslim population by sending in tens of thousands of colonists.

7037	**försona**	**reconcile|atone for**

vb

Paulus skrev: "Gud beslöt att låta hela fullheten bo i honom [Kristus] och att genom honom försona allt annat med sig igen genom att stifta fred med hjälp av det blod han utgöt på tortyrpålen, vare sig det är fråga om det som är på jorden eller det som är i himlarna." (Kol.

Paul wrote: "God saw good for all fullness to dwell in him [Christ], and through him to reconcile again to himself all other things by making peace through the blood he shed on the torture stake, no matter whether they are the things upon the earth or the things in the heavens."–Col.

7038	**kalori**	**calorie**

nn

Det handlar om att förbränna kalorier, inte bara om kaloriintaget.

It is about calorie output, not just about calorie input.

7039 förutspå   **predict**

vb

De kommer att engagera små och medelstora företag och universitet genom att förse dem med verktyg och metoder för att bättre förutspå om läkemedel är oskadliga och verkningsfulla, intelligenta infrastrukturer och kunskapshantering.

They will involve the SMEs and universities by providing them with tools and methodologies to better predict the harmlessness and effectiveness of medicines, intelligent infrastructures and knowledge management.

7040 leverantör   **supplier**

nn

Övriga upplysningar: a) Leverantör till PFEF (Natanz). b) Deltar i Irans kärnkraftsprogram.

Other information: (a) Provider for PFEP – Natanz, (b) Involved in Iran's nuclear programme.

7041 säkring   **fuse**

nn

Dessutom kan en säkring av ett mycket sannolikt prognostiserat förvärv av en råvara med terminsavtal förväntas vara mycket effektiv om

In addition, a hedge of a highly probable forecast purchase of a commodity with a forward contract is likely to be highly effective if:

7042 yr   **dizzy|light-headed**

adj

Om du får täthet i bröstet, känner dig yr, illamående eller svimmar, eller om du känner yrsel när du står upp, kan du ha drabbats av en allergisk reaktion mot KOGENATE.

If you experience tightness in the chest, feeling dizzy, feeling sick or faint, or experience dizziness on standing, you may be experiencing an allergic reaction to KOGENATE.

7043 landsväg   **(country) road**

nn

Kombinerade transporter: godstransporter med vägfordon eller med lastenheter som, utan att godset lossas, fraktas per landsväg en del av sträckan mellan avsändnings– och bestämmelseort och med järnväg en annan del av sträckan.

Combined transport: the carriage of goods by road vehicles or loading units which, without unloading the goods, travel by road for part of the journey between the point of departure and the point of arrival and by rail for another part of that journey.

7044 återuppstå   **reappear**

vb

Med hänsyn till den tillfälliga ändringen av marknadsförhållandena och i synnerhet de höga priserna på den berörda produkten på gemenskapsmarknaden, vilka ligger högt över den skadenivå som fastställdes i den ursprungliga undersökningen, samt den påstådda obalansen mellan utbud och efterfrågan av produkten, är det osannolikt att skada i anledning av import av den berörda produkten med ursprung i Kina skulle återuppstå till följd av ett tillfälligt upphävande.

In conclusion, given the temporary change in market conditions, and in particular the high level of prices of the product concerned practised on the Community market, which is far above the injurious level found in the original investigation, together with the alleged demand–supply imbalance of the product concerned, it is considered that the injury linked to the imports of the product concerned originating in the PRC is unlikely to resume as a result of the suspension.

7045 barbarisk   **barbarian**

adj

Det är en barbarisk metod. Varje månad dör eller stympas 2 000 personer, och vi måste verkligen ta tag i det här problemet på ett genomgripande sätt och på internationell basis.

It is a barbaric practice; 2 000 people die or are maimed every single month and we really need to get to grips with this issue comprehensively and on an international basis.

7046 medmänniska   **fellowman**

nn

Den som är så kärlekslös mot sin medmänniska visar inte något tecken på att han älskar Gud heller.

A person who is thus unloving toward his fellowman does not give evidence of loving God either.

7047 bakfull   **hung over**

adj

Är du inte bakfull, blir jag besviken.

Listen, if you're not hung– over I will be very disappointed.

7048 kost   **diet**

nn

Professionella apotekstjänster, speciellt konsultrådgivning och rådgivning avseende sjukvård, kondition, kost och diagnostiska tjänster.

Professional services provided by a pharmacy particularly with regard to consultancy and advisory services relating to healthcare, fitness, nutrition and diagnostic services.

7049 forum   **forum**

nn

Enligt förslag i diverse forum, införlivade Spanien parlamentsledamöter och företrädare för det civila samhället i den nationella delegation som deltar i möten om FN:s handlingsprogram avseende handeldvapen och lätta vapen som hölls i New York.

As was proposed in different fora, Spain incorporated Members of Parliament and civil society representatives into the national delegation participating in the UN PoA SALW related meetings that took place in New York.

7050 guida   **guide**

vb

Dessutom kan nationella krav på yrkeskvalifikationer ställas på denne turistguide, om han/hon, i synnerhet om det gäller ett slutet sällskap, vill guida turisterna på muséer och vid historiska monument som omfattas av det ovan nämnda undantaget.

Similarly, the guide can be subject to national qualification requirements when, even within the framework of a restricted tour, he or she wishes to guide tourists in the museums and historical monuments covered by the exception referred to earlier.

7051 glöda   **glow**

vb

Legenden säger att när stenarna är tillsammans, så kommer diamanterna inuti dem att glöda.

The legend says when the rocks are brought together, the diamonds inside them will glow.

7052 individuell   **individual**

adj

För de företag som beviljats individuell behandling jämfördes i enlighet med artikel 2.11 och 2.12 i grundförordningen det vägda genomsnittliga normalvärdet med det vägda genomsnittliga exportpriset.

For the companies granted IT, the weighted average normal value was compared with the weighted average export price as provided for in Article 2(11) and (12) of the basic Regulation.

7053 högmod   **pride | arrogance**

nn

Och aposteln Paulus skrev: "Människorna skall älska sig själva, vara penningkära, inbilska, övermodiga, hädare, olydiga mot föräldrar, otacksamma, illojala, utan naturlig tillgivenhet [eller: "tillgivenhet inom familjen"], ovilliga till någon som helst överenskommelse, baktalare, utan

självbehärskning, vildsinta, utan kärlek till det goda, förrädare, egensinniga, uppblåsta av högmod, sådana som älskar njutningar mer än de älskar Gud."
In a similar vein, the apostle Paul wrote: "[People] will be lovers of themselves, lovers of money, self–assuming, haughty, blasphemers, disobedient to parents, unthankful, disloyal, having no natural [or, familial] affection, not open to any agreement, slanderers, without self–control, fierce, without love of goodness, betrayers, headstrong, puffed up with pride, lovers of pleasures rather than lovers of God."

7054	**sadist**	**sadist**
	nn	För jag är bara en sadist med nyare tidningar!
		Because I'm just a sadist with newer magazines!

7055 **alg**   **alga**
nn
Han pekade på algerna.
He pointed at the algae.

7056 **skrattande**   **laughing; laughing**
adj; nn
 Hon sänkte armarna och såg på honom, en skrattande förförerska. " ' När jag är med dig harjag svårt att andas ', sa hon. "
She dropped her arms and looked at him, a laughing wanton. " ' When I'm with you I don't breathe quite right ', she said. "

7057 **enstöring**   **loner|hermit**
nn
Bortsett från det, Levde Harold ett liv som enstöring.
Beyond that, Harold lived a life of solitude.

7058 **bundsförvant**   **ally**
nn
Jag syftar på Nato–alliansen med Amerikas förenta stater som stark bundsförvant.
I am talking about the NATO alliance, with the United States of America as a strong ally.

7059 **detaljerad**   **detailed**
adj
Mer detaljerad Information kommer att publiceras fortlöpande på denna webbplats.
More detailed information will be published continuously at this website.

7060 **vägkant**   **roadside**
nn
Andra, till exempel rudbeckian, kan ses blomma på en solig äng eller vid en vägkant från sena våren ända till hösten.
Others, the black–eyed Susan for one, can be seen blooming in sunny fields or along roadsides from late spring through summer.

7061 **musikalisk**   **musical**
adj
Anordnande av visuell och musikalisk underhållning.
Arrangement of visual and musical entertainment.

7062 **skede**   **phase**
nn
Därigenom får myndigheterna för marknadsövervakning, i samarbete med de berörda ekonomiska aktörerna, möjlighet att gripa in i ett tidigare skede när det gäller sådana produkter.
It should also allow market surveillance authorities, in cooperation with the relevant economic operators, to act at an earlier stage in respect of such toys.

7063 **tillbakadragande**   **withdrawal**
nn
Tillbakadragande av befrielsearmén och tillbakadragande av styrkorna?
The withdrawal of the Liberation Army and the withdrawal of the troops?

7064 **gira**   **yaw|sheer**
vb
Gira höger när jag räknat till tre.

Ice, on the count of three, break hard right.

7065 oroväckande — **alarming**
adj
Hon har skickat oroväckande rapporter och jag hoppas att hon kommer att få möjlighet att svara på rådets uttalande imorgon.
She has sent worrying reports and I hope she will have an opportunity to respond to the Council's statement tomorrow.

7066 placering — **investment|placement**
nn
Vi kan inte hålla oss neutrala i fråga om lagligheten av murens placering.
We cannot be neutral with regard to the legality of the location of this placement.

7067 bästis — **best friend**
nn
Du är Dannys bästis, va?
You're Danny's bestie, right?

7068 intimitet — **intimacy**
nn
Detta innebär således – exempelvis – att om öppen sexuell intimitet mellan heterosexuella undanbedes och är straffbart enligt straffrättsliga bestämmelser, utgör en tillämpning av samma regler på homosexuella vuxna inte förföljelse.
Thus, for example, if expression of sexual intimacy in public between heterosexual adults is discouraged and punished by the criminal law, mere application of the same rules to homosexual adults would not amount to an act of persecution.

7069 bageri — **bakery**
nn
Mjöl och näringspreparat tillverkade av spannmål, Bröd, Pasta, Bageri– och konditoriprodukter, Glass.
Flour and preparations made from cereals, Bread, Pasta, Pastry confectionery, Edible ices.

7070 stake — **stake**
nn
Jag tror inte att du har tillräckligt med stake, grabben!
I don't think you got the stakes, boy!

7071 uteslutning — **exclusion**
nn
Föredraganden har också nämnt en kompromiss som innebär en uteslutning av jordbruksområdet.
The rapporteur has also mentioned a compromise to exclude agriculture.

7072 utsända — **broadcast**
vb
De utsända polisstyrkorna är inte tillräckligt stora för att kunna stoppa det.
The police forces which have been sent out do not have the manpower to stop what is going on.

7073 kal — **bare|bald**
adj
Jag tycker att det är synd att vi inskränker oss till saker som kala arbetsförhållanden.
I regret that we are confining ourselves to the bare minimum, i. e. working conditions.

7074 signera — **sign**
vb
Vi måste dessutom försöka få USA att först signera och sedan ratificera det.
Furthermore, we must try to get the US first to sign it, and then ratify it.

7075 varuhus — **department store**
nn
Vi hade velat bygga en katedral och vi befinner oss i ett varuhus.
We set out to build a cathedral and ended up in a department store.

7076 ojämn — **uneven|unequal**

adj
Angående: Ojämn fördelning av risker mellan medlemsstaterna vid
användning av finansiella högriskprodukter.
*Subject: Unequal exposure of Member States to the perils of high–risk
financial products.*

7077 scenario **scenario**

nn
Varje systemansvarig för överföringssystem ska, för varje tidsram för
kapacitetsberäkning, fastställa den individuella nätmodellen för varje
scenario i enlighet med artikel 19, för att de individuella nätmodellerna ska
kunna slås samman till en gemensam nätmodell.
*For each capacity calculation time–frame, each TSO shall establish the
individual grid model for each scenario in accordance with Article 19, in
order to merge individual grid models into a common grid model.*

7078 prelat **prelate**

nn
Vad gäller Guatemala delar kommissionen Europaparlamentets smärta och
indignation över mordet på biskop Juan Gerardi, en prelat som jag, i likhet
med många av er, fick tillfälle att träffa personligen eftersom Europeiska
unionen, som ni vet, har varit starkt engagerad i att skapa fred i Guatemala
och nu, på senare tid, i fredsprocessen.
*As regards Guatemala, the Commission shares Parliament's sorrow and
indignation over the assassination of Bishop Juan Gerardi, whom I had the
opportunity to get to know personally, as did many of you, because as you
know, the European Union has been heavily involved in Guatemala's
pacification process and now, recently, in the peace process.*

7079 automat **automatic machine**

nn
Observera att dessa tecken som ska infogas som tillägg framför eller bakom
slutnotssymbolen bara används vid automatisk numrering.
*Note that these characters that you want to be inserted before or after the
endnote icon are only applied in the case of automatic numbering.*

7080 skifte **change**

nn
I detta hänseende noterar kommittén att Europeiska kommissionen talar om
ett skifte från "anställningstrygghet" till "sysselsättningstrygghet" (vilket
betyder att livslång anställning inte längre kan förväntas vara den normala
sysselsättningsformen).
*It notes, in this regard, the European Commission's reference to a shift away
from 'job security' to 'employment security' (implying that keeping the same
job for life can no longer be considered to be the rule).*

7081 inställa **adjust**

vb
Jag tycker idén om att ordförandeskapet skall inställa sig inför kammaren
före varje toppmöte är intressant.
*I find the Presidency's appearance in this House prior to every summit an
interesting idea.*

7082 rådande **current**

adj
De förslag som Javier Solana lade fram i juni 2006, vilket ägde rum på nytt i
juni 2008 för de sex mest aktiva ländernas räkning, gäller fortfarande och
måste användas för att bryta det rådande dödläget.
*The proposals made by Mr Solana in June 2006, repeated in June 2008 on
behalf of the six most closely involved countries, still apply and must be used
to break the current deadlock.*

7083 guvernant **governess**

nn
Men varför kidnappa en guvernant?
But why go to all this trouble to kidnap a little harmless governess?

7084 försätta **set**

vb
Det kommer försätta dig i fara.

That'll put you in danger.

7085 syndig
adj

sinful

Det kan i olika sammanhang förmedla tanken på "krav på odelad hängivenhet", "det att inte tåla någon rivalitet", "nitälskan", "iver", "svartsjuka [rättfärdig eller syndig]", "avund".
The Hebrew noun qin·'ah' variously means "insistence on exclusive devotion; toleration of no rivalry; zeal; ardor; jealousy [righteous or sinful]; envying."

7086 kompetens
nn

competence

Även om den klagandes konsortium visade sig ha expertkunskaper och kompetens inom det ämnesområde detta specifika projekt rörde, fanns det inga belägg för att kommissionen skulle ha utövat sina diskretionära befogenheter på ett godtyckligt eller diskriminerande sätt.
Even though the complainant's consortium showed expertise and competence in the field of this particular project, there was no evidence that the Commission used its discretion in an arbitrary or discriminatory way.

7087 kika
vb

peek

Skulle du kunna komma in och kika på min kökskran?
Can you come in and have a look at my kitchen tap?

7088 sortera
vb

sort

Enligt tjänsteavtalet har avfallshanteraren ensamrätt att samla in och sortera använda konsumentförpackningar inom ett visst område.
Under the Service Agreement, the collector has the exclusive task of collecting and sorting used sales packaging in a certain district.

7089 konduktör
nn

conductor

Om resenären begär ersättning för försening enligt artikel 17 måste beviset på förseningen som upprättats av järnvägsföretaget eller dess personal (t.ex. i form av en stämpel eller underskrift från en konduktör eller motsvarande) därefter godtas av järnvägsföretaget, och det kan inte omförhandlas eller modifieras i efterhand.
If the passenger requests compensation for delay under Article 17, the proof of delay established by the railway undertaking or its staff (e.g. in the form of a stamp or signature from a ticket inspector or equivalent) must subsequently be accepted by the railway undertaking and cannot be renegotiated or modified retrospectively.

7090 sponsra
vb

sponsor

Det kanske bara handlar om att övertyga företaget, som ibland är stadens största, att det är lika viktigt att införliva arbetare ur socialt svaga grupper i företaget som att sponsra t.ex. en fotbollsklubb, – nu efter världsmästerskapen – och också övertyga det om att denna inställning är påtagligare och förmodligen lönsammare, åtminstone lokalt från en reklam– och främjandesynpunkt.
Perhaps all that is needed may be to convince a company – sometimes the largest in a city – that incorporating workers from socially disadvantaged groups into that company is just as important as sponsoring a club – perhaps a football club, since the World Cup has just ended – and also convincing it that this attitude is probably more sensitive and, at least locally, also more profitable, from the point of view of advertising and promotion.

7091 munter
adj

merry

Det skulle inte ha varit en särskilt munter dag att hålla valet till Europaparlamentet på.
It would not have been a very happy day to hold the elections to the European Parliament.

7092 sia — **prophesy; predict**

nn; vb

Det är svårt att sia om när kommissionen skulle kunna lägga fram sina förslag.

It is difficult to prophesy when the Commission will be able to table its proposals.

7093 självmant — **unbesought**

adv

Fortsätta att stärka den statliga kommissionen för migrationsfrågor. Utveckla program för stöd vid självmant återvändande för utsatta migranter.

Continue strengthening the State Commission on Migration Issues; to develop programmes for assisted voluntary return of vulnerable migrants.

7094 utlösning — **release**

nn

Airbag–fasthållningsanordningar för placering av en airbag som skydd mot sen utlösning av en airbag.

Airbag restraint devices for placing on the airbag to protect against late airbag deployment.

7095 svävande — **floating; flit**

adj; nn

Detta beteende är oberoende av om fönstret är fixerat eller fritt svävande.

This happens whether the window is fixed or floating.

7096 behagligt — **agreeable**

adv

Som en scharlakansröd tråd är dina läppar, och ditt tal är behagligt.

Your lips are just like a scarlet thread, and your speaking is agreeable.

7097 jubla — **shout with joy**

vb

Slutet på en tvist - i detta fall en handelstvist - är inte i sig skäl nog att jubla.

The end of a dispute - commercial in this case - is not, in itself, a reason to rejoice.

7098 kärleksfullt — **lovingly**

adv

Det var ett kärleksfullt offer av Jehova, och det öppnade vägen för vår räddning.

It was a loving sacrifice on Jehovah's part, and it opened the way for our salvation.

7099 styv — **stiff**

adj

Utskottet för kultur, ungdomsfrågor, utbildning och media har utfört en styv prestation genom att utarbeta dessa åtgärder för nästa årtusendets utmaningar.

The Committee on Culture, Youth, Education and the Media has done an enormous job in the organisation of these programmes in preparation for the challenges of the next millennium.

7100 underifrån — **from below; underhand**

prp; adv

Om man vill undvika en drastisk minskning av befolkningens välfärd kan man inte begära att all välfärd och allt socialt skydd ska komma från ekonomisk tillväxt, utan man måste ge utrymme åt initiativ underifrån.

Economic growth cannot be relied upon as the sole means of preventing an excessive fall in people's well–being; room must be provide for bottom–up initiatives.

7101 skyddsling — **protege**

nn

En bild på en bägare (400–talet f.v.t.) som visar en uppfostrare (med en stav) som ser på när hans skyddsling får undervisning i poesi och musik.

A scene on a fifth century B.C.E. cup showing a tutor (with staff) looking on while his protege receives instruction in poetry and music.

7102 löpande — **current**

adj

Samarbetskommittén ska behandla de frågor som samarbetsrådet hänskjuter till den och övriga frågor som kan uppkomma i samband med det löpande genomförandet av avtalet.

It shall consider any matter referred to it by the Cooperation Council as well as any other matter which may arise in the course of the day–to–day implementation of the Agreement.

7103 inkopplad   **in gear**

adv

På maskiner som kan förses med roterande verktyg får det inte vara möjligt att aktivera verktyget när backfunktionen är inkopplad, utom i sådant fall då maskinens rörelse framkallas av verktygets rörelse.

In the case of machinery on which a rotary tool may be fitted, it must not be possible to actuate that tool when the reversing control is engaged, except where movement of the machinery results from movement of the tool.

7104 överdrift   **exaggeration**

nn

Detta – och jag kommer att uttrycka detta något försiktigt – är en överdrift.

That – and I will put this somewhat carefully – is an exaggeration.

7105 plasma   **plasma**

nn

Till sist skulle jag vilja insistera på att blod och plasma skall vara gratis.

Finally, I would like to insist upon blood and plasma donations remaining free.

7106 bedragare   **imposter|deceiver**

nn

Snubben är ingen körskollärare, han är nån slags bedragare.

This dude ain't no driving teacher, he's some kind of con man.

7107 avsides   **aside; out**

adv; adj

De stiger i en båt, troligen nära Kapernaum, och sätter kurs mot en plats som ligger lite avsides, öster om Jordan och i närheten av Betsaida.

They board a boat, probably near Capernaum, and head for an out–of–the–way place east of the Jordan River beyond Bethsaida.

7108 flygfält   **airport**

nn

För allmänflyget kommer det gemensamma europeiska luftrummet och SESAR vara ytterst viktiga för att på ett säkert sätt förbättra tillgängligheten till luftrum och flygfält.

From the perspective of general aviation, the Single European Sky and SESAR will be of the utmost importance for enhancing, in a safe way, access to airspace and aerodromes.

7109 orimlig   **absurd**

adj

Det första undantaget motiveras sålunda av den tyska lagstiftarens avsikt att inte i orimlig utsträckning inkräkta på de villkor under vilka anslutna tandläkare utövar sin verksamhet.

Thus, the reason for the first exception is the German legislature's wish not to prejudice unduly the conditions under which panel dentists pursue their activities.

7110 basera   **base**

vb

Jag håller också med om att vi behöver basera våra råd på vetenskapliga undersökningar.

I also agree on the need to base our advice on scientific assessments.

7111 ruter   **diamonds**

nn

Zoe: Ruter fem, ja.

Zoe: Five of diamonds, yeah.

7112 kompromiss   **compromise**

nn	Vi hoppas att den kompromiss, som man nu lägger fram här i parlamentet, förs vidare och snabbt leder till beredvillighet att enas även hos kommissionen och rådet, till gagn för kvinnorna.
	We hope that the compromise before us here will hold up and that the Commission and the Council will accordingly also display a willingness to agree, for the benefit of women.

7113 förödmjukelse   **humiliation**

nn   När någon svarar innan han har hört vad saken gäller, är det dårskap från hans sida och en förödmjukelse.

When anyone is replying to a matter before he hears [it], that is foolishness on his part and a humiliation.

7114 spelande   **gambling**

adj   Det är ingen hemlighet att spelande går hand i hand med kriminalitet, våld, organiserad brottslighet, prostitution och flera andra sammanhängande företeelser.

It is no secret that gambling goes together with criminality, violence, organised crime, prostitution and various other related phenomena.

7115 spårvagn   **tram|car**

nn   Offentliga tjänstekontrakt i den mening som avses i förordning 1 för tillhandahållande av kollektivtrafik med buss, spårvagn, järnväg eller tunnelbana, som tilldelats genom ett konkurrensutsatt anbudsförfarande i enlighet med artikel 5.3 i den förordningen, förutsatt att dess varaktighet är förenlig med artikel 4.3 eller 4.4 i den förordningen.

Public service contracts within the meaning of Regulation 1 for the provision of public passenger transport services by bus, tramway, rail or metro, which have been awarded on the basis of a competitive tendering procedure in accordance with its Article 5(3), provided that its length is in conformity with Article 4(3) or (4) of that Regulation.

7116 vingård   **vineyard**

nn   EU är världens främsta vingård.

The European Union is the world's premier vineyard.

7117 härförare   **army leader**

nn   Far till den Benaja som nästan alltid är omnämnd som "Benaja, son till Jehojada", och som var en av Davids väldiga krigare och dessutom Salomos härförare.

Father of the Benaiah who is almost always identified as "Benaiah the son of Jehoiada," and who was one of David's mighty men and also Solomon's army chief.

7118 lappa   **patch|cobble**

vb   Jag har ingen förståelse för att man med hjälp av olika slags kvoter försöker lappa detta problem.

I do not understand why we are trying to patch up the problem by means of quotas.

7119 bädd   **foundation**

nn   Schilfwein, Strohwein: Druvorna ska förvaras och torkas naturligt på en bädd av vass eller halm i minst tre månader före pressningen och sockerhalten ska uppgå till minst 25° KMW.

Schilfwein, Strohwein: Grapes must be stored and naturally dried on reed or straw for at least 3 months before pressing; minimum sugar content must be 25° KMW.

7120 årgång   **vintage**

nn   Den årgång som avses i artikel 60.1 a i förordning (EG) nr 479/2008 får anges i märkningen av de produkter som avses i artikel 49 under förutsättning att minst 85 procent av de druvor som använts för att framställa produkterna har skördats det aktuella året.

The vintage year referred to in Article 60(1)(a) of Regulation (EC) No 479/2008 may appear on the labels of products as referred to in Article 49 provided that at least 85 % of the grapes used to make the products have been harvested in the year in question.

7121 aggression
nn

aggression

D. Tre journalister har dödats under 2006 och åtminstone 95 andra har utsatts för aggression, vartill kommer att 55 korrespondenter hos pressen utsatts för påtryckningar för att ha skrivit "icke–islamiska" artiklar, 70 journalister har tvingats fly under innevarande år eftersom de har utsatts för hot enligt en rapport från "Reportrar utan gränser" om pressfriheten i Bangladesh.

D. whereas in 2006, three journalists were killed and at least 95 others were attacked, and 55 press correspondents were the targets of intimidation because of articles considered to be "non–Islamic"; and whereas in the course of the year, more than 70 journalists have been forced to flee the country following threats, according to reports of "Reporters sans Frontières" on press freedom in Bangladesh,

7122 desamma
adj; adv; prn

same; same; same

Det framgår tydligt av synpunkterna från ett antal användare av den berörda produkten att import med ursprung i Kina och zinkoxid som köpts från gemenskapsindustrin är ömsesidigt utbytbara eftersom de fysiska och kemiska egenskaperna är desamma.

Comments made by a number of users of the product concerned show clearly that imports originating in the PRC are perfect substitutable for zinc oxide purchased from the Community industry, since they share the same physical and chemical characteristics.

7123 svullen
adj

swollen

Effekter som är typiska för östrogen, exempelvis svullen vulva, svullna mjölkkörtlar och/eller dragningskraft på hanhundar samt kräkningar har observerats vid den högst rekommenderade dosen på 10 mg per hund.

Effects typical to oestrogens such as swollen vulva, swollen mammary glands and/or attractiveness to males and vomiting have been observed at the highest recommended dose of 10 mg per dog.

7124 akademisk
adj

academic

Man utför många studier i näringslivet och på nationell eller akademisk nivå.

Many studies are made in business and on a national or academic scale.

7125 krigare
nn

warrior

Faraos vagnar och hans militärstyrkor har han kastat i havet, och de yppersta av hans krigare har blivit sänkta i Röda havet."

Pharaoh's chariots and his military forces he has cast into the sea, and the choice of his warriors have been sunk in the Red Sea."

7126 påstådd
adj

ostensible

De befann sig därför i en känslig position: några av deras kunder kanske ogillade att de hade lämnat in eller stödde en framställning om påstådd skadevållande dumpning.

Those complainants are therefore in a sensitive position since some of their clients may not be satisfied with their lodging or supporting a complaint against alleged injurious dumping.

7127 fläka
vb

split open

Charl, Jag vill inte, jag ska jävlar inte fläka ut mig för dem där vraken.

Charl, I'm not, I'm not fucking opening myself to them wretches.

7128 idioti

idiocy

nn	Det var ren idioti!
	It was sheer lunacy!

7129 uppsåt — **intent**

nn De misslyckas båda med att påvisa uppsåt från gärningsmannens sida.

They both fail to show premeditation on the part of the perpetrator.

7130 evolution — **evolution**

nn Detta kan t.ex. gälla LTE–mobiloperatörer (LTE = long–term evolution) eller LTE Advanced–operatörer med täckningsmål enligt sina licensvillkor i målområdet.

This may, for instance, apply to mobile LTE (long–term evolution) or LTE advanced operators with coverage targets under their licence conditions. in the target area.

7131 astma — **asthma**

nn Det främsta orsaken till astma och astmaanfall är luftföroreningar.

First among the causes that trigger asthma and asthma attacks is air pollution.

7132 etisk — **ethical**

adj Modellen för Ekonomin för det allmänna bästa innebär därför en övergång till en europeisk etisk marknad där den ekonomiska politiken och handelspolitiken är anpassade efter den kultur och de värden som invånarna uppfattar som universella.

This is why the ECG model proposes a shift to a 'European Ethical Market' in which economic and trade policies are aligned with the culture and values that people identify as universal.

7133 handledare — **supervisor**

nn Uppmanar kommissionen att lägga fram konkreta förslag i syfte att i större utsträckning identifiera och sprida bra metoder, erfarenheter och know–how som utvecklats med hjälp av gemenskapsresurser och –program eller av medlemsstaterna själva, i synnerhet genom tillgång till yrkesutbildnings– och utbildningsmässor som bör genomföras runtom i unionen till förmån för handledare, elever, arbetsgivare, fackföreningar och politiskt ansvariga.

Calls on the Commission to bring forward concrete proposals with the objective of identifying and disseminating more widely good practices, experience and know–how developed with the assistance of Community resources and programmes or by Member States themselves, in particular by means of 'access to training and education fairs " to be held throughout the Union for the benefit of trainers, trainees, employers, trade unions and policy–makers.

7134 välfärd — **welfare**

nn Vi ser hur våra medier rapporterar nästan uteslutande om utlokalisering av tillverkning, i stället för om nya arbetstillfällen som skapas eller ökad välfärd, vilket vi har världshandeln att tacka för.

We watch our media reporting almost exclusively about the relocation of production, rather than on the creation of new jobs or increased prosperity, both of which we owe to world trade.

7135 ödla — **lizard**

nn Jag blev precis våldtagen av en ödla.

I just got violated by a lizard, man.

7136 missnöje — **dissatisfaction**

nn Frankrike uttryckte sitt beklagande och missnöje när det hände.

France expressed its regret and disapproval at the time.

7137	**moll**	**minor**
	nn	Nej, B– moll.Det är ett banjoackord!
		No, B minor, that's a banjo chord!

7138	**konsult**	**consultant**
	nn	Design, uppdatering och utveckling av datorutrustning och –programvaror samt konsult– och programtjänster i samband med dessa.
		Design, maintenance and development of computer software and hardware as well as consultation and programming services related thereto.

7139	**julkort**	**Christmas card**
	nn	Vi får mycket julkort i år.
		Doing well for Christmas cards this year

7140	**tiotusentals**	**tens of thousands**
	adv	Det finns tiotusentals deltagare i gemenskapens projekt.
		There are tens of thousands of participants in the Community projects.

7141	**hästsvans**	**ponytail**
	nn	Jag är osäker,Om man skulle ha hästsvans..
		I don't know about the pony tail..

7142	**rödvin**	**red wine**
	nn	20 milliekvivalenter/l för rödvin.
		20 milliequivalents per litre for red wines.

7143	**revidering**	**revise**
	nn	Denna finansiering förutsätter först och främst en revidering av den fleråriga budgetramen för 2007–2013 enligt punkterna 21, 22 och 23 i det interinstitutionella avtalet, eftersom 2009 års tak för åtagandebemyndiganden under rubrik 1A behöver höjas med 2 000 000 000 EUR i löpande priser.
		The financing requires, as a first step, a revision of the multiannual financial framework 2007–2013 in accordance with points 21, 22, and 23 of the Interinstitutional Agreement, so as to raise the ceiling for the year 2009 for commitment appropriations under subheading 1a by an amount of EUR 2 000 000 000 in current prices.

7144	**börsmäklare**	**stock broker**
	nn	Därefter blir ni auktoriserade börsmäklare
		Then you begin trading as an S. E. C.– licensed broker

7145	**logga**	**log**
	vb	Markera den här rutan om du vill logga in på FTP–adressen som anonym användare.
		Select this field if you wish to log in to the FTP address as an anonymous user.

7146	**hållen**	**kept**
	adj	Ni bevarar ett traditionellt system med en manlig familjeförsörjare och dennes lilla fru, hon har ett litet arbete vid sidan av, hårt hållen i hans tygel.
		You, my dear colleagues on the right, are perpetuating a traditional system with a male breadwinner and his little wife, with her little job on the side, kept neatly under his thumb.

7147	**hörlur**	**earphone**
	nn	Jag skulle ha önskat att kommissionär Bangemann hade lyssnat på detta, antagligen har ni en hörlur.
		I wish Mr Bangemann would listen; you obviously have a headphone.

7148	**insamling**	**collection**
	nn	Insamling av avfall.

Refuse collection services.

7149 nikotin — **nicotine**
nn; adj

Herr talman! Förlikningen har lett till ett antal anpassningar i betänkandet som kan betraktas som positiva sådana, till exempel sänkningen av den tillåtna tjärhalten och fastställandet av takvärden för nikotin– och kolmonoxidhalten.

Mr President, conciliation has led to a number of adjustments being made to the report which can be deemed positive, such as the reduction in the permitted tar content and the setting of ceilings for nicotine and carbon monoxide content levels.

7150 anlag — **predisposition**
nn

Genetisk screening för att identifiera en persons anlag för vissa sjukdomar är redan möjlig.

Genetic screening to identify a person's predisposition to certain illnesses is already possible.

7151 motorhuv — **hood**
nn

Skyddsanordningar som kan öppnas utan hjälp av verktyg (t.ex. motorhuv).

Protective devices which open without the aid of tools (e.g. engine cowl).

7152 rengöring — **cleaning**
nn

Vi måste inse att tiderna har förändrats, eftersom Europeiska unionen i dag har kraft att själv göra en demokratisk rengöring.

We must recognise that times have changed, because the European Union now has the democratic strength to put its own house in order.

7153 avfärd — **departure**
nn

Självklart hade nog chocken av hans fars våldsamma död— skyndat på hans avfärd.

Of course, the shock of his father's violent murder, may also have spurred his departure.

7154 bakdel — **rear; behind**
nn; prp

Och där sinnet aldrig slipper undan samvetskvalens plågor, och er bakdel aldrig slipper undan de små stickande gafflarna.

And where the mind is never free from the torments of remorse, and your bottom never free from the pricking of little forks.

7155 hemläxa — **homework**
nn

Kandidatländerna är inte de enda som måste förändras; först och främst måste unionen själv göra sin hemläxa.

The candidate countries are not the only ones who have to change; the Union itself, first and foremost, has to do its homework.

7156 avslut — **contract**
nn

Det berodde på att all tillgänglig personal var sysselsatt med att åtgärda följderna av rådets beslut angående mjölkkvoterna i Italien, Grekland och Spanien, och det mjölkkvotsystem som var i kraft sen 1992 års avslut.

This was because all available staff were engaged in following up the consequences of the Council Decision on the milk quotas in Italy, Greece and Spain and the milk quota system in force since the 1992 clearance.

7157 tillsättning — **addition**
nn

Tillsättning av vitaminer, mineraler och tillsatser i livsmedel sker ofta på ett missvisande sätt.

The addition of vitamins, minerals, and additives to foodstuffs is often abused.

7158 ändrad — **modified**
adj

Artikel 5c i förordning (EEG) nr 804/68 ändras på följande sätt:

Article 5c of Regulation (EEC) No 804/68 is hereby amended as follows:

7159	**skolflicka**	**schoolgirl**
	nn	Jag vill vända mig till Othmar Karas och uppmana honom att framföra Europaparlamentets hälsningar till den skolflicka han nämnde.
		I would like to turn to Mr Karas and ask him to convey the European Parliament's greetings to the schoolgirl whom he mentioned.
7160	**bottenvåning**	**ground floor**
	nn	Ägaren till en restaurang mitt emot Rikets sal drog en suck av lättnad, när vittnena befriade hans källare och bottenvåning från skräp och slam.
		The owner of a restaurant opposite the hall heaved a sigh of relief when the Witnesses cleared his cellar and ground floor of rubble and sludge.
7161	**karneval**	**carnival**
	nn	Det här är ingen karneval
		Look, this is not a carnival, okay?
7162	**djärvt**	**boldly**
	adv	Men om någon annan uppträder djärvt i fråga om något – nu talar jag oförnuftigt – uppträder också jag djärvt i fråga om det.
		But if anyone else acts bold in something–I am talking unreasonably–I too am acting bold in it.
7163	**välgörare**	**benefactor**
	nn	Anta nu att en välgörare ingriper och erbjuder sig att betala operationen.
		Now suppose a benefactor steps in and offers to pay for the operation.
7164	**tårgas**	**tear gas**
	nn	Tårgas för kvinnor?
		Ladies ' pepper spray?
7165	**dåd**	**deed**
	nn	Vilka åtgärder den har vidtagit mot den tyska regeringen för att fördöma detta specifika rasistiska dåd,
		What representations has the Commission made to the German Government to condemn the specific act of racism in question?
7166	**förträfflig**	**excellent**
	adj	Även om en sådan utbildning av veterinärer är förträfflig kan den knappast säkerställa att gemenskapsbestämmelserna om skydd av djur vid slakt följs även i praktiken.
		Whatever the quality of the veterinarian training may have been, it does not guarantee that the Community rules on the protection of animals at the time of slaughter are in practice being observed.
7167	**respektive**	**respective; respectively**
	adj; adv	Sedan inträffade det vi trodde skulle inträffa: krisen spred sig.
		What we had expected came to pass: the crisis has expanded.
7168	**idel**	**sheer|mere**
	adj	När vi delar upp världen i ett "vi", som självfallet utgörs av idel goda människor, och ett "de", som utgörs av människor som av någon anledning är ondskefulla och till varje pris vill skada oss, så visar det bara hur lite vi har förstått själva integrationsprincipens innebörd.
		This division into an a priori virtuous 'us' and a somehow wicked 'them' who seek to harm us at any price simply indicates what little understanding there is of the actual principle of integration.
7169	**olöst**	**unresolved**
	adj	Frågan om byråns placering är ännu olöst, men kommissionen är fast besluten att driva på ärendet.

Although the location of the Agency remains uncertain, the Commission is determined to press ahead.

7170 brigad

nn

brigade

Det finns också belägg för att denna femte brigad är inblandad i kraftåtgärderna inför valet.

There is evidence also of this Fifth Brigade being involved in pre–election crackdowns.

7171 antydan

nn

hint|indication

Denna risk föreligger likaså, och till och med i ökad grad, om det efter den berördes inresa till det nationella territoriet konstateras att det nödvändiga minimum som krävs enligt den nationella lagstiftningen saknas, vilket visar att hans företagsverksamhet inte har lyckats och ger en antydan om att han förmodligen kommer att söka alternativa försörjningsmedel.

This risk still continues, and indeed is even increased, if the absence of the essential minimum required by national legislation is confirmed after the person concerned has entered national territory, a fact which would provide evidence that his undertaking has been unsuccessful and would point to the likelihood of a search for alternative resources.

7172 passionerat

adv

passionately

Herr talman! Som boren anti–revolutionär kommer jag att tala betydligt mindre passionerat än Daniel Cohn–Bendit, men jag förstår nu varför 1968 var en sådan framgång för honom: jag kunde enbart följa händelserna på tv som barn.

Mr President, as a born anti–revolutionary I shall be speaking with rather less passion than Mr Cohn–Bendit, but I understand now why 1968 was a success for him; I could only follow events on television as a child.

7173 simulering

nn

simulation

Kursen ger grundläggande kompetens i modellering och simulering av fordonsdynamik.

The course will give fundamental skills in modelling and simulation of vehicle dynamics.

7174 välvilja

nn

goodwill

under hans välvilja, hela livet.

Being under his goodwill is for a lifetime.

7175 uppslukad

adj

enraptured

Båten sjönk nästan men jag var som uppslukad.

And we almost sank the ship, but I became enraptured.

7176 ointresserad

adj

uninterested

Jag har blivit erbjuden droger, men är ointresserad.

Lately, people have been offering me drugs, but I am not interested.

7177 tvång

nn

force

VT69. Definitionen av verkligt värde utgår från antagandet att ett företag har förmåga att fortsätta sin verksamhet, det vill säga att det inte föreligger en avsikt eller ett tvång att avveckla, att väsentligt inskränka verksamheten eller att ingå transaktioner på oförmånliga villkor.

AG69 Underlying the definition of fair value is a presumption that an entity is a going concern without any intention or need to liquidate, to curtail materially the scale of its operations or to undertake a transaction on adverse terms.

7178 atombomb

nn

atom bomb

Ni vet väl att en atombomb detonerade i går?Och?

Do you realize a nuclear bomb went off yesterday?

7179 luftfart
nn
air traffic
Internationell luftfart omfattas inte av Kyotoprotokollet eller andra åtaganden.
International aviation is not subject to Kyoto or other commitments.

7180 imitation
nn
imitation
den inte framställer en vara eller tjänst som en imitation av eller ersättning för en vara eller tjänst som har ett skyddat varumärke eller firmanamn.
it does not present goods or services as imitations or replicas of goods or services bearing a protected trade mark or trade name.

7181 mussla
nn
clam
Stora musslor. När vi öppnade dem liknade de inte musslor.
Large clams, and when we opened them, they didn't look like a clam.

7182 implementering
vb
implement
Rather, they are one of the many instruments allowing us to implement the Lisbon process.
De är ett av de instrument - inte det enda - som gör det möjligt att genomföra besluten från Lissabon.

7183 utdelning
nn
dividend
Alla vet att kritiken mot prishöjningar och försenad postutställd utdelning är ett ständigt diskussionsämne.
We are all familiar with the much-criticised price hikes, and delayed deliveries are a constant topic of discussion.

7184 oerfaren
adj
inexperienced
Det enda detta parlaments talman – som är fullkomligt oerfaren – tycks vilja göra är att bibehålla status quo.
All that the President of this Parliament – who is totally inexperienced – seems to do is to want to preserve the status quo.

7185 färga
vb
color|dye
Varför skulle jag färga halva håret?
Why would I dye just part of my head?

7186 anmärkningsvärd
adj
remarkable
En anmärkningsvärd del av framstegen när det gäller avskräckande är att det genomsnittliga bötesbelopp som utdöms har ökat från 1 757 euro 2002 till 4 664 euro 2003 – det är en ökning med 165 procent på ett år.
One notable element of progress with regard to deterrence is the fact that the average amount of fines imposed has increased from EUR 1 757 in 2002 to EUR 4 664 in 2003 – that is an increase in one year of 165%.

7187 nattlig
adj
nightly
Jag är inte säker vad detta kan bero på, men det är häpnadsväckande att det uppenbarligen, på något vis, tycks betraktas som ett nattligt samtalsämne.
I am not sure what the reason for this could be, but it is uncanny that it should evidently be regarded as, in some sense, a nocturnal topic.

7188 övervägande
adj; nn
predominant; consideration
Jag tror inte att det behövdes något ytterligare övervägande.
– Mr President, I do not believe there was any need for further deliberation.

7189 uppströms
adv
upstream
Riskhanteringsplaner som fastställs i en medlemsstat skall inte inbegripa åtgärder som genom sin omfattning eller sina konsekvenser avsevärt ökar översvämningsrisker uppströms eller nedströms i andra länder i samma avrinningsområde eller delavrinningsområde, såvida de berörda

medlemsstaterna inte har samordnat dessa åtgärder och enats om en lösning inom ramen för artikel 8.

Flood risk management plans established in one Member State shall not include measures which, by their extent and impact, significantly increase flood risks upstream or downstream of other countries in the same river basin or sub–basin, unless these measures have been coordinated and an agreed solution has been found among the Member States concerned in the framework of Article 8.

7190	**hack**	**notch**

nn

I målet har den tilltalade förklarat att han har behandlat tandrader på hästar, huvudsakligen genom att raspa hästarnas tänder när det på grund av naturlig nötning har uppstått hack och vassa kanter på dessa.

The defendant explained during the proceedings that he treated the teeth of horses, in particular by filing them down when they acquired sharp points and edges through natural abrasion.

7191	**trumpet**	**trumpet**

nn

18 Ty ni har inte kommit till* ett berg som man kan ta på och som har satts i brand av eld, och till ett mörkt moln och tjockt mörker och en stormvind 19 och smattret av en trumpet och ljudet av ord; då folket hörde det ljudet bönföll de om att inte ett ord mer skulle riktas till dem.

18 For YOU have not approached that which can be felt and which has been set aflame with fire, and a dark cloud and thick darkness and a tempest, 19 and the blare of a trumpet and the voice of words; on hearing which voice the people implored that no word should be added to them.

7192	**solbränd**	**tanned|sunburned**

adj

Jag lever i en solbränd mardröm!

I'm in a fucking tan nightmare!

7193	**bildad**	**educated**

adj

Hon är smart, snygg och bildad.

She's smart and beautiful and very literate.

7194	**fotografering**	**photography**

nn

Är det bästa sättet att främja fredens sak verkligen att resa till Bagdad för en fotografering, och riskera att bli manipulerad av den irakiska regimen?

Is the best way to advance the cause of peace really to travel to Baghdad for a photo opportunity and risk being manipulated by the Iraqi regime?

7195	**hushåll**	**household**

nn

Anses marknaden vara skandinavisk eller nordisk, skulle Newco kontrollera anslutningen av minst [45–55 %](300) av alla hushåll.

Even if the markets were to be assessed on a Scandinavian or Nordic basis, Newco would control access to [45 % to 55 %](296) or more of all households.

7196	**arkitektur**	**architecture**

nn

Arkitektur, ingenjörsvetenskap, byggnaders strukturer, allt detta är vetenskap.

Architecture, engineering, the structure of buildings, are all in the realm of science.

7197	**förnekande**	**denial**

nn

Sådan kritik kan inte anses som ett förnekande av att systemet i fråga förekom eller tillämpades.

Criticism of that kind cannot be construed as denying the existence or application of the system in question.

7198	**tillkomma**	**fall on**

vb

"Om en formgivning har skapats av en anställd som ett led i dennes arbetsuppgifter eller enligt företagarens eller arbetsgivarens instruktioner, eller enligt uppdrag inom ramen för ett tjänsteavtal, ska rätten att registrera formgivningen tillkomma företagaren eller den avtalspart som lämnat uppdraget att skapa formgivningen, om inte annat har avtalats."

'Where a design has been developed by an employee in the execution of his duties or following the instructions given by his employer, or as a result of a commission in the context of a contract for services, the right to register the design shall vest in the employer or the party who commissioned the design under the contract, unless otherwise specified in the contract.'

7199 förutsäga — **predict**

vb

europeisk och nationell statistik ska avspegla mångfalden i den territoriella verkligheten så att man mer exakt kan förutsäga politikens konsekvenser för territorierna,

that European and national statistics should reflect the diversity of the territorial situation in order to more accurately understand the impact of policies on the regions.

7200 avsiktlig — **intentional**

adj

Jag föreslår därför att tolkningen av avsiktlig försummelse breddas så att det även innefattar yrkesetik.

It is therefore suggested that the interpretation of wilful misconduct be broadened to take into account the concept of professional conduct.

7201 besvärad — **troubled**

adj

Skulle du ha känt dig besvärad när den här kvinnan kom fram till dig?

Would you have felt uneasy as this woman approached you?

7202 vinäger — **vinegar**

nn

Bikarbonat och vinäger.

Baking soda and vinegar.

7203 bärbar — **portable**

adj

Genom min bärbara dator kunde vi i realtid följa den här i Strasbourg.

Using my notebook computer, I was able to follow in real time here in Strasbourg.

7204 nedlägga — **lay down**

vb

En annan skillnad är att eftersom han hade detta liv i sig själv hade han, som han säger, makt att nedlägga sitt liv och återtaga det, en makt som han också fick av Fadern.

Another distinction is, that having this life in Himself, He had power, as He said, to lay down His life and to take it up again, which power was also given Him by the Father.

7205 böjd — **bent | curved**

adj

Om dessa principer tillämpas på tribunalens bedömning av huruvida det bötesbelopp som ålagts E.ON Energie är proportionerligt, är jag böjd att anse att tribunalen inte utövade sin obegränsade behörighet fullt ut.

If those principles are applied to the General Court's assessment of the proportionality of the fine imposed on the appellant, I am inclined to think that the Court did not fully exercise its unlimited jurisdiction.

7206 klasskamrat — **classmate**

nn

Ratana, en ung syster i Indien, blev kär i en klasskamrat som började studera Bibeln.

Ratana in India became romantically involved with a classmate who started to study the Bible.

7207 obestämd — **indeterminate**

	adj	Internerna på Belmarsh i England drivs bokstavligen till vansinne av att vara inspärrade på obestämd tid.
		Internees at Belmarsh in England are literally being driven mad by indefinite incarceration.
7208	**maktlös**	**powerless**
	adj	Det får inte urarta till en maktlös gest vars främsta kännetecken är att den lyckas undgå de femton medlemsstaternas kortsiktiga intressen, för då kan man inte säga något.
		That should not turn into a meaningless gesture whose main characteristic is that it manages to avoid the shortsighted interests of the fifteen Member States, because then there is just about nothing than can be said.
7209	**läggning**	**orientation|disposition**
	nn	Staten får inte förbjuda relationer på grund av religion, färg eller sexuell läggning.
		The state may not prohibit relationships on the basis of religion, colour or sexual orientation.
7210	**beväpna**	**arm**
	vb	Jag uppmanar därför Sudan att se till att inte någon av Sudans militära styrkor någonsin mer har möjlighet att beväpna LRA och att förorsaka obeskrivliga lidanden för tusentals barn.
		I therefore urge Sudan to ensure that none of Sudan's armed forces will ever again be able to arm the LRA and bring about the unspeakable suffering of thousands of children.
7211	**tvåhundra**	**two hundred**
	num	Det är ingenting jämfört med Spaniens tvåhundra miljoner i genomsnitt, men de finns.
		It is nothing next to the approximately two hundred million in Spain, but they do exist.
7212	**lusta**	**lust**
	vb	Gud [har] prisgett dem åt skamliga sexuella böjelser, för både deras kvinnor bytte det naturliga bruket av sig mot ett som är emot naturen, och likaså frångick även männen det naturliga bruket av kvinnan och blev häftigt upptända i sin lusta till varandra, män med män, i det att de gjorde vad som är oanständigt och på sig själva fick den fulla vedergällning som var tillbörlig för deras förvillelse."
		God gave them up to disgraceful sexual appetites, for both their females changed the natural use of themselves into one contrary to nature; and likewise even the males left the natural use of the female and became violently inflamed in their lust toward one another, males with males, working what is obscene and receiving in themselves the full recompense, which was due for their error."
7213	**ratificering**	**ratification**
	nn	Depositarien skall vidarebefordra ändringen till alla parter för ratificering, godtagande eller godkännande.
		The amendment shall be communicated by the Depositary to all Parties for ratification, acceptance or approval.
7214	**kommunistisk**	**communist**
	adj	I Karelen har vi en kommunistisk regering i den autonoma Karelska Republiken.
		Karelia has a communist government in the autonomous Karelian Republic.
7215	**likgiltig**	**indifferent**
	adj	Man kan trots allt inte vara likgiltig inför vad man ser ske precis på andra sidan gränsen: restriktioner och administrativa påtryckningar på icke–statliga

organisationer, hot, förföljelse och fängslande av demokratiska oppositionsaktivister, däribland ledarna för de ungdomsrörelser som kallas den vitryska folkfronten och ungdomsfronten.

After all, one cannot remain indifferent to what one can see happening just across the border: restrictions and administrative pressure on NGOs, intimidation, persecution and imprisonment of democratic opposition activists, including leaders of the youth movements known as the Belarusian Popular Front and Young Front.

7216 blodtörstig **bloodthirsty**
adj
Blodtörstig, ja.
Ah, bloodthirsty, yes.

7217 empati **empathy**
nn
Herr talman! Vår debatt i dag handlar i allra högra grad om att sätta ett namn och ett ansikte på mänskligt lidande och på så sätt öka vår medkänsla och vår empati.
Mr President, the purpose of our debate today is, in all earnestness, to put a name and a face to human suffering, and in that way expand our compassion and our empathy.

7218 utmattning **fatigue**
nn
För två och ett halvt år sedan svimmade jag av utmattning.
Two–and–a–half years ago, I fainted from exhaustion.

7219 schweizisk **swiss**
adj
Sökandena anser att de böter som Schindler Holding, ett bolag bildat enligt schweizisk rätt, ålades är – vad beträffar deras ekonomiska verkan – likvärdiga med en expropriation, i strid med internationell rätt, av de investeringar som Schindler Holding har gjort i Belgien, Luxemburg och Nederländerna.
The fines imposed upon Schindler Holding, a company established under Swiss law, equate, in economic effect, to the expropriation, contrary to international law, of Schindler Holding's investments in Belgium, Luxembourg and the Netherlands.

7220 dominera **dominate**
vb
En aromatiserad vinbaserad dryck som framställs genom att vin, pärlande vin eller pärlande vin med tillsats av CO_2 blandas med mousserande vin eller mousserande vin med tillsats av CO_2. Naturliga citronämnen eller extrakt av sådana ämnen tillsätts, så att smaken av dessa ämnen kommer att dominera.
an aromatized wine–based drink obtained by mixing wine, semi–sparkling wine or semi–sparkling wine with added CO_2 with sparkling wine or sparkling wine with added CO_2, and adding natural lemon substances or extracts thereof, the taste of which must be predominant.

7221 rysning **shiver**
nn
Vilken rysning, verkligen förtjusning.
It was a thrilling, absolutely chilling.

7222 haltande **limp; finespun**
nn; adj
Herr talman, kolleger, herr kommissionär! Som ledamot i budgetkontrollutskottet och utskottet för miljö, folkhälsa och konsumentfrågor följer jag noggrant och med stort intresse utvecklingen av vår haltande jordbrukspolitik.
Mr President, ladies and gentlemen, Commissioner, as a member of the Committees on Budgetary Control and on the Environment, Public Health and Consumer Policy, I follow the developments of our ailing agricultural policy closely, yet with a passion.

7223 uppmuntrande | **encouraging**
adj

Flera medlemsstater (Bulgarien, Cypern, Frankrike, Grekland, Italien, Kroatien, Malta, Spanien, Sverige, Ungern och Österrike) har anmält mer långtgående nationella mål för 2020, uttryckta antingen som primär eller slutlig energiförbrukning, och det är uppmuntrande.
Several Member States (Austria, Bulgaria, Croatia, Cyprus, France, Greece, Hungary, Italy, Malta, Spain and Sweden) have notified more ambitious national 2020 targets expressed in either primary or final energy consumption, which is encouraging.

7224 födelsedagskalas | **birthday party**
nn

Vi har aldrig haft födelsedagskalas.
We've never have had birthday party.

7225 skyddande | **protective**
adj

Kapitel 3 i EU: s och Kanadas gemensamma åtgärdsplan innehåller särskilda passusar om skyddande av miljön i allmänhet, och uthållig skogsskötsel i synnerhet.
Chapter 3 of the EU-Canada joint action plan contains specific language concerning preservation of the environment in general and sustainable management of forestry in particular.

7226 kortslutning | **short circuit**
nn

Produkten är brandfarlig eftersom de invändiga kablarna inte sitter fast, vilket kan orsaka kortslutning.
The product poses a risk of fire due to the unfixed internal wiring, which might cause a short–circuit.

7227 resterande | **remaining**
adj

En medlem som har en resterande skuld i 60 dagar eller mer skall inte räknas som en medlem vid omröstningar i sådana frågor som avses i punkt 2 i denna artikel.
A member in arrears for 60 days or more shall not count as a member for the purpose of voting on matters covered in paragraph 2 of this Article.

7228 enhörning | **unicorn**
nn

Beskåda vår enhörning!
Behold our unicorn!

7229 bov | **villain**
nn

Den film som vi för närvarande ser på visar José Manuel Barroso, förkämpen för den europeiska solidariteten, i rollen som den godhjärtade sheriffen, och premiärminister Tony Blair i rollen som bov.
The film we are currently watching features Mr Barroso, the advocate of European solidarity, as a good sheriff, and Prime Minister Blair as a baddie.

7230 squash | **squash**
nn

Jag spelar lite squash ibland.
Well, I play a little squash sometimes.

7231 klunga | **cluster | crowd**
nn

De bör medfölja lagförslag och följa ett gemensamt system och en gemensam metod inom parlamentet.
They should accompany legislative proposals and follow a common system and common methodology within the European Parliament.

7232 medfölja | **be enclosed**
vb

De bör medfölja lagförslag och följa ett gemensamt system och en gemensam metod inom parlamentet.
They should accompany legislative proposals and follow a common system and common methodology within the European Parliament.

7233 främja
vb
promote|foster
Genom att främja organisatoriska ramar som underlättar tillgång till digitala resurser, och genom att visa hur man på bästa sätt kan använda teknik för exploatering av dessa resurser, kommer man att minska riskerna, såsom de uppfattas av organisationerna, och sålunda skapa en bättre investerings– och innovationsmiljö för digitalt innehåll.
Fostering the organisational frameworks to ease access to digital resources and showcasing the best use of technologies for their exploitation will lower the perceived risk for organisations and thus create a better environment for investment and innovation in digital content.

7234 pizzeria
nn
pizzeria
Och jag fick jobb igår på Piggy Smalls Pizzeria.
And I just got a job yesterday at Piggy Smalls ' Pizzeria.

7235 popularitet
nn
popularity
En lågkonjunktur skulle ytterligare minska unionens popularitet.
A downturn would reduce further the popularity enjoyed by the Union.

7236 uppdatering
nn
update
Vi kommer dock att ta hänsyn till din feedback i samband med nästa uppdatering.
However your feedback will be taken into consideration for the next update.

7237 idrottsman
nn
athlete
Offren därefter är morgondagens idrottsmän: barnen.
The second victims are tomorrow's sportsmen and women: our children.

7238 musa
nn
Muse
För 3 500 år sedan sa en europé i Odyssén "Berätta för mig, du musa, om den där skarpsinnige hjälten som reste vida omkring.
Ladies and gentlemen, 3 500 years ago, a European said in the , 'Tell me, O muse, of that ingenious hero who travelled far and wide.

7239 bukett
nn
bouquet
George frågade Manon om de inte kunde gå tillbaka till kvinnan med en bukett blommor, eftersom hon hade verkat så ensam och bitter.
George, however, suggested to Manon that they return with a bouquet of flowers for the lady because she seemed so lonely and bitter.

7240 olympisk
adj
Olympic
I egenskap av katalan måste jag säga att jag är mycket stolt över att det var 1992, vid OS i Barcelona, som Barcelonas dåvarande borgmästare Pascual Maragall uppmanade Förenta nationerna att återuppta traditionen med en olympisk fred och förhandla fram en vapenvila i före detta Förbundsrepubliken Jugoslavien.
As a Catalan, I must tell you that I am very proud that it was in 1992, on the occasion of the Barcelona Olympics, that the then Mayor of Barcelona, Pascual Maragall, called upon the United Nations to restore the tradition of the Olympic truce and to negotiate a ceasefire in the former Federal Republic of Yugoslavia.

7241 koordinera
vb
coordinate
I bilagan till förslaget till rådets beslut om inrättande av det särskilda programmet för genomförande av Horisont 2020 står följande: "En gemensam ansträngning att koordinera och organisera bearbetning, validering och standardisering av rymddata från europeiska uppdrag skulle i hög grad kunna öka utnyttjandet av dessa data.
As stated in the annex of the proposal for a Council decision establishing the Specific Programme Implementing Horizon 2020, "a considerably increased

exploitation of data could be achieved if a concerted effort were made to coordinate and organise the processing, validation and standardisation of space data from European missions.

7242 sannolikhet   **probability**

nn

I industrialiserade länder är det mycket mindre sannolikhet att detta händer.

In industrialised countries there is considerably less likelihood of this happening.

7243 ledighet   **leave**

nn

Jag anser att rådet har fel i att inaktiv arbetstid är en typ av ledighet.

I think the Council is wrong to consider inactive working time a rest period.

7244 juldag   **Christmas day**

nn

Jag minns fortfarande en bitande kall juldag när jag hasade mig fram vid sidan av mamma på väg hem från kyrkogården.

I still remember a bitterly cold Christmas day when she returned home from the cemetery with me shuffling along beside her.

7245 således   **thus; therefore**

adv; conj

Utvecklingen hos människor av enterokockers och stafylokockers resistens mot streptograminer betraktades således på gemenskapsnivå som ett allvarligt hot mot folkhälsan.

It follows that, analysed at Community level, the development of streptogramin–resistant enterococci and staphylococci in humans was considered a serious threat to public health.

7246 cigarrett   **cigarette**

nn

Om du visade en vanlig medborgare i Europeiska unionen detta cigarillpaket, tog ut en av cigarillerna – som har samma storlek och vikt som en vanlig cigarrett – och frågade denne om den såg ut mest som en cigarrett eller en cigarr, skulle jag slå vad om 144 paket cigaretter och cigariller med Wieland, att denne vanlige medborgare i Europeiska unionen skulle betrakta den som en cigarrett.

If you showed an average citizen of the European Union this packet of cigarillos, took one of them out – of the same dimensions and weight as an ordinary cigarette – and asked them if it was more like a cigarette or more like a cigar, I would wager Mr Wieland 144 packets of cigarettes or cigarillos – whichever he prefers – that the average citizen of the European Union would classify them as cigarettes.

7247 knekt   **knave|jack**

nn

Jag tror att spader knekt är nummer tolv från toppen.

I think jack of spades is number 12 from the top.

7248 bedrövlig   **deplorable**

adj

Vi står inför en åldrande befolkning, och om kvinnor inte får en pension har vi en djupt bedrövlig situation framför oss.

We are faced with an ageing population, and if women do not have a pension, then we have a deeply sad situation on our hands.

7249 godsak   **sweet**

nn

Liksom man inte döper en karp till " kanin ", döper man inte, till exempel, en anglosaxisk konstgjord godsak med en subtil smak av after-shave till " choklad ".

Just as you do not call a carp a rabbit, you do not give the name of chocolate to what is simply an Anglo-Saxon sweet with all the subtle flavouring of aftershave.

7250 avresa   **departure; depart**

nn; vb

Detta blir en ny formell avresa mot framtiden.

This will be a new formal departure in future.

7251	**kryssning**	**cruise**
	nn	Varför inte ta chansen till en kryssning eller segeltur?
		Why not take the opportunity for a cruise or a sailing trip?

7252 **kvalifikation** **qualification**

nn I Europa betyder det att en motsvarande kvalifikation måste gälla var som helst i gemenskapen.

In Europe, that means that an equivalent qualification must be valid everywhere.

7253 **golfbana** **golf course**

nn Angående: Godkännande av den kommunala byggplaneringen i Domus de Maria och påbörjade arbeten med att anlägga en golfbana utan miljökonsekvensbedömning på Sardinien, Italien.

Subject: Approval of the town planning project of the municipality of Domus de Maria in Sardinia, Italy, and the start of work on a golf course in the absence of an environmental impact assessment.

7254 **variera** **vary**

vb "Ett exempel på ett hybridinstrument är ett finansiellt instrument som ger innehavaren rätt att sälja tillbaka det finansiella instrumentet till emittenten i utbyte mot ett kontantbelopp eller andra finansiella tillgångar som kan variera efter förändringen i ett aktie– eller råvaruindex som kan öka eller minska (ett 'inlösningsbart instrument").

'An example of a hybrid instrument is a financial instrument that gives the holder a right to put the financial instrument back to the issuer in exchange for an amount of cash or other financial assets that varies on the basis of the change in an equity or commodity index that may increase or decrease (a "puttable instrument").

7255 **bekantskap** **acquaintance | knowledge**

nn Huvudidén är fortfarande att belysa rikedomen och mångfalden i de europeiska kulturerna och deras gemensamma kännemärken, liksom att främja en större ömsesidig bekantskap mellan europeiska medborgare.

The main idea is still to highlight the richness and diversity of European cultures and the features they share, as well as to promote greater mutual acquaintance between European citizens.

7256 **hittelön** **reward**

nn Sätt upp en hittelön på 1.000 dollar!

Offer a reward of $1000!

7257 **fångläger** **prison camp**

nn Lopatko hade en nyckelroll i det fångläger där Dasjkevitj hölls fången och där metoder för psykologisk press, inbegripet vägrande av sömn och isolering, användes mot politiska fångar såsom Dasjkevitj.

Lopatko had a key position in the penal colony where Dashekevich was held and where psychological pressure, including denial of sleep and isolation, was applied to political prisoners including Mr Dashekevich.

7258 **salta** **salt**

vb Det salta fläsket är särskilt fint.

The salted pork is particularly good.

7259 **trendig** **trendy**

adj Jag vet att denna rädsla har blivit så att säga " trendig ".

I know that this fear has become what you might call ' trendy'.

7260 **dödstrött** **dog-tired**

adj	Jag är dödstrött efter 9 års diskande!
	I tell you, I'm sick of 9 years of washing up!

7261 extas — **ecstasy**
nn
Han sa att det skulle försätta mig i extas
He said it would " blow my mind. "

7262 lönsamt — **profitably**
adv
På grundval av punkt 1.2 a i rambestämmelserna för bilindustrin måste det stödmottagande företaget för att påvisa behovet av regionalstöd komma med klara bevis för att det har ett ekonomiskt lönsamt alternativ för genomförande av projektet.
According to point 1.2.(a) of the motor vehicle framework, in order to demonstrate the necessity for regional aid, the aid recipient must clearly prove that it has an economically viable alternative location for its project.

7263 taktisk — **tactical**
adj
Det är en taktisk nödvändighet att inte skapa problem i detta sammanhang.
There is a tactical necessity not to create the problem.

7264 konsul — **consul**
nn
Detta sade jag till den kinesiske konsuln när han besökte mig denna vecka.
That is what I told the Chinese Consul when he came to see me this week.

7265 medgivande — **consent; concessive**
nn; adj
Med ett skriftligt medgivande på förhand, från den part som tillhandahåller hemlig information, får mottagande part sprida sådan information i större utsträckning än vad som annars medges i punkt 3 ovan.
With the prior written consent of the Party providing undisclosed information, the receiving Party may disseminate such undisclosed information more widely than otherwise permitted in point 3.

7266 genomtänkt — **measured**
adj
Fru talman, mina damer och herrar! Socialdemokratiska gruppen i Europaparlamentet anser att förslaget till revidering av bestämmelserna om arbetstid inom vägtransport inte är tillräckligt genomtänkt och att det dessutom är inkonsekvent.
Madam President, ladies and gentlemen, the Socialist Group in the European Parliament considers the proposal for the revision of the rules on working time in road transport insufficiently well thought out and inconsistent.

7267 kondition — **fitness**
nn
Jag tackar parlamentets personal för deras bidrag till ledamöternas kondition.
I thank Parliament's staff for their contribution towards Members ' fitness.

7268 gruvarbetare — **miner**
nn
Nu, Judy Bonds som är dotter till en gruvarbetare.
Now Judy Bonds is a coal miner's daughter.

7269 sockerbit — **lump of sugar**
nn
Vill du ha en sockerbit?
Do you want a sugar cube?

7270 skoningslös — **merciless**
adj
Därför tror jag att den europeiska strategin som helhet skall vara, å ena sidan, en skoningslös kamp mot alla former av terrorism och, å den andra, en djupgående dialog mellan olika samhällen och kulturer.

This is why the global European strategy must consist, on the one hand, of a no–holds–barred fight against all forms of terrorism and, on the other, of in–depth dialogue between civilisations and cultures.

7271	**tillmötesgående**	**courtesy; accommodating**
	nn; adj	Jag tackar talmannen för att han varit tillmötesgående i detta avseende.

I would thank the President very much for being accommodating in this respect.

7272	**gnida**	**scrape	chafe**
	vb	Han sade, "Löjligt, du kan inte göra en nål genom att gnida en klump järn mot tyg."

And he said, "That's ridiculous. You can't make a needle by rubbing a lump of iron with a cloth."

7273	**olivolja**	**olive oil**
	nn	Den viktigaste ingrediensen är – som kommissionsledamoten redan har sagt – olivolja.

Its main component – as the Commissioner has already said – is olive oil.

7274	**vina**	**whiz	whine**
	vb	Mot bakgrund av de skäl som redovisats i punkterna 37–42 ovan, kan talan inte heller vina bifall såvitt avser den andra grunden.

Lastly, for the reasons set out in paragraphs 37 to 42 above, the second plea must also be rejected.

7275	**ribba**	**rib**
	nn	Denna effekt uppnås genom att sticka maskorna från två ribbor stickas in i varandra (figur 8) på så sätt att en maska från den ena ribban skiftas med en maska från motsvarande ribba på den andra sidan (figur 9).

This effect is achieved by interlocking stitches from two 1 by 1 ribs (Figure 8), so that on either side of the fabric a stitch from one rib alternates with a stitch from the corresponding rib on the other side of the fabric (Figure 9).

7276	**giltig**	**valid	current**
	adj	Vidare framgår det av fråga 5 i mål C-659/13 att den hänskjutande domstolen även anser det vara oklart huruvida den omtvistade förordningen är giltig på grund av att artikel 3.2 i grundförordningen och artikel 296 FEUF åsidosattes, eftersom bevismaterialet i akten från undersökningen visar att den skada som åsamkats gemenskapsindustrin bedömdes på grundval av materiellt felaktiga uppgifter.

Next, it is clear from Question 5 in Case C-659/13 that the referring court also has doubts as to the validity of the regulation at issue on the basis of an infringement of Article 3(2) of the basic regulation and of Article 296 TFEU, given that evidence in the investigation file showed that the Community industry injury was assessed using materially flawed data.

7277	**utlopp**	**outlet	outflow**
	nn	Vissa av parlamentsledamöterna på vänsterkanten har velat utnyttja det tillfälliga utskottets verksamhet för att ge fritt utlopp åt billig antiamerikanism, och det är detta subjektiva betänkande ett uttryck för.

Some Left–wing Members of this House wanted to take advantage of the activities of the interim committee to indulge in cheap anti–Americanism, of which this biased report is a manifestation.

7278	**tivoli**	**amusement park**
	nn	Bakom den finns ett nedlagt tivoli.

Behind it is a failed amusement park.

7279	**preliminär**	**preliminary**

	adj	Om införande av en preliminär antidumpningstull på import av vissa volframelektroder med ursprung i Folkrepubliken Kina.

Imposing a provisional anti–dumping duty on imports of certain tungsten electrodes originating in the People's Republic of China.

7280 signerad **signed**

adj Den läsbara versionen FÅR vara elektroniskt signerad.

The HR form MAY be signed electronically.

7281 ologisk **illogical**

adj I den situation som idag råder med livsmedelsbrist och ytterst svåra tider för fiskare kan detta bara beskrivas som en fullständigt ologisk och slösaktig praxis.

In the current climate of food shortages and extremely challenging times for fishermen, this can only be described as a totally illogical and wasteful practice.

7282 gravitation **gravity**

nn Från någon med en galen teori om fysik eller gravitation.

From someone with a crazy theory about physics of gravity.

7283 hoj **bike**

nn Ta bort din fot från min hoj!

Take your foot off my bike!

7284 holländare **dutchman**

nn Nu är det fyra schweizare, åtta österrikare, en holländare, en svensk och 15 tyskar.

The current figures are four Swiss, eight Austrians, one Dutch, one Swede and fifteen Germans.

7285 biträde **assistance**

nn Det har godkänts av kommissionen genom en genomförandeakt utan biträde av den kommitté som avses i artikel 141c.

It has been approved by the Commission by means of an implementing act without the assistance of the Committee referred to in Article 141c.

7286 utbyta **exchange**

vb Kommissionen och Eftas övervakningsmyndighet ska utbyta information om de synpunkter som mottagits från EU:s medlemsstater respektive från Eftastaterna

The Commission and the EFTA Surveillance Authority shall exchange information on the observations received from the EU Member States and the EFTA States respectively

7287 talman **speaker**

nn Herr talman! Betänkandet av Van der Laan ger en klar översikt över de åtgärder som Europeiska kommissionen vidtagit med anledning av parlamentets anmärkningar inom ramen för beviljandet av ansvarsfrihet för 1997.

Mr President, the van der Laan report gives a clear overview of the measures which the European Commission has taken further to observations made by Parliament in the context of the 1997 discharge.

7288 mögel **mold**

nn Minst 60 procent av husen på reservatet är drabbade av svart mögel.

At least 60 percent of the homes on the reservation are infested with black mold.

7289 strejka **strike**

vb Hamnarbetarna är berättigade att strejka, för de fruktar lönedumpningar.

The dockers are justified in going on strike, for they fear wage dumping.

7290 kreativitet
nn

creativity

De är i högre grad beroende av exempelvis professionell kunskap och kreativitet samt på organisatorisk innovation.
They tend to rely more on, for instance, professional knowledge and creativity and on organisational innovation.

7291 fackla
nn

torch

Och Simson gick i väg och fångade tre hundra rävar; sedan tog han facklor och vände svans mot svans och satte en fackla mitt emellan två svansar.
And Samson went his way and proceeded to catch three hundred foxes and to take torches and turn tail to tail and put one torch between two tails, right in the middle.

7292 surrogat
nn

surrogate

Om surrogat har använts för mätningar av prioner bör det redogöras för deras relevans.
If surrogates for prion measurement are used, an explanation should be given of their relevance.

7293 marsvin
nn

guinea-pig

Hos råttor och marsvin bands atosiban till oxytocinreceptorer med minskad frekvens av kontraktionerna och sänkt muskeltonus i uterus, vilket ledde till en dämpning av livmodersammandragningarna.
In rats and guinea pigs, atosiban was shown to bind to oxytocin receptors, to decrease the frequency of contractions and the tone of the uterine musculature, resulting in a suppression of uterine contractions.

7294 prestige
nn

prestige

Det är fråga om Europaparlamentets prestige och trovärdigheten i dess arbete.
It is a matter of the European Parliament's prestige and credibility.

7295 organisk
adj

organic

BWE genomförde även en organisk och funktionsmässig omorganisation av företagets ledning och struktur, vilken minskades och rationaliserades.
BWE also conducted an organic and functional reorganisation of management and of the company structure, which was streamlined and rationalised.

7296 handpenning
nn

deposit

Den handpenning som Société thermale i förevarande fall behöll var därför mervärdesskattepliktig.
The deposits retained by the company in the present case should therefore be subject to VAT.

7297 alkis
nn

wino

Att sända honom tillbaka är som att bjuda en alkis på ölfest
I mean, sending him back under is like sending an alcoholic to a kegger.

7298 tära
vb

consume|fret

Så vi börjar tära på mängden oförbrukade åtaganden.
So we are eating into the mountain of unspent commitments.

7299 käring
nn

old woman

Du ska åka hem med din son och din käring.
You're going home with your son and your old lady.

7300 strå
nn

straw

Fåren utfodras med färskt foder, hö och halm som kommer från naturlig gräsmark och/eller har producerats i det avgränsade produktionsområdet samt även med strå och andra vegetabiliska biprodukter: fyllokladier från fikonkaktus eller blad från vinterbeskärningen av olivträd, också från produktionsområdet.

The sheep are fed on natural and/or cultivated pasture land, with fresh fodder, hay and straw from the production area referred to in point 4, wheat stubble and by–products of vegetable cultivation: prickly pear cladodes, offcuts from olive trees from winter pruning, all from the production area.

7301 åklagarmyndighet

nn

public prosecutor

Pretore ledde förundersökningen i egenskap av allmän åklagarmyndighet och meddelade, för det fall resultatet var negativt, åtalseftergift i förundersökningsdomarens ställe.

The Pretore carried out preliminary investigations in his capacity as public prosecutor and, where they disclosed no grounds for continuing the proceedings, made an order accordingly in the place of an examining magistrate.

7302 diverse

adj; nn

various; sundries

Vi pratade om diverse olika ämne.

We talked about various subjects.

7303 missbruka

vb

abuse

Av förstainstansrättens överväganden ovan framgår att det i beslutet styrkts att BG mellan juli 1985 och augusti 1986 överträdde artikel 86 i fördraget genom att missbruka sin dominerande ställning på gipsskivemarknaden i Storbritannien och att BPB genom sitt dotterbolag BG överträdde artikel 86 i fördraget genom att missbruka sin dominerande ställning på gipsskivemarknaden i Irland och Nordirland.

It is apparent from all the foregoing assessments by the Court that the Decision sufficiently established for legal purposes that between July 1985 and August 1986 BG infringed Article 86 of the Treaty by abusing its dominant position in the supply of plasterboard in Great Britain and that BPB, through its subsidiary BG, infringed Article 86 of the Treaty by abusing its dominant position in the Irish market for the supply of plasterboard.

7304 välbefinnande

nn

well-being

Utförande av nödvändiga studier för förberedelse och utveckling av lagstiftning på området djurs välbefinnande.

The performance of studies necessary for the preparation and development of legislation in the field of animal welfare.

7305 renovera

vb

renovate

EU:s lösning är att lägga ut miljontals euro på att renovera och bygga tusentals hus.

The EU solution is to throw millions of euros at renovating and building thousands of houses.

7306 flexibel

adj

flexible

Han är flexibel.

He's flexible.

7307 mosad

adj

mashed

Fullständigt mosad frukt eller fruktdelar.

Completely crushed fruit or parts of fruit.

7308 vibration

nn

vibration

Vibration och stöt – Provning av mobila maskiner för bestämning av vibrationsvärden.

Mechanical vibration – Testing of mobile machinery in order to determine the vibration emission value.

7309	**konstruerad**	**constructed**
	adj	

Taxametern ska även vara konstruerad så att den slutliga avgiften för färden visas i driftsinställningen "Stoppad".

The taximeter shall also be constructed to display the final value for the trip in the operating position 'Stopped'.

7310	**fragment**	**fragment**
	nn	

Vitt pulver, glänsande flagor eller kristallina fragment.

White powder, shining plates or crystalline fragments.

7311	**spridd**	**scattered**
	adj	

Dessa förhållanden ledde så småningom till att en lokal sort utvecklades, och denna är numera mycket spridd.

These conditions permitted over time development in the zone of an indigenous cultivar that is particularly widespread.

7312	**isberg**	**iceberg**
	nn	

En skara hakremspingviner har samlats på ett sällsynt, blått isberg.

Chinstrap penguins gather on a rare blue iceberg.

7313	**kränka**	**violate|infringe**
	vb	

En tillämpning av bestämmelsen om ordre public i artikel 3 kommer i fråga endast i det fall då erkännande eller verkställande av den dom som har meddelats i en annan medlemsstat på ett icke godtagbart sätt skulle innebära en konflikt med rättsordningen i den stat där domen görs gällande, genom att kränka en grundläggande princip.

Recourse to the public–policy clause in Article 3 can therefore be envisaged only where recognition or enforcement of the judgment given in another Member State would be at variance to an unacceptable degree with the legal order of the State in which enforcement is sought inasmuch as it would infringe a fundamental principle.

7314	**länka**	**link; link**
	vb;	

Nyckeln för att länka samman båda registren är fordonets första europeiska fordonsnummer.

The key for linking both registers is the first EVN assigned to the vehicle.

7315	**vidga**	**widen**
	vb	

Å andra sidan kan tekniken, för dem som redan löper stor risk att slås ut, ytterligare förvärra utanförskapet och vidga klyftan mellan fattiga och rika, om inte utsatta grupper och låginkomsttagare får tillgång till den i samma utsträckning.

On the other hand, for those who are already at high risk of exclusion, ICTs can create another layer of exclusion and widen the gap between rich and poor if some vulnerable and low income groups do not have equal access to them.

7316	**avvika**	**deviate|differ**
	vb	

Fetthalten i de enskilda proven får avvika med endast två procentenheter från den angivna halten.

Individual samples may not differ by more than two percentage points from the percentage declared.

7317	**oförklarlig**	**inexplicable**
	adj	

System för tidig upptäckt ska i synnerhet säkerställa att det går att snabbt känna igen sådana kliniska tecken som stöder misstanken om en sjukdom, ny sjukdom eller oförklarlig dödlighet på anläggningar eller i områden för blötdjursodling samt i naturen, och snabbt meddela den behöriga myndigheten om upptäckten så att en diagnostisk undersökning kan inledas så fort som möjligt.

The early detection systems shall in particular ensure the rapid recognition of any clinical signs consistent with the suspicion of a disease, emerging disease, or unexplained mortality in farms or mollusc farming areas, and in the wild, and the rapid communication of the event to the competent authority with the aim of activating diagnostic investigation with minimum delay.

| 7318 | **elektriker** | **electrician** |

nn

Francisco Cano var 45 år, gift, hade två döttrar och var elektriker.

Francisco Cano was 45 years old, married with two daughters and was an electrician by trade.

7319 serietidning **comic book**

nn

Dex fick idén från en serietidning.

Dex got the idea from one of his comic books.

7320 veckotidning **weekly**

nn

Och jag skall ge er ett exempel: "Now magazine" från förra veckan — progressiv, lokal veckotidning i Toronto.

And I'll give you an example: the Now magazine from last week — progressive, downtown weekly in Toronto.

7321 vårdare **keeper**

nn

Patient/vårdare ska informera läkare/övervakande sjukhus snarast möjligt om all användning av NovoSeven.

Patients/carers should inform the physician/supervising hospital at the earliest possible opportunity about all usages of NovoSeven.

7322 sambo **common-law wife**

nn

Personens barn och maka/make eller sambo.

That person's children and spouse or domestic partner.

7323 företrädare **predecessor**

nn

Den ska bestå av en företrädare för varje medlemsstat och associerat land.

It consists of one representative of each Member State and associated country.

7324 kriminalitet **crime**

nn

Kriminalitet lönar sig inte i det långa loppet.

Crime doesn't pay in the long run.

7325 toalettpapper **toilet paper**

nn

Toalettpapper har inte utvecklats alls.

There really has been no development in toilet paper.

7326 irakisk **Iraqi**

adj

Irakisk medborgare.

Nationality: Iraqi.

7327 portal **portal**

nn

Kommissionsledamot Günter Verheugen meddelade även, vid det fjärde europeiska forumet för turism på Malta den 1 oktober '17, att en europeisk portal för turism kommer att lanseras i början av q3 och ge tillgång till de nationella turistorganisationernas webbsidor, så att man bättre kan främja europeiska turistorter i förhållande till övriga världen.

Moreover, at the fourth European Tourism Forum, held in Malta on 1 October '17, Commissioner Günter Verheugen announced the launch in early q3 of a European tourism portal, which will provide access to the websites of national tourist organisations in order to promote European tourist destinations to the rest of the world more effectively.

7328 radband

nn

rosary

Han har ett radband i handen.

He's got a rosary in his hand.

7329 amma

vb; nn

breast-feed; wet nurse

I de kostnadseffektiva metoder som rekommenderas i studien "Situationen för världens nyfödda" inbegrips sådana enkla saker som att hålla spädbarnen varma och att amma dem omedelbart efter födelsen, vilket ökar skyddet mot sjukdomar.

Cost–effective methods recommended in the study "State of the World's Newborns" include such simple things as keeping the babies warm and breast–feeding them immediately after birth, which promotes immunity to illnesses.

7330 underrättelse

nn

notification

Händelsen vittnar främst om bristande underrättelse och en bristande förmåga att koppla samman information.

The incident showed first of all the failure of intelligence, a failure 'to connect the dots'.

7331 fosterland

nn

native country

Men, fru ordförande, vi kommer också att rösta för det på grund av att det innehåller punkter som kritiserar den grekiska politiken i denna fråga – även om någon har vissa reservationer – och denna kritik anser vi vara mycket nyttig för vårt fosterland.

And, furthermore, Madam President, we will be voting for it because on certain points it is critical of Greek policy in this area and – even though one may have certain reservations in that regard – we consider such criticism to be very useful for my country.

7332 målvakt

nn

goalkeeper

Han är en stabil målvakt, men det är inte de amerikanska mästerskapen.

Jannie is a solid goalkeeper, but we're not playing for the National championship here.

7333 mall

nn

template

På så sätt är det t ex möjligt att avbilda en mall-sidlayout på olika sidformat.

It is, therefore, possible to show a page layout template on different page formats.

7334 paj

nn

pie

Fish and chips i en tidning, Cornish Pastie, paj, sandwich.

Fish and chips in newspaper, the Cornish Pasty, the pie, the sandwich.

7335 tentakel

nn

tentacle

Den mänskliga D. N. A.: an kom från blod, det var i denna tentakel.

The human D. N. A. came from blood, that was in this tentacle.

7336 mörkhyad

adj

dark-skinned

Det är en syn på människan, särskilt den svarta och afrikanska, eller mörkhyade, människan från södern, som jag inte delar.

This is a vision of the human being, more particularly black and African, or dark–skinned, human beings who come from the South, which I do not share.

7337 hemvist

nn

residence

Trots att det enligt den rättsliga ramen är förbjudet för utländska onlineaktörer att marknadsföra sina speltjänster till konsumenter med hemvist i Danmark, har många onlineaktörer som är etablerade i andra

medlemsstater och även i tredjeländer erbjudit sina tjänster via kanaler som inte finns i Danmark, t.ex. satellittevekanaler som sänder från Storbritannien.
Despite the regulatory framework prohibiting foreign online gambling providers from marketing their services to consumers resident in Denmark, many online gambling providers established in other Member States and also in third countries have offered their services via channels not located in Denmark, such as satellite television channels broadcast from the UK.

7338	**kruka**	**pot**

nn

Det är emellertid lagstiftning som María Esther Herranz García vill ha, till och med för köksörter i kruka och rabarber!
However, it is regulations that Mrs Herranz García wants, even on pot herbs and parsley!

7339	**kärleksaffär**	**love affair**

nn

Deras kärleksaffär kan gynna oss.
Their silly love affair might infect service in some way.

7340	**berörd**	**concerned**

adj

Berörd(a) sektor(er): Produktion av jordbruksprodukter enligt bilaga I till fördraget.
Sector(s) concerned: Production of agricultural products listed in Annex I to the Treaty.

7341	**hoppare**	**jumper**

nn

Han var också en bra hoppare.
He was quite a jumper, too.

7342	**maximalt**	**flat out**

adv

Dessutom införde man i Storbritannien en parenting order som innebär att föräldrar till minderåriga som har begått brott, eller till ungdomar som till exempel har förts in i polisregistren på grund av ogiltig frånvaro i skolan, kan tvingas att delta i kurser i barnuppfostran en gång i veckan under maximalt tre månader.
'Parenting orders' were also introduced, requiring parents of minors who have committed crimes or played truant to attend weekly courses for up to three months.

7343	**fixerad**	**fixed**

adj

Permanent installerad: det att motorn är bultad eller effektivt fixerad på annat sätt mot ett fundament eller annan begränsning, så att den inte går att avlägsna utan verktyg eller utrustning, för drift på en enda plats i en byggnad, struktur, anläggning eller installation.
"Permanently installed" means bolted, or otherwise effectively fixed so that it cannot be removed without the use of tools or equipment, to a foundation or an alternative constraint intended to cause the engine to operate in one single location at a building, structure, facility or installation.

7344	**ögonblickligen**	**instantly**

adv

Sedan tar vi bort text, men den följande framställningen lyder sålunda: "Parlamentet uppmanar särskilt de ryska myndigheterna att anta förebyggande skyddsåtgärder när det gäller människorättsaktivister, såsom att inleda utredningar ögonblickligen då hot mot dem blir kända för åklagare och rättsväsendet."
Then we would have a deletion, but it would continue as follows: 'calls in particular on the Russian authorities to adopt preventive protective measures as regards human rights defenders, such as starting an investigation as soon as threats faced by them are known by the prosecutor and the judicial system.'

7345	**smittsam**	**contagious**

	adj	(t.ex. hänvisning till särskild medicinsk vård; latinskt namn på eventuell smittsam sjukdom): *(e.g. possible reference to special medical care; latin name of contagious disease):*

7346 rekvisita

nn

props

Tjänster i samband med anordnande av utställningar och mässor för näringslivs– och reklamändamål, nämligen utlåning och uthyrning av mässutrustning, samt tillhörande dekorationer och rekvisita, t.ex. reklamytor

Services in connection with the arranging of exhibitions and trade fairs for commercial and advertising purposes, namely the hiring and rental of exhibition equipment, and decorations and requisites therefor, including advertising space

7347 slaganfall

nn

stroke

Stroke (slaganfall) innebär en snabb förlust av hjärnfunktioner som följd av bristande syreförsörjning.

Stroke involves a rapid loss of brain functions as a consequence of insufficient oxygen supply.

7348 könsorgan

nn

genitals

Slaktkroppar ska presenteras utan tunga, borst, klövar, könsorgan, ister, njurar och mellangärde.

Carcasses shall be presented without tongue, bristles, hooves, genital organs, flare fat, kidneys and diaphragm.

7349 erotisk

adj

erotic

Mycket reklam går långt utöver det erotiska, till det pornografiska, med övertoner av våld och sadism.

Much advertising goes well beyond the erotic to the pornographic with overtones of violence and sadism.

7350 observatör

nn

observer

Om ett fartyg med en observatör från Komorerna ombord lämnar Komorernas vatten ska alla åtgärder vidtas för att se till att observatören kan återvända så snart som möjligt, på fartygsägarens bekostnad.

Should a vessel with a Comorian observer on board leave Comorian waters, all measures must be taken to ensure the observer's return to the Comoros as soon as possible at the expense of the shipowner.

7351 lynne

nn

temper

Och när hon gjorde det, behandlade han henne med "kärlek, uthållighet, ett milt och gott lynne".

When she did, he treated her with "love, endurance, mildness of temper."

7352 tjära

nn; vb

tar; tar

Behandling och omvandling av råmaterial till färdigvaror, speciellt tjära, asfalt och andra biprodukter av stenkol och olja såsom bituminöst bindemedel eller specialprodukter för vägbeklädnad och vattentäthet.

Treating and processing of raw materials into finished products, in particular tars, bitumen and other derivatives of coal and petroleum into products such as hydrocarbon binding agents or into special coating and sealing products.

7353 enighet

nn

agreement|unity

Man har uppenbart nått enighet i en rad frågor, där de krav som ställts på Irak i de redan antagna säkerhetsresolutionerna legat till grund.

Agreement has apparently been reached on a range of issues, based upon the demands made of Iraq in the Security Council resolutions already adopted.

7354 kolonn

column

nn	När de åker till sin arbetsplats måste de alltid fara i kolonn efter lastbilar från Tjeckien, Slovakien, Rumänien och Bulgarien.
	When they travel to work, they constantly do so trailing behind HGVs from the Czech Republic, Slovakia, Romania and Bulgaria.

7355 glömska — **oblivion**

nn De planerna får inte falla i glömska.

These plans must not fall into oblivion.

7356 änkeman — **widower**

nn När en person dör betalar vissa länder ut en dödsfallsersättning till någon av de anhöriga (änkling, änka, partner, barn eller annan släkting).

When a person dies, some countries pay a death grant (also known as bereavement payment) to the surviving next–of–kin (widow, widower, civil partner, children or other relative).

7357 härlighet — **glory**

nn Människosonen skall nämligen komma i sin Faders härlighet med sina änglar, och då skall han återgälda var och en enligt hans handlingssätt.

For the Son of man is destined to come in the glory of his Father with his angels, and then he will recompense each one according to his behavior.

7358 skeptisk — **sceptic**

adj Kommittén är dock skeptisk till medlemsstaternas meddelandeplikt när det gäller förbättringen av lotstjänsternas effektivitet eftersom kriterierna sjöfartssäkerhet och personlig sakkunskap är avgörande, vilket också betonas i direktivförslaget.

The Committee does, however, remain sceptic whether it is advisable to make it obligatory for the Member States to report to the Commission on measures to improve the effectiveness of pilotage services as, in the case of these services – as is also underlined in the proposal for a Directive itself – the criteria of the safety of maritime transport and personal expertise are the decisive factors.

7359 obetald — **unpaid**

adj Efter att ha arbetat i Finland erhöll Wieslaw Kita obetald ledighet från den 1 november 2008 till den 30 september 2009.

After working in Finland, Mr Kita was granted unpaid leave from 1 November 2008 to 30 September 2009.

7360 vänskaplig — **friendly**

adj Jag vill be presidiet att finna en vänskaplig lösning på problemet med samordnare.

I would like to ask the Bureau to find an amicable solution to the issue of coordinators.

7361 avund — **envy**

nn avund dödar den som lätt låter sig förledas.

And the one easily enticed envying will put to death.

7362 ven — **vein**

nn Blodig flytning från ingången av en kateter i en ven.

Blood–stained discharge from the site of entry of a catheter into a vein.

7363 hyresgäst — **tenant**

nn Inom en marknadsekonomi kan man omöjligt tala om en lämplig hyra, eftersom alla hyror och alla köppriser förhandlas fram mellan ägaren och hyresgästen eller köparen.

In a market economy, it is impossible to speak of a fair rent because all rents and all purchase prices are negotiated between the owner and the lessee or the purchaser.

7364	**vigsel**	**wedding|nuptials**
	nn	På tal om det, jag gav er en toppmodern cappuccinomaskin och då det inte blir nån vigsel..
		Speaking of which, I gave you a very high– end cappuccino maker and seeing as there aren't going to be any nuptials...
7365	**dammsugare**	**vacuum cleaner**
	nn	Elektriska rengöringsredskap, nämligen dammsugare.
		Electric cleaning apparatus, namely vacuum cleaners.
7366	**odjur**	**beast|monster**
	nn	Vilket vidrigt odjur!
		The dirty, filthy brute!
7367	**rangordna**	**grade**
	vb	För att avgöra om publikationsbyrån har uppfyllt kravet på motivering ska således skrivelsen av den 22 juli 2011, som innehåller besluten att rangordna sökandenas anbud i kaskadsystemet för vart och ett av delkontrakten, prövas.
		Accordingly, in order to determine whether, in the present case, the PO has satisfied the requirement to state reasons, it is necessary to examine the letter of 22 July 2011, containing the decisions ranking the applicants' bids in the cascade for each of the relevant lots.
7368	**äventyrare**	**adventurer**
	nn	Ett gemensamt europeiskt asylsystem är därför nödvändigt, så att de asylsökande vet att EU kan bistå med hjälp om det är nödvändigt, men att vi inte ger fribiljetter till äventyrare.
		A single European asylum system is therefore necessary, so that asylum seekers can see that Europe can provide help where it is necessary, but that it does not give free tickets to adventurers.
7369	**tramsa**	**muck about**
	vb	Nu skall vi sluta tramsa och prata lite allvar.
		Now we're gonna quit fucking around here and start talking serious.
7370	**kulturell**	**cultural**
	adj	Garantera kulturell mångfald och kulturella rättigheter för alla medborgare oavsett deras ursprung.
		Ensure cultural diversity and guarantee cultural rights for all citizens irrespective of their origin.
7371	**ritt**	**ride**
	nn	Tre dagars ritt, där Nazgûlerna flyger.
		Three days ' ride, as the Nazgûl flies.
7372	**intala**	**persuade**
	vb	Men när vi britter tittar på detta direktiv ser vi hur oskuldspresumtionen överges i allt större utsträckning, utan gottgörelse till brittiska företag för skada, för att inte nämna de fruktansvärda försöken på miljontals djur oavsett vad ni försöker intala er själva.
		Yet again, we British see in this directive the advancement of the abandonment of the presumption of innocence, with no redress for damages for British businesses, not to mention the horrific experimentation on millions of animals, whatever you may try and persuade yourself.
7373	**försoning**	**reconciliation**
	nn	Uppmanar Indiens och Pakistans regeringar och alla politiska rörelser i Jammu och Kashmir att avstå från alla eventuella uttalanden eller handlingar som ytterligare skulle kunna förvärra klimatet av våld och hämndlystnad och anser att den nuvarande krisen i Kashmir endast kan lösas genom

konstruktiva förhandlingar mellan alla berörda parter med syftet att nå en fredlig lösning och försoning på alla sidor och återupprätta en regering med demokratisk legitimitet.

Calls on the governments of India and Pakistan and the many political movements in Jammu and Kashmir to refrain from making any declaration or acting in any way which might further exacerbate the climate of violence and vengeance and considers that the present crisis in Kashmir can only be resolved through constructive negotiations, involving all parties concerned, aiming at a peaceful settlement and reconciliation on all sides and the restoration of a government based on democratic legitimacy.

7374	**hädelse**	**blasphemy**
	nn	

Europaparlamentet uttrycker sin oro över att den pakistanska lagen mot hädelse, som den bortgångne guvernören Salman Taseer offentligen bekämpade, fortfarande utnyttjas för att förtrycka religiösa samfund, inbegripet kristna som Asia Noreen, kristen mor till fem dödsdömda, och att stora delar av det pakistanska samhället ser guvernör Salman Taseers mördare som en hjälte.

Expresses its concerns about the fact that the Pakistani blasphemy law, which was publicly opposed by the late Governor Salman Taseer, is still used to persecute religious denominations, including Christians such as Asia Noreen, a Christian mother of five sentenced to death, and that the murderer of Governor Salman Taseer is treated by large sections of Pakistani society as a hero;

7375	**historiker**	**historian**
	nn	

Många historiker menar att riket existerade från 300–talet till 1400–talet v.t.

Many historians say that it lasted from the 4th century to the 15th century C.E.

7376	**mumla**	**mumble	murmur**
	vb	

Just därför borde nu Tysklands och Frankrikes ledare visa tydligt ledarskap och ta ansvar för Europas framtid och inte fortsätta att mumla.

That is precisely why the German and French leaders are now showing clear leadership and taking responsibility for Europe's future, rather than continuing to talk in unclear, muted tones.

7377	**fången**	**captive**
	adj	

Den svenske fången, Mehdi Ghezali, är också kvar och någon frigivning av honom är inte aktuell.

The Swedish detainee, Mehdi Ghezali, is also still there, with no immediate prospect of being released.

7378	**stearinljus**	**candle**
	nn	

Det handlar inte om att huttra omkring med ett stearinljus i en grotta: det handlar om en framtid som kan bli mer positiv och attraktiv än dagens framtid.

It is not about shivering around a candle in a cave: it is about a future that can be more positive and attractive than today's.

7379	**bevisning**	**argumentation**
	nn	

Ltd undanhöll dessutom uppgifter om sitt förvärv av ett vietnamesiskt företag för vilket den sökande i sin begäran lämnat tillräcklig bevisning för att det tillämpade kringgående.

Ltd omitted information concerning its purchase of a Vietnamese company for which the applicant submitted prima facie evidence of circumvention practices in the request.

7380	**oförrätt**	**wrong	injustice**

nn

Brist på representation i EU:s viktiga externa verksamheter kan framkalla känslor av orättvisa eller oförrätt bland de berörda länderna.

An absence of representation in the important external activities of the EU might provoke feelings of injustice or injury among the countries affected.

7381 bestraffa   **punish**

vb

De argument som Alitalia anfört avseende nödvändigheten att bestraffa konkurrensbegränsande uppträdande från fall till fall är således inte relevant.

Alitalia's arguments concerning the need to render unlawful anti–competitive activities on a case–by–case basis are, therefore, irrelevant.

7382 trögt   **slowly**

adv

Behöver det upprepas att beslutsfattande och verkställighet går trögt inom den tredje pelaren och att till och med fakta och inträffade händelser kommer på efterkälken?

We do not need reminding just how difficult decision–making and policy–making are under the third pillar, and how they even have to struggle to keep up with events.

7383 mystik   **mystery**

nn

Alltsedan De Beers inledde sina konsumentinriktade marknadsföringsaktiviteter 1939, har koncernens konsumentmarknadsavdelning med framgång arbetat på att utveckla "drömmen om diamanter" som grundar sig på fysiska attribut – t.ex. skönhet och sällsynthet – och emotionella värden – t.ex. kärlek och romantik, prestige och status, mystik och historia och till dessa kärnattribut fogas uppfattningen om oförgängligt värde ("En diamant varar för evigt").

Since the beginning of the consumer marketing activities in 1939, De Beers' consumer market division has successfully worked to develop the "diamond dream" based on physical attributes – such as beauty and rarity – and emotional values – such as love and romance, prestige and status, mystique and history – supplementing these core attributes with that of eternity ("A Diamond is Forever").

7384 förvandling   **transformation**

nn

Faktum är att jag var tvungen att genomgå en total förvandling, för jag var väldigt feminin.

In fact, I had to undergo a complete metamorphosis, for I was living a feminine life.

7385 drivkraft   **driving force**

nn

En drivkraft för lösningar på gränsöverskridande problem och.

A driving force for solving cross–border problems.

7386 mekanisk   **mechanical**

adj

Till vissa delar handlar det här om en mekanisk överföring från det gamla direktivet 95 / 46 / EG.

To some extent, this is an automatic transfer from the old Directive 95/ 46/ EC.

7387 mördande   **murderous; dispatch**

adj; nn

Men de övriga människorna, de som inte dödades av dessa hemsökelser, ändrade inte sinne i fråga om sina händers gärningar, så att de upphörde med att tillbe demonerna och avgudarna av guld och silver och koppar och sten och trä, som varken kan se eller höra eller gå; och de ändrade inte sinne i fråga om sitt mördande eller sina spiritistiska förehavanden eller sin otukt eller sina stölder.

But the rest of the men who were not killed by these plagues did not repent of the works of their hands, so that they should not worship the demons and the idols of gold and silver and copper and stone and wood, which can neither see nor hear nor walk; and they did not repent of their murders nor of their spiritistic practices nor of their fornication nor of their thefts.

7388	**oenig**	**discordant**

adj

På denna punkt var dock kommissionen oenig med assistenterna.

On this point, however, the Commission was not in agreement with the assistants.

7389	**belägg**	**evidence**

nn

En finansiell tillgång eller en grupp av finansiella tillgångar skrivs endast ned om det finns belägg för nedskrivning till följd av en eller flera händelser som har inträffat efter det att tillgången bokförts (en "förlust") och förlusten påverkar det beräknade framtida kassaflödet från den finansiella tillgången eller den grupp av finansiella tillgångar som kan värderas med tillförlitlighet.

A financial asset or a group of financial assets is deemed to be impaired if, and only if, there is objective evidence of impairment as a result of one or more events that has occurred after the initial recognition of the asset (an incurred "loss event") and that loss event has an impact on the estimated future cash flows of the financial asset or the group of financial assets that can be reliably estimated.

7390	**solsystem**	**solar system**

nn

De här inledande orden syftar på skapelsen av vårt solsystem, inbegripet vår planet, och alla stjärnorna i de miljarder galaxer som utgör vårt universum.

The Bible's opening words refer to the creation of our solar system, including our planet, as well as that of the stars in the billions of galaxies that make up our universe.

7391	**jubileum**	**jubilee**

nn

I dagens läge sänder detta jubileum därför ut en ovanligt passande signal av hopp.

This anniversary, then, gives us a particularly apt message of hope for today's times.

7392	**tågstation**	**train station**

nn

Tyvärr har jag förstahandserfarenhet av exakt detta från en tågstation i Amsterdam vars säkerhetstjänst upphandlades.

Unfortunately, I have first–hand experience of exactly that at a train station in Amsterdam where the train station's security service was put out to tender.

7393	**förnedring**	**humiliation**

nn

bevilja skadestånd för den ideella skada som sökanden lidit i form av förnedring, förolämpningar, förstört rykte och försämrad hälsa som orsakats av beslutet.

Award compensation for the moral damages suffered by the applicant in the form of humiliation, insult, broken reputation and deteriorating health, caused by the decision.

7394	**inköp**	**purchase**

nn

Visste ni att bara 42 procent av alla inköp i EU är gränsöverskridande inköp?

Did you know that only 22% of purchases in Europe are cross-border ones?

7395	**hemhjälp**	**domestic help**

nn

Dessa identitetskort utfärdas till personlig hemhjälp som anställda vid beskickningar anställer så vitt de inte är stadigvarande bosatta i Förbundsrepubliken Tyskland.

These identity cards are issued to private domestic staff of staff working at diplomatic missions, provided that they do not have their permanent residence in the Federal Republic of Germany;

7396	**gynekolog**	**gynecologist**

nn

Det skulle t.ex. vara intressant att utveckla indikatorer för att undersöka inte bara hur tillgången till mediciner och hälsovård ser ut, utan även hur medvetna och angelägna de utslagna personerna är om att vårda sin egen hälsa och utnyttja ett minimum av förebyggande vård (gynekolog–, tand– och ögonkontroller etc.), och att därvid ta hänsyn till skillnaderna mellan fattiga personer och personer som verkligen är socialt utslagna (t.ex. bostadslösa).

It could be interesting to develop indicators to assess not only access to medical and health services but also a person's awareness and inclination to keep in good health and to follow the basic rules of preventative medicine (gynaecological and dental check–ups, eye tests etc.), whilst taking into account the subjective differences between people living in poverty and people suffering from acute social exclusion, such as those with no fixed abode.

7397 förefalla
vb

occur|seem

Även om det kan förefalla något optimistiskt för 2003 kan prognosen på medellång sikt faktiskt visa sig vara något försiktig i förhållande till potentialen.

Although this may be slightly optimistic for 2003, the medium–term projection may actually be somewhat prudent relative to potential.

7398 steril
adj

sterile

I fråga om produkter som släpps ut på marknaden i sterilt skick ska det förutsättas att produktens ursprungsskick påverkas negativt om den förpackning som ska garantera att produkten är steril öppnas, skadas eller på annat sätt påverkas negativt av ompaketeringen.

In the case of devices placed on the market in sterile condition, it shall be presumed that the original condition of the device is adversely affected if the package that shall ensure the sterile condition is opened, damaged or otherwise negatively affected by the repackaging.

7399 förrädisk
adj

treacherous

Då måste anledningen vara förrädisk!

Then your reasons must be treasonable!

7400 ökande
adj

increasing

Det är även medvetet om uppgifterna att det skulle ske ett ökande antal kränkningar av grekiskt luftrum av turkiska militärflygplan och om hur känslig denna fråga är i Grekland.

It is also aware of complaints about an increasing number of violations of Greek airspace by Turkish military aircraft, and of the sensitive nature of this question in Greece.

7401 cirkulera
vb

circulate

Ärade kollegor, utskotten måste sätta sig ned och granska dessa oegentligheter så att våra utmärkta kvalitetsprodukter äntligen tillåts cirkulera fritt inom hela unionen och regleras av enhetliga och överskådliga bestämmelser, till gagn för konsumenter och unionsmedborgare.

Ladies and gentlemen, our committees must look into these malfunctionings so that our excellent high–quality products can at last circulate freely throughout the Union, with unified regulations to increase transparency and for the greater satisfaction of our European consumers and citizens.

7402 koldioxid
nn

carbon dioxide

I synnerhet måste man agera mot utsläpp från personbilar, som står för 3 procent av EU:s samlade utsläpp av koldioxid, den viktigaste växthusgasen.

More particularly, action is urgently needed on passenger cars, given that they account for 3 % of overall EU emissions of carbon dioxide (CO2), the main greenhouse gas.

7403	**basa**	**supervise**

vb

Jag är mrs Collingwood och... jag basar över flickorna här.

I'm Mrs. Collingwood and...... I'm in charge of these girls.

7404	**flaxa**	**flap**

vb

Med till exempel ett burutrymme på 450 cm2 per fågel begränsas hönornas rörelsefrihet kraftigt, naturliga behov som att flaxa med vingarna undertrycks och med en maximihöjd på 40 cm kan de flesta höns inte stå upprätta.

As an example a cage space of 450 cm2 per bird severely restricts movement, denies natural behaviour such as wing flapping and the maximum height of 40 cm prevents most birds from standing fully upright.

7405	**kräm**	**cream**

nn

Tvål, schampo, tandkräm, krämer, deodoranter, solkrämer – de finns överallt och påverkar oss alla.

Soap, shampoo, toothpaste, lotions, deodorants, suntan lotions – they are all around us and affect us all.

7406	**fängelsestraff**	**imprisonment**

nn

För dessa påståenden riskerar han flerårigt fängelsestraff.

For these statements he risks several years of imprisonment.

7407	**ponny**	**pony**

nn

En liten ponny du kan rida på?

You want a Iittle pony you can ride?

7408	**meditera**	**meditate**

vb

Genom att meditera över verserna 30 och 31, som beskriver Pinehas fasta och modiga ställningstagande för rättfärdigheten, blir vi dessutom förvissade om att Jehova inte glömmer dem som är lojala mot honom och att han rikligen belönar dem.

Further, by meditating on Ps 106 verses 30 and 31, which describe Phinehas' firm, courageous stand for righteousness, we are assured that Jehovah does not forget his loyal ones and that he rewards them abundantly.

7409	**avböja**	**decline**

vb

Endast den operatör som mobilanvändaren slutit avtal med får sända sådana meddelanden, och detta endast under förutsättning att abonnenten beretts möjlighet att avböja då kontraktet slutits och sedan bereds möjlighet att tacka nej i samband med varje SMS–meddelande.

Only the operator with whom the mobile user has a contract may send such messages but only if he has offered his subscriber a right to object at the time of concluding the contract and provided that he continues to offer this right with each SMS message.

7410	**nedskärning**	**cut**

nn

Den nya omstrukturerings– och saneringsplan som försäkringskoncernen Fondiaria Assicurazioni håller på att genomföra innefattar nedskärning av cirka 2000 arbetstillfällen under de nästa fem åren, 900 uppsägningar, en omfattande minskning av antalet ledare och anställda samt en minskning på 40 % av försäkringsagenternas kontraktsenliga ersättning under hot om att deras fullmakt skall annulleras. Detta har skapat ett allmänt kaos på den italienska och den europeiska försäkringsmarknaden.

The new reorganization and rationalization plan being implemented by the Gruppo Fondiaria Assicurazioni, which will cut the staff by 2 000 over the next five years, make 900 redundant, cut a swathe through management and workers and reduce contract staff by 40 % (with the threat of further cuts) has created widespread chaos in the Italian and European insurance market.

7411	**husbonde**	**master**
	nn	

Marknadskrafterna är en bra dräng, men de är en dålig husbonde.

Market forces are a good servant, but a bad master.

7412	**utmanare**	**defier**
	nn	

Såsom förklaras ovan i punkterna 591–604 är det utmärkande för den tyska marknaden att A–varumärkena saknar en verklig utmanare och att de stora bolagens prisinstruktioner träder i kraft nästan genast.

Indeed, as explained in recitals 591 to 604 above the German market is characterised by the absence of any real challenger to the A–brands and a quasi–immediacy of pricing instructions from the majors.

7413	**ackumulera**	**accumulate**
	vb	

Dessa finansiella intäkter härrör från ränta som IFB har kunnat ackumulera på sina bankkonton.

These financial revenues arise from interest which IFB was able to accumulate on its bank accounts.

7414	**lexikon**	**dictionary**
	nn	

både bokstäver och siffror och innehåller inga ord som återfinns i lexikon.

both letters and numbers, and contain no words from a dictionary.

7415	**surfare**	**surfer**
	nn	

Mördaren är en surfare.

The killer's a surfer.

7416	**tillflykt**	**refuge|shelter**
	nn	

L. Den gemensamma församlingen är oroad och upprörd över antalet personer som dör när de söker sin tillflykt i EU samt över de ibland inhumana förhållanden under vilka de personer som vägras asyl skickas tillbaka, vilket i en del fall resulterar i att de dör.

L. alarmed and distressed by the number of persons who die seeking refuge in the EU and by the at times inhuman conditions under which those refused asylum are turned back and which in some cases result in their death.

7417	**tona**	**tone|tint**
	vb	

Den avslutas med en uppmaning till samhället i allmänhet att skaffa sig en positivare syn på de äldre genom att ta med dem på aktiviteter och att "tona ner negativa stereotypa föreställningar om åldrandet", som människor gärna accepterar – även om det sker omedvetet – till deras egen nackdel.

It concludes by encouraging society in general to take a more positive view of the elderly by involving them in activities and to "deemphasize negative stereotypes of aging," which people tend to accept–even if unconsciously–to their detriment.

7418	**provocera**	**provoke**
	vb	

Att leka med internationella gränser – Jugoslavien sedan 1991, Makedonien och Albanien i morgon – att ej kännas vid lärdomarna vi fått av historien, att låtsas ignorera Rysslands roll i denna region, att söka en militär knock–out snarare än en politisk lösning, att vilja avgränsa särskilt serberna från detta Europa de gjort så mycket för kommer mycket säkert att provocera fram den brand vi ger sken av att vilja undvika.

By playing with international borders – Yugoslavia's since 1991, and Macedonia's and Albania's in the future – by disregarding the lessons of the past, by pretending to ignore Russia's role in the region, by seeking a military knock–out instead of a political solution, and by trying, in particular, to cut the Serbian people off from Europe, which they have done so much for, we will undoubtedly provoke the very conflagration we claim we want to avoid.

7419 svalka **cool; coolness**

vb; nn

Hallens öppna sidor låter den tropiska brisen svalka åhörarna när de sitter där och lyssnar till programmet.

The open sides on this Assembly Hall allow the tropical breezes to move through as the audience listens to the program inside.

7420 pall **stool**

nn

Den unge mannen tvingas kliva upp på en pall, snaran läggs om hans hals och dras åt när bödeln sparkar undan pallen.

The procedure is always the same: the young man has to climb onto a stool, the noose is placed around his neck, and when the executioner kicks away the stool, the noose pulls tight.

7421 solid **solid**

adj

Därmed finns en solid vetenskaplig grund för de föreslagna gränsvärdena.

Thus there is a solid scientific basis for the proposed limit values.

7422 granskning **examination**

nn

Revisionsrättens granskning av Belliard I och II–byggnaderna pågår fortfarande.

The Court of Auditors is continuing with its investigation in connection with the Belliard I and II buildings.

7423 unna **indulge**

vb

Vi kan inte unna oss lyxen att sitta med armarna i kors.

We cannot indulge in the luxury of sitting here just twiddling our thumbs.

7424 invända **object; object**

nn; vb

En delegerad akt som antas enligt artikel 7 ska träda i kraft endast om varken Europaparlamentet eller rådet har gjort invändningar mot den delegerade akten inom en period av två månader från den dag då akten delgavs Europaparlamentet och rådet, eller om både Europaparlamentet och rådet, före utgången av den perioden, har underrättat kommissionen om att de inte kommer att invända.

A delegated act adopted pursuant to Article 7 shall enter into force only if no objection has been expressed either by the European Parliament or the Council within a period of two months of notification of that act to the European Parliament and the Council or if before the expiry of that period, the European Parliament and the Council have both informed the Commission that they will not object.

7425 konfiguration **configuration**

nn

Välj formatmall eller konfiguration och dra den med musen till dokumentposten.

Simply select the desired Style or configuration and drag it to the document entry.

7426 efterfölja **follow**

vb

Jag tror också att det var ett tal värt att efterfölja för parlamentets ordförandeskap.

Considering it was a speech made by the Parliament's presidency, I think it was worthy of imitation.

7427 annonsera **advertise**

vb

Det var där som broder Rutherford uppmuntrade oss att "annonsera, annonsera, annonsera Konungen och hans rike".

That is where Brother Rutherford encouraged us to "advertise, advertise, advertise, the King and his kingdom."

7428 spenat **spinach**

nn

EEG) nr 1 om kvalitetsnormer för huvudkål, brysselkål, stjälkselleri, spenat och plommon.

EEC) No 1 laying down quality standards for cabbages, Brussels sprouts, ribbed celery, spinach and plums.

7429 slöja **veil**

nn

Låt oss nu dra en slöja över allt detta och blicka framåt.

Let us now draw a veil over all that and look to the future.

7430 avskildhet **detachment**

nn

Europaparlamentet understryker att det är nödvändigt, särskilt inom ramen för den kommande fleråriga budgetramen 2014–2020, att ta hänsyn till de specifika behoven i de undsatta medlemsstaterna som får allt svårare att genomföra högkostnadsprojekt och i de yttersta randområdena och öområdena, som på grund av sin avskildhet och sina naturliga särdrag dras med strukturella begränsningar.

Stresses the importance of taking into account, in particular in the next multiannual financial framework 2014–2020, the specific needs of the bailed–out Member States that are facing increased difficulty in undertaking high–cost projects, as well as those of the outermost and island regions, which present structural constraints due to their remoteness and natural characteristics.

7431 kassör **cashier**

nn

Det har pågått en debatt i Tyskland om oss som Europas kassör.

There has been debate in Germany about our being the paymaster of Europe.

7432 avskrift **copy|transcription**

nn

Historiker antar att de är avskrifter av tidigare urkunder.

Historians assume that they are copies of earlier documents.

7433 franc **franc**

nn

För år 2000 godkände kommissionen stöd till kolindustrin (enligt artiklarna 4 och 5 i beslut nr 3632/93/EKSG) på totalt 6 627 miljoner franska franc (1 010,3 miljoner euro). Stödet fördelar sig på följande sätt:

For 2000, the Commission authorised FRF 6 627 million (EUR 1 010.3 million) in aid to the coal industry (under Articles 4 and 5 of Decision No 3632/93/ECSC), the most important destinations of which were:

7434 fängslande **captivating; imprisonment**

adj; nn

Var och en av oss kan ha del i uppfyllelsen av den här fängslande delen av Jesajas profetia.

Each one of us can play a part in the fulfillment of this captivating portion of Isaiah's prophecy.

7435 kollektiv **collective; collective**

adj; nn

Det är i dag en mycket känslig uppgift och en stor utmaning att kontrollera att rättigheterna tillämpas och att hitta en balans mellan individuell frihet och kollektiv säkerhet.

It is a very sensitive task, and a great challenge today, to monitor the implementation of rights and to find a balance between the granting of individual freedoms and achieving collective security.

7436 tursam **lucky**

adj

Du är ett levande bevis på att det är bättre att vara tursam än smart.

You are living proof that it's better to be lucky than smart.

7437 lack **lacquer**

nn

De har knackat ut plåten, lackat om den, och klar att köras.

It's all pounded out, repainted, and ready to go.

7438	**bedrövad**	**distressed|sad**
	adj	Herr talman! Jag blev mycket bedrövad när Europaparlamentets talman inte fick en plats vid bordet under förhandlingarna med president Bush.
		Mr President, I was very aggrieved when the President of the European Parliament did not have a seat at the table for the negotiations with President Bush.

7439	**härja**	**ravage**
	vb	Du kan inte härja så här ute.
		You can't rage out like this.

7440	**sammanstötning**	**collision**
	nn	Vi hade en liten sammanstötning igår när det gällde Tjetjenien men nu är jag nöjd.
		We had a minor dispute about Chechnya yesterday, but I am satisfied now.

7441	**ventil**	**valve**
	nn	Vi har därför, som en demokratisk ventil, föreslagit att de dokument som – efter granskning – inte kan lämnas ut till allmänheten skulle kunna delges en mindre grupp parlamentariker.
		We have therefore proposed, as a democratic safety valve, that those documents which – after examination – cannot be made public, could be communicated to a small group of Members of Parliament.

7442	**sönderslagen**	**broken**
	adj	Syster Grace lever, men hon är sönderslagen från fallet.
		Yeah, I mean, Sister Grace is alive, but she's all busted up from the fall.

7443	**akvarium**	**aquarium**
	nn	Massor av humrar i ett akvarium.
		Scads of lobsters all in a tank.

7444	**skärsår**	**cut**
	nn	Skyddskläder mot skärsår.
		Clothing providing protection against knife wounds.

7445	**någorlunda**	**fairly; fairly good**
	adv; adj	Företagets finansiella prognoser, inklusive kassaflöde, nettovinst och nedskrivningar för Q–3 med en känslighetsanalys (någorlunda framgångsrikt, optimistiskt och pessimistiskt scenario), bygger på uppgifter som lämnats av PZL Wrocław.
		The company's financial forecast, including cash flow, net profit and depreciation for Q–3 with a sensitivity analysis (moderate, optimistic and pessimistic scenarios for Q–3) is based on data supplied by PZL Wrocław.

7446	**sköte**	**womb**
	nn	Att producera en sko i vår region, i södra Italien, kostar 13 euro.
		To produce a shoe in our region, in southern Italy, costs EUR 13.

7447	**ståtlig**	**stately; lordly**
	adj; adv	En ståtlig, mörk prins, som har en förbannelse över sig.
		A tall, dark prince traveling under a curse.

7448	**svärdotter**	**daughter-in-law**
	nn	Europaparlamentet har upprepat sin önskan om att bli grundligt rådfrågade i denna fråga.
		The European Parliament has reiterated its will to be thoroughly consulted in this area.

7449	**stridsspets**	**warhead|load**

nn fasta, flytande eller gasformiga ämnen eller blandningar av ämnen som vid användning som primärt sprängämne, booster eller laddning i stridsspets, sprängladdningar eller annan användning är avsedda att detonera.

Products designed, manufactured and tested to meet the special electrical, mechanical or environmental requirements for use in the launch and deployment of satellites or high altitude flight systems operating at altitudes of 100 km or higher.

7450 udde **point|cape**

nn Allt man skulle se är tätbefolkade, komplicerade, ömsesidigt beroende länder på en udde på eurasiska kontinenten.

All you would see is one crowded, complex, interdependent Cape of Eurasia.

7451 omloppsbana **orbit**

nn Det är gravitationskraften som får dessa saker i omloppsbana.

It's the gravitational pull that makes these things orbit.

7452 ål **eel**

nn Muskelkött från fisk och fiskeriprodukter samt produkter därav, utom ål.

Muscle meat of fish and fishery products and products thereof, excluding eel.

7453 blicka **look**

vb För att förverkliga ambitionerna måste man blicka in i framtiden, föregripa utvecklingen och fatta lämpliga politiska beslut på kort sikt som ger EU möjlighet att fylla de behov som kommer att uppstå på medellång och lång sikt.

Fulfilling these ambitions means looking into the future, anticipating developments and taking the appropriate policy decisions in the near term that will enable Europe to meet medium and long–term needs.

7454 bitterhet **bitterness**

nn Smaken har mer eller mindre uttalad hetta och bitterhet.

There is some pungency and bitterness, to varying degrees;

7455 etcetera **etc.; et cetera**

abr; adv Den rådgivande ingenjören påpekade dessutom att man, under rubriken "materiel", hade förutsett ett preliminärt belopp på 90 000 IEP och att anbudsgivarna hade anmodats att öka detta belopp med en procentuell andel för allmänna utgifter, vinstmarginal, etcetera.

He also pointed out that, under the heading Materials, a provisional sum of IEP 90 000 was included to which each tenderer was instructed to add a percentage for overheads, profit, and so on.

7456 portugisisk **Portuguese**

adj Portugisisk specialutgåva: Område 03 Volym 12 s.

Portuguese special edition Chapter 03 Volume 12 P.

7457 buller **noise**

nn Angående: Gemenskapens direktiv om buller.

Subject: European directives concerning noise.

7458 mellanrum **gap|space**

nn Rådet har med jämna mellanrum påmint medlemsstaterna om hur viktigt detta är.

The Council has regularly reminded Member States of the importance of this matter.

7459 huvudbyggnad **main building**

adj terminal (terminal) : huvudbyggnad eller grupp av byggnader där formaliteterna genomförs för betalande passagerare och frakt och varifrån ombordstigning sker.

'Terminal':The main building or group of buildings where the processing of commercial passengers and freight and the boarding of aircraft occurs.

7460	**audiens**	**audience**

nn

Ester beviljades audiens, för kungen ville höra hennes ärende.

Esther had gained an audience, a hearing ear.

7461	**befalla**	**command**

vb

För det första kräver vår kammare att Europol omvandlas till europeisk polis och får befogenhet att ingripa i medlemsstaterna och befogenhet att befalla över den nationella polisen.

This House is essentially asking for Europol to be converted into a European police unit with operational powers in the Member States and powers of command over the national police forces.

7462	**livnära**	**maintain**

vb

När hösten kommer och gräset har växt upp på nytt återvänder djuren för att livnära sig på gräsmarkerna igen. Beroende på hur mycket föda det finns där kan detta kompletteras med gräs eller hö som har skördats under våren.

When autumn arrives and the grass has regrown, the animals return to feed on the grasslands which, depending on how abundant they are, may be supplemented with the grass or hay harvested in spring.

7463	**medverkan**	**participation|cooperation**

nn

Om kommissionen anser att uppgifter som förvärvats i samband med medverkan i en grupp eller en arbetsgrupp rör frågor av konfidentiell karaktär får dessa inte spridas.

Information obtained by participating in the deliberations of a group or sub-group shall not be divulged if, in the opinion of the Commission, that information relates to confidential matters.

7464	**mango**	**Mango**

nn

Färsk frukt (speciellt ananas, pomelos, meloner, mango, nashipäron, papaya, physalis, ya–päron) och grönsaker, nötter och jordnötter, svamp, levande växter och blommor).

Fresh fruit (in particular pineapples, pomelos, melons, mangos, nashis, papayas, physalis, ya pears) and vegetables, nuts and peanuts, mushrooms, natural plants and flowers).

7465	**fullvuxen**	**full-grown**

adj

En fullvuxen flodhäst kan vara 4–5 m lång och väga uppemot 3 600 kg.

Full grown it may be 4 to 5 m (12 to 15 ft) long and may weigh up to 3,600 kg (8,000 lb).

7466	**radikal**	**radical; radical**

adj; nn

För det andra är de böter som ålades genom beslutet de högsta som någonsin förekommit i ett gemenskapsförfarande enligt konkurrensrätten och återspeglar en radikal kursändring som saknar tidigare motstycke i kommissionens bötespolitik.

Second, the fines imposed by the Decision are the highest ever imposed in a Community competition law case and reflect a radical and unprecedented change in the Commission's fining policy.

7467	**outgrundlig**	**inscrutable**

adj

Jag tycker att vi borde leta rätt på en lämplig rom, helst handikappad och med outgrundlig sexuell läggning.

I think we should find a particular member of the Roma, preferably with disabilities and conflicting sexualities.

7468	**utgående**	**outgoing; exit**

adj; nn

När tjänsterna i fråga tillhandahålls i en eller flera andra medlemsstater än den stat där paketresan säljs kan resebyrån enligt det vanliga systemet inte dra av den ingående mervärdesskatten på 20 från den utgående mervärdesskatten på 24, utan måste i stället, om resebyrån inte är registrerad för mervärdesskatt i dessa andra medlemsstater, använda sig av det mer komplicerade förfarandet att återkräva mervärdesskatt i dessa länder.

Where the services in question are provided in one or more Member States other than that in which the package is sold, under the normal scheme the travel agent cannot simply deduct the input VAT of 20 from his output VAT of 24.

7469 inlägg **contribution | insert**

nn

Jag vill tacka kommissionsledamoten för hans inledande inlägg.

Mr President, I thank the Commissioner for his initial contribution.

7470 livskraft **viability**

nn

Dessa kommer att göra det möjligt för dessa grupper att förbättra lönsamheten och göra de nya investeringar som är avgörande för deras livskraft.

It will allow these sectors to improve profitability and to have the possibility of making the new investments, which are crucial for their viability.

7471 spira **scepter; sprout**

nn; vb

I Psalm 125:3 sägs det: "Ondskans spira får inte fortsätta att vila över de rättfärdigas lott."

Psalm 125:3 states that "the scepter of wickedness will not keep resting upon the lot of the righteous ones."

7472 tacksamhetsskuld **obligation**

nn

Borde de inte känna ännu större tacksamhetsskuld till Skaparen och Uppehållaren av livet, han som skapade det första människoparet och gav dem fortplantningsförmågan?

Should they not feel even more indebted to the Creator and Sustainer of life, the One who created the first couple and gave them procreative ability?

7473 förebyggande **prevention; preventive**

nn; adj

de nya förebyggande aspekterna i lagstiftningen om civilskyddsmekanismen, inklusive diskussioner med medlemsstaterna om kommissionens nya riktlinjer för bedömning av riskhanteringskapacitet och det nya europeiska programmet för inbördes granskning.

the new prevention aspects of the UCPM legislation, including discussions with Member States on the new Commission guidelines on risk management capability assessments and the new European peer review programme.

7474 sammanträde **meeting | sitting**

nn

Avkunnad vid offentligt sammanträde i Luxemburg den 9 november 2005.

Delivered in open court in Luxembourg on 9 November 2005.

7475 minoritet **minority**

nn

Romerna är en mycket speciell minoritet som inte kan räknas som en traditionell minoritet.

The Roma are a very special minority, which cannot be counted as a traditional minority.

7476 öppnad **opened**

adj

KONVENTION om Hellenska republikens tillträde till konventionen om tillämplig lag för avtalsförpliktelser öppnad för undertecknande i Rom den 19 juni 1980.

CONVENTION on the accession of the Hellenic Republic to the Convention on the law applicable to contractual obligations, opened for signature in Rome on 19 June 1980.

7477 tik **bitch**

nn	Du hittar en fin tik, får några valpar.
	Find a nice bitch, raise a couple of pups.

7478 fransyska — **Frenchwoman**

nn — Min mor var fransyska.

My mother was French.

7479 känslighet — **sensitivity**

nn — Politik handlar naturligtvis också en del om känslighet och diplomatisk takt.

And sensitivity and diplomacy do, of course, have their place in politics.

7480 påskynda — **expedite**

vb — Det tredje målet är att påskynda diskussionerna om hur vi skall gå vidare efter 2012.

Thirdly, to advance the discussions on what will happen after 2012.

7481 kvarvarande — **remaining**

adj — Det finns inga utsikter till förbättring under årets kvarvarande månader.

There is no prospect of improvement in the remaining months of this year.

7482 involvera — **involve**

vb — Om en medlemsstat inte ser till att involvera det civila samhället på ett meningsfullt sätt bör detta leda till att partnerskapsavtalet inte ingås.

Failure by a Member State to involve civil society in a meaningful way should lead to the 'non–conclusion' of the Partnership Contract.

7483 folkmord — **genocide**

nn — I början av juli 2014, under demonstrationer i protest mot Israels Operation Protective Edge på Gazaremsan, vars mål var att stoppa terrororganisationen Hamas, slog van Aartsen fast att "inga gränser överskreds" när ISIS–supportrar stämde upp i det antijudiska stridsropet: "Khaybar Khaybar, ya yahud, Jaish Muhammad, sa yahud" ["Judar, minns Khaybar, Muhammeds armé återvänder"] — i grunden en uppmaning till folkmord – och "död åt judarna".

In early July 2014, during demonstrations protesting Israel's Operation Protective Edge in the Gaza strip against the Hamas terrorist organization, Van Aartsen stated that "No boundaries were crossed" when ISIS supporters chanted the anti–Jewish battle cry: "Khaybar Khaybar, ya yahud, Jaish Muhammad, sa yahud" ["Jews, remember Khaybar, the army of Muhammad is returning"] — basically an incitement to genocide — and "death to the Jews."

7484 obalans — **imbalance**

nn — Vidare måste det faktum, som föredraganden redan har nämnt, att det fortfarande finns en obalans mellan transportinfrastrukturprojekt och miljöskyddsprojekt, framhävas.

Moreover, we must emphasize that, as stated by the rapporteur, there is still an imbalance between transport infrastructure projects and environmental projects.

7485 gotta — **have a good time**

vb — Är du här för att gotta dig?

You've come here to gloat, haven't you?

7486 tänja — **stretch**

vb — Egentligen är vi beredda att tänja något på våra normer i den vitryska befolkningens intresse.

We are in fact prepared to stretch our standards a little in the interests of the people of Belarus.

7487 grundskola — **elementary school**

nn	En höjd kvalitet inom grundskola och högre utbildning är avgörande för Tjeckiens långsiktiga konkurrenskraft.

Increasing the quality of compulsory and higher education is essential to the long–term competitiveness of the Czech Republic.

7488 plutonium — **plutonium**

nn Sjöfartsverkets föreskrifter och allmänna råd om säker fartygstransport av bestrålat kärnbränsle, plutonium och högaktivt radioaktivt avfall i förpackad form (INF–koden).

The Swedish Maritime Administration's administrative provisions and general guidance on the safe carriage of packaged irradiated nuclear fuel, plutonium and high–level radioactive wastes on board ships (INF Code).

7489 skivbolag — **record label**

nn Skivbolag som säljer internationell popmusik, som har stor dragningskraft över hela världen, måste för att uppnå största möjliga distribution av sina produkter säkra distributionen genom AOL:s "on–line outlet".

Record companies selling international pop music, which by definition has worldwide appeal, in order to achieve maximum distribution of their products will have to secure distribution through AOL's "on–line outlet".

7490 vardag — **weekday**

nn Regionkommittén tror inte att medborgarna kan tillgodogöra sig en europeisk identitet om inte "det europeiska" är synligt i deras vardag.

The COR feels that citizens cannot adopt the European identity if the European dimension is not evident in their everyday life.

7491 drill — **drill**

nn Vad skulle hända med musiken om man, en dag, kunde patentera skalor, ackord, drillar och allting annat som gör den klassiska musikens värld så rik och spännande?

What would happen to music if, one day, you could patent scales, chords, trills and everything else that makes the world of classical music so rich and exciting?

7492 insulin — **insulin**

nn NovoRapid får aldrig blandas med något annat insulin när det används i insulinpump.

NovoRapid should never be mixed with any other insulin when used in a pump.

7493 broschyr — **brochure**

nn Och kom ihåg att ta med din broschyr till församlingsmötena när tal och programpunkter berör bibliska länder.

And remember to take your brochure to congregation meetings when talks and discussions involve Bible lands.

7494 strut — **cone**

nn Fartygsvad/not: instängningsredskap eller vad/not som sätts ut och dras in med hjälp av vajrar och vinschar från ett seglande eller förankrat fartyg, men som inte bogseras av fartygets huvudmotor, och som består av två sidovingar och en skedformad strut i mitten eller en kasse baktill. Den kan användas både vid ytan och ner till botten beroende på målart.

Boat seines means encircling nets and towed seines which are operated and hauled by means of ropes and winches from a boat under way or at anchor and not towed by means of the main boat engine, consist of two lateral wings and a central bunt either in the form of a spoon or with a bag in the rearmost part and may operate from the surface to the bottom depending on the target species.

7495 ljuda — **sound**

	vb	Vid fjärrstyrd manuell manövrering behöver det akustiska larmet endast ljuda när dörren är i rörelse.
		In the case of remote hand operation it is sufficient for the audible alarm to sound only when the door is moving.

7496 bestick — **cutlery**

nn

NACE 25.71: Tillverkning av bestick.

NACE 25.71: Manufacture of cutlery.

7497 desperation — **desperation**

nn

Kan vi här i Strasbourg ens tänka oss den misär och den desperation som drev dessa kineser att tillbringa flera månader på resa i lönndom halvvägs över världen?

Can we here in Strasbourg even begin to contemplate the misery and desperation that drove those Chinese people to spend months travelling in clandestine fashion halfway across the world?

7498 egendomlig — **peculiar**

adj

I Alberobello, omkring 55 kilometer sydost om Bari, hittar man de berömda trulli – vita byggnader med egendomlig form och koniskt tak.

In Alberobello, about 35 miles [55 km] southeast of Bari, there are the famous trulli - white buildings with a peculiar shape and conical roofs.

7499 portvakt — **porter**

nn

Denna höga tjänsteman kan fungera som en portvakt, en sorts selektiv myndighet, på samma sätt som i nationella sammanhang då möjligheter till rättslig prövning tillämpas.

This high official could act as a gatekeeper, a sort of selective authority, as is the case in national contexts when means of legal redress are being implemented.

7500 undanröja — **remove**

vb

Kommissionen har fått tydliga signaler från näringslivet om ett mer aktivt deltagande i arbetet för att undanröja handelshinder.

It is clear that there is a strong desire from business for more active participation in barrier removal.

7501 ansedd — **considered**

adj

Under Luthers senare år var han så ansedd som rådgivare att lärda män som gästade hans hem satt redo med papper och penna för att anteckna det han sade.

Late in life Luther enjoyed such prestige as a counselor that scholars who were guests in his house armed themselves with pen and paper to note down his observations.

7502 tysthet — **silence**

nn

Naturligtvis skulle det inte ha gått så långt om kommissionen hade varit förnuftig nog att i tysthet begrava detta katastrofala hamndirektiv för två år sedan.

It should not, of course, have come to this, had the Commission had the wisdom two years ago to quietly bury its catastrophic port directive.

7503 grubbla — **ponder|brood**

vb

Vi behöver inte gå och grubbla över synder som han så generöst har förlåtit.

We need not dwell on the sins that Jehovah has bountifully forgiven.

7504 värva — **solicit|recruit**

vb

FIR fann i den överklagade domen i punkterna 140 respektive 142 att "kommissionen, i motsats till vad WIN har gjort gällande, inte har använt ett statiskt täckningstest" och att "metoden, i motsats till vad WIN har gjort gällande, inte alls innebär att det till kostnaderna för att värva kunder läggs

48 gånger det belopp som avser de löpande månatliga kostnaderna vid tiden för tecknandet av abonnemanget, och att summan härav jämförs med 48 gånger de månatliga intäkterna vid samma tid".(

In the judgment under appeal, the Court of First Instance held at paragraphs 140 and 142 respectively that 'contrary to what WIN has alleged, the Commission did not apply a test of static recovery' and 'contrary to what WIN asserts, the method does not in effect add the acquisition costs to 48 times the amount of recurrent monthly costs, as they existed at the date of subscription, and compare that total with 48 times the monthly revenues, as they existed on that same date'.

7505	**montera**	**mount|install**
	vb	Montera hela halsenheten utan huvud.
		Mount the complete neck assembly without the head.

7506	**vråla**	**roar|howl**
	vb	Eller vråla som en simpel kolgruvejobbare!
		Howling out like a common coal miner!

7507	**råga**	**heap**
	nn	Vi röstar i dag inte om ett betänkande, utan om en trosbekännelse, och till råga på allt en bekännelse till en dålig tro.
		What we are voting upon today is not a report but an act of faith, and an act of bad faith at that.

7508	**inbyggd**	**built-in**
	adj	Det är ett recept på svikna förväntningar hos allmänheten; en inbyggd fördjupning av krisen.
		That is a recipe for disappointed public expectations; the worsening of the crisis is built in.

7509	**foder**	**lining|feed**
	nn	För att stimulera forskning och utveckling om genetiskt modifierade organismer för användning som livsmedel och/eller foder är det lämpligt att skydda den investering som görs av innovatörer när det gäller att samla information och data som stöder en ansökan enligt denna förordning.
		In order to stimulate research and development into GMOs for food and/or feed use, it is appropriate to protect the investment made by innovators in gathering the information and data supporting an application under this Regulation.

7510	**galopp**	**gallop**
	nn	Vi gav oss iväg på en härlig ridtur i galopp.
		We went for a good gallop.

7511	**eftersökt**	**sought for**
	adj	Enligt artikel 1 i rambeslutet är syftet med att utfärda en arresteringsorder att en annan medlemsstat skall gripa och överlämna en eftersökt person "för lagföring eller för verkställighet av ett fängelsestraff eller en annan frihetsberövande åtgärd".
		Article 1 of the Framework Decision provides that the purpose of the issuing of an arrest warrant is the arrest and surrender by another Member State of a requested person, for the purposes of 'conducting a criminal prosecution or executing a custodial sentence or detention order'.

7512	**registrering**	**registration**
	nn	Det skall i detta avseende påpekas att det anges i femte skälet i direktivet att medlemsstaterna också förblir fria att fastställa procedurregler för registrering, till exempel att bestämma sättet för registreringen.

*In that regard, it should be noted that the fifth recital in the preamble to the
directive states that Member States remain free to fix the provisions of
procedure concerning the registration of trade marks, in order, for example,
to determine the form of registration procedures.*

| 7513 | **tilldragande** | **fetching\|attractive** |

adj

Därför bör denna förordning inte tillämpas på livsmedel och foder som
används som avskräckande eller tilldragande medel.
*Therefore, the present Regulation should not apply to food and feed used as
repellents or attractants.*

7514 **fullborda** **complete\|fulfill**

vb

EU:s yttre energipolitik är avgörande för att man ska kunna fullborda den
inre energimarknaden.
*The EU external energy policy is crucial to complete the internal energy
market.*

7515 **ull** **wool**

nn

Industrin har demoraliserats genom låga priser, billig import och lågt pris på
ull.
*The industry has been demoralised by low prices, cheap imports and a low
price for wool.*

7516 **uppehälle** **subsistence\|keep**

nn

Kostnader direkt förbundna med förvaltningskommitténs sammanträden,
förutom kostnader för resor och uppehälle, skall betalas av värdlandet.
*The costs other than those for travel and accomodation which are directly
associated with meetings of the Steering Committee shall be borne by the
host Party.*

7517 **gräslig** **awful**

adj

Snälla vän, du ser gräslig ut!
Dear, you look awful!

7518 **hemkomst** **home-coming**

nn

Jag firar din hemkomst med engelskt öl!
I drink to your safe return in English ale!

7519 **anbelanga** **concerned**

adj

Vad medierna anbelangar däremot har frågan hanterats på ett högst
otillfredsställande sätt.
*Where the media are concerned, however, the issue has been dealt with in a
most unsatisfactory manner.*

7520 **undanflykt** **subterfuge**

nn

Detta har nackdelar, för det första därför att texten på biljetterna är en
konsekvens av en internationell förordning vilket skulle vara orealistiskt eller
en undanflykt för flygbolagen och, för det andra, därför att det redan finns
många flygbolag som inte ger ut biljetter, utan meddelar per fax att ett avtal
om biljett slutits.
*This has a disadvantage due, firstly, to the fact that the text on tickets is the
result of a universal regulation and it would be invalid or would represent
an excuse for the companies, and due, secondly, to the fact that there are
already many companies which do not issue tickets, but which notify
confirmation of the booking by fax.*

7521 **pryd** **prude**

adj

När du gjorde slut, du gjorde slut för att jag var, som du uttryckte det, pryd,
grät jag floder och hatade dig.
*You know, when you broke up with me, you broke up with me because I was,
I was, to use your charming expression, prude.*

7522 **intäkt** **earnings**

nn

Vissa poster som redovisas som avsättningar kan ha samband med att en intäkt redovisas, exempelvis då ett företag ställer en garanti mot en avgift.

Some amounts treated as provisions may relate to the recognition of revenue, for example where an enterprise gives guarantees in exchange for a fee.

7523 **attrahera** **attract**

vb

Alla tändare som på något sätt liknar andra föremål som allmänt anses attrahera barn eller som är avsedda att användas av barn bör förbjudas.

All lighters that resemble by any means to another object commonly recognised as appealing to or intended for use by children should be banned.

7524 **besanna** **verify**

vb

Jag vill framhäva att frågan om samfinansiering av jordbrukspolitiken inte har något att göra med den billigaste versionen i debatten om nettobetalare, så som vi får höra den varje dag, utan är nödvändig för att besanna det som vi alltid har krävt: en strukturell reform som tjänar till att åstadkomma mer demokrati i utgiftspolitiken, och som framför allt är lämpad att göra det möjligt att utvidga unionen, eftersom vi annars aldrig går i land med finansieringen av utvidgningen österut.

I would like to make it clear that the question of cofinancing agricultural policy has nothing to do with the cheapest version of the net–contributor debate that we keep hearing but that it is necessary in order to achieve what we have always called for: structural reform that will bring about more democracy in expenditure policy and that, above all, can make us capable of enlargement, for otherwise we would never manage to finance eastward enlargement.

7525 **rosta** **rust**

vb

De har slängts för att rosta och ruttna i gränder och skjul över hela världen.

These poor toys have suffered enough...... being left to rust and decay in the back alleys and vacant lots of the world.

Adjectives

5001	**pågående**-*adj*	ongoing
5002	**sankt**-*prn; adj*	St.; saint
5004	**springande**-*adj; nn*	running; running
5006	**avskuren**-*adj*	cut off
5009	**dansk**-*adj; nn*	danish; dane
5012	**fredlig**-*adj*	peaceful|gentle
5018	**uppfriskande**-*adj*	refreshing
5019	**rät**-*adj*	straight
5025	**registrerad**-*adj*	registered
5028	**påverkad**-*adj*	affected
5029	**smittad**-*adj*	infected
5051	**sittande**-*adj; nn*	sitting; sitting
5057	**osannolik**-*adj*	unlikely
5058	**orädd**-*adj*	fearless
5061	**snål**-*adj*	stingy
5062	**grillad**-*adj*	grilled
5064	**inlagd**-*adj*	pickled
5066	**militant**-*adj; nn*	militant; militant
5069	**omtyckt**-*adj*	popular
5072	**engagerad**-*adj*	engaged
5077	**legendarisk**-*adj*	legendary
5078	**delikat**-*adj*	delicate|delicious
5094	**ständig**-*adj*	constant
5100	**älskande**-*adj*	loving
5101	**skräckslagen**-*adj*	horror-struck
5106	**lockande**-*adj; nn*	attractive; attracting
5108	**relevant**-*adj; adv*	relevant; to the point
5109	**dokumentär**-*adj*	documentary
5111	**självständig**-*adj*	independent
5112	**klyftig**-*adj*	clever
5119	**förmögen**-*adj*	capable
5128	**helgad**-*adj*	sacred
5129	**antik**-*adj*	antique
5130	**digital**-*adj*	digital
5132	**katolsk**-*adj*	catholic
5137	**andlig**-*adj*	spiritual
5141	**bortskämd**-*adj*	spoilt
5142	**ynklig**-*adj*	pitiful|paltry
5143	**betydande**-*adj*	considerable
5145	**främlingsfientlig**-*adj*	xenophobic
5149	**herde**-*nn; adj*	shepherd; shepherd
5150	**rubbad**-*adj*	deranged
5151	**ödmjuk**-*adj*	humble
5165	**veterinär**-*nn; adj*	veterinary; veterinarian
5176	**växande**-*adj*	growing
5179	**overklig**-*adj*	unreal|fancied
5182	**bestående**-*adj*	consisting|permanent
5184	**mutad**-*adj*	bribed
5187	**avliden**-*adj*	deceased
5195	**visuell**-*adj*	visual
5203	**komplex**-*adj; nn*	complex; block
5209	**irrelevant**-*adj*	inapplicable|irrelative
5210	**slumpmässig**-*adj*	random
5212	**primär**-*adj*	primary
5213	**tävlande**-*nn; adj*	competitor; competing
5217	**obekväm**-*adj*	uncomfortable
5218	**blockerad**-*adj*	blocked
5220	**bussig**-*adj*	busy
5221	**ovetande**-*adj*	unaware
5226	**stökig**-*adj*	untidy
5232	**vinnande**-*adj*	winning
5236	**dansande**-*adj*	dancing
5251	**förnybar**-*adj*	renewable
5260	**befängd**-*adj*	absurd
5263	**optimistisk**-*adj*	optimistic
5265	**traditionell**-*adj*	traditional
5273	**uppskattad**-*adj*	welcome
5277	**pytteliten**-*adj; nn*	weeny; lilliputter
5278	**originell**-*adj*	original
5280	**livsfarlig**-*adj*	life-threatening
5285	**hårig**-*adj*	hairy
5290	**kanadensisk**-*adj*	Canadian
5292	**forntida**-*adj*	antique
5296	**slapp**-*adj*	lax
5302	**obetydlig**-*adj*	insignificant
5313	**synlig**-*adj*	visible
5318	**avlägsen**-*adj; nn; adv*	distant; remote; far away
5321	**juridisk**-*adj*	legal|judicial
5325	**förvånande**-*adj; adv*	astonishing; surprisingly
5352	**specifik**-*adj*	specific
5364	**överväldigad**-*adj*	overwhelmed
5370	**immun**-*adj*	immune
5373	**enstaka**-*adj*	occasional|isolated
5374	**identisk**-*adj*	identical
5379	**intern**-*adj; nn*	internal; inmate
5381	**liggande**-*adj*	laying

5392	oklar-*adj*	unclear|obscure
5398	smält-*adj*	melted
5400	slutlig-*adj*	final|conclusive
5405	sörjande-*adj; nn*	grieving; mourner
5419	samlad-*adj*	overall
5421	högljudd-*adj*	loud
5427	hjälpsam-*adj*	helpful
5430	skickad-*adj*	fitted
5432	pinsam-*adj*	embarrassing|painful
5434	internt-*adj*	in-house
5435	förståelig-*adj*	understandable| comprehensible
5437	kärleksfull-*adj*	loving
5439	lagstiftande-*adj*	legislative
5446	olåst-*adj*	unlocked
5447	seg-*adj*	tough|rubbery
5451	ondskefull-*adj*	sinister
5452	överväldigande-*adj*	overwhelming| knockdown
5455	terminal-*adj; nn*	terminal; terminal
5465	magnifik-*adj*	magnificent
5467	modig-*adj*	brave|game
5470	hänsynslös-*adj*	reckless
5475	otänkbar-*adj*	unthinkable
5478	givande-*adj; nn*	rewarding; giving
5480	brant-*adj; nn*	steep; edge
5483	offensiv-*adj; nn*	offensive; offensive
5484	ytlig-*adj*	superficial
5488	onaturlig-*adj*	unnatural
5492	angelägen-*adj*	keen|anxious
5493	olaga-*adj*	unlawful|illegal
5506	sömnig-*adj*	sleepy
5507	orätt-*adj; adv; nn*	wrong; wrong; wrong
5508	förhastad-*adj*	hasty|rash
5510	betydelsefull-*adj*	significant|meaningful
5518	tyngd-*nn; adj*	weight; weighed down
5523	upphetsande-*adj; nn*	exciting; excitement
5527	handfull-*adj*	handful
5537	listig-*adj*	cunning
5546	överseende-*nn; adj*	indulgence; indulgent
5552	snurrig-*adj*	dizzy
5554	slug-*adj*	cunning
5555	passionerad-*adj*	passionate|impassioned
5556	lömsk-*adj*	sneaky
5558	upprörande-*adj*	outrageous
5562	skakad-*adj*	shaken
5565	förutsatt-*adj*	given
5566	hebreisk-*adj*	Hebraic
5568	nätt-*adj; adv*	neat; prettily
5573	heterosexuell-*adj*	heterosexual
5574	förtrollad-*adj*	bewitched
5576	möjligt-*adj; adv*	possible; conceivably
5577	avbruten-*adj*	broken
5579	konkret-*adj*	concrete
5581	känslosam-*adj*	emotional
5592	egoistisk-*adj*	egoistic|selfish
5595	nygift-*adj*	newly married
5599	upprepad-*adj*	frequent
5604	psykologisk-*adj*	psychological
5605	svettig-*adj*	sweaty
5607	sofistikerad-*adj*	sophisticated
5628	tillfredsställande-*adj; nn*	satisfactory; satisfaction
5634	bevakad-*adj*	guarded
5635	turkisk-*adj*	turkish
5643	skotsk-*adj*	Scottish
5644	elektronisk-*adj*	electronic
5645	irländsk-*adj*	Irish
5646	innersta-*adj*	intimate
5654	sysselsatt-*adj*	busy
5655	fulländad-*adj*	accomplished
5660	gråtande-*adj*	weeping
5666	höjdpunkt-*nn; adj*	peak; hightide
5668	principiellt-*adj*	principled
5669	fuktig-*adj*	damp|humid
5681	inspirerad-*adj*	inspired
5685	realistisk-*adj*	realistic
5687	känslomässig-*adj*	emotional
5688	uttorkad-*adj*	dry
5713	logisk-*adj*	logical
5714	hälsosam-*adj*	healthy|wholesome
5718	kejserlig-*adj*	Imperial
5720	verkställande-*adj; nn*	executive; execution
5724	naturbegåvning-*adj*	naturally gifted
5725	små-*adj*	small
5727	norsk-*adj*	Norwegian

5740	**nådig**-*adj*	gracious
5741	**slö**-*adj*	dull|lethargic
5743	**trovärdig**-*adj*	credible
5745	**uppjagad**-*adj*	roused|upset
5751	**obehaglig**-*adj*	unpleasant
5757	**holländsk**-*adj*	Dutch
5758	**kvick**-*adj*	witty|bright
5765	**antagen**-*adj*	accepted
5776	**knuten**-*adj*	attached
5797	**grundad**-*adj*	based
5798	**bristande**-*adj*	bursting|defective
5801	**tystlåten**-*adj*	silent
5806	**rastlös**-*adj*	restless
5807	**föga**-*adj; adv; nn*	little; little; little
5815	**omvänd**-*adj; nn*	inverse; convert
5835	**restriktiv**-*adj*	restrictive
5836	**oförmögen**-*adj*	unable
5840	**överlycklig**-*adj*	overjoyed
5841	**indisk**-*adj*	Indian
5842	**exotisk**-*adj*	exotic
5847	**massiv**-*adj*	massive
5848	**trög**-*adj; nn*	sluggish; slowcoach
5849	**utspridd**-*adj*	scattered
5851	**barbar**-*adj; nn*	barbarian; barbarian
5856	**jämlik**-*adj*	equal
5861	**infekterad**-*adj*	infected
5863	**upptäckt**-*nn; adj*	detection; discovered
5876	**intellektuell**-*adj; nn*	intellectual; intellectual
5878	**cynisk**-*adj*	cynical
5889	**avvikande**-*adj*	deviant
5890	**oroande**-*adj*	worrying
5893	**glödande**-*adj*	glowing
5895	**svenskspråkig**-*adj*	Swedish-speaking
5898	**hängande**-*adj; nn*	hanging; pendant
5902	**uppvuxen**-*adj*	grown-up
5903	**skitig**-*adj*	mucky
5905	**formad**-*adj*	shaped
5912	**förtjänt**-*adj*	deserved|earned
5914	**förödmjukad**-*adj*	humiliated
5923	**djärv**-*adj*	bold|daring
5927	**försäkrad**-*adj; nn*	insured; insured
5934	**olydig**-*adj*	disobedient
5935	**beräknad**-*adj*	calculated
5943	**spontan**-*adj*	spontaneous
5944	**upplyst**-*adj*	illuminated
5946	**intim**-*adj*	intimate
5950	**jätteglad**-*adj*	cheerful
5952	**formell**-*adj*	formal
5956	**simpel**-*adj*	simple
5959	**sned**-*adj*	awry
5962	**sovjetisk**-*adj*	Soviet
5976	**grinig**-*adj*	grumpy
5977	**skriftlig**-*adj*	written
5978	**storartad**-*adj*	magnificent
5981	**rödhårig**-*adj*	redhead
5987	**korrupt**-*adj*	corrupt
5990	**underjordisk**-*adj*	underground
5996	**instabil**-*adj*	unstable
5998	**föregående**-*adj; nn*	foregoing; precedent
6003	**neutral**-*adj*	neutral
6005	**persisk**-*adj*	persian
6012	**gående**-*nn; adj*	going; walking
6017	**åtskild**-*adj*	separate|distinct
6018	**sjungande**-*nn; adj*	singing; songful
6024	**utomordentlig**-*adj*	excellent
6030	**behövande**-*adj*	needy
6031	**ek**-*nn; adj*	oak; oaky
6034	**oartig**-*adj*	impolite
6036	**fix**-*adj*	fixed
6046	**storslagen**-*adj*	grand
6053	**asiatisk**-*adj*	Asian
6056	**uppfylld**-*adj*	stuffed
6058	**stimulerande**-*adj*	stimulating
6083	**slarvig**-*adj; adv*	careless; sloppy
6086	**utrustad**-*adj*	found
6087	**långsökt**-*adj*	far-fetched
6089	**separat**-*adj; adv*	separate; separately
6092	**flat**-*adj*	flat
6097	**israelisk**-*adj*	Israeli
6102	**otalig**-*adj*	countless
6103	**smärtfri**-*adj*	painless
6105	**skuggad**-*adj*	shaded
6108	**nedslagen**-*adj*	downcast
6111	**otacksam**-*adj*	ungrateful
6112	**inspärrad**-*adj*	incarcerated
6119	**oväsentlig**-*adj*	immaterial|unessential
6121	**ökänd**-*adj*	notorious

6129	**avsedd**-*adj*	intended		6374	**läglig**-*adj*	timely|opportune
6135	**ovärderlig**-*adj*	invaluable		6378	**enskild**-*adj*	private
6138	**inneboende**-*adj; nn*	inherent; lodger		6384	**beklaglig**-*adj*	regrettable
				6385	**kokt**-*adj*	boiled
6142	**smärtsam**-*adj*	painful		6394	**placerad**-*adj*	placed|positioned
6144	**rimlig**-*adj*	reasonable|plausible		6407	**objektiv**-*adj; nn*	objective; objective
6148	**förutsägbar**-*adj*	predictable		6413	**stridande**-*adj; nn*	fighting; combatant
6156	**plötslig**-*adj*	sudden		6417	**knepig**-*adj*	tricky|catchy
6158	**undre**-*adj*	lower		6421	**begagnad**-*adj*	used
6163	**lättlurad**-*nn; adj*	sucker; gullible		6422	**manuell**-*adj*	manual
6166	**rostig**-*adj*	rusty		6426	**regerande**-*adj*	ruling|governing
6171	**väntande**-*nn; adj*	expectant; expectant		6432	**aktuell**-*adj*	current
6173	**hårdhänt**-*adj*	rough		6433	**enig**-*adj*	united
6174	**minimal**-*adj*	minimal		6437	**tam**-*adj*	tame
6177	**fortsatt**-*adj*	continued		6442	**jättelik**-*adj*	giant|huge
6180	**obeväpnad**-*adj*	unarmed		6443	**konstgjord**-*adj*	artificial
6205	**skallig**-*adj*	bald		6444	**minderårig**-*adj*	underage
6223	**ridande**-*adj*	riding		6446	**musikal**-*adj; nn*	musical; musical
6224	**himmelsk**-*adj*	heavenly		6447	**öm**-*adj*	sore|affectionate
6240	**sluten**-*adj*	closed|sealed		6448	**defekt**-*adj; nn*	defective; defect
6249	**utbränd**-*adj*	burned out		6455	**galant**-*adj*	gallant
6255	**påhittad**-*adj*	made-up		6476	**tillfreds**-*adj*	satisfied
6257	**okänslig**-*adj*	insensitive		6480	**vag**-*adj*	vague
6269	**varsam**-*adj*	cautious		6489	**ohyfsad**-*adj*	rude|unpolished
6277	**vänligen**-*adj; int*	kindly; sincerely		6495	**rationell**-*adj*	rational
6279	**deltagande**-*nn; adj*	participation; participant		6496	**orörd**-*adj*	undisturbed
				6513	**utmanande**-*adj*	defiant
6282	**mållös**-*adj*	speechless|goalless		6523	**oren**-*adj*	unclean|filthy
6283	**finansiell**-*adj*	financial		6539	**älskvärd**-*adj*	gracious
6286	**återstående**-*adj*	remaining		6542	**rekommenderad** -*adj*	recommended
6295	**lyxig**-*adj*	luxurious				
6301	**inkompetent**-*adj*	incompetent		6552	**upprymd**-*adj*	elated
6304	**fängslad**-*adj*	captive		6553	**sabla**-*adj*	blasted
6313	**stigande**-*adj; nn*	rising; rise		6555	**upprätt**-*adj*	upright
6315	**nyfödd**-*adj; nn*	new-born; neonate		6556	**berättigad**-*adj*	entitled
6321	**oäkta**-*adj*	fake|imitation		6560	**vagt**-*adv; adj*	vaguely; dimly
6330	**oanständig**-*adj*	indecent|obscene		6568	**obotlig**-*adj*	incurable
6332	**klen**-*adj*	frail|feeble		6569	**skrattretande**-*adj*	ridiculous
6334	**ilsken**-*adj*	irate|fierce				
6341	**olämplig**-*adj*	inappropriate		6577	**salig**-*adj*	blessed
6353	**sprätt**-*nn; adj*	bucks; spurt		6578	**plågad**-*adj*	afflicted|plagued
6358	**oerhörd**-*adj*	enormous		6585	**utsedd**-*adj*	elect
6361	**gradvis**-*adv; adj*	gradually; gradual		6588	**slående**-*adj; nn; adv*	striking; beater; strikingly
6365	**förbunden**-*adj*	connected				
6372	**bindande**-*adj*	binding		6589	**vansinnig**-*adj*	insane|lunatic
6373	**sömnlös**-*adj*	sleepless		6591	**sanslös**-*adj*	senseless
				6596	**stenhård**-*adj*	rock-hard

6597	**exklusiv**-*adj*	exclusive	
6605	**fyndig**-*adj*	ingenious	
6607	**solig**-*adj*	sunny	
6612	**psykiatrisk**-*adj*	psychiatric	
6613	**festlig**-*adj*	festive	
6617	**drabbad**-*adj*	affected	
6621	**hemmastadd**-*adj*	at home	
6623	**försvarslös**-*adj*	defenseless	
6624	**fallen**-*adj*	apt|prone	
6626	**omedveten**-*adj*	unaware	
6631	**infödd**-*adj; nn*	native; native-born	
6637	**onormal**-*adj*	abnormal	
6641	**villkorlig**-*adj*	conditional	
6644	**huvudsakligen**-*adv; adj*	mainly; chiefly	
6646	**ingripande**-*nn; adj*	intervention; radical	
6655	**hjärndöd**-*nn; adj*	brain death; brain dead	
6660	**koncentrerad**-*adj*	concentrated	
6666	**stressig**-*adj*	stressful	
6667	**sympatisk**-*adj*	likeable	
6669	**konstnärlig**-*adj*	artistic	
6670	**påmind**-*adj*	remindful	
6674	**vidskeplig**-*adj*	superstitious	
6676	**korrumperad**-*adj*	corrupt	
6678	**däribland**-*adj*	among them	
6679	**diplomatisk**-*adj*	diplomatic	
6680	**förbluffande**-*adj*	amazing	
6681	**uppblåst**-*adj*	inflated	
6686	**ofödd**-*adj*	unborn	
6697	**genialisk**-*adj*	ingenious	
6698	**tröttsam**-*adj*	tiring|tiresome	
6702	**skräckinjagande**-*adj*	horrifying	
6703	**utstött**-*adj; nn*	outcast; pariah	
6708	**oemotståndlig**-*adj*	irresistible	
6709	**ämnad**-*adj*	destined	
6712	**lämpad**-*adj*	suited	
6713	**planerad**-*adj*	intended	
6722	**mötesplats**-*nn; adj*	venue|close; passing place	
6735	**välkänd**-*adj*	well-known	
6736	**lagd**-*adj*	minded	
6744	**ointressant**-*adj*	uninteresting	
6753	**gammalmodig**-*adj*	old-fashioned	
6754	**fallande**-*adj; nn*	falling; fall	
6764	**oönskad**-*adj*	undesirable	
6772	**oansvarig**-*adj*	unanswerable	
6775	**ingående**-*adj; adv*	thorough; closely	
6780	**muslimsk**-*adj*	Muslim	
6784	**successiv**-*adj*	successive	
6785	**välmående**-*adj*	well-being	
6786	**begynnelse**-*nn; adj*	beginning; starting	
6787	**accepterad**-*adj*	accepted	
6791	**liberal**-*adj*	broad	
6793	**obemärkt**-*adj; adv*	unnoticed; in obscurity	
6796	**lögnaktig**-*adj*	lying	
6811	**snar**-*adj*	speedy|quick	
6812	**opålitlig**-*adj*	unreliable	
6829	**mirakulös**-*adj*	miraculous	
6842	**demokratisk**-*adj*	democratic	
6846	**mottaglig**-*adj*	susceptible	
6852	**radioaktiv**-*adj*	radioactive	
6855	**svältande**-*adj*	starving	
6874	**fullsatt**-*adj*	full up	
6877	**saftig**-*adj*	juicy|succulent	
6881	**arisk**-*adj*	Aryan	
6883	**dryg**-*adj*	lasting|ample	
6884	**tveksam**-*adj*	hesitant|doubtful	
6885	**vettskrämd**-*adj*	terrified	
6886	**uppkäftig**-*adj*	saucy	
6887	**ängslig**-*adj*	anxious	
6894	**vakthavande**-*adj; vb*	on duty; be on duty	
6897	**kompetent**-*adj*	competent	
6900	**förstklassig**-*adj*	first-class	
6903	**impulsiv**-*adj*	impulsive	
6906	**klippig**-*adj*	rocky	
6918	**bisarr**-*adj*	bizarre	
6926	**patriotisk**-*adj*	patriotic	
6927	**återkommande**-*adj*	recurrent	
6936	**fördärvad**-*adj*	corrupt	
6938	**väntad**-*adj*	due	
6940	**ökad**-*adj*	added	
6951	**passiv**-*adj*	passive	
6955	**reserverad**-*adj*	reserved	
6956	**senil**-*adj*	senile	
6957	**fastställd**-*adj*	established	

6958	**behaglig**-*adj*	pleasing
6964	**glänsande**-*adj*	shiny
6968	**medeltida**-*adj*	medieval
6969	**fridfull**-*adj*	peaceful|serene
6973	**lärd**-*adj; nn*	learned|taught; savant
6977	**helskinnad**-*adj*	unscathed
6978	**ändlös**-*adj*	endless
6980	**okunnig**-*adj*	ignorant
6982	**outhärdlig**-*adj*	unbearable
6985	**sammanlagd**-*adj*	total
6998	**flerårig**-*adj*	perennial
6999	**bländande**-*adj*	blinding
7008	**strategisk**-*adj*	strategic
7026	**besynnerlig**-*adj*	peculiar
7028	**invärtes**-*adj; adv*	internal; inwardly
7034	**rullande**-*adj; nn*	rolling; roll
7042	**yr**-*adj*	dizzy|light-headed
7045	**barbarisk**-*adj*	barbarian
7047	**bakfull**-*adj*	hung over
7052	**individuell**-*adj*	individual
7056	**skrattande**-*adj; nn*	laughing; laughing
7059	**detaljerad**-*adj*	detailed
7061	**musikalisk**-*adj*	musical
7065	**oroväckande**-*adj*	alarming
7073	**kal**-*adj*	bare|bald
7076	**ojämn**-*adj*	uneven|unequal
7082	**rådande**-*adj*	current
7085	**syndig**-*adj*	sinful
7091	**munter**-*adj*	merry
7095	**svävande**-*adj; nn*	floating; flit
7099	**styv**-*adj*	stiff
7102	**löpande**-*adj*	current
7107	**avsides**-*adv; adj*	aside; out
7109	**orimlig**-*adj*	absurd
7114	**spelande**-*adj*	gambling
7122	**desamma**-*adj; adv; prn*	same; same; same
7123	**svullen**-*adj*	swollen
7124	**akademisk**-*adj*	academic
7126	**påstådd**-*adj*	ostensible
7132	**etisk**-*adj*	ethical
7146	**hållen**-*adj*	kept
7149	**nikotin**-*nn; adj*	nicotine
7158	**ändrad**-*adj*	modified
7166	**förträfflig**-*adj*	excellent
7167	**respektive**-*adj; adv*	respective; respectively
7168	**idel**-*adj*	sheer|mere
7169	**olöst**-*adj*	unresolved
7175	**uppslukad**-*adj*	enraptured
7176	**ointresserad**-*adj*	uninterested
7184	**oerfaren**-*adj*	inexperienced
7186	**anmärkningsvärd**-*adj*	remarkable
7187	**nattlig**-*adj*	nightly
7188	**övervägande**-*adj; nn*	predominant; consideration
7192	**solbränd**-*adj*	tanned|sunburned
7193	**bildad**-*adj*	educated
7200	**avsiktlig**-*adj*	intentional
7201	**besvärad**-*adj*	troubled
7203	**bärbar**-*adj*	portable
7205	**böjd**-*adj*	bent|curved
7207	**obestämd**-*adj*	indeterminate
7208	**maktlös**-*adj*	powerless
7214	**kommunistisk**-*adj*	communist
7215	**likgiltig**-*adj*	indifferent
7216	**blodtörstig**-*adj*	bloodthirsty
7219	**schweizisk**-*adj*	swiss
7222	**haltande**-*nn; adj*	limp; finespun
7223	**uppmuntrande**-*adj*	encouraging
7225	**skyddande**-*adj*	protective
7227	**resterande**-*adj*	remaining
7240	**olympisk**-*adj*	Olympic
7248	**bedrövlig**-*adj*	deplorable
7259	**trendig**-*adj*	trendy
7260	**dödstrött**-*adj*	dog-tired
7263	**taktisk**-*adj*	tactical
7265	**medgivande**-*nn; adj*	consent; concessive
7266	**genomtänkt**-*adj*	measured
7270	**skoningslös**-*adj*	merciless
7271	**tillmötesgående**-*nn; adj*	courtesy; accommodating
7276	**giltig**-*adj*	valid|current
7279	**preliminär**-*adj*	preliminary
7280	**signerad**-*adj*	signed
7281	**ologisk**-*adj*	illogical
7295	**organisk**-*adj*	organic
7302	**diverse**-*adj; nn*	various; sundries
7306	**flexibel**-*adj*	flexible

7307	**mosad**-*adj*	mashed	
7309	**konstruerad**-*adj*	constructed	
7311	**spridd**-*adj*	scattered	
7317	**oförklarlig**-*adj*	inexplicable	
7326	**irakisk**-*adj*	Iraqi	
7336	**mörkhyad**-*adj*	dark-skinned	
7340	**berörd**-*adj*	concerned	
7343	**fixerad**-*adj*	fixed	
7345	**smittsam**-*adj*	contagious	
7349	**erotisk**-*adj*	erotic	
7358	**skeptisk**-*adj*	sceptic	
7359	**obetald**-*adj*	unpaid	
7360	**vänskaplig**-*adj*	friendly	
7370	**kulturell**-*adj*	cultural	
7377	**fången**-*adj*	captive	
7386	**mekanisk**-*adj*	mechanical	
7387	**mördande**-*adj; nn*	murderous; dispatch	
7388	**oenig**-*adj*	discordant	
7398	**steril**-*adj*	sterile	
7399	**förrädisk**-*adj*	treacherous	
7400	**ökande**-*adj*	increasing	
7421	**solid**-*adj*	solid	
7434	**fängslande**-*adj; nn*	captivating; imprisonment	
7435	**kollektiv**-*adj; nn*	collective; collective	
7436	**tursam**-*adj*	lucky	
7438	**bedrövad**-*adj*	distressed|sad	
7442	**sönderslagen**-*adj*	broken	
7445	**någorlunda**-*adv; adj*	fairly; fairly good	
7447	**ståtlig**-*adj; adv*	stately; lordly	
7456	**portugisisk**-*adj*	Portuguese	
7459	**huvudbyggnad**-*adj*	main building	
7465	**fullvuxen**-*adj*	full-grown	
7466	**radikal**-*adj; nn*	radical; radical	
7467	**outgrundlig**-*adj*	inscrutable	
7468	**utgående**-*adj; nn*	outgoing; exit	
7473	**förebyggande**-*nn; adj*	prevention; preventive	
7476	**öppnad**-*adj*	opened	
7481	**kvarvarande**-*adj*	remaining	
7498	**egendomlig**-*adj*	peculiar	
7501	**ansedd**-*adj*	considered	
7508	**inbyggd**-*adj*	built-in	

7511	**eftersökt**-*adj*	sought for
7513	**tilldragande**-*adj*	fetching|attractive
7517	**gräslig**-*adj*	awful
7519	**anbelanga**-*adj*	concerned
7521	**pryd**-*adj*	prude

Adverbs

5052	**hemåt**-*adv*	homeward
5067	**sammantaget**-*adv*	together
5108	**relevant**-*adj; adv*	relevant; to the point
5122	**i grund och botten**-*adv*	basically
5148	**utåt**-*adv; prp*	outwards; out towards
5156	**inåt**-*adv; prp*	inwards|inside; into
5177	**utantill**-*adv*	by heart
5234	**teoretiskt**-*adv*	theoretical
5250	**eventuellt**-*adv*	eventually
5261	**såväl**-*adv*	as well
5283	**strikt**-*adv*	strictly
5318	**avlägsen**-*adj; nn; adv*	distant; remote; far away
5319	**relativt**-*adv*	relatively
5325	**förvånande**-*adj; adv*	astonishing; surprisingly
5343	**grovt**-*adv*	grossly
5354	**till vara**-*adv*	take care of
5358	**skickligt**-*adv*	ably
5372	**snyggt**-*adv*	neatly
5449	**bevisligen**-*adv*	demonstrably
5463	**emellanåt**-*adv*	occasionally
5473	**nervöst**-*adv*	nervously
5481	**på sistone**-*adv*	lately
5507	**orätt**-*adj; adv; nn*	wrong; wrong; wrong
5516	**så snart som**-*adv*	as soon as|directly
5519	**barfota**-*adv*	barefoot
5547	**varav**-*adv*	whereof
5568	**nätt**-*adj; adv*	neat; prettily
5571	**snällt**-*adv*	kindly
5576	**möjligt**-*adj; adv*	possible; conceivably
5584	**heltid**-*adv*	full-time
5587	**fientligt**-*adv*	hostilely
5642	**runt omkring**-*adv; prp*	around; around
5659	**till slut**-*adv*	eventually|in the end
5683	**ömt**-*adv*	tenderly
5695	**tryggt**-*adv*	safely
5739	**på sätt och vis**-*adv*	kind of
5756	**gladeligen**-*adv*	gladly
5764	**när som helst**-*adv*	at any time
5780	**tvunget**-*adv*	constrainedly
5781	**framgångsrikt**-*adv*	successfully
5785	**nordväst**-*adv*	northwest
5790	**hastigt**-*adv*	hastily
5793	**likväl**-*adv*	nevertheless
5807	**föga**-*adj; adv; nn*	little; little; little
5817	**hjärtligt**-*adv*	heartily
5833	**synnerligen**-*adv*	particularly
5971	**aktivt**-*adv*	actively
6047	**ursprungligen**-*adv*	originally
6083	**slarvig**-*adj; adv*	careless; sloppy
6084	**oavbrutet**-*adv*	incessantly
6089	**separat**-*adj; adv*	separate; separately
6095	**illegalt**-*adv*	illegally
6110	**dels**-*adv*	partly
6170	**måhända**-*adv*	perhaps
6231	**nattetid**-*adv; nn*	at night; nighttime
6233	**ogärna**-*adv*	unwillingly
6263	**alltmer**-*adv*	increasingly
6264	**runtom**-*adv; prp*	all about; around
6361	**gradvis**-*adv; adj*	gradually; gradual
6367	**överdrivet**-*adv*	to a fault
6377	**däri**-*adv*	therein
6390	**fegt**-*adv*	in a cowardly fashion
6399	**förvånansvärt**-*adv*	surprisingly
6436	**vanligen**-*adv*	usually
6504	**nordost**-*adv*	northeast
6509	**slätt**-*nn; adv*	plain; smoothly
6512	**massvis**-*adv*	heaps of
6515	**rentav**-*adv*	actually
6517	**tvärt**-*adv*	abruptly|squarely
6560	**vagt**-*adv; adj*	vaguely; dimly
6571	**avsevärt**-*adv*	considerably
6575	**drastiskt**-*adv*	drastically
6588	**slående**-*adj; nn; adv*	striking; beater; strikingly
6606	**ohyggligt**-*adv*	awfully
6616	**ruskigt**-*adv*	terribly
6620	**ömsesidigt**-*adv*	mutually
6644	**huvudsakligen**-*adv; adj*	mainly; chiefly
6668	**därtill**-*adv*	thereto|in addition
6671	**grundligt**-*adv*	thoroughly
6684	**blint**-*adv*	blindly
6759	**förvisso**-*adv*	for certain
6775	**ingående**-*adj; adv*	thorough; closely
6778	**tunt**-*adv*	sparsely
6793	**obemärkt**-*adj; adv*	unnoticed; in obscurity

6805	**emellertid-**adv	however
6808	**tveklöst-**adv	undoubtly
6820	**meddetsamma-**adv	at once
6824	**förhand-**adv	beforehand
6853	**jämte-**adv	together with
6917	**ordagrant-**adv	literally
6959	**klumpigt-**adv	clumsily
6975	**innerligt-**adv	dearly
7014	**kanhända-**adv	perhaps
7028	**invärtes-**adj; adv	internal; inwardly
7093	**självmant-**adv	unbesought
7096	**behagligt-**adv	agreeable
7098	**kärleksfullt-**adv	lovingly
7100	**underifrån-**prp; adv	from below; underhand
7103	**inkopplad-**adv	in gear
7107	**avsides-**adv; adj	aside; out
7122	**desamma-**adj; adv; prn	same; same; same
7140	**tiotusentals-**adv	tens of thousands
7162	**djärvt-**adv	boldly
7167	**respektive-**adj; adv	respective; respectively
7172	**passionerat-**adv	passionately
7189	**uppströms-**adv	upstream
7245	**således-**adv; con	thus; therefore
7262	**lönsamt-**adv	profitably
7342	**maximalt-**adv	flat out
7344	**ögonblickligen-**adv	instantly
7382	**trögt-**adv	slowly
7445	**någorlunda-**adv; adj	fairly; fairly good
7447	**ståtlig-**adj; adv	stately; lordly
7455	**etcetera-**abr; adv	etc.; et cetera

Conjunctions

5257	**huruvida**-*con*	whether
5293	**så länge**-*con*	while
6164	**närhelst**-*con*	whenever
7245	**således**-*adv; con*	thus; therefore

Prepositions

5148	**utåt**-*adv; prp*	outwards; out towards
5156	**inåt**-*adv; prp*	inwards|inside; into
5333	**mittemot**-*prp*	opposite
5460	**i ljuset av**-*prp*	in light of
5642	**runt omkring**-*adv; prp*	around; around
5749	**utmed**-*prp*	along
5830	**beträffande**-*prp*	concerning
6264	**runtom**-*adv; prp*	all about; around
7100	**underifrån**-*prp; adv*	from below; underhand
7154	**bakdel**-*nn; prp*	rear; behind

Pronouns

5002	**sankt-***prn; adj*	St.; saint
5248	**densamma-***prn*	same
6071	**vardera-***prn*	each
6570	**endera-***prn*	either
6779	**endaste-***prn*	one single
7122	**desamma-***adj; adv; prn*	same; same; same

Nouns

5001	**pågående**-*adj*	ongoing
5003	**understöd**-*nn*	support|subsidy
5004	**springande**-*adj; nn*	running; running
5005	**rökare**-*nn*	smoker
5007	**design**-*nn*	design
5008	**påminnelse**-*nn*	reminder
5009	**dansk**-*adj; nn*	danish; dane
5010	**missbrukare**-*nn*	abuser
5011	**begåvning**-*nn*	talent|aptitude
5013	**dialekt**-*nn*	dialect
5014	**middagstid**-*nn*	midday|dinnertime
5015	**rouge**-*nn*	rouge
5016	**värdering**-*nn*	valuation|assessment
5017	**apotek**-*nn*	pharmacy
5020	**anor**-*nn*	ancestry
5021	**privilegium**-*nn*	privilege
5022	**rulle**-*nn*	roll
5023	**tös**-*nn*	girl
5024	**vas**-*nn*	vase
5026	**bankkonto**-*nn*	bank account
5027	**ömhet**-*nn*	affection
5030	**höft**-*nn*	haunch
5031	**lever**-*nn*	liver
5032	**ödemark**-*nn*	wilderness
5033	**koloni**-*nn*	settlement
5034	**obduktion**-*nn*	autopsy
5035	**försäkringsbolag**-*nn*	insurance company
5036	**huv**-*nn*	hood|cover
5037	**ritual**-*nn*	ritual
5038	**bedömning**-*nn*	judging
5039	**stereo**-*nn*	stereo
5040	**officerare**-*nnpl*	officers
5041	**köpcenter**-*nn*	shopping mall
5042	**hanne**-*nn*	buck|cock
5044	**säkerhetstjänst**-*nn*	counterintelligence
5045	**nationalstat**-*nn*	nation state
5046	**nedladdning**-*nn*	download
5047	**omväg**-*nn*	detour
5048	**klister**-*nn*	adhesive
5049	**stygn**-*nn*	stitch
5050	**åtanke**-*nn*	remembrance
5051	**sittande**-*adj; nn*	sitting; sitting
5054	**omvärld**-*nn*	environment
5055	**falk**-*nn*	falcon
5056	**frestelse**-*nn*	temptation
5059	**produktion**-*nn*	production
5060	**ansiktsuttryck**-*nn*	countenance
5063	**orkan**-*nn*	hurricane
5066	**militant**-*adj; nn*	militant; militant
5068	**sjukvård**-*nn*	nursing|health card
5070	**klubba**-*nn; vb*	club; club
5071	**polisbil**-*nn*	patrol car
5073	**vulkan**-*nn*	volcano
5074	**stiftelse**-*nn*	foundation
5075	**föreståndare**-*nn*	director|principal
5076	**lots**-*nn*	pilot
5079	**biograf**-*nn*	cinema|movie
5080	**landskap**-*nn*	landscape
5082	**konspirationsteori**-*nn*	conspiracy theory
5083	**bår**-*nn*	stretcher
5084	**arab**-*nn*	Arab
5085	**triumf**-*nn*	triumph
5086	**dårhus**-*nn*	madhouse
5087	**adressat**-*nn*	addressee
5089	**grymhet**-*nn*	cruelty|ferocity
5090	**ostron**-*nn*	oyster
5091	**agg**-*nn*	grudge
5092	**läsning**-*nn*	reading
5093	**bössa**-*nn*	gun
5095	**sökmotor**-*nn*	search engine
5096	**umgänge**-*nn*	intercourse
5097	**förbund**-*nn*	covenant|association
5099	**altare**-*nn*	altar
5102	**kör**-*nn*	choir
5103	**snusk**-*nn*	filth
5106	**lockande**-*adj; nn*	attractive; attracting
5107	**kvarleva**-*nn*	remnant
5110	**läkemedel**-*nn*	drug|medicines
5113	**bearbetning**-*nn*	working
5114	**handväska**-*nn*	handbag
5115	**korn**-*nn*	grain
5116	**knuff**-*nn*	shove
5117	**dynga**-*nn*	dung
5118	**höns**-*nn*	poultry
5121	**flertal**-*nn*	multiple
5123	**siden**-*nn*	silk
5124	**kemikalier**-*nn*	chemicals
5125	**genomgång**-*nn*	review

5126	**intellekt-***nn*	intellect	
5133	**domino-***nn*	domino	
5134	**blund-***nn*	wink|shut eye	
5135	**ode-***nn*	ode	
5136	**parkeringsplats-***nn*	parking lot	
5138	**högstadium-***nn*	advanced stage	
5139	**klassrum-***nn*	classroom	
5140	**fåtal-***nn*	the few	
5146	**eko-***nn*	reverberation	
5147	**höna-***nn*	chicken	
5149	**herde-***nn; adj*	shepherd; shepherd	
5152	**sabotage-***nn*	sabotage	
5153	**förundersökning-***nn*	preliminary investigation	
5154	**styre-***nn*	rule	
5155	**vägledning-***nn*	guidance	
5159	**synvinkel-***nn*	point of view	
5160	**starr-***nn*	cataract	
5161	**beslag-***nn*	confiscation	
5163	**fiasko-***nn*	fiasco|failure	
5164	**machete-***nn*	machete	
5165	**veterinär-***nn; adj*	veterinary; veterinarian	
5166	**utredare-***nn*	investigator	
5167	**huvudkontor-***nn*	head office	
5170	**himmelrike-***nn*	Heaven	
5171	**svep-***nn*	sweep	
5172	**shopping-***nn*	shopping	
5174	**arbetskraft-***nn*	manpower	
5175	**syndabock-***nn*	scapegoat	
5178	**isolering-***nn*	insulation	
5180	**visum-***nn*	vise	
5181	**kvarn-***nn*	grinder|mill	
5183	**sökning-***nn*	search	
5188	**hormon-***nn*	hormone	
5189	**hagelgevär-***nn*	shotgun	
5190	**kommun-***nn*	municipality|county	
5191	**övergrepp-***nn*	encroachment	
5192	**klot-***nn*	globe|bowl	
5193	**kristall-***nn*	crystal	
5194	**broms-***nn*	brake|horsefly	
5197	**fåfänga-***nn*	vanity|idleness	
5198	**kafé-***nn*	café	
5199	**förstasida-***nn*	front page	
5200	**praktik-***nn*	practice|experience	
5202	**förberedelse-***nn*	preparation|preliminary	
5203	**komplex-***adj; nn*	complex; block	

5204	**napp-***nn*	teat	
5205	**lus-***nn*	louse	
5206	**missbruk-***nn*	abuse|addiction	
5207	**ändamål-***nn*	purpose|object	
5208	**agerande-***nn*	acting	
5211	**ort-***nn*	place	
5213	**tävlande-***nn; adj*	competitor; competing	
5214	**otrohet-***nn*	infidelity	
5215	**inspektion-***nn*	inspection	
5216	**utomstående-***nn*	outsider	
5219	**snickare-***nn*	carpenter	
5223	**tjänstgöring-***nn*	duty	
5224	**näring-***nn*	nutrition	
5225	**löneförhöjning-***nn*	rise in salary	
5227	**debatt-***nn*	debate	
5228	**tyg-***nn*	fabric|material	
5229	**minnesförlust-***nn*	loss of memory	
5230	**talesman-***nn*	spokesman	
5231	**protein-***nn*	protein	
5233	**image-***nn*	image	
5235	**stroke-***nn*	stroke	
5237	**gnista-***nn*	spark	
5238	**salva-***nn*	ointment|volley	
5243	**trädgårdsmästare-***nn*	gardener	
5244	**kattunge-***nn*	kitten	
5245	**gås-***nn*	goose	
5249	**knut-***nn*	knot	
5252	**allians-***nn*	alliance	
5253	**massaker-***nn*	massacre	
5254	**anarkist-***nn*	anarchist	
5255	**valuta-***nn*	currency	
5256	**mässa-***nn; vb*	fair|exhibition; chant	
5258	**talan-***nn*	suit	
5262	**mållinje-***nn*	goal line	
5266	**befallning-***nn*	command	
5267	**avbrott-***nn*	interruption|cessation	
5269	**bandspelare-***nn*	tape recorder	
5270	**komplikation-***nn*	complication	
5271	**löpare-***nn*	runner	
5272	**frimärke-***nn*	stamp	
5274	**tekniker-***nn*	technician	
5275	**blödning-***nn*	bleeding	
5276	**vax-***nn*	wax	
5277	**pytteliten-***adj; nn*	weeny; lilliputter	
5281	**formel-***nn*	formula	

5282	repetition-*nn*	repetition
5284	artighet-*nn*	courtesy
5286	strömning-*nn*	stream|streaming
5288	lyssnare-*nn*	listener
5291	statistik-*nn*	statistics
5294	jordgubbe-*nn*	strawberry
5295	dygd-*nn*	virtue|goodness
5297	dagtid-*nn*	daytime
5298	följeslagare-*nn*	companion
5299	kostnad-*nn*	cost
5300	budgetproposition -*nn*	budget bill
5304	drömmare-*nn*	dreamer
5305	avhandling-*nn*	thesis
5306	nudel-*nn*	noodle
5307	undersåte-*nn*	subject
5308	entreprenörskap-*nn*	entrepreneurship
5310	ruin-*nn*	ruin|wreck
5311	stock-*nn*	stock
5312	samtycke-*nn*	consent|assent
5314	raseri-*nn*	rage|frenzy
5315	bordell-*nn*	brothel
5316	peppar-*nn*	pepper
5318	avlägsen-*adj; nn; adv*	distant; remote; far away
5322	spaghetti-*nn*	spaghetti
5323	krokodil-*nn*	crocodile
5324	gryta-*nn; vb*	stew; pan
5326	cup-*nn*	cup
5327	dilemma-*nn*	dilemma
5328	initial-*nn*	initial
5329	rubrik-*nn*	heading|title
5330	skitprat-*nn*	crap
5332	känsel-*nn*	feel
5334	monopol-*nn*	monopoly
5335	inslag-*nn*	element|leavening
5336	bybo-*nn*	villager
5337	malaria-*nn*	malaria
5339	nationalekonomi-*nn*	economics
5340	elit-*nn*	elite
5341	högskola-*nn*	college
5342	kanadensare-*nn*	canadian
5344	koppel-*nn*	lead|leash
5348	reflex-*nn*	reflex
5349	förfalskning-*nn*	counterfeiting|
		falsification
5350	krabat-*nn*	fellow
5351	ånga-*nn; vb*	steam; steam
5355	urin-*nn*	urine
5356	procedur-*nn*	procedure
5359	vals-*nn*	waltz
5360	manskap-*nn*	ratings
5361	redogörelse-*nn*	account|statement
5362	uppfostran-*nn*	upbringing|education
5363	kanna-*nn*	pot
5366	åska-*vb; nn*	thunder; thunderstorm
5367	barnflicka-*nn*	nursemaid
5368	kommission-*nn*	commission
5369	andning-*nn*	respiration
5371	magsår-*nn*	gastric ulcer
5375	omklädningsrum-*nn*	dressing room
5376	snorunge-*nn*	snotty kid
5378	rovdjur-*nn*	predator
5379	intern-*adj; nn*	internal; inmate
5382	arbetsrum-*nn*	study
5383	temperament-*nn*	temperament
5385	värdinna-*nn*	hostess
5386	skruv-*nn*	screw
5388	uppsättning-*nn*	set
5390	apelsin-*nn*	orange
5394	åtrå-*nn; vb*	desire; covet
5395	bredband-*nn*	broadband
5396	dropp-*nn*	drip
5397	dråp-*nn*	manslaughter
5399	håna-*nn; vb*	scoff; taunt
5402	simtur-*nn*	swim
5403	hjärtslag-*nn*	heartbeat
5404	krydda-*nn; vb*	spice; spice
5405	sörjande-*adj; nn*	grieving; mourner
5406	vishet-*nn*	wisdom
5409	kapacitet-*nn*	capacity
5410	furir-*nn*	sergeant
5411	handikapp-*nn*	disability
5412	mätare-*nn*	meter
5413	hörsel-*nn*	hearing
5414	sil-*nn*	strainer|sieve
5415	ärkebiskop-*nn*	archbishop
5416	metafor-*nn*	image
5417	blöja-*nn*	diaper
5418	rännsten-*nn*	gutter

5420	slinka-*vb; nn*	slip|slink; wench	5509	tjat-*nn*	nagging
5422	bankrånare-*nn*	bank robber	5512	tiggare-*nn*	beggar
5424	hake-*nn*	hook|catch	5513	part-*nn*	party
5425	ordspråk-*nn*	proverb	5514	förkläde-*nn*	apron
5428	telefonkatalog-*nn*	telephone directory	5515	hängivenhet-*nn*	devotion
5433	fläsk-*nn*	pork	5518	tyngd-*nn; adj*	weight; weighed down
5436	förpliktelse-*nn*	obligation|engagement	5520	sexa-*num; nn*	six; light supper
5438	tema-*nn*	theme	5521	bygge-*nn*	building
5440	mantel-*nn*	jacket|mantle	5523	upphetsande-*adj; nn*	exciting; excitement
5441	följe-*nn*	entourage|crew			
5442	spaning-*nn*	reconnaissance	5524	bikini-*nn*	bikini
5445	gaffel-*nn*	fork	5528	aktion-*nn*	action
5448	spelning-*nn*	gig	5529	guldmynt-*nn*	gold coin
5450	struktur-*nn*	structure	5530	strul-*nn*	hassle
5453	tumör-*nn*	tumor	5531	deltagare-*nn*	participant
5454	gemenskap-*nn*	community|connection	5532	stadion-*nn*	stadium
5455	terminal-*adj; nn*	terminal; terminal	5533	kritiker-*nn*	critic
5457	federation-*nn*	federation	5534	Italien-*nn*	Italy
5458	världsmästare-*nn*	world champion	5535	inbillning-*nn*	imagination
5459	plugg-*nn*	plug	5536	arvode-*nn*	fee
5462	synhåll-*nn*	view|vision	5538	skyldighet-*nn*	obligation
5464	farkost-*nn*	craft	5539	fasad-*nn*	façade
5466	profet-*nn*	prophet	5540	svärfar-*nn*	father-in-law
5469	krog-*nn*	tavern|pub	5542	etik-*nn*	ethics
5471	landsbygd-*nn*	countryside	5543	medelålder-*nn*	average age
5474	fattning-*nn*	socket|composure	5546	överseende-*nn; adj*	indulgence; indulgent
5476	täcke-*nn*	quilt|cover			
5478	givande-*adj; nn*	rewarding; giving	5549	radie-*nn*	radius
5479	katalog-*nn*	catalog	5551	tupp-*nn*	rooster
5480	brant-*adj; nn*	steep; edge	5557	räckvidd-*nn*	scope|incidence
5482	pajas-*nn*	buffoon	5559	förödmjukande-*nn*	humiliation
5483	offensiv-*adj; nn*	offensive; offensive	5560	proviant-*nn*	provisions
5486	betong-*nn*	concrete	5563	nyår-*nn*	new year
5487	klarhet-*nn*	clarity|brightness	5567	flyktingpolitik-*nn*	asylum policy
5489	comeback-*nn*	comeback	5569	trolleri-*nn*	magic|conjuring
5491	flöjt-*nn*	flute	5572	självkänsla-*nn*	self-esteem
5494	idol-*nn*	idol	5575	vers-*nn*	verse
5495	zebra-*nn*	zebra	5578	galleri-*nn*	gallery
5497	implantat-*nn*	implant	5580	flygel-*nn*	wing|grand piano
5498	mugg-*nn*	mug	5583	dykare-*nn*	diver
5499	orakel-*nn*	oracle	5585	köttbulle-*nn*	meat-ball
5500	trovärdighet-*nn*	credibility	5586	kalender-*nn*	calendar
5502	ingrepp-*nn*	operation	5588	stridsvagn-*nn*	tank
5503	region-*nn*	region	5589	inkallad-*nn*	inductee
5505	lyra-*nn*	catch	5590	anställning-*nn*	employment|position
5507	orätt-*adj; adv; nn*	wrong; wrong; wrong	5591	orkester-*nn*	orchestra

5593	avslutning-*nn*	termination|completion		5663	renhet-*nn*	purity
5594	nylle-*nn*	clock|face		5664	smakprov-*nn*	sample
5596	ämbete-*nn*	office		5665	tuta-*nn; vb*	fingerstall; hoot
5597	pina-*nn; vb*	pain; pain		5666	höjdpunkt-*nn; adj*	peak; hightide
5598	förfrågan-*nn*	inquiry		5667	dykning-*nn*	diving|nosedive
5600	mina-*nn*	mine		5670	honnör-*nn*	salute|honour
5601	bringa-*vb; nn*	bring|carry; brisket		5671	tillbehör-*nn*	accessories|fittings
5602	hängning-*nn*	hanging		5672	förkylning-*nn*	cold
5603	palestina-*nn*	Palestine		5674	kurir-*nn*	courier
5606	bakgård-*nn*	back yard		5675	smicker-*nn*	flattery
5608	bäver-*nn*	beaver		5676	kypare-*nn*	waiter
5609	arbetsplats-*nn*	place of work		5679	terräng-*nn*	terrain
5610	ljusår-*nn*	light-year		5680	sken-*nn*	light|shine
5611	kola-*nn; vb*	caramel; coal		5682	vändning-*nn*	turn
5613	bosnien-*nn*	Bosnia		5684	kärleksbrev-*nn*	love-letter
5615	överföring-*nn*	transfer		5686	meteor-*nn*	meteor
5617	kitt-*nn*	putty		5690	pappersarbete-*nn*	paperwork
5618	pansar-*nn*	armor		5691	utkant-*nn*	outskirts
5619	tillställning-*nn*	affair		5693	förvarning-*nn*	forewarning
5620	tendens-*nn*	tendency		5694	hudfärg-*nn*	complexion
5621	likhet-*nn*	similarity		5696	intendent-*nn*	manager|purser
5623	anrop-*nn*	challenge		5697	sensor-*nn*	sensor
5624	bag-*nn*	bag		5698	porrfilm-*nn*	porno film
5625	fröjd-*nn*	delight		5699	lotto-*nn*	lotto
5626	lotteri-*nn*	lottery		5701	efterfrågan-*nn*	demand
5627	prestation-*nn*	performance		5703	häl-*nn*	heel
5628	tillfredsställande-*adj; nn*	satisfactory; satisfaction		5704	morot-*nn*	sweetener
				5706	lim-*nn*	glue
5629	kaj-*nn*	quay|dock		5707	slaveri-*nn*	bondage
5630	småbarn-*nn*	infant		5708	avslöjande-*nn*	disclosure
5631	frisör-*nn*	hairdresser|barber		5709	migrän-*nn*	migraine
5632	rådhus-*nn*	town hall		5711	passning-*nn*	fit|passing
5633	örfil-*phr; nn*	box on the ear; cuff		5712	enlighet-*nn*	Union
5636	portion-*nn*	portion		5715	uppskov-*nn*	suspension
5637	mottagare-*nn*	receiver		5716	baksmälla-*nn*	hangover
5638	förspel-*nn*	foreplay		5717	ådra-*nn; vb*	vein; vein
5639	fjäril-*nn*	butterfly		5719	terror-*nn*	terror
5648	antarktis-*nn*	Antarctica		5720	verkställande-*adj; nn*	executive; execution
5649	sköldpadda-*nn*	turtle				
5650	prototyp-*nn*	prototype		5721	tempo-*nn*	tempo
5651	körning-*nn*	driving|run		5722	skepnad-*nn*	shape|semblance
5652	steroid-*nn*	steroid		5723	institution-*nn*	institution
5653	trakasseri-*nn*	badgering		5726	dödsdom-*nn*	death sentence
5658	loge-*nn*	barn		5728	merit-*nn*	merit
5661	brytning-*nn*	break|mining		5729	exil-*nn*	exile
5662	maestro-*nn*	maestro		5731	initiativ-*nn*	initiative

5732	**älg-**nn	moose
5733	**diabetes-**nn	diabetes
5734	**sylt-**nn	jam
5735	**uppvärmning-**nn	heating
5736	**persika-**nn	peach
5737	**donator-**nn	donor
5738	**anarki-**nn	anarchy
5742	**stup-**nn	cliff
5744	**buse-**nn	villain|baddie
5746	**hyllning-**nn	tribute
5748	**hektar-**nn	hectare
5750	**livförsäkring-**nn	life insurance
5752	**gelé-**nn	jelly
5753	**anseende-**nn	reputation|prestige
5754	**hemmaplan-**nn	home ground
5759	**samlare-**nn	collector
5761	**stoft-**nn	dust
5762	**förort-**nn	suburb
5763	**herpes-**nn	herpes
5766	**framsäte-**nn	front seat
5770	**rösträtt-**nn	suffrage
5772	**alp-**nn	alp
5775	**bassäng-**nn	pool
5778	**värdegrund-**nn	basic principles
5779	**flamma-**nn; vb	flame; flame
5782	**auktion-**nn	auction
5783	**anus-**nn	anus
5784	**turbulens-**nn	turbulence
5786	**provision-**nn	commission
5787	**invandringspolitik-**nn	immigration-policy
5788	**tyrann-**nn	tyrant
5789	**flygare-**nn	aviator
5791	**bondgård-**nn	farmhouse
5794	**tolkning-**nn	rendering
5795	**husrum-**nn	lodging
5800	**precision-**nn	precision|specification
5802	**generositet-**nn	generosity
5803	**kontinent-**nn	continent
5804	**tunna-**nn; vb	barrel|butt; dilute
5807	**föga-**adj; adv; nn	little; little; little
5808	**våffla-**nn	waffle
5809	**årtionde-**nn	decade
5810	**tall-**nn	pine
5811	**koncept-**nn	draft
5813	**läkarvård-**nn	medical treatment
5814	**opinionsbildning-**nn	formation of opinion
5815	**omvänd-**adj; nn	inverse; convert
5816	**försiktighet-**nn	caution|prudence
5818	**bakterie-**nn	bacterium
5820	**manual-**nn	manual
5821	**vagga-**vb; nn	rock; cradle
5822	**sed-**nn	custom
5824	**spya-**nn	vomit
5826	**flygbolag-**nn	airline
5827	**behörighet-**nn	competence|cognizance
5828	**klimat-**nn	climate
5834	**träda-**nn; vb	fallow; fallow
5837	**mack-**nn	gas station
5838	**pyramid-**nn	pyramid
5839	**vördnad-**nn	reverence
5843	**list-**nn	list|guile
5844	**filosof-**nn	philosopher
5845	**tillgivenhet-**nn	affection|devotion
5846	**förläggare-**nn	publisher
5848	**trög-**adj; nn	sluggish; slowcoach
5850	**term-**nn	term
5851	**barbar-**adj; nn	barbarian; barbarian
5853	**komplott-**nn	conspiracy
5854	**mission-**nn	mission
5855	**episod-**nn	episode
5858	**efterträdare-**nn	successor
5859	**ört-**nn	herb
5860	**opium-**nn	opium
5863	**upptäckt-**nn; adj	detection; discovered
5864	**medeltid-**nn	middle ages
5865	**avgrund-**nn	abyss
5866	**genomgå-**vb; nn	undergo|go through; undergoing
5867	**syfilis-**nn	syphilis
5868	**spiral-**nn	spiral
5869	**flicknamn-**nn	maiden name
5871	**mix-**nn	mix
5872	**sirap-**nn	syrup
5873	**aktieägare-**nn	shareholder|investor
5874	**hane-**nn	cock
5876	**intellektuell-**adj; nn	intellectual; intellectual
5877	**bärare-**nn	carrier
5879	**fasa-**nn; vb	horror; phase
5882	**skrivmaskin-**nn	typewriter

5884	utlåtande-*nn*	opinion	5960	asyl-*nn*	asylum
5885	box-*nn*	case	5961	russin-*nn*	raisin
5887	flygblad-*nn*	flyer|leaflet	5963	donation-*nn*	donation
5888	dopp-*nn*	dip	5964	vävnad-*nn*	tissue|fabric
5891	tröskel-*nn*	threshold	5965	lagstiftare-*nn*	legislator
5892	vidskepelse-*nn*	superstition	5966	puff-*nn*	puff
5894	lagkamrat-*nn*	team-mate	5967	millimeter-*nn*	millimeter
5896	veteran-*nn*	veteran	5968	lärdom-*nn*	learning|knowledge
5897	fångenskap-*nn*	captivity	5969	stång-*nn*	rod
5898	hängande-*adj; nn*	hanging; pendant	5970	tilltro-*nn; vb*	trust; credit
5899	utmärkelse-*nn*	distinction	5972	tillvaro-*nn*	existence
5900	förbättring-*nn*	improvement	5973	grundare-*nn*	founder
5901	beundran-*nn*	admiration	5974	åskådare-*nn*	spectator|bystander
5904	fyrkant-*nn*	square	5975	värdshus-*nn*	inn|pub
5906	sionism-*nn*	Zionism	5979	syndare-*nn*	sinner|transgressor
5908	förlovning-*nn*	engagement	5980	spejare-*nn*	scout
5909	beslutsamhet-*nn*	determination	5982	keps-*nn*	cap
5910	arrangemang-*nn*	arrangement	5983	äng-*nn*	meadow
5911	huvudämne-*nn*	major	5985	ögonkast-*nn*	glance
5915	baddräkt-*nn*	swimsuit	5986	torsk-*nn*	cod
5916	transvestit-*nn*	transvestite	5988	ironi-*nn*	irony
5917	albanien-*nn*	Albania	5992	rim-*nn*	rhyme
5918	amfetamin-*nn*	amphetamine	5993	glimt-*nn*	glimpse|gleam
5919	tillägg-*nn*	addition|supplement	5994	maraton-*nn*	marathon
5920	formation-*nn*	formation	5995	uppfinnare-*nn*	inventor
5921	förfall-*nn*	decay|disrepair	5998	föregående-*adj; nn*	foregoing; precedent
5922	ramp-*nn*	ramp	5999	tomrum-*nn*	void|vacuum
5925	gangster-*nn*	gangster	6000	ministerium-*nn*	Ministry
5927	försäkrad-*adj; nn*	insured; insured	6001	journalistik-*nn*	journalism
5928	gam-*nn*	vulture	6002	syndrom-*nn*	syndrome
5930	skådespel-*nn*	spectacle|play	6004	injektion-*nn*	injection
5931	sexualitet-*nn*	sexuality	6006	glid-*nn*	slide
5932	telefonkiosk-*nn*	phone booth	6007	boxare-*nn*	boxer
5933	komet-*nn*	comet	6008	prostitution-*nn*	prostitution
5936	skvätt-*nn*	dash|drain	6009	leukemi-*nn*	leukemia
5937	koks-*nn*	coke	6010	databas-*nn*	database
5938	inträde-*nn*	entry	6011	siren-*nn*	siren
5939	avgift-*nn*	charge|fee	6012	gående-*nn; adj*	going; walking
5940	tillfångatagen-*nn*	taken prisoner	6013	nykomling-*nn*	newcomer
5941	planering-*nn*	planning	6014	vandring-*nn*	march|wander
5945	förintelse-*nn*	extermination	6015	fräckhet-*nn*	impudence
5948	perfektion-*nn*	perfection	6018	sjungande-*nn; adj*	singing; songful
5949	odödlighet-*nn*	immortality	6019	demo-*nn*	demo
5951	hundmat-*nn*	dog food	6020	högtalare-*nn*	speaker
5954	hona-*nn*	female	6021	servitör-*nn*	waiter
5958	ökning-*nn*	increase|growth	6023	hor-*nn*	fornication

6025	**glans**-*nn*	gloss|shine	6090	**panel**-*nn*	panel
6027	**monument**-*nn*	monument	6091	**gap**-*nn*	gap|mouth
6028	**katolik**-*nn*	catholic	6093	**testikel**-*nn*	testicle
6029	**kejsarinna**-*nn*	empress	6094	**skimmer**-*nn*	shimmer
6031	**ek**-*nn; adj*	oak; oaky	6096	**pingvin**-*nn*	penguin
6032	**pc**-*abr; nn*	personal computer	6098	**videoband**-*nn*	videotape
6033	**pott**-*nn*	pot	6100	**evenemang**-*nn*	event
6037	**hushållerska**-*nn*	housekeeper	6101	**grop**-*nn*	dimple
6038	**älva**-*nn*	fairy|elf	6104	**ridå**-*nn*	curtain
6039	**plåt**-*nn*	plate	6107	**känga**-*nn*	boot
6042	**stjärt**-*nn*	tail	6109	**smugglare**-*nn*	smuggler
6043	**aura**-*nn*	aura	6113	**instruktör**-*nn*	instructor
6044	**förföljare**-*nn*	chaser|persecutor	6114	**larv**-*nn*	larva
6045	**runda**-*nn; vb*	round; round	6115	**julgran**-*nn*	Christmas tree
6048	**sjukförsäkring**-*nn*	health insurance	6116	**bankfack**-*nn*	safe-deposit box
6049	**nutid**-*nn*	present times	6117	**spegelbild**-*nn*	reflection|image
6050	**passage**-*nn*	passage	6118	**fästning**-*nn*	fortress
6051	**trauma**-*nn*	trauma	6120	**bokföring**-*nn*	bookkeeping
6052	**pubertet**-*nn*	puberty	6122	**klapp**-*nn*	tap|clap
6054	**servett**-*nn*	napkin	6123	**belopp**-*nn*	amount|figure
6055	**eftertanke**-*nn*	consideration	6124	**anslag**-*nn*	appropriation
6057	**kapital**-*nn*	capital	6125	**dass**-*nn*	toilet
6059	**bedrift**-*nn*	feat|achievement	6126	**uppmuntran**-*nn*	encouragement
6060	**hö**-*nn*	hay	6127	**hårstrå**-*nn*	hair
6061	**fotsteg**-*nn*	footstep	6128	**jordbävning**-*nn*	earthquake
6062	**föredrag**-*nn*	lecture|delivery	6131	**assistans**-*nn*	assistance
6063	**koncentrationsläger**-*nn*	concentration camp	6132	**häktningsorder**-*nn*	warrant
			6133	**bröllopsresa**-*nn*	wedding trip
6065	**släkte**-*nn*	breed|race	6134	**garde**-*nn*	guards
6066	**psyke**-*nn*	psyche	6136	**snabbhet**-*nn*	rapidity|swiftness
6068	**skrift**-*nn*	writing	6137	**trasa**-*nn*	cloth|rag
6069	**tillväxt**-*nn*	growth	6138	**inneboende**-*adj; nn*	inherent; lodger
6070	**ödmjukhet**-*nn*	humility			
6072	**packning**-*nn*	packing	6139	**påsk**-*nn*	Easter
6073	**dolk**-*nn*	dagger	6140	**solljus**-*nn*	sunlight
6074	**pump**-*nn*	pump	6143	**skaldjur**-*nn*	shellfish
6075	**invigning**-*nn*	inauguration	6145	**bokhandel**-*nn*	bookstore
6076	**hållning**-*nn*	posture|demeanor	6146	**pussel**-*nn*	puzzle
6077	**lösen**-*nn*	password|surcharge	6149	**farm**-*nn*	farm
6078	**papegoja**-*nn*	parrot	6151	**graviditet**-*nn*	pregnancy
6079	**reglemente**-*nn*	regulations	6152	**halvlek**-*nn*	half
6081	**guinea**-*nn*	guinea	6153	**impuls**-*nn*	impulse
6082	**cabriolet**-*nn*	convertible	6154	**fond**-*nn*	fund|background
6085	**rekommendation**-*nn*	recommendation	6155	**förtryck**-*nn*	oppression
			6157	**tiger**-*nn*	tiger
6088	**uppskjutning**-*nn*	launch	6159	**debut**-*nn*	debut

6160	**fusion**-*nn*	fusion	
6161	**styrman**-*nn*	mate	
6163	**lättlurad**-*nn; adj*	sucker; gullible	
6165	**uppgradering**-*nn*	upgrade	
6167	**sjal**-*nn*	shawl	
6168	**husmor**-*nn*	housewife	
6169	**aktning**-*nn*	esteem	
6171	**väntande**-*nn; adj*	expectant; expectant	
6175	**scout**-*nn*	scout	
6176	**parasit**-*nn*	parasite	
6179	**furste**-*nn*	prince	
6181	**morgonrock**-*nn*	housecoat	
6182	**smink**-*nn*	makeup	
6183	**skorsten**-*nn*	chimney	
6184	**kärleksliv**-*nn*	love life	
6185	**behag**-*nn*	pleasure|charm	
6187	**omröstning**-*nn*	voting	
6191	**etikett**-*nn*	label|tag	
6192	**taggtråd**-*nn*	barbed wire	
6194	**olydnad**-*nn*	disobedience	
6195	**ram**-*nn*	frame	
6197	**fontän**-*nn*	fountain	
6198	**väntrum**-*nn*	waiting room	
6199	**behållare**-*nn*	container	
6200	**begrepp**-*nn*	concept|notion	
6202	**romantiker**-*nn*	romantics	
6203	**bensinstation**-*nn*	gas station	
6204	**distans**-*nn*	distance	
6206	**diplomat**-*nn*	diplomat	
6207	**korrekthet**-*nn*	correctness	
6208	**rådjur**-*nn*	deer	
6209	**bestraffning**-*nn*	punishment	
6210	**dimension**-*nn*	dimension	
6211	**manifest**-*nn*	manifest	
6213	**obligation**-*nn*	bond	
6216	**frustration**-*nn*	frustration	
6218	**utland**-*nn*	foreign land	
6219	**ås**-*nn*	ridge	
6220	**plattform**-*nn*	platform	
6221	**kyrkoherde**-*nn*	vicar|rector	
6222	**snara**-*nn; vb*	snare|trap; trap	
6226	**osäkerhet**-*nn*	uncertainty|insecurity	
6227	**svägerska**-*nn*	sister-in-law	
6229	**hemmafru**-*nn*	housewife	
6230	**hemväg**-*nn*	way home	
6231	**nattetid**-*adv; nn*	at night; nighttime	
6234	**rus**-*nn*	intoxication	
6235	**självständighet**-*nn*	autonomy	
6237	**närbild**-*nn*	close-up	
6238	**matematiker**-*nn*	mathematician	
6239	**bröstkorg**-*nn*	chest	
6241	**envishet**-*nn*	stubbornness	
6243	**boning**-*nn*	abode	
6244	**gurka**-*nn*	cucumber	
6245	**försvarsminister**-*nn*	minister of defense	
6246	**indier**-*nn*	Indian	
6248	**däggdjur**-*nn*	mammal	
6250	**bakslag**-*nn*	setback|rebound	
6251	**hacker**-*nn*	hacker	
6252	**drickande**-*nn*	drinking	
6253	**fjärdedel**-*nn*	quarter	
6254	**angelägenhet**-*nn*	concern|affair	
6258	**hyresvärd**-*nn*	landlord	
6259	**kompensation**-*nn*	compensation	
6260	**hemlängtan**-*nn*	homesickness	
6261	**diplom**-*nn*	diploma	
6262	**bakhuvud**-*nn*	back of head	
6265	**sekel**-*nn*	century	
6266	**bortgång**-*nn*	disease|death	
6268	**frö**-*nn*	seed	
6270	**majoritet**-*nn*	majority	
6272	**pensionat**-*nn*	pension	
6273	**elegans**-*nn*	elegance	
6275	**tång**-*nn*	seaweed	
6276	**tillvägagångssätt**-*nn*	course of action	
6278	**belysning**-*nn*	lighting|illumination	
6279	**deltagande**-*nn; adj*	participation; participant	
6280	**gödsel**-*nn*	manure	
6284	**drönare**-*nn*	drone	
6285	**bulle**-*nn*	bun	
6287	**skadestånd**-*nn*	damages	
6288	**brevlåda**-*nn*	mailbox	
6289	**hull**-*nn*	flesh	
6290	**väljare**-*nn*	voter|constituent	
6291	**möda**-*nn*	trouble	
6292	**saliv**-*nn*	saliva	
6293	**ansökning**-*nn*	application	
6294	**expertis**-*nn*	expertise	
6298	**begränsning**-*nn*	limitation	
6299	**soptunna**-*nn*	dust-bin	

6300	**sammanhang-***nn*	context|connection	6371	**urval-***nn*	selection|sample
6303	**förhandlare-***nn*	negotiator	6375	**nia-***nn*	nine; nonary
6305	**kosmos-***nn*	cosmos	6376	**koffert-***nn*	trunk|suitcase
6306	**specialstyrka-***nn*	task force	6379	**hök-***nn*	hawk
6307	**belastning-***nn*	load|encumbrance	6380	**efterforskning-***nn*	search
6308	**slutspel-***nn*	endgame	6381	**affärsresa-***nn*	business trip
6310	**organism-***nn*	organism	6382	**sats-***nn*	rate
6311	**plommon-***nn*	plum	6383	**korståg-***nn*	crusade
6312	**fyllo-***nn*	drunk	6388	**smack-***nn*	smack
6313	**stigande-***adj; nn*	rising; rise	6389	**rampljus-***nn*	footlights
6314	**njure-***nn*	kidney	6391	**spets-***nn*	tip|lace
6315	**nyfödd-***adj; nn*	new-born; neonate	6392	**direktiv-***nn*	directive
6316	**rövare-***nn*	robber	6393	**lärarinna-***nn*	teacher
6318	**herrgård-***nn*	mansion	6395	**räcke-***nn*	railing
6319	**antagande-***nn*	adoption	6396	**silke-***nn*	Silk
6320	**underhållare-***nn*	entertainer	6397	**skräddare-***nn*	tailor
6322	**splittra-***vb; nn*	split; splinter	6398	**motgång-***nn*	setback
6323	**vattenfall-***nn*	waterfall	6400	**hantverk-***nn*	crafts|craft
6324	**okunnighet-***nn*	ignorance	6401	**kortspel-***nn*	card game
6326	**människoliv-***nn*	human life	6402	**fientlighet-***nn*	hostility
6327	**minimum-***nn*	minimum	6403	**reservdel-***nn*	part|spare
6328	**lass-***nn*	load	6405	**påstående-***nn*	statement
6329	**yngling-***nn*	youth	6407	**objektiv-***adj; nn*	objective; objective
6331	**mineralvatten-***nn*	mineral water	6408	**uthållighet-***nn*	endurance
6333	**bowling-***nn*	bowling	6409	**formulär-***nn*	form
6335	**bastu-***nn*	sauna	6410	**arrogans-***nn*	arrogance
6337	**föraning-***nn*	premonition	6411	**förlängning-***nn*	extension
6338	**omslag-***nn*	cover|wrapping	6412	**revir-***nn*	territory
6340	**dialog-***nn*	dialogue	6413	**stridande-***adj; nn*	fighting; combatant
6342	**härkomst-***nn*	origin	6414	**schakt-***nn*	shaft
6343	**administration-***nn*	administration	6419	**analytiker-***nn*	analyst
6344	**ögonvittne-***nn*	eyewitness	6420	**hundvalp-***nn*	puppy
6345	**skruvmejsel-***nn*	screwdriver	6423	**ärta-***nn*	pea
6347	**retur-***nn*	return	6424	**vaccin-***nn*	vaccine
6348	**avdrag-***nn*	deduction	6425	**teleskop-***nn*	telescope
6349	**trolldom-***nn*	witchcraft	6427	**utvärdering-***nn*	evaluation
6351	**kval-***nn*	pangs|anguish	6428	**kännetecken-***nn*	feature|attribute
6353	**sprätt-***nn; adj*	bucks; spurt	6429	**cement-***nn*	cement
6354	**fotbollsspelare-***nn*	footballer	6430	**slem-***nn*	mucus
6356	**anteckningsbok-***nn*	notebook	6434	**skänk-***nn*	cupboard|gift
6362	**melon-***nn*	melon	6435	**nunna-***nn*	nun
6363	**barack-***nn*	barracks	6438	**definition-***nn*	definition
6364	**finess-***nn*	finesse|gadget	6439	**anknytning-***nn*	connection
6366	**kolhydrat-***nn*	carbohydrate	6441	**piga-***nn*	maid
6368	**rehabilitering-***nn*	rehabilitation	6445	**förvåning-***nn*	surprise
6369	**glitter-***nn*	glitter	6446	**musikal-***adj; nn*	musical; musical

6448	**defekt**-*adj; nn*	defective; defect	6511	**snöre**-*nn*	lace|cord
6449	**varmvatten**-*nn*	hot water	6514	**årsdag**-*nn*	anniversary
6450	**parad**-*nn*	parade	6516	**blåbär**-*nn*	blueberry
6451	**mordbrand**-*nn*	arson	6518	**knytnäve**-*nn*	fist
6452	**lärjunge**-*nn*	learner	6520	**mick**-*nn; abr*	microphone
6454	**industri**-*nn*	industry	6521	**småprat**-*nn*	small talk
6456	**diplomati**-*nn*	diplomacy	6522	**paprika**-*nn*	paprika
6457	**strävan**-*nn*	endeavor|striving	6524	**trappsteg**-*nn*	step
6460	**inverkan**-*nn*	impact	6525	**åtkomst**-*nn*	access
6462	**försening**-*nn*	delay	6526	**livmoder**-*nn*	uterus|matrix
6463	**sträva**-*vb; nn*	strive; strut	6527	**logotyp**-*nn*	logotype
6464	**novell**-*nn*	short story	6528	**påverkan**-*nn*	impact|influence
6465	**sekvens**-*nn*	sequence	6529	**gnagare**-*nn*	rodent
6466	**dynasti**-*nn*	dynasty	6530	**joker**-*nn*	joker
6467	**respons**-*nn*	response	6531	**simmare**-*nn*	swimmer
6468	**automatvapen**-*nn*	automatic weapon	6533	**misstro**-*nn; vb*	distrust; distrust
6469	**kollision**-*nn*	collision	6535	**boja**-*nn*	fetter|shackle
6470	**diskretion**-*nn*	discretion	6536	**predikant**-*nn*	preacher
6472	**segrare**-*nn*	winner	6537	**vink**-*nn*	hint|wave
6473	**åkomma**-*nn*	illness	6538	**deckare**-*nn*	detective story
6474	**dager**-*nn*	daylight	6541	**sardin**-*nn*	sardine
6475	**provins**-*nn*	province	6543	**mottagande**-*nn*	receiving|reception
6477	**jordbruk**-*nn*	farm|farming	6545	**eldsvåda**-*nn*	outbreak of fire
6478	**tycke**-*nn*	opinion	6546	**proportion**-*nn*	proportion
6479	**juvel**-*nn*	jewel	6547	**kupé**-*nn*	compartment
6481	**prenumeration**-*nn*	subscription	6548	**modul**-*nn*	module
6482	**traktor**-*nn*	tractor	6549	**klack**-*nn*	heel
6483	**överhuvud**-*nn*	head	6550	**grill**-*nn*	grill
6484	**porslin**-*nn*	porcelain	6551	**tanker**-*nn*	tanker
6486	**familjemedlem**-*nn*	family member	6554	**hantlangare**-*nn*	henchman
6487	**stadga**-*nn; vb*	statute; consolidate	6557	**ärm**-*nn*	arm
6488	**oreda**-*nn*	disarrangement	6559	**biografi**-*nn*	biography
6491	**namnteckning**-*nn*	signature	6562	**överflöd**-*nn*	abundance
6492	**antikvitet**-*nn*	antique	6563	**viking**-*nn*	Viking
6493	**toffel**-*nn*	slipper	6565	**desertör**-*nn*	deserter
6497	**collage**-*nn*	collage|college	6566	**snöstorm**-*nn*	snowstorm
6498	**ägo**-*nn*	possession	6567	**loppa**-*nn*	flea
6499	**utstyrsel**-*nn*	outfit	6572	**tandpetare**-*nn*	toothpick
6501	**ensamrätt**-*nn*	sole right	6573	**stråle**-*nn*	beam|jet
6502	**filmstjärna**-*nn*	film star	6574	**tillhåll**-*nn*	haunt|lair
6503	**antibiotikum**-*nn*	antibiotic	6576	**scarf**-*nn*	scarf
6506	**brödraskap**-*nn*	brotherhood	6579	**befrielse**-*nn*	exemption|liberation
6507	**lins**-*nn*	lens	6580	**härskarinna**-*nn*	lady|mistress
6508	**armbåge**-*nn*	elbow	6581	**moment**-*nn*	moment
6509	**slätt**-*nn; adv*	plain; smoothly	6582	**hantverkare**-*nn*	craftsman
6510	**trav**-*nn*	trotting	6583	**skosnöre**-*nn*	shoelace

6586	**mummel-***nn*	murmur|mumble	6656	**vindruta-***nn*	windscreen
6587	**orgie-***nn*	orgy	6657	**missfall-***nn*	miscarriage
6588	**slående-***adj; nn; adv*	striking; beater; strikingly	6658	**halvtid-***nn*	half-time
			6659	**gylf-***nn*	fly|zipper
6590	**livslängd-***nn*	life	6661	**stabilitet-***nn*	stability|fixity
6592	**yoghurt-***nn*	yoghurt	6663	**plankton-***nn*	plankton
6593	**avföring-***nn*	stool|defecation	6665	**molekyl-***nn*	molecule
6594	**kättare-***nn*	heretic	6673	**uppsyn-***nn*	appearance|look
6595	**storasyster-***nn*	big sister	6683	**hicka-***nn; vb*	hiccup; hiccup
6598	**jacuzzi-***nn*	jacuzzi	6687	**förbud-***nn*	prohibition
6599	**optimist-***nn*	optimist	6689	**eter-***nn*	ether
6601	**kvadrat-***nn*	square	6690	**svordom-***nn*	expletive
6602	**spalt-***nn*	column	6691	**terrass-***nn*	terrace
6603	**livstecken-***nn*	sign of life	6692	**garnison-***nn*	garrison
6604	**sensation-***nn*	sensation	6693	**skrivande-***nn*	writing
6608	**snobb-***nn*	snob|fop	6695	**arbetstid-***nn*	working hours
6609	**konstruktion-***nn*	design|construct	6699	**lekplats-***nn*	playground
6611	**potentiell-***nn*	potential	6700	**finne-***nn*	pimple|Finn
6615	**signalement-***nn*	description	6701	**kategori-***nn*	category
6618	**fångst-***nn*	catch	6703	**utstött-***adj; nn*	outcast; pariah
6619	**fallskärmsjägare-***nn*	parachute-jumper	6705	**polack-***nn*	pole
			6706	**återförening-***nn*	reunion
6622	**veto-***nn*	veto	6710	**lunchtid-***nn*	lunch time
6625	**fiol-***nn*	violin	6714	**springare-***nn*	steed
6627	**spott-***nn*	spittle|scorn	6715	**suck-***nn*	sigh
6628	**penicillin-***nn*	penicillin	6716	**splitter-***nn*	shiver|splinter
6630	**marknadsföring-***nn*	promotion	6718	**topplista-***nn*	charts
			6719	**sabel-***nn*	saber
6631	**infödd-***adj; nn*	native; native-born	6720	**papperskorg-***nn*	wastebasket
6632	**ankare-***nn*	anchor	6721	**stolpe-***nn*	post|pole
6634	**elektronik-***nn*	electronics	6722	**mötesplats-***nn; adj*	venue|close; passing place
6636	**rynka-***nn; vb*	wrinkle; wrinkle			
6638	**ocean-***nn*	ocean	6725	**sammansvärjning-***nn*	conspiracy
6639	**konkurrent-***nn*	competitor			
6640	**välstånd-***nn*	prosperity|wealth	6726	**arkeolog-***nn*	archaeologist
6643	**meditation-***nn*	meditation	6727	**biverkning-***nn*	side effect
6645	**hospital-***nn*	asylum	6728	**kartong-***nn*	cardboard
6646	**ingripande-***nn; adj*	intervention; radical	6729	**personnummer-***nn*	personal code number
6647	**städning-***nn*	cleaning	6730	**snabbmat-***nn*	fast food
6648	**hypnos-***nn*	hypnosis	6731	**klitoris-***nn*	clitoris
6649	**osanning-***nn*	falsehood|lie	6734	**krage-***nn*	collar
6650	**åtagande-***nn*	commitment	6738	**talare-***nn*	speaker
6651	**hjälpande-***nn*	helping	6739	**katedral-***nn*	cathedral
6652	**återvinning-***nn*	recycling	6741	**kardinal-***nn*	cardinal
6653	**por-***nn*	pore	6742	**milis-***nn*	militia
6654	**landning-***nn*	landing	6743	**förmiddag-***nn*	forenoon
6655	**hjärndöd-***nn; adj*	brain death; brain dead	6745	**kvast-***nn*	broom

6746	tyranni-*nn*	tyranny
6747	ans-*nn*	care
6748	handslag-*nn*	handshake
6749	kulspruta-*nn*	machinegun
6750	soptipp-*nn*	dump
6751	inbrottstjuv-*nn*	burglar
6754	fallande-*adj; nn*	falling; fall
6755	landningsbana-*nn*	runway
6756	tomhet-*nn*	emptiness
6760	förväntan-*nn*	expectation
6761	mink-*nn*	mink
6762	television-*nn; abr*	television; TV
6763	mapp-*nn*	folder
6766	immigrant-*nn*	immigrant
6767	synpunkt-*nn*	point of view
6769	kärl-*nn*	vessel
6770	planta-*nn*	root
6771	ovän-*nn*	enemy
6773	helgdag-*nn*	holy day
6774	dörrvakt-*nn*	doorman
6781	lagarbete-*nn*	teamwork
6782	slyngel-*nn*	scamp
6783	diagram-*nn*	chart|diagram
6786	begynnelse-*nn; adj*	beginning; starting
6788	skyddsrum-*nn*	shelter
6789	hyrbil-*nn*	rental car
6790	tystnadsplikt-*nn*	professional secrecy
6792	islam-*nn*	islam
6795	ekvation-*nn*	equation
6797	födelsemärke-*nn*	birthmark
6798	memoar-*nn*	memoir
6799	översättare-*nn*	translator
6800	rövslickare-*nn*	ass-kisser
6801	ämnesområde-*nn*	field
6802	kub-*nn*	cube
6803	etiopien-*nn*	Ethiopia
6804	buffel-*nn*	buffalo
6806	idrott-*nn*	sports
6807	funktionalitet-*nn*	functionality
6809	attraktion-*nn*	attraction
6810	hysteri-*nn*	hysteria
6813	jordklot-*nn*	earth
6814	avskilja-*vb; nn*	separate; sequester
6815	bagageutrymme-*nn*	luggag compartment
6816	strejk-*nn*	strike
6818	vrål-*nn*	roar
6819	välta-*vb; nn*	roll; log pile
6822	ståhej-*nn*	fuss
6823	fläkt-*nn*	fan|breath of air
6825	grus-*nn*	gravel
6826	tänkare-*nn*	thinker
6827	hyckleri-*nn*	hypocrisy
6828	anstalt-*nn*	institution
6830	obehag-*nn*	discomfort
6831	kalv-*nn*	calf
6833	spridning-*nn*	proliferation|distribution
6834	patent-*nn*	patent
6835	devalvering-*nn*	devaluation
6836	internationalisering-*nn*	internationalization
6838	sits-*nn*	lie
6839	knall-*nn*	bang|report
6840	flytt-*nn*	move
6841	skara-*nn*	band|troop
6843	hållplats-*nn*	stop
6844	volontär-*nn*	volunteer
6845	huggtand-*nn*	tusk
6847	bedövning-*nn*	anesthesia
6848	separation-*nn*	separation
6851	förälskelse-*nn*	infatuation
6856	monitor-*nn*	monitor
6857	hedning-*nn*	infidel
6858	faktor-*nn*	factor
6859	psykos-*nn*	psychosis
6860	pöl-*nn*	puddle
6861	handlare-*nn*	merchant
6862	övergång-*nn*	transition|crossing
6863	schizofreni-*nn*	schizophrenia
6864	lekamen-*nn*	body
6866	departement-*nn*	department
6867	praktikant-*nn*	trainee
6868	personsökare-*nn*	staff locator
6869	identifiering-*nn*	identification
6870	utrotning-*nn*	eradication
6872	gröngöling-*nn*	cub|greenhorn
6873	samröre-*nn*	collaboration
6875	bokning-*nn*	reservation
6876	filter-*nn*	filter
6878	ovana-*nn*	unfamiliarity
6882	pianist-*nn*	pianist
6888	roder-*nn*	rudder

6889	kidnappning-*nn*	kidnapping	
6890	kväve-*nn*	nitrogen	
6892	effektivitet-*nn*	efficiency	
6893	eka-*vb; nn*	echo; skiff	
6895	bårhus-*nn*	morgue	
6896	fysiker-*nn*	physicist	
6899	livsfara-*nn*	danger of life	
6901	felsteg-*nn*	faux pas	
6902	oas-*nn*	oasis	
6905	manlighet-*nn*	virility	
6907	virke-*nn*	wood|timber	
6909	affisch-*nn*	poster	
6910	ståndpunkt-*nn*	standpoint	
6911	cello-*nn*	cello	
6912	belägring-*nn*	siege	
6913	pudel-*nn*	poodle	
6914	fån-*nn*	fool	
6915	nobelpris-*nn*	Nobel Prize	
6919	alfabet-*nn*	alphabet	
6921	omlopp-*nn*	circulation	
6922	luftrum-*nn*	airspace	
6923	rådgivning-*nn*	guidance	
6924	rymling-*nn*	fugitive	
6925	räls-*nn*	rails	
6928	logi-*nn*	accommodation	
6929	vetande-*nn*	knowledge	
6930	värdera-*vb; nn*	value; price	
6931	orättvisa-*nn*	injustice	
6932	nickel-*nn*	nickel	
6933	sill-*nn*	herring	
6934	rea-*nn*	sale	
6935	anvisning-*nn*	instruction	
6942	strålkastare-*nn*	headlamp	
6944	krigföring-*nn*	warfare	
6945	deg-*nn*	dough	
6947	skulptur-*nn*	sculpture	
6950	triangel-*nn*	triangle	
6952	kommunism-*nn*	communism	
6953	avvikelse-*nn*	deviation	
6954	belåtenhet-*nn*	satisfaction	
6960	innebörd-*nn*	implication	
6961	immunitet-*nn*	immunity	
6962	ombildning-*nn*	shuffle	
6963	firande-*nn*	celebration	
6965	intyg-*nn*	certificate	
6966	smek-*nn*	fondling|love-making	

6967	spillra-*nn*	splinter|carcass
6970	medlemskap-*nn*	membership
6971	dramatik-*nn*	dramatics
6972	lejd-*nn*	safe-conduct
6973	lärd-*adj; nn*	learned|taught; savant
6974	vägvisare-*nn*	guide|signpost
6979	blodbad-*nn*	carnage
6983	tillflyktsort-*nn*	sanctuary
6984	förlossning-*nn*	childbirth
6986	komplimang-*nn*	compliment
6987	förrätt-*nn*	starter
6989	avfart-*nn*	exit
6990	utkast-*nn*	draft|outline
6991	kuliss-*nn*	coulisse
6992	tillfredsställelse-*nn*	satisfaction
6993	svarande-*nn*	defendant
6994	helhet-*nn*	whole|entirety
6995	svavel-*nn*	sulfur
6996	tyskland-*nn*	Germany
7001	inkompetens-*nn*	incompetence
7003	husbil-*nn*	camper
7005	motivation-*nn*	incentive
7006	hårddisk-*nn*	hard disk
7007	knivhugg-*nn*	stab
7009	regnbåge-*nn*	rainbow
7010	finsk-*nn*	Finnish
7011	patron-*nn*	cartridge
7012	summering-*nn*	summation
7013	tegelsten-*nn*	brick
7017	revansch-*nn*	revanche
7018	encyklopedi-*nn*	encyclopedia
7019	läktare-*nn*	platform|gallery
7022	bula-*nn*	bump|lump
7023	lydnad-*nn*	obedience
7024	hygien-*nn*	hygiene
7025	knop-*nn*	knot
7027	spekulation-*nn*	speculation|spec
7029	hangar-*nn*	hangar
7031	finansiering-*nn*	financing
7032	dunk-*nn*	thump
7033	bibliotekarie-*nn*	librarian
7034	rullande-*adj; nn*	rolling; roll
7035	rekryt-*nn*	recruit
7036	nybyggare-*nn*	settler|squatter
7038	kalori-*nn*	calorie

7040	**leverantör**-*nn*	supplier	7121	**aggression**-*nn*	aggression
7041	**säkring**-*nn*	fuse	7125	**krigare**-*nn*	warrior
7043	**landsväg**-*nn*	(country) road	7128	**idioti**-*nn*	idiocy
7046	**medmänniska**-*nn*	fellowman	7129	**uppsåt**-*nn*	intent
7048	**kost**-*nn*	diet	7130	**evolution**-*nn*	evolution
7049	**forum**-*nn*	forum	7131	**astma**-*nn*	asthma
7053	**högmod**-*nn*	pride|arrogance	7133	**handledare**-*nn*	supervisor
7054	**sadist**-*nn*	sadist	7134	**välfärd**-*nn*	welfare
7055	**alg**-*nn*	alga	7135	**ödla**-*nn*	lizard
7056	**skrattande**-*adj; nn*	laughing; laughing	7136	**missnöje**-*nn*	dissatisfaction
7057	**enstöring**-*nn*	loner|hermit	7137	**moll**-*nn*	minor
7058	**bundsförvant**-*nn*	ally	7138	**konsult**-*nn*	consultant
7060	**vägkant**-*nn*	roadside	7139	**julkort**-*nn*	Christmas card
7062	**skede**-*nn*	phase	7141	**hästsvans**-*nn*	ponytail
7063	**tillbakadragande**-*nn*	withdrawal	7142	**rödvin**-*nn*	red wine
			7143	**revidering**-*nn*	revise
7066	**placering**-*nn*	investment|placement	7144	**börsmäklare**-*nn*	stock broker
7067	**bästis**-*nn*	best friend	7147	**hörlur**-*nn*	earphone
7068	**intimitet**-*nn*	intimacy	7148	**insamling**-*nn*	collection
7069	**bageri**-*nn*	bakery	7149	**nikotin**-*nn; adj*	nicotine
7070	**stake**-*nn*	stake	7150	**anlag**-*nn*	predisposition
7071	**uteslutning**-*nn*	exclusion	7151	**motorhuv**-*nn*	hood
7075	**varuhus**-*nn*	department store	7152	**rengöring**-*nn*	cleaning
7077	**scenario**-*nn*	scenario	7153	**avfärd**-*nn*	departure
7078	**prelat**-*nn*	prelate	7154	**bakdel**-*nn; prp*	rear; behind
7079	**automat**-*nn*	automatic machine	7155	**hemläxa**-*nn*	homework
7080	**skifte**-*nn*	change	7156	**avslut**-*nn*	contract
7083	**guvernant**-*nn*	governess	7157	**tillsättning**-*nn*	addition
7086	**kompetens**-*nn*	competence	7159	**skolflicka**-*nn*	schoolgirl
7089	**konduktör**-*nn*	conductor	7160	**bottenvåning**-*nn*	ground floor
7092	**sia**-*nn; vb*	prophesy; predict	7161	**karneval**-*nn*	carnival
7094	**utlösning**-*nn*	release	7163	**välgörare**-*nn*	benefactor
7095	**svävande**-*adj; nn*	floating; flit	7164	**tårgas**-*nn*	tear gas
7101	**skyddsling**-*nn*	protege	7165	**dåd**-*nn*	deed
7104	**överdrift**-*nn*	exaggeration	7170	**brigad**-*nn*	brigade
7105	**plasma**-*nn*	plasma	7171	**antydan**-*nn*	hint|indication
7106	**bedragare**-*nn*	imposter|deceiver	7173	**simulering**-*nn*	simulation
7108	**flygfält**-*nn*	airport	7174	**välvilja**-*nn*	goodwill
7111	**ruter**-*nn*	diamonds	7177	**tvång**-*nn*	force
7112	**kompromiss**-*nn*	compromise	7178	**atombomb**-*nn*	atom bomb
7113	**förödmjukelse**-*nn*	humiliation	7179	**luftfart**-*nn*	air traffic
7115	**spårvagn**-*nn*	tram|car	7180	**imitation**-*nn*	imitation
7116	**vingård**-*nn*	vineyard	7181	**mussla**-*nn*	clam
7117	**härförare**-*nn*	army leader	7183	**utdelning**-*nn*	dividend
7119	**bädd**-*nn*	foundation	7188	**övervägande**-*adj; nn*	predominant; consideration
7120	**årgång**-*nn*	vintage			

7190	**hack**-*nn*	notch	
7191	**trumpet**-*nn*	trumpet	
7194	**fotografering**-*nn*	photography	
7195	**hushåll**-*nn*	household	
7196	**arkitektur**-*nn*	architecture	
7197	**förnekande**-*nn*	denial	
7202	**vinäger**-*nn*	vinegar	
7206	**klasskamrat**-*nn*	classmate	
7209	**läggning**-*nn*	orientation|disposition	
7213	**ratificering**-*nn*	ratification	
7217	**empati**-*nn*	empathy	
7218	**utmattning**-*nn*	fatigue	
7221	**rysning**-*nn*	shiver	
7222	**haltande**-*nn; adj*	limp; finespun	
7224	**födelsedagskalas**-*nn*	birthday party	
7226	**kortslutning**-*nn*	short circuit	
7228	**enhörning**-*nn*	unicorn	
7229	**bov**-*nn*	villain	
7230	**squash**-*nn*	squash	
7231	**klunga**-*nn*	cluster|crowd	
7234	**pizzeria**-*nn*	pizzeria	
7235	**popularitet**-*nn*	popularity	
7236	**uppdatering**-*nn*	update	
7237	**idrottsman**-*nn*	athlete	
7238	**musa**-*nn*	Muse	
7239	**bukett**-*nn*	bouquet	
7242	**sannolikhet**-*nn*	probability	
7243	**ledighet**-*nn*	leave	
7244	**juldag**-*nn*	Christmas day	
7246	**cigarrett**-*nn*	cigarette	
7247	**knekt**-*nn*	knave|jack	
7249	**godsak**-*nn*	sweet	
7250	**avresa**-*nn; vb*	departure; depart	
7251	**kryssning**-*nn*	cruise	
7252	**kvalifikation**-*nn*	qualification	
7253	**golfbana**-*nn*	golf course	
7255	**bekantskap**-*nn*	acquaintance|knowledge	
7256	**hittelön**-*nn*	reward	
7257	**fångläger**-*nn*	prison camp	
7261	**extas**-*nn*	ecstasy	
7264	**konsul**-*nn*	consul	
7265	**medgivande**-*nn; adj*	consent; concessive	
7267	**kondition**-*nn*	fitness	
7268	**gruvarbetare**-*nn*	miner	
7269	**sockerbit**-*nn*	lump of sugar	
7271	**tillmötesgående**-*nn; adj*	courtesy; accommodating	
7273	**olivolja**-*nn*	olive oil	
7275	**ribba**-*nn*	rib	
7277	**utlopp**-*nn*	outlet|outflow	
7278	**tivoli**-*nn*	amusement park	
7282	**gravitation**-*nn*	gravity	
7283	**hoj**-*nn*	bike	
7284	**holländare**-*nn*	dutchman	
7285	**biträde**-*nn*	assistance	
7287	**talman**-*nn*	speaker	
7288	**mögel**-*nn*	mold	
7290	**kreativitet**-*nn*	creativity	
7291	**fackla**-*nn*	torch	
7292	**surrogat**-*nn*	surrogate	
7293	**marsvin**-*nn*	guinea-pig	
7294	**prestige**-*nn*	prestige	
7296	**handpenning**-*nn*	deposit	
7297	**alkis**-*nn*	wino	
7299	**käring**-*nn*	old woman	
7300	**strå**-*nn*	straw	
7301	**åklagarmyndighet**-*nn*	public prosecutor	
7302	**diverse**-*adj; nn*	various; sundries	
7304	**välbefinnande**-*nn*	well-being	
7308	**vibration**-*nn*	vibration	
7310	**fragment**-*nn*	fragment	
7312	**isberg**-*nn*	iceberg	
7318	**elektriker**-*nn*	electrician	
7319	**serietidning**-*nn*	comic book	
7320	**veckotidning**-*nn*	weekly	
7321	**vårdare**-*nn*	keeper	
7322	**sambo**-*nn*	common-law wife	
7323	**företrädare**-*nn*	predecessor	
7324	**kriminalitet**-*nn*	crime	
7325	**toalettpapper**-*nn*	toilet paper	
7327	**portal**-*nn*	portal	
7328	**radband**-*nn*	rosary	
7329	**amma**-*vb; nn*	breast-feed; wet nurse	
7330	**underrättelse**-*nn*	notification	
7331	**fosterland**-*nn*	native country	
7332	**målvakt**-*nn*	goalkeeper	
7333	**mall**-*nn*	template	
7334	**paj**-*nn*	pie	
7335	**tentakel**-*nn*	tentacle	

7337	**hemvist**-*nn*	residence	7411	**husbonde**-*nn*	master
7338	**kruka**-*nn*	pot	7412	**utmanare**-*nn*	defier
7339	**kärleksaffär**-*nn*	love affair	7414	**lexikon**-*nn*	dictionary
7341	**hoppare**-*nn*	jumper	7415	**surfare**-*nn*	surfer
7346	**rekvisita**-*nn*	props	7416	**tillflykt**-*nn*	refuge|shelter
7347	**slaganfall**-*nn*	stroke	7419	**svalka**-*vb; nn*	cool; coolness
7348	**könsorgan**-*nn*	genitals	7420	**pall**-*nn*	stool
7350	**observatör**-*nn*	observer	7422	**granskning**-*nn*	examination
7351	**lynne**-*nn*	temper	7424	**invända**-*nn; vb*	object; object
7352	**tjära**-*nn; vb*	tar; tar	7425	**konfiguration**-*nn*	configuration
7353	**enighet**-*nn*	agreement|unity	7428	**spenat**-*nn*	spinach
7354	**kolonn**-*nn*	column	7429	**slöja**-*nn*	veil
7355	**glömska**-*nn*	oblivion	7430	**avskildhet**-*nn*	detachment
7356	**änkeman**-*nn*	widower	7431	**kassör**-*nn*	cashier
7357	**härlighet**-*nn*	glory	7432	**avskrift**-*nn*	copy|transcription
7361	**avund**-*nn*	envy	7433	**franc**-*nn*	franc
7362	**ven**-*nn*	vein	7434	**fängslande**-*adj; nn*	captivating; imprisonment
7363	**hyresgäst**-*nn*	tenant	7435	**kollektiv**-*adj; nn*	collective; collective
7364	**vigsel**-*nn*	wedding|nuptials	7437	**lack**-*nn*	lacquer
7365	**dammsugare**-*nn*	vacuum cleaner	7440	**sammanstötning**-*nn*	collision
7366	**odjur**-*nn*	beast|monster			
7368	**äventyrare**-*nn*	adventurer	7441	**ventil**-*nn*	valve
7371	**ritt**-*nn*	ride	7443	**akvarium**-*nn*	aquarium
7373	**försoning**-*nn*	reconciliation	7444	**skärsår**-*nn*	cut
7374	**hädelse**-*nn*	blasphemy	7446	**sköte**-*nn*	womb
7375	**historiker**-*nn*	historian	7448	**svärdotter**-*nn*	daughter-in-law
7378	**stearinljus**-*nn*	candle	7449	**stridsspets**-*nn*	warhead|load
7379	**bevisning**-*nn*	argumentation	7450	**udde**-*nn*	point|cape
7380	**oförrätt**-*nn*	wrong|injustice	7451	**omloppsbana**-*nn*	orbit
7383	**mystik**-*nn*	mystery	7452	**ål**-*nn*	eel
7384	**förvandling**-*nn*	transformation	7454	**bitterhet**-*nn*	bitterness
7385	**drivkraft**-*nn*	driving force	7457	**buller**-*nn*	noise
7387	**mördande**-*adj; nn*	murderous; dispatch	7458	**mellanrum**-*nn*	gap|space
7389	**belägg**-*nn*	evidence	7460	**audiens**-*nn*	audience
7390	**solsystem**-*nn*	solar system	7463	**medverkan**-*nn*	participation| cooperation
7391	**jubileum**-*nn*	jubilee			
7392	**tågstation**-*nn*	train station	7464	**mango**-*nn*	Mango
7393	**förnedring**-*nn*	humiliation	7466	**radikal**-*adj; nn*	radical; radical
7394	**inköp**-*nn*	purchase	7468	**utgående**-*adj; nn*	outgoing; exit
7395	**hemhjälp**-*nn*	domestic help	7469	**inlägg**-*nn*	contribution|insert
7396	**gynekolog**-*nn*	gynecologist	7470	**livskraft**-*nn*	viability
7402	**koldioxid**-*nn*	carbon dioxide	7471	**spira**-*nn; vb*	scepter; sprout
7405	**kräm**-*nn*	cream	7472	**tacksamhetsskuld**-*nn*	obligation
7406	**fängelsestraff**-*nn*	imprisonment			
7407	**ponny**-*nn*	pony	7473	**förebyggande**-*nn; adj*	prevention; preventive
7410	**nedskärning**-*nn*	cut			

7474	**sammanträde-***nn*	meeting|sitting
7475	**minoritet-***nn*	minority
7477	**tik-***nn*	bitch
7478	**fransyska-***nn*	Frenchwoman
7479	**känslighet-***nn*	sensitivity
7483	**folkmord-***nn*	genocide
7484	**obalans-***nn*	imbalance
7487	**grundskola-***nn*	elementary school
7488	**plutonium-***nn*	plutonium
7489	**skivbolag-***nn*	record label
7490	**vardag-***nn*	weekday
7491	**drill-***nn*	drill
7492	**insulin-***nn*	insulin
7493	**broschyr-***nn*	brochure
7494	**strut-***nn*	cone
7496	**bestick-***nn*	cutlery
7497	**desperation-***nn*	desperation
7499	**portvakt-***nn*	porter
7502	**tysthet-***nn*	silence
7507	**råga-***nn*	heap
7509	**foder-***nn*	lining|feed
7510	**galopp-***nn*	gallop
7512	**registrering-***nn*	registration
7515	**ull-***nn*	wool
7516	**uppehälle-***nn*	subsistence|keep
7518	**hemkomst-***nn*	home-coming
7520	**undanflykt-***nn*	subterfuge
7522	**intäkt-***nn*	earnings

Verbs

5043	**överfalla**-*vb*	assault
5053	**manipulera**-*vb*	manipulate
5065	**iaktta**-*vb*	watch
5070	**klubba**-*nn; vb*	club; club
5081	**underrätta**-*vb*	inform|notify
5088	**vidta**-*vb*	take
5098	**förse**-*vb*	provide|kit out
5104	**kapitulera**-*vb*	capitulate
5105	**demonstrera**-*vb*	demonstrate
5120	**enas**-*vb*	agree (on)
5127	**duka**-*vb*	set the table|spread
5131	**flina**-*vb*	grin
5144	**fantisera**-*vb*	fantasize
5157	**krångla**-*vb*	give trouble
5158	**utbilda**-*vb*	train|form
5162	**skölja**-*vb*	rinse|douche
5168	**publicera**-*vb*	publish|publicize
5169	**predika**-*vb*	preach
5185	**återhämta**-*vb*	renew
5186	**återskapa**-*vb*	recreate
5196	**snarka**-*vb*	snore
5201	**begränsa**-*vb*	limit|restrict
5222	**rengöra**-*vb*	clean|cleanse
5239	**frälsa**-*vb*	save|rescue
5240	**arrangera**-*vb*	arrange (for)
5241	**uppmana**-*vb*	invite
5242	**övervinna**-*vb*	overcome|conquer
5246	**utstå**-*vb*	endure|pass through
5247	**halta**-*vb*	limp
5256	**mässa**-*nn; vb*	fair|exhibition; chant
5259	**inleda**-*vb*	initiate|commence
5264	**transportera**-*vb*	transport|convey
5268	**fika**-*vb*	have coffee
5279	**medföra**-*vb*	result in|bring
5287	**kandidera**-*vb*	run for
5289	**upplysa**-*vb*	inform|enlighten
5301	**symbolisera**-*vb*	symbolize
5303	**fastställa**-*vb*	determine|establish
5309	**inspirera**-*vb*	inspire|inspirit
5317	**surfa**-*vb*	surf
5320	**reservera**-*vb*	reserve
5324	**gryta**-*nn; vb*	stew; pan
5331	**bortse**-*vb*	ignore
5338	**uthärda**-*vb*	endure|withstand
5345	**tackla**-*vb*	tackle
5346	**avslå**-*vb*	reject|dismiss
5347	**omkomma**-*vb*	perish
5351	**ånga**-*nn; vb*	steam; steam
5353	**pyssla**-*vb*	busy oneself
5357	**slockna**-*vb*	go out
5365	**fästa**-*vb*	attach|fasten
5366	**åska**-*vb; nn*	thunder; thunderstorm
5377	**återlämna**-*vb*	return
5380	**posta**-*vb*	post
5384	**underlätta**-*vb*	facilitate|favour
5387	**registrera**-*vb*	register|calendar
5389	**rodna**-*vb*	blush
5393	**spilla**-*vb*	spill
5394	**åtrå**-*nn; vb*	desire; covet
5399	**håna**-*nn; vb*	scoff; taunt
5401	**kramas**-*vb*	cuddle
5404	**krydda**-*nn; vb*	spice; spice
5407	**rota**-*vb*	root
5408	**besitta**-*vb*	possess|occupy
5420	**slinka**-*vb; nn*	slip|slink; wench
5426	**forma**-*vb*	shape
5429	**åtala**-*vb*	prosecute
5431	**regera**-*vb*	reign|rule
5443	**tämja**-*vb*	tame
5444	**skymma**-*vb*	obscure
5456	**hemsöka**-*vb*	obsess
5461	**distrahera**-*vb*	distract
5468	**flöda**-*vb*	flow|flood
5472	**granska**-*vb*	view|review
5477	**utesluta**-*vb*	exclude
5485	**pussa**-*vb*	kiss
5490	**separera**-*vb*	separate
5496	**sucka**-*vb*	sigh
5501	**improvisera**-*vb*	improvise|fake
5504	**konfrontera**-*vb*	confront
5511	**signalera**-*vb*	signal
5517	**rädas**-*vb*	fear
5522	**skatta**-*vb*	estimate|pay taxes
5525	**uppge**-*vb*	give|declare
5526	**larma**-*vb*	alarm
5541	**spärra**-*vb*	lock
5544	**utse**-*vb*	nominate|choose
5548	**nominera**-*vb*	nominate
5550	**bleka**-*vb*	bleach

5553	**motsätta**-*vb*	off-set
5561	**lindra**-*vb*	relieve
5564	**förödmjuka**-*vb*	humiliate|bring low
5570	**avlida**-*vb*	die
5582	**stärka**-*vb*	strengthen
5597	**pina**-*nn; vb*	pain; pain
5601	**bringa**-*vb; nn*	bring|carry; brisket
5611	**kola**-*nn; vb*	caramel; coal
5612	**dyrka**-*vb*	worship|adore
5614	**utlösa**-*vb*	wreak|redeem
5616	**knarka**-*vb*	take drugs
5622	**undkomma**-*vb*	escape
5640	**fresta**-*vb*	tempt|try
5641	**avvara**-*vb*	spare
5647	**babbla**-*vb*	babble
5657	**värdesätta**-*vb*	recognize
5665	**tuta**-*nn; vb*	fingerstall; hoot
5673	**överta**-*vb*	take over
5677	**uppgradera**-*vb*	upgrade
5678	**förnya**-*vb*	renew|innovate
5689	**implementera**-*vb*	implement
5692	**infiltrera**-*vb*	infiltrate
5700	**övergå**-*vb*	pass over|go over
5702	**slingra**-*vb*	twist
5705	**bädda**-*vb*	make
5710	**uppbära**-*vb*	receive
5717	**ådra**-*nn; vb*	vein; vein
5730	**finansiera**-*vb*	finance
5747	**donera**-*vb*	donate
5755	**doppa**-*vb*	dip
5760	**resonera**-*vb*	reason|discuss
5767	**evakuera**-*vb*	evacuate
5768	**frigöra**-*vb*	release|free
5769	**förverkliga**-*vb*	realize|implement
5771	**äventyra**-*vb*	jeopardize|risk
5773	**återta**-*vb*	resume
5774	**återförena**-*vb*	reunite
5777	**avfyra**-*vb*	fire off
5779	**flamma**-*nn; vb*	flame; flame
5792	**sona**-*vb*	atone (for)
5796	**överlåta**-*vb*	transfer|assign
5799	**teckna**-*vb*	subscribe|draw
5804	**tunna**-*nn; vb*	barrel|butt; dilute
5805	**justera**-*vb*	adjust
5812	**härstamma**-*vb*	originate|derive
5819	**framkalla**-*vb*	induce|develop
5821	**vagga**-*vb; nn*	rock; cradle
5823	**såga**-*vb*	saw
5825	**urholka**-*vb*	hollow (out)
5829	**sluka**-*vb*	devour|gobble
5831	**envisas**-*vb*	persist
5832	**svepa**-*vb*	wrap|sweep
5834	**träda**-*nn; vb*	fallow; fallow
5852	**kamma**-*vb*	comb
5857	**argumentera**-*vb*	argue
5862	**installera**-*vb*	install
5866	**genomgå**-*vb; nn*	undergo|go through; undergoing
5870	**indikera**-*vb*	indicate
5875	**helga**-*vb*	sanctify
5879	**fasa**-*nn; vb*	horror; phase
5880	**omringa**-*vb*	surround|encircle
5881	**haffa**-*vb*	nab|pinch
5886	**braka**-*vb*	crash
5907	**krympa**-*vb*	shrink
5913	**förvirra**-*vb*	confuse
5924	**förekomma**-*vb*	anticipate|prevent| appear
5926	**engagera**-*vb*	engage
5929	**yttra**-*vb*	utter
5942	**rekrytera**-*vb*	recruit
5947	**förstärka**-*vb*	strengthen
5953	**omvända**-*vb*	convert
5955	**kompensera**-*vb*	compensate
5957	**omfamna**-*vb*	embrace|enfold
5970	**tilltro**-*nn; vb*	trust; credit
5984	**spöka**-*vb*	haunt
5989	**kittla**-*vb*	tickle
5991	**spika**-*vb*	nail
5997	**avancera**-*vb*	advance|move up
6016	**köpslå**-*vb*	bargain
6022	**pricka**-*vb*	dot
6026	**kritisera**-*vb*	criticize
6035	**hetsa**-*vb*	incite
6040	**belöna**-*vb*	reward
6041	**ämna**-*vb*	purpose|intend
6045	**runda**-*nn; vb*	round; round
6064	**inkräkta**-*vb*	encroach|intrude
6067	**plundra**-*vb*	plunder
6080	**ratificera**-*vb*	ratify
6099	**introducera**-*vb*	introduce
6106	**övernatta**-*vb*	stay overnight
6130	**intyga**-*vb*	certify|attest

6141	**blekna**-*vb*	fade|bleach	6387	**tjuta**-*vb*	howl|shriek
6147	**forska**-*vb*	research	6404	**återuppta**-*vb*	resume
6150	**jogga**-*vb*	jog	6406	**förfalska**-*vb*	forge|falsify
6162	**inspektera**-*vb*	inspect	6416	**motta**-*vb*	accept|receive
6172	**avse**-*vb*	concern|mean	6431	**applådera**-*vb*	applaud
6178	**kollapsa**-*vb*	collapse	6440	**koda**-*vb*	encode
6186	**dräpa**-*vb*	slay	6453	**fördriva**-*vb*	drive away|dislodge
6188	**bistå**-*vb*	assist	6458	**härma**-*vb*	mimic
6189	**sola**-*vb*	sun	6459	**tassa**-*vb*	pussyfoot
6190	**festa**-*vb*	party|feast	6461	**företräda**-*vb*	represent
6193	**anförtro**-*vb*	entrust	6463	**sträva**-*vb; nn*	strive; strut
6196	**toppa**-*vb*	top|trim	6471	**etablera**-*vb*	establish
6201	**banta**-*vb*	slim	6485	**sabotera**-*vb*	sabotage
6212	**singla**-*vb*	toss	6487	**stadga**-*nn; vb*	statute; consolidate
6214	**busa**-*vb*	make trouble	6490	**rubba**-*vb*	upset|dislodge
6215	**omge**-*vb*	surround	6494	**avliva**-*vb*	kill
6217	**experimentera**-*vb*	experiment	6500	**dregla**-*vb*	dribble
6222	**snara**-*nn; vb*	snare|trap; trap	6505	**spekulera**-*vb*	speculate
6225	**ansöka**-*vb*	apply for	6519	**flå**-*vb*	skin
6228	**överklaga**-*vb*	appeal against	6532	**tystna**-*vb*	silence|stop
6232	**smeka**-*vb*	caress	6533	**misstro**-*nn; vb*	distrust; distrust
6236	**utöka**-*vb*	enlarge	6534	**införa**-*vb*	introduce|establish
6242	**avge**-*vb*	give|emit	6540	**spå**-*vb*	foretell
6247	**bestiga**-*vb*	climb|ascend	6544	**tillkalla**-*vb*	call|summon
6256	**bearbeta**-*vb*	process|tool	6558	**klicka**-*vb*	click
6267	**hejdå**-*vb*	arrest	6561	**snubbla**-*vb*	trip
6271	**beträffa**-*vb*	regard	6564	**snoka**-*vb*	snoop
6274	**avta**-*vb*	decrease|lower	6584	**framställa**-*vb*	produce|make
6281	**nicka**-*vb*	nod	6600	**föröka**-*vb*	propagate
6296	**ödelägga**-*vb*	devastate	6610	**huka**-*vb*	hunker
6297	**lossna**-*vb*	loose|resolve	6614	**uppfinna**-*vb*	invent
6302	**ösa**-*vb*	scoop|pour	6629	**delge**-*vb*	share
6309	**faxa**-*vb*	fax	6633	**skjutsa**-*vb*	lift|drive
6322	**splittra**-*vb; nn*	split; splinter	6635	**återkalla**-*vb*	revoke|call in
6325	**shoppa**-*vb*	shop	6636	**rynka**-*nn; vb*	wrinkle; wrinkle
6336	**namnge**-*vb*	name	6642	**imitera**-*vb*	imitate|mimic
6339	**klanta**-*vb*	screw up	6662	**röva**-*vb*	rob|ransack
6346	**frodas**-*vb*	thrive|prosper	6664	**prioritera**-*vb*	give priority to
6350	**bevilja**-*vb*	grant|allow	6672	**avleda**-*vb*	divert|deflect
6352	**rimma**-*vb*	rhyme	6675	**vräka**-*vb*	evict
6355	**samtycka**-*vb*	agree|consent	6677	**glänsa**-*vb*	shine|glare
6357	**överträffa**-*vb*	exceed|surpass	6682	**kila**-*vb*	wedge|scurry
6359	**förmå**-*vb; av*	induce|bring; could	6683	**hicka**-*nn; vb*	hiccup; hiccup
6360	**vidröra**-*vb*	touch	6685	**förlänga**-*vb*	extend|lengthen
6370	**uppdatera**-*vb*	update	6688	**rigga**-*vb*	rig
6386	**upprätta**-*vb*	establish|set up	6694	**generalisera**-*vb*	generalize

6696	**fördöma**-*vb*	condemn	6946	**muddra**-*vb*	dredge
6704	**avvisa**-*vb*	reject|dismiss	6948	**knalla**-*vb*	bang
6707	**återse**-*vb*	see again	6949	**trakassera**-*vb*	pester
6711	**innefatta**-*vb*	include|involve	6976	**skvätta**-*vb*	splash
6717	**dunka**-*vb*	pound|thud	6981	**utvärdera**-*vb*	evaluate
6723	**dokumentera**-*vb*	document	6988	**medverka**-*vb*	contribute
6724	**samtala**-*vb*	talk|converse	6997	**tygla**-*vb*	curb|rein in
6732	**avlyssna**-*vb*	listen in on	7000	**programmera**-*vb*	program
6733	**tillhandahålla**-*vb*	provide|supply	7002	**onanera**-*vb*	masturbate
6737	**beröva**-*vb*	deprive|rob	7015	**utge**-*vb*	issue
6740	**försitta**-*vb*	lose	7016	**mjölka**-*vb*	milk
6752	**patrullera**-*vb*	patrol	7020	**missuppfatta**-*vb*	misunderstand
6757	**gynna**-*vb*	befriend|promote	7021	**vibrera**-*vb*	vibrate
6758	**navigera**-*vb*	navigate	7030	**konkurrera**-*vb*	compete
6765	**glädjas**-*vb*	rejoice	7037	**försona**-*vb*	reconcile|atone for
6768	**frita**-*vb*	exempt	7039	**förutspå**-*vb*	predict
6776	**eskalera**-*vb*	escalate	7044	**återuppstå**-*vb*	reappear
6777	**vägleda**-*vb*	guide	7050	**guida**-*vb*	guide
6794	**varva**-*vb*	wind-down	7051	**glöda**-*vb*	glow
6814	**avskilja**-*vb; nn*	separate; sequester	7064	**gira**-*vb*	yaw|sheer
6817	**spräcka**-*vb*	crack|flaw	7072	**utsända**-*vb*	broadcast
6819	**välta**-*vb; nn*	roll; log pile	7074	**signera**-*vb*	sign
6821	**uppvakta**-*vb*	woo|congratulate	7081	**inställa**-*vb*	adjust
6832	**fängsla**-*vb*	imprison	7084	**försätta**-*vb*	set
6837	**stämpla**-*vb*	stamp|imprint	7087	**kika**-*vb*	peek
6849	**vimla**-*vb*	swarm|crawl	7088	**sortera**-*vb*	sort
6850	**frige**-*vb*	release|free	7090	**sponsra**-*vb*	sponsor
6854	**förutsätta**-*vb*	assume|suppose	7092	**sia**-*nn; vb*	prophesy; predict
6865	**rotera**-*vb*	rotate	7097	**jubla**-*vb*	shout with joy
6871	**anhålla**-*vb*	arrest|apply for	7110	**basera**-*vb*	base
6879	**vissna**-*vb*	wither|wilt	7118	**lappa**-*vb*	patch|cobble
6880	**pensionera**-*vb*	pension	7127	**fläka**-*vb*	split open
6891	**gnugga**-*vb*	rub	7145	**logga**-*vb*	log
6893	**eka**-*vb; nn*	echo; skiff	7182	**implementering**-*vb*	implement
6894	**vakthavande**-*adj; vb*	on duty; be on duty	7185	**färga**-*vb*	color|dye
			7198	**tillkomma**-*vb*	fall on
6898	**yrka**-*vb*	urge	7199	**förutsäga**-*vb*	predict
6904	**beräkna**-*vb*	calculate	7204	**nedlägga**-*vb*	lay down
6908	**stycka**-*vb*	dismember	7210	**beväpna**-*vb*	arm
6916	**utfärda**-*vb*	issue	7212	**lusta**-*vb*	lust
6920	**häva**-*vb*	cancel	7220	**dominera**-*vb*	dominate
6930	**värdera**-*vb; nn*	value; price	7232	**medfölja**-*vb*	be enclosed
6937	**vattna**-*vb*	water	7233	**främja**-*vb*	promote|foster
6939	**tynga**-*vb*	weigh|weigh down	7241	**koordinera**-*vb*	coordinate
6941	**bluffa**-*vb*	bluff	7250	**avresa**-*nn; vb*	departure; depart
6943	**bosätta**-*vb*	reside	7254	**variera**-*vb*	vary

7258	**salta**-*vb*	salt
7272	**gnida**-*vb*	scrape|chafe
7274	**vina**-*vb*	whiz|whine
7286	**utbyta**-*vb*	exchange
7289	**strejka**-*vb*	strike
7298	**tära**-*vb*	consume|fret
7303	**missbruka**-*vb*	abuse
7305	**renovera**-*vb*	renovate
7313	**kränka**-*vb*	violate|infringe
7314	**länka**-*vb;*	link; link
7315	**vidga**-*vb*	widen
7316	**avvika**-*vb*	deviate|differ
7329	**amma**-*vb; nn*	breast-feed; wet nurse
7352	**tjära**-*nn; vb*	tar; tar
7367	**rangordna**-*vb*	grade
7369	**tramsa**-*vb*	muck about
7372	**intala**-*vb*	persuade
7376	**mumla**-*vb*	mumble|murmur
7381	**bestraffa**-*vb*	punish
7397	**förefalla**-*vb*	occur|seem
7401	**cirkulera**-*vb*	circulate
7403	**basa**-*vb*	supervise
7404	**flaxa**-*vb*	flap
7408	**meditera**-*vb*	meditate
7409	**avböja**-*vb*	decline
7413	**ackumulera**-*vb*	accumulate
7417	**tona**-*vb*	tone|tint
7418	**provocera**-*vb*	provoke
7419	**svalka**-*vb; nn*	cool; coolness
7423	**unna**-*vb*	indulge
7424	**invända**-*nn; vb*	object; object
7426	**efterfölja**-*vb*	follow
7427	**annonsera**-*vb*	advertise
7439	**härja**-*vb*	ravage
7453	**blicka**-*vb*	look
7461	**befalla**-*vb*	command
7462	**livnära**-*vb*	maintain
7471	**spira**-*nn; vb*	scepter; sprout
7480	**påskynda**-*vb*	expedite
7482	**involvera**-*vb*	involve
7485	**gotta**-*vb*	have a good time
7486	**tänja**-*vb*	stretch
7495	**ljuda**-*vb*	sound
7500	**undanröja**-*vb*	remove
7503	**grubbla**-*vb*	ponder|brood
7504	**värva**-*vb*	solicit|recruit

7505	**montera**-*vb*	mount|install
7506	**vråla**-*vb*	roar|howl
7514	**fullborda**-*vb*	complete|fulfill
7523	**attrahera**-*vb*	attract
7524	**besanna**-*vb*	verify
7525	**rosta**-*vb*	rust

Alphabetical order

A

6787	**accepterad-**adj	accepted
7413	**ackumulera-**vb	accumulate
6343	**administration-**nn	administration
5717	**ådra-**nn; vb	vein; vein
5087	**adressat-**nn	addressee
6381	**affärsresa-**nn	business trip
6909	**affisch-**nn	poster
5208	**agerande-**nn	acting
5091	**agg-**nn	grudge
7121	**aggression-**nn	aggression
6498	**ägo-**nn	possession
7124	**akademisk-**adj	academic
7301	**åklagarmyndighet-**nn	public prosecutor
6473	**åkomma-**nn	illness
5873	**aktieägare-**nn	shareholder|investor
5528	**aktion-**nn	action
5971	**aktivt-**adv	actively
6169	**aktning-**nn	esteem
6432	**aktuell-**adj	current
7443	**akvarium-**nn	aquarium
5917	**albanien-**nn	Albania
6919	**alfabet-**nn	alphabet
7055	**alg-**nn	alga
5732	**älg-**nn	moose
7297	**alkis-**nn	wino
5252	**allians-**nn	alliance
6263	**alltmer-**adv	increasingly
7452	**ål-**nn	eel
5772	**alp-**nn	alp
5100	**älskande-**adj	loving
6539	**älskvärd-**adj	gracious
5099	**altare-**nn	altar
6038	**älva-**nn	fairy|elf
5596	**ämbete-**nn	office
5918	**amfetamin-**nn	amphetamine
7329	**amma-**vb; nn	breast-feed; wet nurse
6709	**ämnad-**adj	destined
6041	**ämna-**vb	purpose|intend
6801	**ämnesområde-**nn	field
6419	**analytiker-**nn	analyst
5738	**anarki-**nn	anarchy
5254	**anarkist-**nn	anarchist
7519	**anbelanga-**adj	concerned
5207	**ändamål-**nn	purpose|object
5137	**andlig-**adj	spiritual
6978	**ändlös-**adj	endless
5369	**andning-**nn	respiration
7158	**ändrad-**adj	modified
6193	**anförtro-**vb	entrust
5351	**ånga-**nn; vb	steam; steam
5492	**angelägen-**adj	keen|anxious
6254	**angelägenhet-**nn	concern|affair
5983	**äng-**nn	meadow
6887	**ängslig-**adj	anxious
6871	**anhålla-**vb	arrest|apply for
6632	**ankare-**nn	anchor
7356	**änkeman-**nn	widower
6439	**anknytning-**nn	connection
7150	**anlag-**nn	predisposition
7186	**anmärkningsvärd-**adj	remarkable
7427	**annonsera-**vb	advertise
5020	**anor-**nn	ancestry
5623	**anrop-**nn	challenge
7501	**ansedd-**adj	considered
5753	**anseende-**nn	reputation|prestige
5060	**ansiktsuttryck-**nn	countenance
6124	**anslag-**nn	appropriation
6747	**ans-**nn	care
6225	**ansöka-**vb	apply for
6293	**ansökning-**nn	application
5590	**anställning-**nn	employment|position
6828	**anstalt-**nn	institution
6319	**antagande-**nn	adoption
5765	**antagen-**adj	accepted
5648	**antarktis-**nn	Antarctica
6356	**anteckningsbok-**nn	notebook
6503	**antibiotikum-**nn	antibiotic
5129	**antik-**adj	antique
6492	**antikvitet-**nn	antique
7171	**antydan-**nn	hint|indication
5783	**anus-**nn	anus
6935	**anvisning-**nn	instruction
5390	**apelsin-**nn	orange

5017	apotek-*nn*	pharmacy
6431	applådera-*vb*	applaud
5084	arab-*nn*	Arab
5174	arbetskraft-*nn*	manpower
5609	arbetsplats-*nn*	place of work
5382	arbetsrum-*nn*	study
6695	arbetstid-*nn*	working hours
7120	årgång-*nn*	vintage
5857	argumentera-*vb*	argue
6881	arisk-*adj*	Aryan
5415	ärkebiskop-*nn*	archbishop
6726	arkeolog-*nn*	archaeologist
7196	arkitektur-*nn*	architecture
6508	armbåge-*nn*	elbow
6557	ärm-*nn*	arm
5910	arrangemang-*nn*	arrangement
5240	arrangera-*vb*	arrange (for)
6410	arrogans-*nn*	arrogance
6514	årsdag-*nn*	anniversary
6423	ärta-*nn*	pea
5284	artighet-*nn*	courtesy
5809	årtionde-*nn*	decade
5536	arvode-*nn*	fee
6053	asiatisk-*adj*	Asian
5974	åskådare-*nn*	spectator|bystander
5366	åska-*vb; nn*	thunder; thunderstorm
6219	ås-*nn*	ridge
6131	assistans-*nn*	assistance
7131	astma-*nn*	asthma
5960	asyl-*nn*	asylum
6650	åtagande-*nn*	commitment
5429	åtala-*vb*	prosecute
5050	åtanke-*nn*	remembrance
5774	återförena-*vb*	reunite
6706	återförening-*nn*	reunion
5185	återhämta-*vb*	renew
6635	återkalla-*vb*	revoke|call in
6927	återkommande-*adj*	recurrent
5377	återlämna-*vb*	return
6707	återse-*vb*	see again
5186	återskapa-*vb*	recreate
6286	återstående-*adj*	remaining
5773	återta-*vb*	resume
7044	återuppstå-*vb*	reappear
6404	återuppta-*vb*	resume
6652	återvinning-*nn*	recycling
6525	åtkomst-*nn*	access
7178	atombomb-*nn*	atom bomb
5394	åtrå-*nn; vb*	desire; covet
6017	åtskild-*adj*	separate|distinct
6415	åttio-*num*	eighty
7523	attrahera-*vb*	attract
6809	attraktion-*nn*	attraction
7460	audiens-*nn*	audience
5782	auktion-*nn*	auction
6043	aura-*nn*	aura
7079	automat-*nn*	automatic machine
6468	automatvapen-*nn*	automatic weapon
5997	avancera-*vb*	advance|move up
7409	avböja-*vb*	decline
5267	avbrott-*nn*	interruption|cessation
5577	avbruten-*adj*	broken
6348	avdrag-*nn*	deduction
7368	äventyrare-*nn*	adventurer
5771	äventyra-*vb*	jeopardize|risk
7153	avfärd-*nn*	departure
6989	avfart-*nn*	exit
6593	avföring-*nn*	stool|defecation
5777	avfyra-*vb*	fire off
6242	avge-*vb*	give|emit
5939	avgift-*nn*	charge|fee
5865	avgrund-*nn*	abyss
5305	avhandling-*nn*	thesis
5318	avlägsen-*adj; nn; adv*	distant; remote; far away
6672	avleda-*vb*	divert|deflect
5570	avlida-*vb*	die
5187	avliden-*adj*	deceased
6494	avliva-*vb*	kill
6732	avlyssna-*vb*	listen in on
7250	avresa-*nn; vb*	departure; depart
6129	avsedd-*adj*	intended
6571	avsevärt-*adv*	considerably
6172	avse-*vb*	concern|mean
7107	avsides-*adv; adj*	aside; out
7200	avsiktlig-*adj*	intentional
7430	avskildhet-*nn*	detachment
6814	avskilja-*vb; nn*	separate; sequester
7432	avskrift-*nn*	copy|transcription
5006	avskuren-*adj*	cut off

5346	**avslå**-*vb*	reject|dismiss
5708	**avslöjande**-*nn*	disclosure
5593	**avslutning**-*nn*	termination|completion
7156	**avslut**-*nn*	contract
6274	**avta**-*vb*	decrease|lower
7361	**avund**-*nn*	envy
5641	**avvara**-*vb*	spare
5889	**avvikande**-*adj*	deviant
7316	**avvika**-*vb*	deviate|differ
6953	**avvikelse**-*nn*	deviation
6704	**avvisa**-*vb*	reject|dismiss

B

5647	**babbla**-*vb*	babble
5705	**bädda**-*vb*	make
7119	**bädd**-*nn*	foundation
5915	**baddräkt**-*nn*	swimsuit
6815	**bagageutrymme** -*nn*	luggag compartment
7069	**bageri**-*nn*	bakery
5624	**bag**-*nn*	bag
7154	**bakdel**-*nn; prp*	rear; behind
7047	**bakfull**-*adj*	hung over
5606	**bakgård**-*nn*	back yard
6262	**bakhuvud**-*nn*	back of head
6250	**bakslag**-*nn*	setback|rebound
5716	**baksmälla**-*nn*	hangover
5818	**bakterie**-*nn*	bacterium
5269	**bandspelare**-*nn*	tape recorder
6116	**bankfack**-*nn*	safe-deposit box
5026	**bankkonto**-*nn*	bank account
5422	**bankrånare**-*nn*	bank robber
6201	**banta**-*vb*	slim
6363	**barack**-*nn*	barracks
5877	**bärare**-*nn*	carrier
7203	**bärbar**-*adj*	portable
5851	**barbar**-*adj; nn*	barbarian; barbarian
7045	**barbarisk**-*adj*	barbarian
5519	**barfota**-*adv*	barefoot
6895	**bårhus**-*nn*	morgue
5367	**barnflicka**-*nn*	nursemaid
5083	**bår**-*nn*	stretcher
7403	**basa**-*vb*	supervise
7110	**basera**-*vb*	base
5775	**bassäng**-*nn*	pool

7067	**bästis**-*nn*	best friend
6335	**bastu**-*nn*	sauna
5608	**bäver**-*nn*	beaver
6256	**bearbeta**-*vb*	process|tool
5113	**bearbetning**-*nn*	working
5038	**bedömning**-*nn*	judging
6847	**bedövning**-*nn*	anesthesia
7106	**bedragare**-*nn*	imposter|deceiver
6059	**bedrift**-*nn*	feat|achievement
7438	**bedrövad**-*adj*	distressed|sad
7248	**bedrövlig**-*adj*	deplorable
7461	**befalla**-*vb*	command
5266	**befallning**-*nn*	command
5260	**befängd**-*adj*	absurd
6579	**befrielse**-*nn*	exemption|liberation
6421	**begagnad**-*adj*	used
5011	**begåvning**-*nn*	talent|aptitude
5201	**begränsa**-*vb*	limit|restrict
6298	**begränsning**-*nn*	limitation
6200	**begrepp**-*nn*	concept|notion
6786	**begynnelse**-*nn; adj*	beginning; starting
6958	**behaglig**-*adj*	pleasing
7096	**behagligt**-*adv*	agreeable
6185	**behag**-*nn*	pleasure|charm
6199	**behållare**-*nn*	container
5827	**behörighet**-*nn*	competence|cognizance
6030	**behövande**-*adj*	needy
7255	**bekantskap**-*nn*	acquaintance|knowledge
6384	**beklaglig**-*adj*	regrettable
7389	**belägg**-*nn*	evidence
6912	**belägring**-*nn*	siege
6307	**belastning**-*nn*	load|encumbrance
6954	**belåtenhet**-*nn*	satisfaction
6040	**belöna**-*vb*	reward
6123	**belopp**-*nn*	amount|figure
6278	**belysning**-*nn*	lighting|illumination
6203	**bensinstation**-*nn*	gas station
5935	**beräknad**-*adj*	calculated
6904	**beräkna**-*vb*	calculate
6556	**berättigad**-*adj*	entitled
7340	**berörd**-*adj*	concerned
6737	**beröva**-*vb*	deprive|rob
7524	**besanna**-*vb*	verify
5408	**besitta**-*vb*	possess|occupy
5161	**beslag**-*nn*	confiscation

5909	**beslutsamhet**-*nn*	determination	
5182	**bestående**-*adj*	consisting|permanent	
7496	**bestick**-*nn*	cutlery	
6247	**bestiga**-*vb*	climb|ascend	
7381	**bestraffa**-*vb*	punish	
6209	**bestraffning**-*nn*	punishment	
7201	**besvärad**-*adj*	troubled	
7026	**besynnerlig**-*adj*	peculiar	
5486	**betong**-*nn*	concrete	
5830	**beträffande**-*prp*	concerning	
6271	**beträffa**-*vb*	regard	
5143	**betydande**-*adj*	considerable	
5510	**betydelsefull**-*adj*	significant|meaningful	
5901	**beundran**-*nn*	admiration	
5634	**bevakad**-*adj*	guarded	
7210	**beväpna**-*vb*	arm	
6350	**bevilja**-*vb*	grant|allow	
5449	**bevisligen**-*adv*	demonstrably	
7379	**bevisning**-*nn*	argumentation	
7033	**bibliotekarie**-*nn*	librarian	
5524	**bikini**-*nn*	bikini	
7193	**bildad**-*adj*	educated	
6372	**bindande**-*adj*	binding	
6559	**biografi**-*nn*	biography	
5079	**biograf**-*nn*	cinema|movie	
6918	**bisarr**-*adj*	bizarre	
6188	**bistå**-*vb*	assist	
7285	**biträde**-*nn*	assistance	
7454	**bitterhet**-*nn*	bitterness	
6727	**biverkning**-*nn*	side effect	
6516	**blåbär**-*nn*	blueberry	
6999	**bländande**-*adj*	blinding	
5550	**bleka**-*vb*	bleach	
6141	**blekna**-*vb*	fade|bleach	
7453	**blicka**-*vb*	look	
6684	**blint**-*adv*	blindly	
5218	**blockerad**-*adj*	blocked	
6979	**blodbad**-*nn*	carnage	
5275	**blödning**-*nn*	bleeding	
7216	**blodtörstig**-*adj*	bloodthirsty	
5417	**blöja**-*nn*	diaper	
6941	**bluffa**-*vb*	bluff	
5134	**blund**-*nn*	wink|shut eye	
6535	**boja**-*nn*	fetter|shackle	
7205	**böjd**-*adj*	bent|curved	
6120	**bokföring**-*nn*	bookkeeping	

6145	**bokhandel**-*nn*	bookstore	
6875	**bokning**-*nn*	reservation	
5791	**bondgård**-*nn*	farmhouse	
6243	**boning**-*nn*	abode	
5315	**bordell**-*nn*	brothel	
7144	**börsmäklare**-*nn*	stock broker	
6266	**bortgång**-*nn*	disease|death	
5331	**bortse**-*vb*	ignore	
5141	**bortskämd**-*adj*	spoilt	
6943	**bosätta**-*vb*	reside	
5613	**bosnien**-*nn*	Bosnia	
5093	**bössa**-*nn*	gun	
7160	**bottenvåning**-*nn*	ground floor	
7229	**bov**-*nn*	villain	
6333	**bowling**-*nn*	bowling	
6007	**boxare**-*nn*	boxer	
5885	**box**-*nn*	case	
5886	**braka**-*vb*	crash	
5480	**brant**-*adj; nn*	steep; edge	
5395	**bredband**-*nn*	broadband	
6288	**brevlåda**-*nn*	mailbox	
7170	**brigad**-*nn*	brigade	
5601	**bringa**-*vb; nn*	bring|carry; brisket	
5798	**bristande**-*adj*	bursting|defective	
6506	**brödraskap**-*nn*	brotherhood	
6133	**bröllopsresa**-*nn*	wedding trip	
5194	**broms**-*nn*	brake|horsefly	
7493	**broschyr**-*nn*	brochure	
6239	**bröstkorg**-*nn*	chest	
5661	**brytning**-*nn*	break|mining	
5300	**budgetproposition** -*nn*	budget bill	
6804	**buffel**-*nn*	buffalo	
7239	**bukett**-*nn*	bouquet	
7022	**bula**-*nn*	bump|lump	
6285	**bulle**-*nn*	bun	
7457	**buller**-*nn*	noise	
7058	**bundsförvant**-*nn*	ally	
6214	**busa**-*vb*	make trouble	
5744	**buse**-*nn*	villain|baddie	
5220	**bussig**-*adj*	busy	
5336	**bybo**-*nn*	villager	
5521	**bygge**-*nn*	building	

C

6082	**cabriolet**-*nn*	convertible	7497	**desperation**-*nn*	desperation
6911	**cello**-*nn*	cello	7059	**detaljerad**-*adj*	detailed
6429	**cement**-*nn*	cement	6835	**devalvering**-*nn*	devaluation
7246	**cigarrett**-*nn*	cigarette	5733	**diabetes**-*nn*	diabetes
7401	**cirkulera**-*vb*	circulate	6783	**diagram**-*nn*	chart|diagram
6497	**collage**-*nn*	collage|college	5013	**dialekt**-*nn*	dialect
5489	**comeback**-*nn*	comeback	6340	**dialog**-*nn*	dialogue
5326	**cup**-*nn*	cup	5130	**digital**-*adj*	digital
5878	**cynisk**-*adj*	cynical	5327	**dilemma**-*nn*	dilemma
			6210	**dimension**-*nn*	dimension
	D		6456	**diplomati**-*nn*	diplomacy
			6679	**diplomatisk**-*adj*	diplomatic
7165	**dåd**-*nn*	deed	6206	**diplomat**-*nn*	diplomat
6474	**dager**-*nn*	daylight	6261	**diplom**-*nn*	diploma
6248	**däggdjur**-*nn*	mammal	6392	**direktiv**-*nn*	directive
5297	**dagtid**-*nn*	daytime	6470	**diskretion**-*nn*	discretion
7365	**dammsugare**-*nn*	vacuum cleaner	6204	**distans**-*nn*	distance
5236	**dansande**-*adj*	dancing	5461	**distrahera**-*vb*	distract
5009	**dansk**-*adj; nn*	danish; dane	7302	**diverse**-*adj; nn*	various; sundries
5086	**dårhus**-*nn*	madhouse	5923	**djärv**-*adj*	bold|daring
6377	**däri**-*adv*	therein	7162	**djärvt**-*adv*	boldly
6678	**däribland**-*adj*	among them	5726	**dödsdom**-*nn*	death sentence
6668	**därtill**-*adv*	thereto|in addition	7260	**dödstrött**-*adj*	dog-tired
6125	**dass**-*nn*	toilet	5109	**dokumentär**-*adj*	documentary
6010	**databas**-*nn*	database	6723	**dokumentera**-*vb*	document
5227	**debatt**-*nn*	debate	6073	**dolk**-*nn*	dagger
6159	**debut**-*nn*	debut	7220	**dominera**-*vb*	dominate
6538	**deckare**-*nn*	detective story	5133	**domino**-*nn*	domino
6448	**defekt**-*adj; nn*	defective; defect	5963	**donation**-*nn*	donation
6438	**definition**-*nn*	definition	5737	**donator**-*nn*	donor
6945	**deg**-*nn*	dough	5747	**donera**-*vb*	donate
6629	**delge**-*vb*	share	5755	**doppa**-*vb*	dip
5078	**delikat**-*adj*	delicate|delicious	5888	**dopp**-*nn*	dip
6110	**dels**-*adv*	partly	6774	**dörrvakt**-*nn*	doorman
6279	**deltagande**-*nn; adj*	participation; participant	6617	**drabbad**-*adj*	affected
			6971	**dramatik**-*nn*	dramatics
5531	**deltagare**-*nn*	participant	6186	**dräpa**-*vb*	slay
6842	**demokratisk**-*adj*	democratic	5397	**dråp**-*nn*	manslaughter
6019	**demo**-*nn*	demo	6575	**drastiskt**-*adv*	drastically
5105	**demonstrera**-*vb*	demonstrate	6500	**dregla**-*vb*	dribble
5248	**densamma**-*prn*	same	6252	**drickande**-*nn*	drinking
6866	**departement**-*nn*	department	7491	**drill**-*nn*	drill
7122	**desamma**-*adj; adv; prn*	same; same; same	7385	**drivkraft**-*nn*	driving force
			5304	**drömmare**-*nn*	dreamer
6565	**desertör**-*nn*	deserter	6284	**drönare**-*nn*	drone
5007	**design**-*nn*	design	5396	**dropp**-*nn*	drip

6883	**dryg**-*adj*	lasting|ample
5127	**duka**-*vb*	set the table|spread
6717	**dunka**-*vb*	pound|thud
7032	**dunk**-*nn*	thump
5295	**dygd**-*nn*	virtue|goodness
5583	**dykare**-*nn*	diver
5667	**dykning**-*nn*	diving|nosedive
6466	**dynasti**-*nn*	dynasty
5117	**dynga**-*nn*	dung
5612	**dyrka**-*vb*	worship|adore

E

6892	**effektivitet**-*nn*	efficiency
7426	**efterfölja**-*vb*	follow
6380	**efterforskning**-*nn*	search
5701	**efterfrågan**-*nn*	demand
7511	**eftersökt**-*adj*	sought for
6055	**eftertanke**-*nn*	consideration
5858	**efterträdare**-*nn*	successor
7498	**egendomlig**-*adj*	peculiar
5592	**egoistisk**-*adj*	egoistic|selfish
6893	**eka**-*vb; nn*	echo; skiff
6031	**ek**-*nn; adj*	oak; oaky
5146	**eko**-*nn*	reverberation
6795	**ekvation**-*nn*	equation
6545	**eldsvåda**-*nn*	outbreak of fire
6273	**elegans**-*nn*	elegance
7318	**elektriker**-*nn*	electrician
6634	**elektronik**-*nn*	electronics
5644	**elektronisk**-*adj*	electronic
5340	**elit**-*nn*	elite
5463	**emellanåt**-*adv*	occasionally
6805	**emellertid**-*adv*	however
7217	**empati**-*nn*	empathy
5120	**enas**-*vb*	agree (on)
7018	**encyklopedi**-*nn*	encyclopedia
6779	**endaste**-*prn*	one single
6570	**endera**-*prn*	either
5072	**engagerad**-*adj*	engaged
5926	**engagera**-*vb*	engage
7228	**enhörning**-*nn*	unicorn
6433	**enig**-*adj*	united
7353	**enighet**-*nn*	agreement|unity
5712	**enlighet**-*nn*	Union

6501	**ensamrätt**-*nn*	sole right
6378	**enskild**-*adj*	private
5373	**enstaka**-*adj*	occasional|isolated
7057	**enstöring**-*nn*	loner|hermit
5308	**entreprenörskap**-*nn*	entrepreneurship
5831	**envisas**-*vb*	persist
6241	**envishet**-*nn*	stubbornness
5855	**episod**-*nn*	episode
7349	**erotisk**-*adj*	erotic
6776	**eskalera**-*vb*	escalate
6471	**etablera**-*vb*	establish
7455	**etcetera**-*abr; adv*	etc.; et cetera
6689	**eter**-*nn*	ether
6191	**etikett**-*nn*	label|tag
5542	**etik**-*nn*	ethics
6803	**etiopien**-*nn*	Ethiopia
7132	**etisk**-*adj*	ethical
5767	**evakuera**-*vb*	evacuate
6100	**evenemang**-*nn*	event
5250	**eventuellt**-*adv*	eventually
7130	**evolution**-*nn*	evolution
5729	**exil**-*nn*	Exile
6597	**exklusiv**-*adj*	exclusive
5842	**exotisk**-*adj*	exotic
6217	**experimentera**-*vb*	experiment
6294	**expertis**-*nn*	expertise
7261	**extas**-*nn*	ecstasy

F

7291	**fackla**-*nn*	torch
5197	**fåfänga**-*nn*	vanity|idleness
6858	**faktor**-*nn*	factor
5055	**falk**-*nn*	falcon
6754	**fallande**-*adj; nn*	falling; fall
6624	**fallen**-*adj*	apt|prone
6619	**fallskärmsjägare**-*nn*	parachute-jumper
6486	**familjemedlem**-*nn*	family member
7406	**fängelsestraff**-*nn*	imprisonment
7377	**fången**-*adj*	captive
5897	**fångenskap**-*nn*	captivity
7257	**fångläger**-*nn*	prison camp

6304	**fängslad**-*adj*	captive	5779	**flamma**-*nn; vb*	flame; flame
7434	**fängslande**-*adj; nn*	captivating; imprisonment	5433	**fläsk**-*nn*	pork
6832	**fängsla**-*vb*	imprison	6092	**flat**-*adj*	flat
6618	**fångst**-*nn*	catch	6519	**flå**-*vb*	skin
6914	**fån**-*nn*	fool	7404	**flaxa**-*vb*	flap
5144	**fantisera**-*vb*	fantasize	6998	**flerårig**-*adj*	perennial
7185	**färga**-*vb*	color|dye	5121	**flertal**-*nn*	multiple
5464	**farkost**-*nn*	craft	7306	**flexibel**-*adj*	flexible
6149	**farm**-*nn*	farm	5869	**flicknamn**-*nn*	maiden name
5539	**fasad**-*nn*	façade	5131	**flina**-*vb*	grin
5879	**fasa**-*nn; vb*	horror; phase	5468	**flöda**-*vb*	flow|flood
5365	**fästa**-*vb*	attach|fasten	5491	**flöjt**-*nn*	flute
6118	**fästning**-*nn*	fortress	5789	**flygare**-*nn*	aviator
5303	**fastställa**-*vb*	determine|establish	5887	**flygblad**-*nn*	flyer|leaflet
6957	**fastställd**-*adj*	established	5826	**flygbolag**-*nn*	airline
5140	**fåtal**-*nn*	the few	5580	**flygel**-*nn*	wing|grand piano
5474	**fattning**-*nn*	socket|composure	7108	**flygfält**-*nn*	airport
6309	**faxa**-*vb*	fax	5567	**flyktingpolitik**-*nn*	asylum policy
5457	**federation**-*nn*	federation	6840	**flytt**-*nn*	move
6390	**fegt**-*adv*	in a cowardly fashion	7224	**födelsedagskalas**-*nn*	birthday party
6901	**felsteg**-*nn*	faux pas	6797	**födelsemärke**-*nn*	birthmark
6418	**femhundra**-*num*	five hundred	7509	**foder**-*nn*	lining|feed
6190	**festa**-*vb*	party|feast	5807	**föga**-*adj; adv; nn*	little; little; little
6613	**festlig**-*adj*	festive	5441	**följe**-*nn*	entourage|crew
5163	**fiasko**-*nn*	fiasco|failure	5298	**följeslagare**-*nn*	companion
6402	**fientlighet**-*nn*	hostility	7483	**folkmord**-*nn*	genocide
5587	**fientligt**-*adv*	hostilely	6154	**fond**-*nn*	fund|background
5268	**fika**-*vb*	have coffee	6197	**fontän**-*nn*	fountain
6502	**filmstjärna**-*nn*	film star	6851	**förälskelse**-*nn*	infatuation
5844	**filosof**-*nn*	philosopher	6337	**föraning**-*nn*	premonition
6876	**filter**-*nn*	filter	5900	**förbättring**-*nn*	improvement
6283	**finansiell**-*adj*	financial	5202	**förberedelse**-*nn*	preparation|preliminary
5730	**finansiera**-*vb*	finance	6680	**förbluffande**-*adj*	amazing
7031	**finansiering**-*nn*	financing	6687	**förbud**-*nn*	prohibition
6364	**finess**-*nn*	finesse|gadget	6365	**förbunden**-*adj*	connected
6700	**finne**-*nn*	pimple|Finn	5097	**förbund**-*nn*	covenant|association
7010	**finsk**-*nn*	Finnish	6936	**fördärvad**-*adj*	corrupt
6625	**fiol**-*nn*	violin	6696	**fördöma**-*vb*	condemn
6963	**firande**-*nn*	celebration	6453	**fördriva**-*vb*	drive away|dislodge
6036	**fix**-*adj*	fixed	7473	**förebyggande**-*nn; adj*	prevention; preventive
7343	**fixerad**-*adj*	fixed	6062	**föredrag**-*nn*	lecture|delivery
6253	**fjärdedel**-*nn*	quarter	7397	**förefalla**-*vb*	occur|seem
5639	**fjäril**-*nn*	butterfly	5998	**föregående**-*adj; nn*	foregoing; precedent
7127	**fläka**-*vb*	split open			
6823	**fläkt**-*nn*	fan|breath of air			

5924	**förekomma**-*vb*	anticipate|prevent|appear	5035	**försäkringsbolag**-*nn*	insurance company
5075	**föreståndare**-*nn*	director|principal			
7323	**företrädare**-*nn*	predecessor	7084	**försätta**-*vb*	set
6461	**företräda**-*vb*	represent	6462	**försening**-*nn*	delay
5921	**förfall**-*nn*	decay|disrepair	5098	**förse**-*vb*	provide|kit out
6406	**förfalska**-*vb*	forge|falsify	5816	**försiktighet**-*nn*	caution|prudence
5349	**förfalskning**-*nn*	counterfeiting| falsification	6740	**försitta**-*vb*	lose
			6147	**forska**-*vb*	research
6044	**förföljare**-*nn*	chaser|persecutor	7037	**försona**-*vb*	reconcile|atone for
5598	**förfrågan**-*nn*	inquiry	7373	**försoning**-*nn*	reconciliation
6824	**förhand**-*adv*	beforehand	5638	**förspel**-*nn*	foreplay
6303	**förhandlare**-*nn*	negotiator	5435	**förståelig**-*adj*	understandable| comprehensible
5508	**förhastad**-*adj*	hasty|rash			
5945	**förintelse**-*nn*	extermination	5947	**förstärka**-*vb*	strengthen
5514	**förkläde**-*nn*	apron	5199	**förstasida**-*nn*	front page
5672	**förkylning**-*nn*	cold	6900	**förstklassig**-*adj*	first-class
5846	**förläggare**-*nn*	publisher	6623	**försvarslös**-*adj*	defenseless
6685	**förlänga**-*vb*	extend|lengthen	6245	**försvarsminister** -*nn*	minister of defense
6411	**förlängning**-*nn*	extension			
6984	**förlossning**-*nn*	childbirth	5912	**förtjänt**-*adj*	deserved|earned
5908	**förlovning**-*nn*	engagement	7166	**förträfflig**-*adj*	excellent
5905	**formad**-*adj*	shaped	5574	**förtrollad**-*adj*	bewitched
5920	**formation**-*nn*	formation	6155	**förtryck**-*nn*	oppression
5426	**forma**-*vb*	shape	6177	**fortsatt**-*adj*	continued
6359	**förmå**-*vb; av*	induce|bring; could	7049	**forum**-*nn*	forum
5952	**formell**-*adj*	formal	5153	**förundersökning** -*nn*	preliminary investigation
5281	**formel**-*nn*	formula			
6743	**förmiddag**-*nn*	forenoon	7199	**förutsäga**-*vb*	predict
5119	**förmögen**-*adj*	capable	6148	**förutsägbar**-*adj*	predictable
6409	**formulär**-*nn*	form	5565	**förutsatt**-*adj*	given
7393	**förnedring**-*nn*	humiliation	6854	**förutsätta**-*vb*	assume|suppose
7197	**förnekande**-*nn*	denial	7039	**förutspå**-*vb*	predict
5292	**forntida**-*adj*	antique	5325	**förvånande**-*adj; adv*	astonishing; surprisingly
5678	**förnya**-*vb*	renew|innovate			
5251	**förnybar**-*adj*	renewable	6399	**förvånansvärt**-*adv*	surprisingly
5914	**förödmjukad**-*adj*	humiliated			
5559	**förödmjukande**-*nn*	humiliation	7384	**förvandling**-*nn*	transformation
			6445	**förvåning**-*nn*	surprise
5564	**förödmjuka**-*vb*	humiliate|bring low	6760	**förväntan**-*nn*	expectation
7113	**förödmjukelse**-*nn*	humiliation	5693	**förvarning**-*nn*	forewarning
			5769	**förverkliga**-*vb*	realize|implement
6600	**föröka**-*vb*	propagate	5913	**förvirra**-*vb*	confuse
5762	**förort**-*nn*	suburb	6759	**förvisso**-*adv*	for certain
5436	**förpliktelse**-*nn*	obligation|engagement	7331	**fosterland**-*nn*	native country
7399	**förrädisk**-*adj*	treacherous	6354	**fotbollsspelare**-*nn*	footballer
6987	**förrätt**-*nn*	starter	7194	**fotografering**-*nn*	photography
5927	**försäkrad**-*adj; nn*	insured; insured	6061	**fotsteg**-*nn*	footstep

6015	**fräckhet**-*nn*	impudence	
7310	**fragment**-*nn*	fragment	
5239	**frälsa**-*vb*	save|rescue	
5781	**framgångsrikt**-*adv*	successfully	
7233	**främja**-*vb*	promote|foster	
5819	**framkalla**-*vb*	induce|develop	
5145	**främlingsfientlig**-*adj*	xenophobic	
5766	**framsäte**-*nn*	front seat	
6584	**framställa**-*vb*	produce|make	
7433	**franc**-*nn*	franc	
7478	**fransyska**-*nn*	Frenchwoman	
5012	**fredlig**-*adj*	peaceful|gentle	
5640	**fresta**-*vb*	tempt|try	
5056	**frestelse**-*nn*	temptation	
6969	**fridfull**-*adj*	peaceful|serene	
6850	**frige**-*vb*	release|free	
5768	**frigöra**-*vb*	release|free	
5272	**frimärke**-*nn*	stamp	
5631	**frisör**-*nn*	hairdresser|barber	
6768	**frita**-*vb*	exempt	
6346	**frodas**-*vb*	thrive|prosper	
5625	**fröjd**-*nn*	delight	
6268	**frö**-*nn*	seed	
6216	**frustration**-*nn*	frustration	
5669	**fuktig**-*adj*	damp|humid	
5655	**fulländad**-*adj*	accomplished	
7514	**fullborda**-*vb*	complete|fulfill	
6874	**fullsatt**-*adj*	full up	
7465	**fullvuxen**-*adj*	full-grown	
6807	**funktionalitet**-*nn*	functionality	
5410	**furir**-*nn*	sergeant	
6179	**furste**-*nn*	prince	
6160	**fusion**-*nn*	fusion	
6312	**fyllo**-*nn*	drunk	
6605	**fyndig**-*adj*	ingenious	
5904	**fyrkant**-*nn*	square	
6896	**fysiker**-*nn*	physicist	

G

6012	**gående**-*nn; adj*	going; walking
5445	**gaffel**-*nn*	fork
6455	**galant**-*adj*	gallant
5578	**galleri**-*nn*	gallery

7510	**galopp**-*nn*	gallop
6753	**gammalmodig**-*adj*	old-fashioned
5928	**gam**-*nn*	vulture
5925	**gangster**-*nn*	gangster
6091	**gap**-*nn*	gap|mouth
6134	**garde**-*nn*	guards
6692	**garnison**-*nn*	garrison
5245	**gås**-*nn*	goose
5752	**gelé**-*nn*	jelly
5454	**gemenskap**-*nn*	community|connection
6694	**generalisera**-*vb*	generalize
5802	**generositet**-*nn*	generosity
6697	**genialisk**-*adj*	ingenious
5125	**genomgång**-*nn*	review
5866	**genomgå**-*vb; nn*	undergo|go through; undergoing
7266	**genomtänkt**-*adj*	measured
7276	**giltig**-*adj*	valid|current
7064	**gira**-*vb*	yaw|sheer
5478	**givande**-*adj; nn*	rewarding; giving
5756	**gladeligen**-*adv*	gladly
6765	**glädjas**-*vb*	rejoice
6964	**glänsande**-*adj*	shiny
6677	**glänsa**-*vb*	shine|glare
6025	**glans**-*nn*	gloss|shine
6006	**glid**-*nn*	slide
5993	**glimt**-*nn*	glimpse|gleam
6369	**glitter**-*nn*	glitter
5893	**glödande**-*adj*	glowing
7051	**glöda**-*vb*	glow
7355	**glömska**-*nn*	oblivion
6529	**gnagare**-*nn*	rodent
7272	**gnida**-*vb*	scrape|chafe
5237	**gnista**-*nn*	spark
6891	**gnugga**-*vb*	rub
7249	**godsak**-*nn*	sweet
6280	**gödsel**-*nn*	manure
7253	**golfbana**-*nn*	golf course
7485	**gotta**-*vb*	have a good time
6361	**gradvis**-*adv; adj*	gradually; gradual
5472	**granska**-*vb*	view|review
7422	**granskning**-*nn*	examination
7517	**gräslig**-*adj*	awful
5660	**gråtande**-*adj*	weeping
6151	**graviditet**-*nn*	pregnancy
7282	**gravitation**-*nn*	gravity

5062	**grillad**-*adj*	grilled
6550	**grill**-*nn*	grill
5976	**grinig**-*adj*	grumpy
6872	**gröngöling**-*nn*	cub|greenhorn
6101	**grop**-*nn*	dimple
5343	**grovt**-*adv*	grossly
7503	**grubbla**-*vb*	ponder|brood
5797	**grundad**-*adj*	based
5973	**grundare**-*nn*	founder
6671	**grundligt**-*adv*	thoroughly
7487	**grundskola**-*nn*	elementary school
6825	**grus**-*nn*	gravel
7268	**gruvarbetare**-*nn*	miner
5089	**grymhet**-*nn*	cruelty|ferocity
5324	**gryta**-*nn; vb*	stew; pan
7050	**guida**-*vb*	guide
6081	**guinea**-*nn*	guinea
5529	**guldmynt**-*nn*	gold coin
6244	**gurka**-*nn*	cucumber
7083	**guvernant**-*nn*	governess
6659	**gylf**-*nn*	fly|zipper
7396	**gynekolog**-*nn*	gynecologist
6757	**gynna**-*vb*	befriend|promote

H

6251	**hacker**-*nn*	hacker
7190	**hack**-*nn*	notch
7374	**hädelse**-*nn*	blasphemy
5881	**haffa**-*vb*	nab|pinch
5189	**hagelgevär**-*nn*	shotgun
5424	**hake**-*nn*	hook|catch
6132	**häktningsorder**-*nn*	warrant
7146	**hållen**-*adj*	kept
6076	**hållning**-*nn*	posture|demeanor
6843	**hållplats**-*nn*	stop
5703	**häl**-*nn*	heel
5714	**hälsosam**-*adj*	healthy|wholesome
7222	**haltande**-*nn; adj*	limp; finespun
5247	**halta**-*vb*	limp
6152	**halvlek**-*nn*	half
6658	**halvtid**-*nn*	half-time
5399	**håna**-*nn; vb*	scoff; taunt
5527	**handfull**-*adj*	handful
5411	**handikapp**-*nn*	disability

6861	**handlare**-*nn*	merchant
7133	**handledare**-*nn*	supervisor
7296	**handpenning**-*nn*	deposit
6748	**handslag**-*nn*	handshake
5114	**handväska**-*nn*	handbag
5874	**hane**-*nn*	cock
5898	**hängande**-*adj; nn*	hanging; pendant
7029	**hangar**-*nn*	hangar
5515	**hängivenhet**-*nn*	devotion
5602	**hängning**-*nn*	hanging
5042	**hanne**-*nn*	buck|cock
5470	**hänsynslös**-*adj*	reckless
6554	**hantlangare**-*nn*	henchman
6582	**hantverkare**-*nn*	craftsman
6400	**hantverk**-*nn*	crafts|craft
7006	**hårddisk**-*nn*	hard disk
6173	**hårdhänt**-*adj*	rough
7117	**härförare**-*nn*	army leader
5285	**hårig**-*adj*	hairy
7439	**härja**-*vb*	ravage
6342	**härkomst**-*nn*	origin
7357	**härlighet**-*nn*	glory
6458	**härma**-*vb*	mimic
6580	**härskarinna**-*nn*	lady|mistress
5812	**härstamma**-*vb*	originate|derive
6127	**hårstrå**-*nn*	hair
5790	**hastigt**-*adv*	hastily
7141	**hästsvans**-*nn*	ponytail
6920	**häva**-*vb*	cancel
5566	**hebreisk**-*adj*	Hebraic
6857	**hedning**-*nn*	infidel
6267	**hejdå**-*vb*	arrest
5748	**hektar**-*nn*	hectare
5128	**helgad**-*adj*	sacred
5875	**helga**-*vb*	sanctify
6773	**helgdag**-*nn*	holy day
6994	**helhet**-*nn*	whole|entirety
6977	**helskinnad**-*adj*	unscathed
5584	**heltid**-*adv*	full-time
5052	**hemåt**-*adv*	homeward
7395	**hemhjälp**-*nn*	domestic help
7518	**hemkomst**-*nn*	home-coming
6260	**hemlängtan**-*nn*	homesickness
7155	**hemläxa**-*nn*	homework
6229	**hemmafru**-*nn*	housewife

5754	**hemmaplan**-*nn*	home ground
6621	**hemmastadd**-*adj*	at home
5456	**hemsöka**-*vb*	obsess
6230	**hemväg**-*nn*	way home
7337	**hemvist**-*nn*	residence
5149	**herde**-*nn; adj*	shepherd; shepherd
5763	**herpes**-*nn*	herpes
6318	**herrgård**-*nn*	mansion
5573	**heterosexuell**-*adj*	heterosexual
6035	**hetsa**-*vb*	incite
6683	**hicka**-*nn; vb*	hiccup; hiccup
5170	**himmelrike**-*nn*	Heaven
6224	**himmelsk**-*adj*	heavenly
7375	**historiker**-*nn*	historian
7256	**hittelön**-*nn*	reward
6651	**hjälpande**-*nn*	helping
5427	**hjälpsam**-*adj*	helpful
6655	**hjärndöd**-*nn; adj*	brain death; brain dead
5817	**hjärtligt**-*adv*	heartily
5403	**hjärtslag**-*nn*	heartbeat
5030	**höft**-*nn*	haunch
5421	**högljudd**-*adj*	loud
7053	**högmod**-*nn*	pride|arrogance
5341	**högskola**-*nn*	college
5138	**högstadium**-*nn*	advanced stage
6020	**högtalare**-*nn*	speaker
5666	**höjdpunkt**-*nn; adj*	peak; hightide
7283	**hoj**-*nn*	bike
6379	**hök**-*nn*	hawk
7284	**holländare**-*nn*	dutchman
5757	**holländsk**-*adj*	Dutch
5954	**hona**-*nn*	female
5147	**höna**-*nn*	chicken
6060	**hö**-*nn*	hay
5670	**honnör**-*nn*	salute|honour
5118	**höns**-*nn*	poultry
7341	**hoppare**-*nn*	jumper
7147	**hörlur**-*nn*	earphone
5188	**hormon**-*nn*	hormone
6023	**hor**-*nn*	fornication
5413	**hörsel**-*nn*	hearing
6645	**hospital**-*nn*	asylum
5694	**hudfärg**-*nn*	complexion
6845	**huggtand**-*nn*	tusk
6610	**huka**-*vb*	hunker
6289	**hull**-*nn*	flesh
5951	**hundmat**-*nn*	dog food
6317	**hundratusentals**-*num*	hundreds of thousands
6420	**hundvalp**-*nn*	puppy
5257	**huruvida**-*con*	whether
7003	**husbil**-*nn*	camper
7411	**husbonde**-*nn*	master
6037	**hushållerska**-*nn*	housekeeper
7195	**hushåll**-*nn*	household
6168	**husmor**-*nn*	housewife
5795	**husrum**-*nn*	lodging
5036	**huv**-*nn*	hood|cover
5911	**huvudämne**-*nn*	major
7459	**huvudbyggnad**-*adj*	main building
5167	**huvudkontor**-*nn*	head office
6644	**huvudsakligen**-*adv; adj*	mainly; chiefly
6827	**hyckleri**-*nn*	hypocrisy
7024	**hygien**-*nn*	hygiene
5746	**hyllning**-*nn*	tribute
6648	**hypnos**-*nn*	hypnosis
6789	**hyrbil**-*nn*	rental car
7363	**hyresgäst**-*nn*	tenant
6258	**hyresvärd**-*nn*	landlord
6810	**hysteri**-*nn*	hysteria

I

5122	**i grund och botten**-*adv*	basically
5460	**i ljuset av**-*prp*	in light of
5065	**iaktta**-*vb*	watch
7168	**idel**-*adj*	sheer|mere
6869	**identifiering**-*nn*	identification
5374	**identisk**-*adj*	identical
7128	**idioti**-*nn*	idiocy
5494	**idol**-*nn*	idol
6806	**idrott**-*nn*	sports
7237	**idrottsman**-*nn*	athlete
6095	**illegalt**-*adv*	illegally
6334	**ilsken**-*adj*	irate|fierce
5233	**image**-*nn*	image
7180	**imitation**-*nn*	imitation
6642	**imitera**-*vb*	imitate|mimic

6766	immigrant-*nn*	immigrant	
5370	immun-*adj*	immune	
6961	immunitet-*nn*	immunity	
5497	implantat-*nn*	implant	
5689	implementera-*vb*	implement	
7182	implementering-*vb*	implement	
5501	improvisera-*vb*	improvise|fake	
6903	impulsiv-*adj*	impulsive	
6153	impuls-*nn*	impulse	
5156	inåt-*adv; prp*	inwards|inside; into	
5535	inbillning-*nn*	imagination	
6751	inbrottstjuv-*nn*	burglar	
7508	inbyggd-*adj*	built-in	
6246	indier-*nn*	Indian	
5870	indikera-*vb*	indicate	
5841	indisk-*adj*	Indian	
7052	individuell-*adj*	individual	
6454	industri-*nn*	industry	
5861	infekterad-*adj*	infected	
5692	infiltrera-*vb*	infiltrate	
6631	infödd-*adj; nn*	native; native-born	
6534	införa-*vb*	introduce|establish	
6775	ingående-*adj; adv*	thorough; closely	
5502	ingrepp-*nn*	operation	
6646	ingripande-*nn; adj*	intervention; radical	
5328	initial-*nn*	initial	
5731	initiativ-*nn*	initiative	
6004	injektion-*nn*	injection	
5589	inkallad-*nn*	inductee	
7001	inkompetens-*nn*	incompetence	
6301	inkompetent-*adj*	incompetent	
7394	inköp-*nn*	purchase	
7103	inkopplad-*adv*	in gear	
6064	inkräkta-*vb*	encroach|intrude	
5064	inlagd-*adj*	pickled	
7469	inlägg-*nn*	contribution|insert	
5259	inleda-*vb*	initiate|commence	
6138	inneboende-*adj; nn*	inherent; lodger	
6960	innebörd-*nn*	implication	
6711	innefatta-*vb*	include|involve	
6975	innerligt-*adv*	dearly	
5646	innersta-*adj*	intimate	

7148	insamling-*nn*	collection	
5335	inslag-*nn*	element|leavening	
6112	inspärrad-*adj*	incarcerated	
6162	inspektera-*vb*	inspect	
5215	inspektion-*nn*	inspection	
5681	inspirerad-*adj*	inspired	
5309	inspirera-*vb*	inspire|inspirit	
5996	instabil-*adj*	unstable	
7081	inställa-*vb*	adjust	
5862	installera-*vb*	install	
5723	institution-*nn*	institution	
6113	instruktör-*nn*	instructor	
7492	insulin-*nn*	insulin	
7522	intäkt-*nn*	earnings	
7372	intala-*vb*	persuade	
5126	intellekt-*nn*	intellect	
5876	intellektuell-*adj; nn*	intellectual; intellectual	
5696	intendent-*nn*	manager|purser	
5379	intern-*adj; nn*	internal; inmate	
6836	internationalisering-*nn*	internationalization	
5434	internt-*adj*	in-house	
5946	intim-*adj*	intimate	
7068	intimitet-*nn*	intimacy	
5938	inträde-*nn*	entry	
6099	introducera-*vb*	introduce	
6130	intyga-*vb*	certify|attest	
6965	intyg-*nn*	certificate	
7424	invända-*nn; vb*	object; object	
5787	invandringspolitik-*nn*	immigration-policy	
7028	invärtes-*adj; adv*	internal; inwardly	
6460	inverkan-*nn*	impact	
6075	invigning-*nn*	inauguration	
7482	involvera-*vb*	involve	
7326	irakisk-*adj*	Iraqi	
5645	irländsk-*adj*	Irish	
5988	ironi-*nn*	irony	
5209	irrelevant-*adj*	inapplicable|irrelative	
7312	isberg-*nn*	iceberg	
6792	islam-*nn*	islam	
5178	isolering-*nn*	insulation	
6097	israelisk-*adj*	Israeli	
5534	Italien-*nn*	Italy	

J

6598	**jacuzzi**-*nn*	jacuzzi
5856	**jämlik**-*adj*	equal
6853	**jämte**-*adv*	together with
5950	**jätteglad**-*adj*	cheerful
6442	**jättelik**-*adj*	giant|huge
6150	**jogga**-*vb*	jog
6530	**joker**-*nn*	joker
6128	**jordbävning**-*nn*	earthquake
6477	**jordbruk**-*nn*	farm|farming
5294	**jordgubbe**-*nn*	strawberry
6813	**jordklot**-*nn*	earth
6001	**journalistik**-*nn*	journalism
7391	**jubileum**-*nn*	jubilee
7097	**jubla**-*vb*	shout with joy
7244	**juldag**-*nn*	Christmas day
6115	**julgran**-*nn*	Christmas tree
7139	**julkort**-*nn*	Christmas card
5321	**juridisk**-*adj*	legal|judicial
5805	**justera**-*vb*	adjust
6479	**juvel**-*nn*	jewel

K

5198	**kafé**-*nn*	café
5629	**kaj**-*nn*	quay|dock
7073	**kal**-*adj*	bare|bald
5586	**kalender**-*nn*	calendar
7038	**kalori**-*nn*	calorie
6831	**kalv**-*nn*	calf
5852	**kamma**-*vb*	comb
5342	**kanadensare**-*nn*	canadian
5290	**kanadensisk**-*adj*	Canadian
5287	**kandidera**-*vb*	run for
6107	**känga**-*nn*	boot
7014	**kanhända**-*adv*	perhaps
5363	**kanna**-*nn*	pot
6428	**kännetecken**-*nn*	feature|attribute
5332	**känsel**-*nn*	feel
7479	**känslighet**-*nn*	sensitivity
5687	**känslomässig**-*adj*	emotional
5581	**känslosam**-*adj*	emotional
5409	**kapacitet**-*nn*	capacity
6057	**kapital**-*nn*	capital
5104	**kapitulera**-*vb*	capitulate

6741	**kardinal**-*nn*	cardinal
7299	**käring**-*nn*	old woman
7339	**kärleksaffär**-*nn*	love affair
5684	**kärleksbrev**-*nn*	love-letter
5437	**kärleksfull**-*adj*	loving
7098	**kärleksfullt**-*adv*	lovingly
6184	**kärleksliv**-*nn*	love life
6769	**kärl**-*nn*	vessel
7161	**karneval**-*nn*	carnival
6728	**kartong**-*nn*	cardboard
7431	**kassör**-*nn*	cashier
5479	**katalog**-*nn*	catalog
6739	**katedral**-*nn*	cathedral
6701	**kategori**-*nn*	category
6028	**katolik**-*nn*	catholic
5132	**katolsk**-*adj*	catholic
6594	**kättare**-*nn*	heretic
5244	**kattunge**-*nn*	kitten
6029	**kejsarinna**-*nn*	empress
5718	**kejserlig**-*adj*	Imperial
5124	**kemikalier**-*nn*	chemicals
5982	**keps**-*nn*	cap
6889	**kidnappning**-*nn*	kidnapping
7087	**kika**-*vb*	peek
6682	**kila**-*vb*	wedge|scurry
5989	**kittla**-*vb*	tickle
5617	**kitt**-*nn*	putty
6549	**klack**-*nn*	heel
6339	**klanta**-*vb*	screw up
6122	**klapp**-*nn*	tap|clap
5487	**klarhet**-*nn*	clarity|brightness
7206	**klasskamrat**-*nn*	classmate
5139	**klassrum**-*nn*	classroom
6332	**klen**-*adj*	frail|feeble
6558	**klicka**-*vb*	click
5828	**klimat**-*nn*	climate
6906	**klippig**-*adj*	rocky
5048	**klister**-*nn*	adhesive
6731	**klitoris**-*nn*	clitoris
5192	**klot**-*nn*	globe|bowl
5070	**klubba**-*nn; vb*	club; club
6959	**klumpigt**-*adv*	clumsily
7231	**klunga**-*nn*	cluster|crowd
5112	**klyftig**-*adj*	clever
6948	**knalla**-*vb*	bang
6839	**knall**-*nn*	bang|report

5616	**knarka-**vb	take drugs
7247	**knekt-**nn	knave|jack
6417	**knepig-**adj	tricky|catchy
7007	**knivhugg-**nn	stab
7025	**knop-**nn	knot
5116	**knuff-**nn	shove
5776	**knuten-**adj	attached
5249	**knut-**nn	knot
6518	**knytnäve-**nn	fist
6440	**koda-**vb	encode
6376	**koffert-**nn	trunk|suitcase
5937	**koks-**nn	coke
6385	**kokt-**adj	boiled
5611	**kola-**nn; vb	caramel; coal
7402	**koldioxid-**nn	carbon dioxide
6366	**kolhydrat-**nn	carbohydrate
6178	**kollapsa-**vb	collapse
7435	**kollektiv-**adj; nn	collective; collective
6469	**kollision-**nn	collision
5033	**koloni-**nn	settlement
7354	**kolonn-**nn	column
5933	**komet-**nn	comet
5368	**kommission-**nn	commission
6952	**kommunism-**nn	communism
7214	**kommunistisk-**adj	communist
5190	**kommun-**nn	municipality|county
6259	**kompensation-**nn	compensation
5955	**kompensera-**vb	compensate
7086	**kompetens-**nn	competence
6897	**kompetent-**adj	competent
5203	**komplex-**adj; nn	complex; block
5270	**komplikation-**nn	complication
6986	**komplimang-**nn	compliment
5853	**komplott-**nn	conspiracy
7112	**kompromiss-**nn	compromise
6063	**koncentrationsläger-**nn	concentration camp
6660	**koncentrerad-**adj	concentrated
5811	**koncept-**nn	draft
7267	**kondition-**nn	fitness
7089	**konduktör-**nn	conductor
7425	**konfiguration-**nn	configuration
5504	**konfrontera-**vb	confront
5579	**konkret-**adj	concrete
6639	**konkurrent-**nn	competitor
7030	**konkurrera-**vb	compete
7348	**könsorgan-**nn	genitals
5082	**konspirationsteori-**nn	conspiracy theory
6443	**konstgjord-**adj	artificial
6669	**konstnärlig-**adj	artistic
7309	**konstruerad-**adj	constructed
6609	**konstruktion-**nn	design|construct
7264	**konsul-**nn	consul
7138	**konsult-**nn	consultant
5803	**kontinent-**nn	continent
7241	**koordinera-**vb	coordinate
5041	**köpcenter-**nn	shopping mall
5344	**koppel-**nn	lead|leash
6016	**köpslå-**vb	bargain
5651	**körning-**nn	driving|run
5102	**kör-**nn	choir
5115	**korn-**nn	grain
6207	**korrekthet-**nn	correctness
6676	**korrumperad-**adj	corrupt
5987	**korrupt-**adj	corrupt
6383	**korståg-**nn	crusade
7226	**kortslutning-**nn	short circuit
6401	**kortspel-**nn	card game
6305	**kosmos-**nn	cosmos
5299	**kostnad-**nn	cost
7048	**kost-**nn	diet
5585	**köttbulle-**nn	meat-ball
5350	**krabat-**nn	fellow
6734	**krage-**nn	collar
5401	**kramas-**vb	cuddle
7405	**kräm-**nn	cream
5157	**krångla-**vb	give trouble
7313	**kränka-**vb	violate|infringe
7290	**kreativitet-**nn	creativity
7125	**krigare-**nn	warrior
6944	**krigföring-**nn	warfare
7324	**kriminalitet-**nn	crime
5193	**kristall-**nn	crystal
5533	**kritiker-**nn	critic
6026	**kritisera-**vb	criticize
5469	**krog-**nn	tavern|pub
5323	**krokodil-**nn	crocodile
7338	**kruka-**nn	pot
5404	**krydda-**nn; vb	spice; spice

5907	krympa-*vb*	shrink
7251	kryssning-*nn*	cruise
6802	kub-*nn*	cube
6991	kuliss-*nn*	coulisse
6749	kulspruta-*nn*	machinegun
7370	kulturell-*adj*	cultural
6547	kupé-*nn*	compartment
5674	kurir-*nn*	courier
6601	kvadrat-*nn*	square
7252	kvalifikation-*nn*	qualification
6351	kval-*nn*	pangs|anguish
5107	kvarleva-*nn*	remnant
5181	kvarn-*nn*	grinder|mill
7481	kvarvarande-*adj*	remaining
6745	kvast-*nn*	broom
6890	kväve-*nn*	nitrogen
5758	kvick-*adj*	witty|bright
5676	kypare-*nn*	waiter
6221	kyrkoherde-*nn*	vicar|rector

L

7437	lack-*nn*	lacquer
6781	lagarbete-*nn*	teamwork
6736	lagd-*adj*	minded
7209	läggning-*nn*	orientation|disposition
5894	lagkamrat-*nn*	team-mate
6374	läglig-*adj*	timely|opportune
5439	lagstiftande-*adj*	legislative
5965	lagstiftare-*nn*	legislator
5813	läkarvård-*nn*	medical treatment
5110	läkemedel-*nn*	drug|medicines
7019	läktare-*nn*	platform|gallery
6712	lämpad-*adj*	suited
6654	landning-*nn*	landing
6755	landningsbana-*nn*	runway
5471	landsbygd-*nn*	countryside
5080	landskap-*nn*	landscape
7043	landsväg-*nn*	(country) road
6087	långsökt-*adj*	far-fetched
7314	länka-*vb;*	link; link
7118	lappa-*vb*	patch|cobble
6393	lärarinna-*nn*	teacher
6973	lärd-*adj; nn*	learned|taught; savant
5968	lärdom-*nn*	learning|knowledge

6452	lärjunge-*nn*	learner
5526	larma-*vb*	alarm
6114	larv-*nn*	larva
5092	läsning-*nn*	reading
6328	lass-*nn*	load
6163	lättlurad-*nn; adj*	sucker; gullible
7243	ledighet-*nn*	leave
5077	legendarisk-*adj*	legendary
6972	lejd-*nn*	safe-conduct
6864	lekamen-*nn*	body
6699	lekplats-*nn*	playground
6009	leukemi-*nn*	leukemia
7040	leverantör-*nn*	supplier
5031	lever-*nn*	liver
7414	lexikon-*nn*	dictionary
6791	liberal-*adj*	broad
5381	liggande-*adj*	laying
7215	likgiltig-*adj*	indifferent
5621	likhet-*nn*	similarity
5793	likväl-*adv*	nevertheless
5706	lim-*nn*	glue
5561	lindra-*vb*	relieve
6507	lins-*nn*	lens
5537	listig-*adj*	cunning
5843	list-*nn*	list|guile
5750	livförsäkring-*nn*	life insurance
6526	livmoder-*nn*	uterus|matrix
7462	livnära-*vb*	maintain
6899	livsfara-*nn*	danger of life
5280	livsfarlig-*adj*	life-threatening
7470	livskraft-*nn*	viability
6590	livslängd-*nn*	life
6603	livstecken-*nn*	sign of life
7495	ljuda-*vb*	sound
5610	ljusår-*nn*	light-year
5106	lockande-*adj; nn*	attractive; attracting
5658	loge-*nn*	barn
7145	logga-*vb*	log
6928	logi-*nn*	accommodation
5713	logisk-*adj*	logical
6796	lögnaktig-*adj*	lying
6527	logotyp-*nn*	logotype
5556	lömsk-*adj*	sneaky
5225	löneförhöjning-*nn*	rise in salary
7262	lönsamt-*adv*	profitably

7102	**löpande**-*adj*	current
5271	**löpare**-*nn*	runner
6567	**loppa**-*nn*	flea
6077	**lösen**-*nn*	password|surcharge
6297	**lossna**-*vb*	loose|resolve
5076	**lots**-*nn*	pilot
5626	**lotteri**-*nn*	lottery
5699	**lotto**-*nn*	lotto
7179	**luftfart**-*nn*	air traffic
6922	**luftrum**-*nn*	airspace
6710	**lunchtid**-*nn*	lunch time
5205	**lus**-*nn*	louse
7212	**lusta**-*vb*	lust
7023	**lydnad**-*nn*	obedience
7351	**lynne**-*nn*	temper
5505	**lyra**-*nn*	catch
5288	**lyssnare**-*nn*	listener
6295	**lyxig**-*adj*	luxurious

M

5164	**machete**-*nn*	machete
5837	**mack**-*nn*	gas station
5662	**maestro**-*nn*	maestro
5465	**magnifik**-*adj*	magnificent
5371	**magsår**-*nn*	gastric ulcer
6170	**måhända**-*adv*	perhaps
6270	**majoritet**-*nn*	majority
7208	**maktlös**-*adj*	powerless
5337	**malaria**-*nn*	malaria
5262	**mållinje**-*nn*	goal line
7333	**mall**-*nn*	template
6282	**mållös**-*adj*	speechless|goalless
7332	**målvakt**-*nn*	goalkeeper
7464	**mango**-*nn*	Mango
6211	**manifest**-*nn*	manifest
5053	**manipulera**-*vb*	manipulate
6905	**manlighet**-*nn*	virility
6326	**människoliv**-*nn*	human life
5360	**manskap**-*nn*	ratings
5440	**mantel**-*nn*	jacket|mantle
5820	**manual**-*nn*	manual
6422	**manuell**-*adj*	manual
6763	**mapp**-*nn*	folder
5994	**maraton**-*nn*	marathon

6630	**marknadsföring**-*nn*	promotion
7293	**marsvin**-*nn*	guinea-pig
5253	**massaker**-*nn*	massacre
5256	**mässa**-*nn; vb*	fair|exhibition; chant
5847	**massiv**-*adj*	massive
6512	**massvis**-*adv*	heaps of
5412	**mätare**-*nn*	meter
6238	**matematiker**-*nn*	mathematician
7342	**maximalt**-*adv*	flat out
6820	**meddetsamma**-*adv*	at once
5543	**medelålder**-*nn*	average age
6968	**medeltida**-*adj*	medieval
5864	**medeltid**-*nn*	middle ages
7232	**medfölja**-*vb*	be enclosed
5279	**medföra**-*vb*	result in|bring
7265	**medgivande**-*nn; adj*	consent; concessive
6643	**meditation**-*nn*	meditation
7408	**meditera**-*vb*	meditate
6970	**medlemskap**-*nn*	membership
7046	**medmänniska**-*nn*	fellowman
7463	**medverkan**-*nn*	participation|cooperation
6988	**medverka**-*vb*	contribute
7386	**mekanisk**-*adj*	mechanical
7458	**mellanrum**-*nn*	gap|space
6362	**melon**-*nn*	melon
6798	**memoar**-*nn*	memoir
5728	**merit**-*nn*	merit
5416	**metafor**-*nn*	image
5686	**meteor**-*nn*	meteor
6520	**mick**-*nn; abr*	microphone
5014	**middagstid**-*nn*	midday|dinnertime
5709	**migrän**-*nn*	migraine
6742	**milis**-*nn*	militia
5066	**militant**-*adj; nn*	militant; militant
5967	**millimeter**-*nn*	millimeter
5600	**mina**-*nn*	mine
6444	**minderårig**-*adj*	underage
6331	**mineralvatten**-*nn*	mineral water
6174	**minimal**-*adj*	minimal
6327	**minimum**-*nn*	minimum
6000	**ministerium**-*nn*	Ministry
6761	**mink**-*nn*	mink

5229	minnesförlust-nn	loss of memory	6586	mummel-nn	murmur|mumble
7475	minoritet-nn	minority	7091	munter-adj	merry
6829	mirakulös-adj	miraculous	7238	musa-nn	Muse
5010	missbrukare-nn	abuser	6446	musikal-adj; nn	musical; musical
7303	missbruka-vb	abuse	7061	musikalisk-adj	musical
5206	missbruk-nn	abuse|addiction	6780	muslimsk-adj	Muslim
6657	missfall-nn	miscarriage	7181	mussla-nn	clam
5854	mission-nn	mission	5184	mutad-adj	bribed
7136	missnöje-nn	dissatisfaction	7383	mystik-nn	mystery
6533	misstro-nn; vb	distrust; distrust			
7020	missuppfatta-vb	misunderstand		**N**	
5333	mittemot-prp	opposite	5740	nådig-adj	gracious
5871	mix-nn	mix	7445	någorlunda-adv; adj	fairly; fairly good
7016	mjölka-vb	milk			
6291	möda-nn	trouble	6336	namnge-vb	name
5467	modig-adj	brave|game	6491	namnteckning-nn	signature
6548	modul-nn	module			
7288	mögel-nn	mold	5204	napp-nn	teat
5576	möjligt-adj; adv	possible; conceivably	5764	när som helst-adv	at any time
6665	molekyl-nn	molecule			
7137	moll-nn	minor	6237	närbild-nn	close-up
6581	moment-nn	moment	6164	närhelst-con	whenever
6856	monitor-nn	monitor	5224	näring-nn	nutrition
5334	monopol-nn	monopoly	5339	nationalekonomi-nn	economics
7505	montera-vb	mount|install			
6027	monument-nn	monument	5045	nationalstat-nn	nation state
7387	mördande-adj; nn	murderous; dispatch	5568	nätt-adj; adv	neat; prettily
6451	mordbrand-nn	arson	6231	nattetid-adv; nn	at night; nighttime
6181	morgonrock-nn	housecoat	7187	nattlig-adj	nightly
7336	mörkhyad-adj	dark-skinned	5724	naturbegåvning-adj	naturally gifted
5704	morot-nn	sweetener			
7307	mosad-adj	mashed	6758	navigera-vb	navigate
6722	mötesplats-nn; adj	venue|close; passing place	5046	nedladdning-nn	download
			7204	nedlägga-vb	lay down
6398	motgång-nn	setback	7410	nedskärning-nn	cut
7005	motivation-nn	incentive	6108	nedslagen-adj	downcast
7151	motorhuv-nn	hood	5473	nervöst-adv	nervously
5553	motsätta-vb	off-set	6003	neutral-adj	neutral
6543	mottagande-nn	receiving|reception	6375	nia-nn	nine; nonary
5637	mottagare-nn	receiver	6281	nicka-vb	nod
6846	mottaglig-adj	susceptible	6932	nickel-nn	nickel
6416	motta-vb	accept|receive	7149	nikotin-nn; adj	nicotine
6946	muddra-vb	dredge	5173	nitton-num	nineteen
5498	mugg-nn	mug	6314	njure-nn	kidney
7376	mumla-vb	mumble|murmur	6915	nobelpris-nn	Nobel Prize
			5548	nominera-vb	nominate

6504	**nordost**-*adv*	northeast
5785	**nordväst**-*adv*	northwest
5727	**norsk**-*adj*	Norwegian
6464	**novell**-*nn*	short story
5306	**nudel**-*nn*	noodle
6435	**nunna**-*nn*	nun
6049	**nutid**-*nn*	present times
5563	**nyår**-*nn*	new year
7036	**nybyggare**-*nn*	settler|squatter
6315	**nyfödd**-*adj; nn*	new-born; neonate
5595	**nygift**-*adj*	newly married
6013	**nykomling**-*nn*	newcomer
5594	**nylle**-*nn*	clock|face

O

6321	**oäkta**-*adj*	fake|imitation
6330	**oanständig**-*adj*	indecent|obscene
6772	**oansvarig**-*adj*	unanswerable
6034	**oartig**-*adj*	impolite
6902	**oas**-*nn*	oasis
6084	**oavbrutet**-*adv*	incessantly
7484	**obalans**-*nn*	imbalance
5034	**obduktion**-*nn*	autopsy
5751	**obehaglig**-*adj*	unpleasant
6830	**obehag**-*nn*	discomfort
5217	**obekväm**-*adj*	uncomfortable
6793	**obemärkt**-*adj; adv*	unnoticed; in obscurity
7207	**obestämd**-*adj*	indeterminate
7359	**obetald**-*adj*	unpaid
5302	**obetydlig**-*adj*	insignificant
6180	**obeväpnad**-*adj*	unarmed
6407	**objektiv**-*adj; nn*	objective; objective
6213	**obligation**-*nn*	bond
6568	**obotlig**-*adj*	incurable
7350	**observatör**-*nn*	observer
6638	**ocean**-*nn*	ocean
6296	**ödelägga**-*vb*	devastate
5032	**ödemark**-*nn*	wilderness
5135	**ode**-*nn*	ode
7366	**odjur**-*nn*	beast|monster
7135	**ödla**-*nn*	lizard
5151	**ödmjuk**-*adj*	humble
6070	**ödmjukhet**-*nn*	humility
5949	**odödlighet**-*nn*	immortality

6708	**oemotståndlig**-*adj*	irresistible
7388	**oenig**-*adj*	discordant
7184	**oerfaren**-*adj*	inexperienced
6358	**oerhörd**-*adj*	enormous
5483	**offensiv**-*adj; nn*	offensive; offensive
5040	**officerare**-*nnpl*	officers
6686	**ofödd**-*adj*	unborn
7317	**oförklarlig**-*adj*	inexplicable
5836	**oförmögen**-*adj*	unable
7380	**oförrätt**-*nn*	wrong|injustice
6233	**ogärna**-*adv*	unwillingly
7344	**ögonblickligen**-*adv*	instantly
5985	**ögonkast**-*nn*	glance
6344	**ögonvittne**-*nn*	eyewitness
6489	**ohyfsad**-*adj*	rude|unpolished
6606	**ohyggligt**-*adv*	awfully
6744	**ointressant**-*adj*	uninteresting
7176	**ointresserad**-*adj*	uninterested
7076	**ojämn**-*adj*	uneven|unequal
6940	**ökad**-*adj*	added
6121	**ökänd**-*adj*	notorious
7400	**ökande**-*adj*	increasing
6257	**okänslig**-*adj*	insensitive
5392	**oklar**-*adj*	unclear|obscure
5958	**ökning**-*nn*	increase|growth
6980	**okunnig**-*adj*	ignorant
6324	**okunnighet**-*nn*	ignorance
5493	**olaga**-*adj*	unlawful|illegal
6341	**olämplig**-*adj*	inappropriate
5446	**olåst**-*adj*	unlocked
7273	**olivolja**-*nn*	olive oil
7281	**ologisk**-*adj*	illogical
7169	**olöst**-*adj*	unresolved
5934	**olydig**-*adj*	disobedient
6194	**olydnad**-*nn*	disobedience
7240	**olympisk**-*adj*	Olympic
6447	**öm**-*adj*	sore|affectionate
6962	**ombildning**-*nn*	shuffle
6626	**omedveten**-*adj*	unaware
5957	**omfamna**-*vb*	embrace|enfold
6215	**omge**-*vb*	surround
5027	**ömhet**-*nn*	affection
5375	**omklädningsrum**-*nn*	dressing room
5347	**omkomma**-*vb*	perish

6921	**omlopp**-*nn*	circulation	
7451	**omloppsbana**-*nn*	orbit	
5880	**omringa**-*vb*	surround|encircle	
6187	**omröstning**-*nn*	voting	
6620	**ömsesidigt**-*adv*	mutually	
6338	**omslag**-*nn*	cover|wrapping	
5683	**ömt**-*adv*	tenderly	
5069	**omtyckt**-*adj*	popular	
5047	**omväg**-*nn*	detour	
5815	**omvänd**-*adj; nn*	inverse; convert	
5953	**omvända**-*vb*	convert	
5054	**omvärld**-*nn*	environment	
7002	**onanera**-*vb*	masturbate	
5488	**onaturlig**-*adj*	unnatural	
5451	**ondskefull**-*adj*	sinister	
6637	**onormal**-*adj*	abnormal	
6764	**oönskad**-*adj*	undesirable	
6812	**opålitlig**-*adj*	unreliable	
5814	**opinionsbildning** -*nn*	formation of opinion	
5860	**opium**-*nn*	opium	
7476	**öppnad**-*adj*	opened	
5263	**optimistisk**-*adj*	optimistic	
6599	**optimist**-*nn*	optimist	
5058	**orädd**-*adj*	fearless	
5499	**orakel**-*nn*	oracle	
5507	**orätt**-*adj; adv; nn*	wrong; wrong; wrong	
6931	**orättvisa**-*nn*	injustice	
6917	**ordagrant**-*adv*	literally	
5425	**ordspråk**-*nn*	proverb	
6488	**oreda**-*nn*	disarrangement	
6523	**oren**-*adj*	unclean|filthy	
5633	**örfil**-*phr; nn*	box on the ear; cuff	
7295	**organisk**-*adj*	organic	
6310	**organism**-*nn*	organism	
6587	**orgie**-*nn*	orgy	
5278	**originell**-*adj*	original	
7109	**orimlig**-*adj*	absurd	
5063	**orkan**-*nn*	hurricane	
5591	**orkester**-*nn*	orchestra	
5890	**oroande**-*adj*	worrying	
6496	**orörd**-*adj*	undisturbed	
7065	**oroväckande**-*adj*	alarming	
5211	**ort**-*nn*	place	
5859	**ört**-*nn*	herb	

6226	**osäkerhet**-*nn*	uncertainty|insecurity
6649	**osanning**-*nn*	falsehood|lie
5057	**osannolik**-*adj*	unlikely
6302	**ösa**-*vb*	scoop|pour
5090	**ostron**-*nn*	oyster
6111	**otacksam**-*adj*	ungrateful
6102	**otalig**-*adj*	countless
5475	**otänkbar**-*adj*	unthinkable
5214	**otrohet**-*nn*	infidelity
7467	**outgrundlig**-*adj*	inscrutable
6982	**outhärdlig**-*adj*	unbearable
6878	**ovana**-*nn*	unfamiliarity
6771	**ovän**-*nn*	enemy
6135	**ovärderlig**-*adj*	invaluable
6119	**oväsentlig**-*adj*	immaterial|unessential
7104	**överdrift**-*nn*	exaggeration
6367	**överdrivet**-*adv*	to a fault
5043	**överfalla**-*vb*	assault
6562	**överflöd**-*nn*	abundance
5615	**överföring**-*nn*	transfer
6862	**övergång**-*nn*	transition|crossing
5700	**övergå**-*vb*	pass over|go over
5191	**övergrepp**-*nn*	encroachment
6483	**överhuvud**-*nn*	head
6228	**överklaga**-*vb*	appeal against
5179	**overklig**-*adj*	unreal|fancied
5796	**överlåta**-*vb*	transfer|assign
5840	**överlycklig**-*adj*	overjoyed
6106	**övernatta**-*vb*	stay overnight
6799	**översättare**-*nn*	translator
5546	**överseende**-*nn; adj*	indulgence; indulgent
5673	**överta**-*vb*	take over
6357	**överträffa**-*vb*	exceed|surpass
7188	**övervägande**-*adj; nn*	predominant; consideration
5364	**överväldigad**-*adj*	overwhelmed
5452	**överväldigande**-*adj*	overwhelming|knockdown
5242	**övervinna**-*vb*	overcome|conquer
5221	**ovetande**-*adj*	unaware

P

5739	**på sätt och vis**-*adv*	kind of
5481	**på sistone**-*adv*	lately

6072	**packning**-*nn*	packing
5001	**pågående**-*adj*	ongoing
6255	**påhittad**-*adj*	made-up
5482	**pajas**-*nn*	buffoon
7334	**paj**-*nn*	pie
5603	**palestina**-*nn*	Palestine
7420	**pall**-*nn*	stool
6670	**påmind**-*adj*	remindful
5008	**påminnelse**-*nn*	reminder
6090	**panel**-*nn*	panel
5618	**pansar**-*nn*	armor
6078	**papegoja**-*nn*	parrot
5690	**pappersarbete**-*nn*	paperwork
6720	**papperskorg**-*nn*	wastebasket
6522	**paprika**-*nn*	paprika
6450	**parad**-*nn*	parade
6176	**parasit**-*nn*	parasite
5136	**parkeringsplats**-*nn*	parking lot
5513	**part**-*nn*	party
6139	**påsk**-*nn*	Easter
7480	**påskynda**-*vb*	expedite
6050	**passage**-*nn*	passage
5555	**passionerad**-*adj*	passionate|impassioned
7172	**passionerat**-*adv*	passionately
6951	**passiv**-*adj*	passive
5711	**passning**-*nn*	fit|passing
7126	**påstådd**-*adj*	ostensible
6405	**påstående**-*nn*	statement
6834	**patent**-*nn*	patent
6926	**patriotisk**-*adj*	patriotic
7011	**patron**-*nn*	cartridge
6752	**patrullera**-*vb*	patrol
5028	**påverkad**-*adj*	affected
6528	**påverkan**-*nn*	impact|influence
6032	**pc**-*abr; nn*	personal computer
6628	**penicillin**-*nn*	penicillin
6272	**pensionat**-*nn*	pension
6880	**pensionera**-*vb*	pension
5316	**peppar**-*nn*	pepper
5948	**perfektion**-*nn*	perfection
5736	**persika**-*nn*	peach
6005	**persisk**-*adj*	persian
6729	**personnummer**-*nn*	personal code number
6868	**personsökare**-*nn*	staff locator
6882	**pianist**-*nn*	pianist
6441	**piga**-*nn*	maid
5597	**pina**-*nn; vb*	pain; pain
6096	**pingvin**-*nn*	penguin
5432	**pinsam**-*adj*	embarrassing|painful
7234	**pizzeria**-*nn*	pizzeria
6394	**placerad**-*adj*	placed|positioned
7066	**placering**-*nn*	investment|placement
6578	**plågad**-*adj*	afflicted|plagued
6713	**planerad**-*adj*	intended
5941	**planering**-*nn*	planning
6663	**plankton**-*nn*	plankton
6770	**planta**-*nn*	root
7105	**plasma**-*nn*	plasma
6039	**plåt**-*nn*	plate
6220	**plattform**-*nn*	platform
6311	**plommon**-*nn*	plum
6156	**plötslig**-*adj*	sudden
5459	**plugg**-*nn*	plug
6067	**plundra**-*vb*	plunder
7488	**plutonium**-*nn*	plutonium
6705	**polack**-*nn*	pole
5071	**polisbil**-*nn*	patrol car
6860	**pöl**-*nn*	puddle
7407	**ponny**-*nn*	pony
7235	**popularitet**-*nn*	popularity
6653	**por**-*nn*	pore
5698	**porrfilm**-*nn*	porno film
6484	**porslin**-*nn*	porcelain
7327	**portal**-*nn*	portal
5636	**portion**-*nn*	portion
7456	**portugisisk**-*adj*	Portuguese
7499	**portvakt**-*nn*	porter
5380	**posta**-*vb*	post
6611	**potentiell**-*nn*	potential
6033	**pott**-*nn*	pot
6867	**praktikant**-*nn*	trainee
5200	**praktik**-*nn*	practice|experience
5800	**precision**-*nn*	precision|specification
6536	**predikant**-*nn*	preacher
5169	**predika**-*vb*	preach
7078	**prelat**-*nn*	prelate
7279	**preliminär**-*adj*	preliminary
6481	**prenumeration**-*nn*	subscription
5627	**prestation**-*nn*	performance

7294	**prestige**-*nn*	prestige
6022	**pricka**-*vb*	dot
5212	**primär**-*adj*	primary
5668	**principiellt**-*adj*	principled
6664	**prioritera**-*vb*	give priority to
5021	**privilegium**-*nn*	privilege
5356	**procedur**-*nn*	procedure
5059	**produktion**-*nn*	production
5466	**profet**-*nn*	prophet
7000	**programmera**-*vb*	program
6546	**proportion**-*nn*	proportion
6008	**prostitution**-*nn*	prostitution
5231	**protein**-*nn*	protein
5650	**prototyp**-*nn*	prototype
5560	**proviant**-*nn*	provisions
6475	**provins**-*nn*	province
5786	**provision**-*nn*	commission
7418	**provocera**-*vb*	provoke
7521	**pryd**-*adj*	prude
6066	**psyke**-*nn*	psyche
6612	**psykiatrisk**-*adj*	psychiatric
5604	**psykologisk**-*adj*	psychological
6859	**psykos**-*nn*	psychosis
6052	**pubertet**-*nn*	puberty
5168	**publicera**-*vb*	publish|publicize
6913	**pudel**-*nn*	poodle
5966	**puff**-*nn*	puff
6074	**pump**-*nn*	pump
5485	**pussa**-*vb*	kiss
6146	**pussel**-*nn*	puzzle
5838	**pyramid**-*nn*	pyramid
5353	**pyssla**-*vb*	busy oneself
5277	**pytteliten**-*adj; nn*	weeny; lilliputter

R

6395	**räcke**-*nn*	railing
5557	**räckvidd**-*nn*	scope|incidence
7082	**rådande**-*adj*	current
5517	**rädas**-*vb*	fear
7328	**radband**-*nn*	rosary
6923	**rådgivning**-*nn*	guidance
5632	**rådhus**-*nn*	town hall
5549	**radie**-*nn*	radius
7466	**radikal**-*adj; nn*	radical; radical

6852	**radioaktiv**-*adj*	radioactive
6208	**rådjur**-*nn*	deer
7507	**råga**-*nn*	heap
6925	**räls**-*nn*	rails
6195	**ram**-*nn*	frame
6389	**rampljus**-*nn*	footlights
5922	**ramp**-*nn*	ramp
7367	**rangordna**-*vb*	grade
5418	**rännsten**-*nn*	gutter
5314	**raseri**-*nn*	rage|frenzy
5806	**rastlös**-*adj*	restless
5019	**rät**-*adj*	straight
6080	**ratificera**-*vb*	ratify
7213	**ratificering**-*nn*	ratification
6495	**rationell**-*adj*	rational
5685	**realistisk**-*adj*	realistic
6934	**rea**-*nn*	sale
5361	**redogörelse**-*nn*	account|statement
5348	**reflex**-*nn*	reflex
6426	**regerande**-*adj*	ruling|governing
5431	**regera**-*vb*	reign|rule
5503	**region**-*nn*	region
5025	**registrerad**-*adj*	registered
5387	**registrera**-*vb*	register|calendar
7512	**registrering**-*nn*	registration
6079	**reglemente**-*nn*	regulations
7009	**regnbåge**-*nn*	rainbow
6368	**rehabilitering**-*nn*	rehabilitation
6085	**rekommendation**-*nn*	recommendation
6542	**rekommenderad**-*adj*	recommended
5942	**rekrytera**-*vb*	recruit
7035	**rekryt**-*nn*	recruit
7346	**rekvisita**-*nn*	props
5319	**relativt**-*adv*	relatively
5108	**relevant**-*adj; adv*	relevant; to the point
5222	**rengöra**-*vb*	clean|cleanse
7152	**rengöring**-*nn*	cleaning
5663	**renhet**-*nn*	purity
7305	**renovera**-*vb*	renovate
6515	**rentav**-*adv*	actually
5282	**repetition**-*nn*	repetition
6403	**reservdel**-*nn*	part|spare
6955	**reserverad**-*adj*	reserved
5320	**reservera**-*vb*	reserve

5760	**resonera**-*vb*	reason|discuss
7167	**respektive**-*adj; adv*	respective; respectively
6467	**respons**-*nn*	response
7227	**resterande**-*adj*	remaining
5835	**restriktiv**-*adj*	restrictive
6347	**retur**-*nn*	return
7017	**revansch**-*nn*	revanche
7143	**revidering**-*nn*	revise
6412	**revir**-*nn*	territory
7275	**ribba**-*nn*	rib
6223	**ridande**-*adj*	riding
6104	**ridå**-*nn*	curtain
6688	**rigga**-*vb*	rig
6144	**rimlig**-*adj*	reasonable|plausible
6352	**rimma**-*vb*	rhyme
5992	**rim**-*nn*	rhyme
7371	**ritt**-*nn*	ride
5037	**ritual**-*nn*	ritual
6888	**roder**-*nn*	rudder
5981	**rödhårig**-*adj*	redhead
5389	**rodna**-*vb*	blush
7142	**rödvin**-*nn*	red wine
5005	**rökare**-*nn*	smoker
6202	**romantiker**-*nn*	romantics
7525	**rosta**-*vb*	rust
6166	**rostig**-*adj*	rusty
5770	**rösträtt**-*nn*	suffrage
5407	**rota**-*vb*	root
6865	**rotera**-*vb*	rotate
5015	**rouge**-*nn*	rouge
6316	**rövare**-*nn*	robber
6662	**röva**-*vb*	rob|ransack
5378	**rovdjur**-*nn*	predator
6800	**rövslickare**-*nn*	ass-kisser
5150	**rubbad**-*adj*	deranged
6490	**rubba**-*vb*	upset|dislodge
5329	**rubrik**-*nn*	heading|title
5310	**ruin**-*nn*	ruin|wreck
7034	**rullande**-*adj; nn*	rolling; roll
5022	**rulle**-*nn*	roll
6045	**runda**-*nn; vb*	round; round
5642	**runt omkring**-*adv; prp*	around; around
6264	**runtom**-*adv; prp*	all about; around
6616	**ruskigt**-*adv*	terribly
6234	**rus**-*nn*	intoxication
5961	**russin**-*nn*	raisin
7111	**ruter**-*nn*	diamonds
6924	**rymling**-*nn*	fugitive
6636	**rynka**-*nn; vb*	wrinkle; wrinkle
7221	**rysning**-*nn*	shiver

S

5293	**så länge**-*con*	while
5516	**så snart som**-*adv*	as soon as|directly
6719	**sabel**-*nn*	saber
6553	**sabla**-*adj*	blasted
5152	**sabotage**-*nn*	sabotage
6485	**sabotera**-*vb*	sabotage
7054	**sadist**-*nn*	sadist
6877	**saftig**-*adj*	juicy|succulent
5823	**såga**-*vb*	saw
5044	**säkerhetstjänst**-*nn*	counterintelligence
7041	**säkring**-*nn*	fuse
7245	**således**-*adv; con*	thus; therefore
6577	**salig**-*adj*	blessed
6292	**saliv**-*nn*	saliva
7258	**salta**-*vb*	salt
5238	**salva**-*nn*	ointment|volley
7322	**sambo**-*nn*	common-law wife
5419	**samlad**-*adj*	overall
5759	**samlare**-*nn*	collector
6300	**sammanhang**-*nn*	context|connection
6985	**sammanlagd**-*adj*	total
7440	**sammanstötning**-*nn*	collision
6725	**sammansvärjning**-*nn*	conspiracy
5067	**sammantaget**-*adv*	together
7474	**sammanträde**-*nn*	meeting|sitting
6873	**samröre**-*nn*	collaboration
6724	**samtala**-*vb*	talk|converse
6355	**samtycka**-*vb*	agree|consent
5312	**samtycke**-*nn*	consent|assent
5002	**sankt**-*prn; adj*	St.; saint
7242	**sannolikhet**-*nn*	probability
6591	**sanslös**-*adj*	senseless
6541	**sardin**-*nn*	sardine

6382	**sats**-*nn*	rate
5261	**såväl**-*adv*	as well
6576	**scarf**-*nn*	scarf
7077	**scenario**-*nn*	scenario
6414	**schakt**-*nn*	shaft
6863	**schizofreni**-*nn*	schizophrenia
7219	**schweizisk**-*adj*	swiss
6175	**scout**-*nn*	scout
5822	**sed**-*nn*	custom
5447	**seg**-*adj*	tough|rubbery
6472	**segrare**-*nn*	winner
6265	**sekel**-*nn*	century
6465	**sekvens**-*nn*	sequence
6956	**senil**-*adj*	senile
6604	**sensation**-*nn*	sensation
5697	**sensor**-*nn*	sensor
6089	**separat**-*adj; adv*	separate; separately
6848	**separation**-*nn*	separation
5490	**separera**-*vb*	separate
7319	**serietidning**-*nn*	comic book
6054	**servett**-*nn*	napkin
6021	**servitör**-*nn*	waiter
5520	**sexa**-*num; nn*	six; light supper
5423	**sextio**-*num*	sixty
5931	**sexualitet**-*nn*	sexuality
6325	**shoppa**-*vb*	shop
5172	**shopping**-*nn*	shopping
7092	**sia**-*nn; vb*	prophesy; predict
5123	**siden**-*nn*	silk
6615	**signalement**-*nn*	description
5511	**signalera**-*vb*	signal
7280	**signerad**-*adj*	signed
7074	**signera**-*vb*	sign
6396	**silke**-*nn*	Silk
6933	**sill**-*nn*	herring
5414	**sil**-*nn*	strainer|sieve
6531	**simmare**-*nn*	swimmer
5956	**simpel**-*adj*	simple
5402	**simtur**-*nn*	swim
7173	**simulering**-*nn*	simulation
6212	**singla**-*vb*	toss
5906	**sionism**-*nn*	Zionism
5872	**sirap**-*nn*	syrup
6011	**siren**-*nn*	siren
6838	**sits**-*nn*	lie
5051	**sittande**-*adj; nn*	sitting; sitting

6167	**sjal**-*nn*	shawl
5572	**självkänsla**-*nn*	self-esteem
7093	**självmant**-*adv*	unbesought
5111	**självständig**-*adj*	independent
6235	**självständighet**-*nn*	autonomy
5545	**sjua**-*num*	seven
6048	**sjukförsäkring**-*nn*	health insurance
5068	**sjukvård**-*nn*	nursing|health card
6018	**sjungande**-*nn; adj*	singing; songful
5930	**skådespel**-*nn*	spectacle|play
6287	**skadestånd**-*nn*	damages
5562	**skakad**-*adj*	shaken
6143	**skaldjur**-*nn*	shellfish
6205	**skallig**-*adj*	bald
6434	**skänk**-*nn*	cupboard|gift
6841	**skara**-*nn*	band|troop
7444	**skärsår**-*nn*	cut
5522	**skatta**-*vb*	estimate|pay taxes
7062	**skede**-*nn*	phase
5680	**sken**-*nn*	light|shine
5722	**skepnad**-*nn*	shape|semblance
7358	**skeptisk**-*adj*	sceptic
5430	**skickad**-*adj*	fitted
5358	**skickligt**-*adv*	ably
7080	**skifte**-*nn*	change
6094	**skimmer**-*nn*	shimmer
5903	**skitig**-*adj*	mucky
5330	**skitprat**-*nn*	crap
7489	**skivbolag**-*nn*	record label
6633	**skjutsa**-*vb*	lift|drive
5649	**sköldpadda**-*nn*	turtle
7159	**skolflicka**-*nn*	schoolgirl
5162	**skölja**-*vb*	rinse|douche
7270	**skoningslös**-*adj*	merciless
6183	**skorsten**-*nn*	chimney
6583	**skosnöre**-*nn*	shoelace
7446	**sköte**-*nn*	womb
5643	**skotsk**-*adj*	Scottish
6702	**skräckinjagande**-*adj*	horrifying
5101	**skräckslagen**-*adj*	horror-struck
6397	**skräddare**-*nn*	tailor
7056	**skrattande**-*adj; nn*	laughing; laughing

6569	**skrattretande-**adj	ridiculous
5977	**skriftlig-**adj	written
6068	**skrift-**nn	writing
6693	**skrivande-**nn	writing
5882	**skrivmaskin-**nn	typewriter
6345	**skruvmejsel-**nn	screwdriver
5386	**skruv-**nn	screw
6105	**skuggad-**adj	shaded
6947	**skulptur-**nn	sculpture
6976	**skvätta-**vb	splash
5936	**skvätt-**nn	dash|drain
7225	**skyddande-**adj	protective
7101	**skyddsling-**nn	protege
6788	**skyddsrum-**nn	shelter
5538	**skyldighet-**nn	obligation
5444	**skymma-**vb	obscure
6588	**slående-**adj; nn; adv	striking; beater; strikingly
7347	**slaganfall-**nn	stroke
6065	**släkte-**nn	breed|race
5296	**slapp-**adj	lax
6083	**slarvig-**adj; adv	careless; sloppy
6509	**slätt-**nn; adv	plain; smoothly
5707	**slaveri-**nn	bondage
6430	**slem-**nn	mucus
5702	**slingra-**vb	twist
5420	**slinka-**vb; nn	slip|slink; wench
5741	**slö-**adj	dull|lethargic
5357	**slockna-**vb	go out
7429	**slöja-**nn	veil
5554	**slug-**adj	cunning
5829	**sluka-**vb	devour|gobble
5210	**slumpmässig-**adj	random
6240	**sluten-**adj	closed|sealed
5400	**slutlig-**adj	final|conclusive
6308	**slutspel-**nn	endgame
6782	**slyngel-**nn	scamp
5725	**små-**adj	small
5630	**småbarn-**nn	infant
6388	**smack-**nn	smack
5664	**smakprov-**nn	sample
5398	**smält-**adj	melted
6521	**småprat-**nn	small talk
6103	**smärtfri-**adj	painless
6142	**smärtsam-**adj	painful
6232	**smeka-**vb	caress
6966	**smek-**nn	fondling|love-making
5675	**smicker-**nn	flattery
6182	**smink-**nn	makeup
5029	**smittad-**adj	infected
7345	**smittsam-**adj	contagious
6109	**smugglare-**nn	smuggler
6136	**snabbhet-**nn	rapidity|swiftness
6730	**snabbmat-**nn	fast food
5061	**snål-**adj	stingy
5571	**snällt-**adv	kindly
6811	**snar-**adj	speedy|quick
6222	**snara-**nn; vb	snare|trap; trap
5196	**snarka-**vb	snore
5959	**sned-**adj	awry
5219	**snickare-**nn	carpenter
6608	**snobb-**nn	snob|fop
6564	**snoka-**vb	snoop
6511	**snöre-**nn	lace|cord
5376	**snorunge-**nn	snotty kid
6566	**snöstorm-**nn	snowstorm
6561	**snubbla-**vb	trip
5552	**snurrig-**adj	dizzy
5103	**snusk-**nn	filth
5372	**snyggt-**adv	neatly
7269	**sockerbit-**nn	lump of sugar
5607	**sofistikerad-**adj	sophisticated
5095	**sökmotor-**nn	search engine
5183	**sökning-**nn	search
6189	**sola-**vb	sun
7192	**solbränd-**adj	tanned|sunburned
7421	**solid-**adj	solid
6607	**solig-**adj	sunny
6140	**solljus-**nn	sunlight
7390	**solsystem-**nn	solar system
5506	**sömnig-**adj	sleepy
6373	**sömnlös-**adj	sleepless
5792	**sona-**vb	atone (for)
7442	**sönderslagen-**adj	broken
6750	**soptipp-**nn	dump
6299	**soptunna-**nn	dust-bin
5405	**sörjande-**adj; nn	grieving; mourner
7088	**sortera-**vb	sort
5962	**sovjetisk-**adj	Soviet
5322	**spaghetti-**nn	spaghetti

6602	spalt-*nn*	column	
5442	spaning-*nn*	reconnaissance	
5541	spärra-*vb*	lock	
7115	spårvagn-*nn*	tram|car	
6540	spå-*vb*	foretell	
6306	specialstyrka-*nn*	task force	
5352	specifik-*adj*	specific	
6117	spegelbild-*nn*	reflection|image	
5980	spejare-*nn*	scout	
7027	spekulation-*nn*	speculation|spec	
6505	spekulera-*vb*	speculate	
7114	spelande-*adj*	gambling	
5448	spelning-*nn*	gig	
7428	spenat-*nn*	spinach	
6391	spets-*nn*	tip|lace	
5991	spika-*vb*	nail	
5393	spilla-*vb*	spill	
6967	spillra-*nn*	splinter|carcass	
5868	spiral-*nn*	spiral	
7471	spira-*nn; vb*	scepter; sprout	
6716	splitter-*nn*	shiver|splinter	
6322	splittra-*vb; nn*	split; splinter	
5984	spöka-*vb*	haunt	
7090	sponsra-*vb*	sponsor	
5943	spontan-*adj*	spontaneous	
6627	spott-*nn*	spittle|scorn	
6817	spräcka-*vb*	crack|flaw	
6353	sprätt-*nn; adj*	bucks; spurt	
7311	spridd-*adj*	scattered	
6833	spridning-*nn*	proliferation|distribution	
5004	springande-*adj; nn*	running; running	
6714	springare-*nn*	steed	
5824	spya-*nn*	vomit	
7230	squash-*nn*	squash	
6661	stabilitet-*nn*	stability|fixity	
6487	stadga-*nn; vb*	statute; consolidate	
5532	stadion-*nn*	stadium	
6647	städning-*nn*	cleaning	
6822	ståhej-*nn*	fuss	
7070	stake-*nn*	stake	
6837	stämpla-*vb*	stamp|imprint	
5094	ständig-*adj*	constant	
6910	ståndpunkt-*nn*	standpoint	
5969	stång-*nn*	rod	
5582	stärka-*vb*	strengthen	

5160	starr-*nn*	cataract
5291	statistik-*nn*	statistics
7447	ståtlig-*adj; adv*	stately; lordly
7378	stearinljus-*nn*	candle
6596	stenhård-*adj*	rock-hard
5039	stereo-*nn*	stereo
7398	steril-*adj*	sterile
5652	steroid-*nn*	steroid
5074	stiftelse-*nn*	foundation
6313	stigande-*adj; nn*	rising; rise
6058	stimulerande-*adj*	stimulating
6042	stjärt-*nn*	tail
5311	stock-*nn*	stock
5761	stoft-*nn*	dust
5226	stökig-*adj*	untidy
6721	stolpe-*nn*	post|pole
5978	storartad-*adj*	magnificent
6595	storasyster-*nn*	big sister
6046	storslagen-*adj*	grand
6573	stråle-*nn*	beam|jet
6942	strålkastare-*nn*	headlamp
7300	strå-*nn*	straw
7008	strategisk-*adj*	strategic
6457	strävan-*nn*	endeavor|striving
6463	sträva-*vb; nn*	strive; strut
7289	strejka-*vb*	strike
6816	strejk-*nn*	strike
6666	stressig-*adj*	stressful
6413	stridande-*adj; nn*	fighting; combatant
7449	stridsspets-*nn*	warhead|load
5588	stridsvagn-*nn*	tank
5283	strikt-*adv*	strictly
5235	stroke-*nn*	stroke
5286	strömning-*nn*	stream|streaming
5450	struktur-*nn*	structure
5530	strul-*nn*	hassle
7494	strut-*nn*	cone
5742	stup-*nn*	cliff
6908	stycka-*vb*	dismember
5049	stygn-*nn*	stitch
5154	styre-*nn*	rule
6161	styrman-*nn*	mate
7099	styv-*adj*	stiff
6784	successiv-*adj*	successive
5496	sucka-*vb*	sigh

6715	**suck**-*nn*	sigh	
7012	**summering**-*nn*	summation	
7415	**surfare**-*nn*	surfer	
5317	**surfa**-*vb*	surf	
7292	**surrogat**-*nn*	surrogate	
6227	**svägerska**-*nn*	sister-in-law	
7419	**svalka**-*vb; nn*	cool; coolness	
6855	**svältande**-*adj*	starving	
6993	**svarande**-*nn*	defendant	
7448	**svärdotter**-*nn*	daughter-in-law	
5540	**svärfar**-*nn*	father-in-law	
7095	**svävande**-*adj; nn*	floating; flit	
6995	**svavel**-*nn*	sulfur	
5895	**svenskspråkig**-*adj*	Swedish-speaking	
5832	**svepa**-*vb*	wrap|sweep	
5171	**svep**-*nn*	sweep	
5605	**svettig**-*adj*	sweaty	
6690	**svordom**-*nn*	expletive	
7123	**svullen**-*adj*	swollen	
5867	**syfilis**-*nn*	syphilis	
5734	**sylt**-*nn*	jam	
5301	**symbolisera**-*vb*	symbolize	
6667	**sympatisk**-*adj*	likeable	
5175	**syndabock**-*nn*	scapegoat	
5979	**syndare**-*nn*	sinner|transgressor	
7085	**syndig**-*adj*	sinful	
6002	**syndrom**-*nn*	syndrome	
5462	**synhåll**-*nn*	view|vision	
5313	**synlig**-*adj*	visible	
5833	**synnerligen**-*adv*	particularly	
6767	**synpunkt**-*nn*	point of view	
5159	**synvinkel**-*nn*	point of view	
5654	**sysselsatt**-*adj*	busy	

T

5476	**täcke**-*nn*	quilt|cover
5345	**tackla**-*vb*	tackle
7472	**tacksamhetsskuld**-*nn*	obligation
6192	**taggtråd**-*nn*	barbed wire
7392	**tågstation**-*nn*	train station
7263	**taktisk**-*adj*	tactical
5258	**talan**-*nn*	suit
6738	**talare**-*nn*	speaker

5230	**talesman**-*nn*	spokesman
5810	**tall**-*nn*	pine
7287	**talman**-*nn*	speaker
6437	**tam**-*adj*	tame
5443	**tämja**-*vb*	tame
6572	**tandpetare**-*nn*	toothpick
6275	**tång**-*nn*	seaweed
7486	**tänja**-*vb*	stretch
6826	**tänkare**-*nn*	thinker
6551	**tanker**-*nn*	tanker
7298	**tära**-*vb*	consume|fret
7164	**tårgas**-*nn*	tear gas
6459	**tassa**-*vb*	pussyfoot
5213	**tävlande**-*nn; adj*	competitor; competing
5799	**teckna**-*vb*	subscribe|draw
7013	**tegelsten**-*nn*	brick
5274	**tekniker**-*nn*	technician
5428	**telefonkatalog**-*nn*	telephone directory
5932	**telefonkiosk**-*nn*	phone booth
6425	**teleskop**-*nn*	telescope
6762	**television**-*nn; abr*	television; TV
5438	**tema**-*nn*	theme
5383	**temperament**-*nn*	temperament
5721	**tempo**-*nn*	tempo
5620	**tendens**-*nn*	tendency
7335	**tentakel**-*nn*	tentacle
5234	**teoretiskt**-*adv*	theoretical
5455	**terminal**-*adj; nn*	terminal; terminal
5850	**term**-*nn*	term
5679	**terräng**-*nn*	terrain
6691	**terrass**-*nn*	terrace
5719	**terror**-*nn*	terror
6093	**testikel**-*nn*	testicle
6157	**tiger**-*nn*	tiger
5512	**tiggare**-*nn*	beggar
7477	**tik**-*nn*	bitch
5659	**till slut**-*adv*	eventually|in the end
5354	**till vara**-*adv*	take care of
5919	**tillägg**-*nn*	addition|supplement
7063	**tillbakadragande**-*nn*	withdrawal
5671	**tillbehör**-*nn*	accessories|fittings
7513	**tilldragande**-*adj*	fetching|attractive

5940	**tillfångatagen-**nn	taken prisoner
7416	**tillflykt-**nn	refuge|shelter
6983	**tillflyktsort-**nn	sanctuary
6476	**tillfreds-**adj	satisfied
5628	**tillfredsställande**-adj; nn	satisfactory; satisfaction
6992	**tillfredsställelse-**nn	satisfaction
5845	**tillgivenhet-**nn	affection|devotion
6574	**tillhåll-**nn	haunt|lair
6733	**tillhandahålla-**vb	provide|supply
6544	**tillkalla-**vb	call|summon
7198	**tillkomma-**vb	fall on
7271	**tillmötesgående-**nn; adj	courtesy; accommodating
7157	**tillsättning-**nn	addition
5619	**tillställning-**nn	affair
5970	**tilltro-**nn; vb	trust; credit
6276	**tillvägagångssätt**-nn	course of action
5972	**tillvaro-**nn	existence
6069	**tillväxt-**nn	growth
7140	**tiotusentals-**adv	tens of thousands
7278	**tivoli-**nn	amusement park
5223	**tjänstgöring-**nn	duty
7352	**tjära-**nn; vb	tar; tar
5509	**tjat-**nn	nagging
5656	**tjugofem-**num	twenty-five
6387	**tjuta-**vb	howl|shriek
7325	**toalettpapper-**nn	toilet paper
6493	**toffel-**nn	slipper
5391	**tolfte-**num	twelfth
5794	**tolkning-**nn	rendering
6756	**tomhet-**nn	emptiness
5999	**tomrum-**nn	void|vacuum
7417	**tona-**vb	tone|tint
6196	**toppa-**vb	top|trim
6718	**topplista-**nn	charts
5986	**torsk-**nn	cod
5023	**tös-**nn	girl
5834	**träda-**nn; vb	fallow; fallow
5243	**trädgårdsmästare**-nn	gardener
5265	**traditionell-**adj	traditional
6949	**trakassera-**vb	pester
5653	**trakasseri-**nn	badgering
6482	**traktor-**nn	tractor
7369	**tramsa-**vb	muck about
5264	**transportera-**vb	transport|convey
5916	**transvestit-**nn	transvestite
6524	**trappsteg-**nn	step
6137	**trasa-**nn	cloth|rag
6051	**trauma-**nn	trauma
6510	**trav-**nn	trotting
7259	**trendig-**adj	trendy
7004	**trettonde-**num	thirteenth
6950	**triangel-**nn	triangle
5085	**triumf-**nn	triumph
5848	**trög-**adj; nn	sluggish; slowcoach
7382	**trögt-**adv	slowly
6349	**trolldom-**nn	witchcraft
5569	**trolleri-**nn	magic|conjuring
5891	**tröskel-**nn	threshold
6698	**tröttsam-**adj	tiring|tiresome
5743	**trovärdig-**adj	credible
5500	**trovärdighet-**nn	credibility
7191	**trumpet-**nn	trumpet
5695	**tryggt-**adv	safely
5453	**tumör-**nn	tumor
5804	**tunna-**nn; vb	barrel|butt; dilute
6778	**tunt-**adv	sparsely
5551	**tupp-**nn	rooster
5784	**turbulens-**nn	turbulence
5635	**turkisk-**adj	turkish
7436	**tursam-**adj	lucky
5665	**tuta-**nn; vb	fingerstall; hoot
7211	**tvåhundra-**num	two hundred
7177	**tvång-**nn	force
6517	**tvärt-**adv	abruptly|squarely
6808	**tveklöst-**adv	undoubtly
6884	**tveksam-**adj	hesitant|doubtful
5780	**tvunget-**adv	constrainedly
6478	**tycke-**nn	opinion
6997	**tygla-**vb	curb|rein in
5228	**tyg-**nn	fabric|material
6939	**tynga-**vb	weigh|weigh down
5518	**tyngd-**nn; adj	weight; weighed down
6746	**tyranni-**nn	tyranny
5788	**tyrann-**nn	tyrant
6996	**tyskland-**nn	Germany
7502	**tysthet-**nn	silence
5801	**tystlåten-**adj	silent

6790	**tystnadsplikt-**nn	professional secrecy
6532	**tystna-**vb	silence|stop

U

7450	**udde-**nn	point|cape
7515	**ull-**nn	wool
5096	**umgänge-**nn	intercourse
7520	**undanflykt-**nn	subterfuge
7500	**undanröja-**vb	remove
6320	**underhållare-**nn	entertainer
7100	**underifrån-**prp; adv	from below; underhand
5990	**underjordisk-**adj	underground
5384	**underlätta-**vb	facilitate|favour
5081	**underrätta-**vb	inform|notify
7330	**underrättelse-**nn	notification
5307	**undersåte-**nn	subject
5003	**understöd-**nn	support|subsidy
5622	**undkomma-**vb	escape
6158	**undre-**adj	lower
7423	**unna-**vb	indulge
5710	**uppbära-**vb	receive
6681	**uppblåst-**adj	inflated
6370	**uppdatera-**vb	update
7236	**uppdatering-**nn	update
7516	**uppehälle-**nn	subsistence|keep
5995	**uppfinnare-**nn	inventor
6614	**uppfinna-**vb	invent
5362	**uppfostran-**nn	upbringing|education
5018	**uppfriskande-**adj	refreshing
6056	**uppfylld-**adj	stuffed
5525	**uppge-**vb	give|declare
5677	**uppgradera-**vb	upgrade
6165	**uppgradering-**nn	upgrade
5523	**upphetsande-**adj; nn	exciting; excitement
5745	**uppjagad-**adj	roused|upset
6886	**uppkäftig-**adj	saucy
5289	**upplysa-**vb	inform|enlighten
5944	**upplyst-**adj	illuminated
5241	**uppmana-**vb	invite
7223	**uppmuntrande-**adj	encouraging
6126	**uppmuntran-**nn	encouragement
6555	**upprätt-**adj	upright
6386	**upprätta-**vb	establish|set up

5599	**upprepad-**adj	frequent
5558	**upprörande-**adj	outrageous
6552	**upprymd-**adj	elated
7129	**uppsåt-**nn	intent
5388	**uppsättning-**nn	set
5273	**uppskattad-**adj	welcome
6088	**uppskjutning-**nn	launch
5715	**uppskov-**nn	suspension
7175	**uppslukad-**adj	enraptured
7189	**uppströms-**adv	upstream
6673	**uppsyn-**nn	appearance|look
5863	**upptäckt-**nn; adj	detection; discovered
6821	**uppvakta-**vb	woo|congratulate
5735	**uppvärmning-**nn	heating
5902	**uppvuxen-**adj	grown-up
5825	**urholka-**vb	hollow (out)
5355	**urin-**nn	urine
6047	**ursprungligen-**adv	originally
6371	**urval-**nn	selection|sample
5177	**utantill-**adv	by heart
5148	**utåt-**adv; prp	outwards; out towards
5158	**utbilda-**vb	train|form
6249	**utbränd-**adj	burned out
7286	**utbyta-**vb	exchange
7183	**utdelning-**nn	dividend
5477	**utesluta-**vb	exclude
7071	**uteslutning-**nn	exclusion
6916	**utfärda-**vb	issue
7468	**utgående-**adj; nn	outgoing; exit
7015	**utge-**vb	issue
6408	**uthållighet-**nn	endurance
5338	**uthärda-**vb	endure|withstand
5691	**utkant-**nn	outskirts
6990	**utkast-**nn	draft|outline
6218	**utland-**nn	foreign land
5884	**utlåtande-**nn	opinion
7277	**utlopp-**nn	outlet|outflow
5614	**utlösa-**vb	wreak|redeem
7094	**utlösning-**nn	release
6513	**utmanande-**adj	defiant
7412	**utmanare-**nn	defier
5899	**utmärkelse-**nn	distinction
7218	**utmattning-**nn	fatigue
5749	**utmed-**prp	along
6236	**utöka-**vb	enlarge

6024	**utomordentlig-***adj*	excellent
5216	**utomstående-***nn*	outsider
5166	**utredare-***nn*	investigator
6870	**utrotning-***nn*	eradication
6086	**utrustad-***adj*	found
7072	**utsända-***vb*	broadcast
6585	**utsedd-***adj*	elect
5544	**utse-***vb*	nominate|choose
5849	**utspridd-***adj*	scattered
5246	**utstå-***vb*	endure|pass through
6703	**utstött-***adj; nn*	outcast; pariah
6499	**utstyrsel-***nn*	outfit
5688	**uttorkad-***adj*	dry
6981	**utvärdera-***vb*	evaluate
6427	**utvärdering-***nn*	evaluation

V

6424	**vaccin-***nn*	vaccine
5808	**våffla-***nn*	waffle
6480	**vag-***adj*	vague
5821	**vagga-***vb; nn*	rock; cradle
7060	**vägkant-***nn*	roadside
6777	**vägleda-***vb*	guide
5155	**vägledning-***nn*	guidance
6560	**vagt-***adv; adj*	vaguely; dimly
6974	**vägvisare-***nn*	guide|signpost
6894	**vakthavande-***adj; vb*	on duty; be on duty
7304	**välbefinnande-***nn*	well-being
7134	**välfärd-***nn*	welfare
7163	**välgörare-***nn*	benefactor
6290	**väljare-***nn*	voter|constituent
6735	**välkänd-***adj*	well-known
6785	**välmående-***adj*	well-being
5359	**vals-***nn*	waltz
6640	**välstånd-***nn*	prosperity|wealth
6819	**välta-***vb; nn*	roll; log pile
5255	**valuta-***nn*	currency
7174	**välvilja-***nn*	goodwill
5682	**vändning-***nn*	turn
6014	**vandring-***nn*	march|wander
6277	**vänligen-***adj; int*	kindly; sincerely
6436	**vanligen-***adv*	usually
6589	**vansinnig-***adj*	insane|lunatic

7360	**vänskaplig-***adj*	friendly
6938	**väntad-***adj*	due
6171	**väntande-***nn; adj*	expectant; expectant
6198	**väntrum-***nn*	waiting room
5547	**varav-***adv*	whereof
7490	**vardag-***nn*	weekday
7321	**vårdare-***nn*	keeper
5778	**värdegrund-***nn*	basic principles
6071	**vardera-***prn*	each
6930	**värdera-***vb; nn*	value; price
5016	**värdering-***nn*	valuation|assessment
5657	**värdesätta-***vb*	recognize
5385	**värdinna-***nn*	hostess
5975	**värdshus-***nn*	inn|pub
7254	**variera-***vb*	vary
5458	**världsmästare-***nn*	world champion
6449	**varmvatten-***nn*	hot water
6269	**varsam-***adj*	cautious
7075	**varuhus-***nn*	department store
6794	**varva-***vb*	wind-down
7504	**värva-***vb*	solicit|recruit
5024	**vas-***nn*	vase
5883	**väster om-***phr*	west of
6323	**vattenfall-***nn*	waterfall
6937	**vattna-***vb*	water
5964	**vävnad-***nn*	tissue|fabric
5176	**växande-***adj*	growing
5276	**vax-***nn*	wax
7320	**veckotidning-***nn*	weekly
7362	**ven-***nn*	vein
7441	**ventil-***nn*	valve
5720	**verkställande-***adj; nn*	executive; execution
5575	**vers-***nn*	verse
6929	**vetande-***nn*	knowledge
5896	**veteran-***nn*	veteran
5165	**veterinär-***nn; adj*	veterinary; veterinarian
6622	**veto-***nn*	veto
6885	**vettskrämd-***adj*	terrified
7308	**vibration-***nn*	vibration
7021	**vibrera-***vb*	vibrate
6098	**videoband-***nn*	videotape
7315	**vidga-***vb*	widen
6360	**vidröra-***vb*	touch
5892	**vidskepelse-***nn*	superstition

6674	**vidskeplig-***adj*	superstitious
5088	**vidta-***vb*	take
7364	**vigsel-***nn*	wedding|nuptials
6563	**viking-***nn*	Viking
6641	**villkorlig-***adj*	conditional
6849	**vimla-***vb*	swarm|crawl
7202	**vinäger-***nn*	vinegar
7274	**vina-***vb*	whiz|whine
6656	**vindruta-***nn*	windscreen
7116	**vingård-***nn*	vineyard
6537	**vink-***nn*	hint|wave
5232	**vinnande-***adj*	winning
6907	**virke-***nn*	wood|timber
5406	**vishet-***nn*	wisdom
6879	**vissna-***vb*	wither|wilt
5195	**visuell-***adj*	visual
5180	**visum-***nn*	vise
6844	**volontär-***nn*	volunteer
5839	**vördnad-***nn*	reverence
6675	**vräka-***vb*	evict

7506	**vråla-***vb*	roar|howl
6818	**vrål-***nn*	roar
5073	**vulkan-***nn*	volcano

Y

6329	**yngling-***nn*	youth
5142	**ynklig-***adj*	pitiful|paltry
6592	**yoghurt-***nn*	yoghurt
7042	**yr-***adj*	dizzy|light-headed
6898	**yrka-***vb*	urge
5484	**ytlig-***adj*	superficial
5929	**yttra-***vb*	utter

Z

5495	**zebra-***nn*	zebra

Contact, Further Reading and Resources

For more tools, tips & tricks visit our site www.mostusedwords.com. We publish various language learning resources.

We hope that you will find this frequency dictionary a truly handy tool. If you like this dictionary, please let others know about it, so they can enjoy it too. Or leave a review/comment online, e.g. on social media, blogs or on forums.

Frequency Dictionaries

Swedish Frequency Dictionaries in this series:

Swedish Frequency Dictionary 1 – Essential Vocabulary – 2500 Most Common Swedish Words
Swedish Frequency Dictionary 2 - Intermediate Vocabulary – 2501-5000 Most Common Swedish Words
Swedish Frequency Dictionary 3 - Advanced Vocabulary – 5001-7500 Most Common Swedish Words
Swedish Frequency Dictionary 4 - Intermediate Vocabulary – 7500-10000 Most Common Swedish Words

Please visit our website www.mostusedwords.com/frequency-dictionary/Swedish for more inforation.

Our goal is to provide language learnings with frequency dictionaries for every major and minor language there is to be found on this planet. You can view our selection on www.mostusedwords.com/frequency-dictionary

Bilingual books

We're creating a selection of parallel texts, and our selection is ever expanding.

To further help you in your language learning journey, all our bilingual books come with a dictionary included, created for that particular book.

Current bilingual books available are English, Spanish, Portuguese, Italian, French, and German

For more information, check www.mostusedwords.com/parallel-texts. Check back regularly for new books and languages.

Other language learning methods

You'll find reviews of other 3rd party language learning applications, software, audio courses, and apps. There are so many available, and some are (much) better than others.

Check out our reviews at www.mostusedwords.com/reviews.

Contact

If you have any questions, you can contact us through e-mail info@mostusedwords.com.